TRAUNER VERLAG

BILDUNG

Bildung, die begeistert!

W0290869

Systemgastronomie 3

- Systemorganisation
- Personalwesen
- Steuerung und Kontrolle betrieblicher Leistungserstellung

WOLF-DIETER BLOCK

CLAUDIA LETZNER

GERHARD PANZENBÖCK

Dieses Buch wurde auf FSC-zertifiziertes Papier gedruckt.

FSC
www.fsc.org
FSC® C030157
Das Zeichen für verantwortungsvolle Waldwirtschaft

Impressum

Block u. a., Systemgastronomie 3

- Systemorganisation
- Personalwesen
- Steuerung und Kontrolle betrieblicher Leistungserstellung

2. Auflage 2015
TRAUNER Verlag, Linz

Das Autorenteam

WOLF-DIETER BLOCK
Wir trauern um unseren Freund und Kollegen Blocki, der leider während unserer Arbeit viel zu früh verstorben ist und uns in unseren Diskussionen in der Autorenrunde schmerzlichst fehlt

CLAUDIA LETZNER
Berufliche Schule Elmshorn, Europaschule

GERHARD PANZENBÖCK
Landesberufsschule für Tourismus in Waldegg

Dieses Schulbuch wurde auf der Grundlage eines Rahmenlehrplanes erstellt. Die Auswahl und Gewichtung der Inhalte erfolgt durch den Lehrer bzw. die Lehrerin.

Für die vielen Ideen und Anregungen bedanken wir uns besonders bei Herrn Rainer Pastätter von der Heinritzi GmbH & Co. Restaurant KG, Rosenheim

Vielen Dank möchten wir jenen Firmen sagen, die uns in großzügiger Weise Fotos und Unterlagen zur Verfügung gestellt haben:

McDonald's Deutschland Inc., coa holding gmbh, aran Immobilien & Verwaltungs GmbH, Vapiano SE, Bonn, Dodenhof Posthausen KG, Elysée Hotel AG, Joey's Pizza, Marché Restaurants, Gosch Sylt, Mundfein GmbH, Nordsee, Taco Bell, Texmex, Tschibo.

Lektorat/Produktmanagement:
Mag. Flora Stickler
Korrektor: Johann Schlapschi
Titelgestaltung: Heidi Hinterkörner
Gestaltung und Grafik: Elisabeth Stöttner
Cover- und Layoutentwurf: Kiska GmbH,
5081 Anif-Salzburg, www.kiska.com
Schulbuchvergütung/Bildrechte:
© Bildrecht, Wien
Gesamtherstellung:
TRAUNER Druck GmbH & Co KG

Gedruckt nach der Richtlinie „Druckerzeugnisse" des Österreichischen Umweltzeichens, UW-Nr. 962

ISBN 978-3-99033-455-3
www.traunerverlag.de

Einleitung

Aus dem komplexen Aufgabengebiet für die Ausbildung zur Fachfrau bzw. zum Fachmann für Systemgastronomie haben wir im vorliegenden Buch die Lernfelder des 3. Ausbildungsjahres zusammengefasst, nämlich Systemorganisation, Personalwesen sowie Steuerung und Kontrolle betrieblicher Leistungserstellung.

Konzeption des Buches

- Die Schülerinnen und Schüler lernen an konkreten, anschaulichen Praxisbeispielen.
- Prägnant aufgearbeitete Lerninhalte ermöglichen systematisches Lernen.
- Echtsituationen des zu erwartenden Berufslebens werden anhand von Team- und Einzelaufgaben simuliert.
- Schrittweise werden Kompetenzfelder entwickelt, die helfen fachspezifische Probleme zu erkennen, zu analysieren und schließlich zu lösen.

Eine fundierte methodisch-didaktische Aufbereitung sowie eine präzise Gestaltung werden durch zahlreiche Aufgaben und Abbildungen zu den einzelnen Themen ergänzt. Das Interesse an vertieften Informationen und weiteren Übungen wird durch Downloads auf www.trauner.at/systemgastronomie.aspx gestärkt.

TRAUNER KOMPETENZPORTAL
Ihre Online-Ergänzungen zum Lehrbuch

Zusätzlich zu den freien Downloads finden Sie im TRAUNER Kompetenzportal weitere Aufgabensammlungen, Lösungen und Power-Point-Präsentationen. Um sich registrieren zu können, benötigen Sie einen Lizenz-Key, den Sie unter folgender Adresse anfordern können:
kompetenzportal@trauner.at

Vorwort

Liebe angehende Fachfrauen und Fachmänner für Systemgastronomie,
ich darf Ihnen herzlich gratulieren: Sie haben sich bei Ihrer Berufswahl für eine spannende, innovative und zukunftsträchtige Branche entschieden! Neue systemgastronomische Konzepte entstehen fast täglich. Und bestehende Konzepte entwickeln ihr Angebot permanent weiter. Alle Systemgastronomen müssen sich hierbei Tag für Tag einer großen Herausforderung stellen: Gästen perfekten Service und Produkte höchster Qualität zu bieten. Alleine die Mitglieder des Bundesverbandes der Systemgastronomie verköstigen dabei täglich über vier Millionen Gäste – Tendenz steigend. Was für eine Leistung!
Unsere Branche ist deshalb auf hervorragend ausgebildete und motivierte Fachleute angewiesen. Die anspruchsvolle Ausbildung zum Fachmann bzw. zur Fachfrau für Systemgastronomie ist hierfür maßgeschneidert. Wer diese kaufmännische Ausbildung erfolgreich abschließt, kennt sich in allen Bereichen der Systemgastronomie bestens aus – vom Qualitäts- und Personalmanagement über Veranstaltungsorganisation und die Einhaltung der Standards bis hin zur Buchführung. Kurz gesagt: Ausgebildete Fachmänner und Fachfrauen für Systemgastronomie sind nach ihrem Abschluss hervorragend gerüstet, um ein systemgastronomisches Restaurant zu führen! Geheimnis des Erfolgs der Systemgastronomie ist immer das motivierte Team. Wie beim Fußball ist nicht die Mannschaft mit den besten Einzelspielern erfolgreich, sondern die, die auf dem Platz bzw. im Restaurant am besten zusammenarbeitet. Nur mit einer perfekt eingespielten Choreografie kann es gelingen, dass Menschen sich in unseren Restaurants wohlfühlen und gerne wieder kommen. Deshalb legt die Systemgastronomie bereits in der Ausbildung großen Wert darauf, dass Aufgaben im Team gelöst werden.
Diesen Gedanken greift das Buch auf, das Sie gerade in Händen halten. Das Lehrbuch „Systemgastronomie“ wurde von Praktikern verfasst, die seit Jahren täglich junge Menschen für die Systemgastronomie ausbilden. Diese anerkannten Experten haben alles, was Sie für einen erfolgreichen Abschluss Ihrer Ausbildung wissen müssen, kompakt zusammengefasst. Durch Beispiele aus der Praxis werden Inhalte noch anschaulicher dargestellt. „Systemgastronomie“ ist so ein idealer Begleiter auf dem Weg zum Manager in unserer Branche.

Ich wünsche Ihnen eine spannende und erfolgreiche Ausbildung und viel Spaß beim Lernen!

Ihre
Valerie Holsboer
Hauptgeschäftsführerin des Bundesverbandes der Systemgastronomie

Liebe Schülerin, lieber Schüler,
das Erlernte ist die Basis für Ihre Vorbereitung auf Ihre Abschlussprüfung.

Wir wünschen Ihnen ein erfolgreiches Arbeiten mit diesem Buch!

Das Autorenteam

Wesentliche Elemente und verwendete Symbole:

Die Ziele kennzeichnen, was Sie nach Durcharbeiten des Kapitels können sollen. Sie sind farblich nach der Kompetenzstufe gekennzeichnet.

Meine Ziele

Nach Bearbeitung dieses Kapitels kann ich

- Blau (Wiedergeben, Verstehen)
- Rot (Anwenden)
- Schwarz (Analysieren und Entwickeln)

KOMPETENZ-ERWERB

Aufgabenstellungen, Ziele erreicht?

Die Aufgaben sind nach dem Kompetenzmodell mit den Farben Blau, Rot und Schwarz gekennzeichnet. Es wird unterschieden zwischen Aufgaben, bei denen die Schüler/innen

- die gelernten Fachinhalte verstehen und wiedergeben;
- erworbenes Wissen anwenden können;
- eigenständig Probleme analysieren und Lösungen entwickeln.

Aufgabenstellungen erfordern die praktische Umsetzung des Wissens und verlangen zum Teil eigene kreative Lösungsansätze. Sie helfen den Lernenden, die Kenntnisse und Fertigkeiten zu festigen.

„Ziele erreicht? – Aufgaben“ am Ende eines Kapitels ermöglichen den Lernenden, selbst festzustellen, inwieweit sie in ihrem Lernprozess erfolgreich waren. Der Kompetenzzuwachs wird aufgezeigt.
Kompetenzen erworben?
Kreuzen Sie aufgrund der durchgeführten Ziele erreicht?-Aufgaben an, ob Sie die Kompetenzen
zur Gänze
überwiegend oder
(noch) nicht ausreichend
erworben haben.

Diskussionsaufgaben

Wissenswertes und Tipps

„Beachten Sie!“

Downloads (unter www.trauner.at/systemgastronomie.aspx)

Verknüpfungen zu anderen Kapiteln bzw. Themen

Wissensfragen

Going international
Ohne Englischkenntnisse in der Hotellerie bzw. Gastronomie zu arbeiten, ist undenkbar. Die Schülerinnen und Schüler erlernen die wesentlichen Fachbegriffe in englischer Sprache.

Inhaltsverzeichnis

SYSTEMORGANISATION

PERSONALWESEN

I Systemorganisation

Gastronomiekonzepte gibt es viele, aber sind sie auch alle erfolgreich?

Nach dem theoretischen Input zum Thema Organisation wird es Ihre Aufgabe sein, verschiedene systemgastronomische Konzepte zu vergleichen bzw. voneinander abzugrenzen. Des Weiteren werden Sie lernen, Arbeitsabläufe zu planen und zu organisieren. Dazu müssen Sie in der Lage sein, die Abläufe zu systematisieren, darzustellen und zu bewerten.

Dies alles im Rahmen eines Qualitätsmanagements, das, basierend auf der Mitwirkung aller Mitglieder, die Qualität in den Mittelpunkt stellt.

Gastgewerbliche Betriebsformen

Wie alle gastronomischen Einrichtungen verkaufen auch Betriebe der Systemgastronomie Speisen und Getränke. Ihre Stores bzw. Filialen haben aber einen geschützten Markennamen und ein einheitliches Design. Eine Unternehmenszentrale gibt die Zielrichtung vor, die Produktionspalette und die Arbeitsabläufe sind standardisiert, das Konzept multiplizierbar.

Es gibt eine Vielzahl gastgewerblicher Betriebe. Eine Einteilung lässt sich anhand des Angebots erstellen.

Das Gastgewerbe verfolgt vier Angebotssäulen. Es bietet:

- **Unterkunft für die Gäste,** also die Beherbergung, das ist die **Hotellerie.**
- **Verpflegung für die Gäste,** also die Verabreichung von Essen und Getränken, das ist die Gastronomie.
- **Dienstleistung,** in Form von zusätzlichem Service, um die Gästewünsche zu erfüllen.
- **Unterhaltung,** auch als **Erlebnisgastronomie** bezeichnet.

KOMPETENZ-ERWERB

Meine Ziele

Nach Bearbeitung dieses Kapitels kann ich

- die verschiedenen gastgewerblichen Betriebsformen nennen;
- Unterschiede und Gemeinsamkeiten verschiedener systemgastronomischer Betriebsformen erkennen und erklären;
- die Expansionsformen erklären und deren Vor- und Nachteile erkennen;
- anhand der besonderen Merkmale eine Analyse systemgastronomischer Betriebe vornehmen;
- einen Überblick über die Betriebsformen der Individualgastronomie geben.

1 Systemgastronomiebetriebe

Jetzt bin ich schon im dritten Ausbildungsjahr und kenne nur meinen Ausbildungsbetrieb. Aber da gibt es doch sicher noch viel mehr ...

1.1 Merkmale

Eine allgemeingültige Definition besagt: Unter Systemgastronomiebetrieben versteht man Betriebe, die es sich zur Aufgabe gemacht haben, ihre Ziele so zu definieren, dass diese Art des Betriebes bzw. sein Konzept an jedem anderen Ort auch durchführbar und multiplizierbar ist sowie zum betrieblichen Erfolg führen kann. In den Betrieben wird nach Standard gearbeitet und einige Bereiche des Unternehmens sind zentral gesteuert. Welche das sind, kann sehr unterschiedlich sein.

Grundsätzliches zur Systemgastronomie finden Sie am Beginn des Buches Systemgastronomie 1.

Etwas offener definiert, kann man sagen, dass sich in systemgastronomischen Betrieben gewisse Teile eines „übergeordneten" Konzeptes mit Erfolg multiplizieren lassen, und zwar

- das Angebot,
- bestimmte betriebliche Arbeitsabläufe,
- Verkaufsstrategien,
- das Bestimmen von Gästezielgruppen,
- Marketingauftritte und Logos,
- der Aufbau der Personalstruktur,
- die Ausstattung und die Einrichtung.

Systemgastronomie ist ein Sammelbegriff für Gastronomieketten in Form von Foodservice-Betrieben und Fast-Food-Restaurants. Aber auch die Hotellerie, und zwar die Hotelketten arbeiten weltweit mit Systemen, indem sie eine einheitliche Organisation ihrer Standorte verfolgen, z. B. Hilton, Hyatt, Holiday Inn oder Best Western.

Einschränkungen in der Systemgastronomie entstehen jedoch durch das Achten auf verschiedene Kulturen und Religionen, das Eingehen auf unterschiedliche Gästebedürfnisse und Essgewohnheiten sowie das Einhalten gesetzlicher Bestimmungen.

Grundsätzliche Merkmale systemgastronomischer Unternehmen

Das einheitliche Konzept lässt sich meist durch eine einheitliche Angebots- und Ausstattungsstruktur erkennen und zeichnet sich durch vereinheitlichte Arbeitsabläufe aus.

Denken Sie z.B. an einen Pizzaservice. Welche Geschäftsbereiche würden Sie

a) standardisieren?

b) zentral steuern?

Diskutieren Sie Vor- und Nachteile.

Die **Systematisierung** ist in folgenden Punkten klar zu erkennen:

- Mehrere Betriebe verwenden das System
- Spezialisierung im Angebot
- Einheitlicher Werbeauftritt (Corporate Identity)
- Orientierung an den Zielgruppen
- Basismitarbeiterinnen und -mitarbeiter werden unternehmensintern trainiert
- Geschäftspartner (Lieferanten) sind einheitlich festgelegt
- Das Speisen- und Getränkeangebot ist standardisiert
- Qualitätsmanagement und Hygiene sind wichtig und daher standardisiert
- Die Betriebe zeichnen sich durch einen einprägsamen Markennamen und ein einheitliches Design aus

1.2 Begriffserklärung

Ganz allgemein lässt sich sagen, dass in systemgastronomischen Betrieben Getränke und/oder Speisen gegen Entgelt in einem standardisierten System abgegeben werden. Die Speisen und Getränke werden entweder an Ort und Stelle verzehrt oder auch mitgenommen oder sie werden den Gästen nach Hause oder zur Arbeit geliefert.

Ökonomisierung = dem ökonomischen Prinzip, also dem Wirtschaftlichkeitsprinzip folgend. Ziel ist es, dem Gast die maximale Qualität mit einem möglichst geringen Einsatz an Mitteln zu bieten.

Die Unternehmensleitung verfolgt dabei eine konsequente Ökonomisierung nach einem einheitlichen, multiplizierbaren System, dessen Wesensmerkmale Standardisierung und Spezialisierung sind.

Der Erfolg von **Systemgastronomiebetrieben** beruht in der Regel auf vier Faktoren:

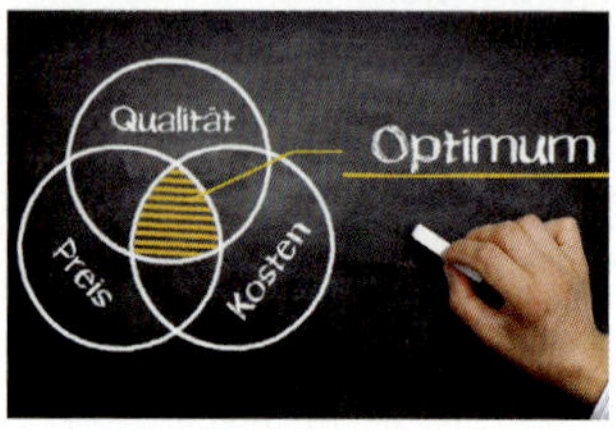

Effizienz
Optimaler Mitteleinsatz zum Erreichen des gesteckten Ziels.

Beispiel
Begrenzte Speisenkarte mit einer Standardisierung der Arbeitsprozesse zur Optimierung der eingesetzten Produktionsfaktoren

Berechenbarkeit
Betonung der Determinanten, die sich berechnen, zählen und quantifizieren lassen und somit als kalkulierbarer Bedarf sämtlicher Produktionsfaktoren gelten.

Beispiel
Sparmenüs, Festpreis für Baustein-Menüs, Berechenbarkeit des Kaloriengehalts, Berechenbarkeit der Gäste (Gästeanzahl pro Stunde, Produktivität der Mitarbeiterinnen und Mitarbeiter, Aufenthaltsdauer der Gäste, Durchschnittsbon, Wareneinsatzquote, Abfallquoten etc.)

Vorhersagbarkeit
Erfüllung der beispielsweise durch Marketingmaßnahmen generierten Erwartungen der Gäste in Bezug auf die Qualität, die Schnelligkeit der Leistung, den Preis, die Atmosphäre, die Produkte, die Freundlichkeit der Mitarbeiterinnen und Mitarbeiter und den professionellen Service.

Kontrolle
Eine stetige Überprüfung der Arbeitsprozesse wird durch die Standardisierung sämtlicher Unternehmensbereiche erleichtert. Es werden nicht nur die Herstellungsprozesse der Speisen und Getränke standardisiert, sondern vor allem auch die Arbeitsabläufe, das Verkaufsgespräch, der Service, das Reklamationswesen, die Warenlagerung, das Bestellwesen und die Mitarbeiteraus- und Weiterbildung.

1.3 Betriebsarten der Systemgastronomie

Eine Einteilung der verschiedenen Betriebsarten vorzunehmen, ist nicht immer so einfach. Zunächst muss man sich überlegen, welche Merkmale und Eigenschaften zur Einteilung herangezogen werden sollen. Eine Möglichkeit könnte die Serviceart sein, also Fullservice oder Selfservice. In der Systemgastronomie wird jedoch oft eine Mischform angewendet. Die Betriebe können auch nach dem Speisenangebot unterschieden werden oder nach der Art der Zubereitung der Speisen. Auch der Standort oder die Zielgruppe sind mögliche Unterscheidungsmerkmale. Eine klare Abgrenzung und Einteilung in Gruppen ist daher schwierig und im Prinzip auch nicht nötig. Es haben sich aber gewisse betriebliche Konzepte auf dem deutschen Systemgastronomiemarkt durchgesetzt, die wir hier kurz beschreiben möchten.

Ist McDonald's nun Fast-Food-Systemgastronomie? Die Frage kann natürlich mit ja beantwortet werden, es gibt aber auch McDonald's-Filialen, die zusätzlich zur Verkehrsgastronomie zählen.

1.3.1 Fast-Food-Systemgastronomie

Als Fast Food bezeichnet man Essen, das für den schnellen Verzehr zubereitet wird. Zwischen der Bestellung und dem Verzehr liegen meist weniger als zehn Minuten. Die Zubereitung soll möglichst rational und funktional sein, die Nahrungsaufnahme genauso. Typische Gerichte sind u. a. Burger, Pommes Frites, Sandwiches, Würste, Brathähnchen. Die meisten Speisen sind hochkalorisch, werden häufig aus Convenienceprodukten hergestellt, sättigen schnell und können dabei einfach und nebenbei verzehrt werden. Verpackt ist Fast Food meist in Einwegverpackungen, die heute in der Regel aus recycelbaren Materialien stammen.

Hochkalorisch = hoher Kaloriengehalt bei geringer Menge.

Fast-Food-Restaurants befinden sich an den unterschiedlichsten Standorten, in Innenstadtlagen, an Verkehrsknotenpunkten, aber auch als Freestander-Restaurants mitten auf der grünen Wiese. In den Anfangsjahren hatten die Fast-Food-Betriebe ein recht schmales Sortiment. In den letzten Jahren ist es allerdings immer breiter geworden, obwohl nach wie vor die meisten Konzepte den Focus auf nur eine Produktgruppe legen (Pizza, Burger, Hähnchenteile etc.).

Fast-Food-Systemgastronomie

McDonald's	Burger King	KFC
1937 von Richard und Maurice McDonald im kalifornischen San Bernadino gegründet; zunächst als Drive-In-Restaurant mit Hot Dogs und Milchshakes, später Hamburger bzw. Cheeseburger und Pommes. 1955 verkauft an Ray Kroc, der daraus ein Franchiseunternehmen machte. Heute ca. 34 000 Stores in 118 Ländern. Seit 1971 in Deutschland, aktuell 1 468 Stores.	1954 von James Mc Lamore und David Edgerton in Miami gegründet; zunächst über offener Flamme gegrilltes Rindfleisch und große Portionen Pommes Frites. 1957 kam der Whopper, das heutige Kernprodukt dazu. Heute ca. 13 000 Stores in 88 Ländern. Seit 1976 in Deutschland, aktuell ca. 700 Stores.	1930 von Colonel Harland Sanders im kalifornischen Corbin gegründet, und zwar als Tankstelle „mit Küche“. Seit 1953 ein Franchiseunternehmen (Yum Brands). Kernprodukt von Beginn an frittierte, panierte frische Hähnchenteile. Der Colonel entwickelte auch die Hochdruckfritteusen, die bis heute in jedem KFC-Restaurant verwendet werden. Heute 19 000 Stores in 120 Ländern. Seit den 1960-er Jahren in Deutschland, aktuell ca. 116 Stores.

Diskutieren Sie in der Klasse, welche Betriebe zur Fast-Food-Systemgastronomie gehören und welche nicht.

1.3.2 Fast-Casual-Betriebe

Diese Betriebe bieten den Gästen frisch zubereitete Speisen in gehobenem Interieur. Das sind einerseits klassische Fast-Food-Gerichte, wie beispielsweise ein Burger, aber eben in bester Qualität und frisch. Andererseits werden Gerichte wie Currys oder Speisen aus dem Wok angeboten (vor den Gästen gefertigt), die schon eine längere Zubereitungszeit haben. Oft gibt es Sandwiches, Desserts und Salate zum Mitnehmen, alles bereits verpackt. Die Gäste verweilen etwas länger als im Fast-Food-Restaurant. Das Essen ist schön und modern angerichtet, der Durchschnittspreis liegt bei fünf bis zehn Euro. Fast-Casual-Restaurants arbeiten mit einem hohen Maß an Selbstbedienung und haben wie diese oft ein starkes Take-out-Standbein. Der Durchschnittsbon ist meist höher als in Fast-Food-Betrieben.

Merkmale von Fast Casual Dining
- Frische, regionale Zutaten (i. d. R. keine TK-Ware)
- Front Cooking
- Kurze Wartezeiten
- Keine oder kaum Zusatzstoffe
- Gäste wählen mindestens eine Zutat aus
- Counter Service

Erfinder des Fast Casual Dining ist der junge Collegeabsolvent Steve Ells, der 1993 in Denver/Colorado das Unternehmen Chipotle Mexican Grill gründete und das vor allem Burritos und Tacos verkauft. Heute gibt es weltweit ca. 1 600 Restaurants, eines im Frankfurter Skyline Plaza. In den USA wirbt die Kette damit, dass nur Fleisch von Tieren verarbeitet wird, die ohne Antibiotika und Hormone aufgezogen wurden. Das stellt in den USA eine absolute Ausnahme dar.

Weitere Fast-Casual-Betriebe in Deutschland sind: Hans im Glück, Burgerlich, Vapiano, Coa.

Fast Casual kann in die sechs Konzeptgruppen Bakery-Cafés, Mexican/Southwest, Specialty, Sandwich, Chicken und Burgers eingeteilt werden.

Fast-Casual-Betriebe

Dean & David

Gehört zur Enchilada-Gruppe und wurde 2007 von David Baumgärtner in München-Schwabing mit Unterstützung der Enchilada-Gruppe gegründet. Die Idee wurde während einer Weltreise entwickelt. „Fresh To eat“ ist der Slogan, es gibt frische Salate, Thai Currys und Smoothies.

Kaimug

Bernd Ungewitter kam 1996 nach einem mehrjährigen Thailandaufenthalt mit der Vision zurück, echte, unverfälschte, thailändische Küche mit exotischen Geschmackserlebnissen nach Deutschland zu bringen. Es entstand die Idee thailändische Schnellgerichte anzubieten. Er begann mit einem Imbisswagen, inzwischen vergibt er Franchiselizenzen.

1.3.3 Steakhäuser

Diese Restaurants bieten Steaks mit Sättigungsbeilagen, wie Ofenkartoffeln, Bratkartoffeln und Knoblauchbroten sowie Gemüse oder Salat von der Salatbar. Es findet durchgängig Full-Service statt.

Steakhäuser

Maredo

Gegründet 1973 von Manfred Holl, Karl-Heinz Reinheimer und Udo Schlote in Berlin am Kurfürstendamm. Das Konzept zeichnet sich durch beste Fleischqualität, regionale saisonale Salate sowie aromatische Dips und Saucen aus.

Block House

Gegründet 1968 von Eugen Block in Hamburg. Zur Unternehmensgruppe zählen neben der Gastronomie (Block House, Jim Block) das Hotel Grand Elysee sowie Block Fleischerei und Block Menü. Die Foodsparte beliefert neben den eigenen Restaurants auch andere Gastronomiebetriebe sowie den Einzelhandel.

Notieren Sie weitere Steakhouseketten aus Ihrer Region.

1.3.4 Coffee Shops

Das Kernsortiment umfasst italienische Kaffeespezialitäten, vom einfachen Espresso bis zum Latte Macchiato mit Flavour. Die Getränke werden meist in mehreren Größen angeboten, vor Ort in Porzellantassen oder zum Mitnehmen in Pappbechern mit Deckel. Auch Teegetränke werden serviert. Die Speisen beschränken sich auf typisch Amerikanisches, wie Apple Bread, Banana Bread, Brownies, Cookies und Muffins sowie belegte Bagels, Sandwiches, kleine Salate und Müslis.

Wesentliche Vertreter dieser Betriebsart sind Starbucks, San Francisco Coffee Company (SFCC), Balzac Coffee, Double Coffee, World Coffee, Campus Suite.

Porzellantassen und Pappbecher sind meist mit dem Logo der Kette bedruckt

Coffee Shops

Starbucks

1971 in Seattle gegründet, mit mehr als 15 000 Standorten in 50 Ländern der größte Röster und Anbieter von Kaffeespezialitäten weltweit

SFCC

san francisco coffee company

Gegründet 1999 in München, Geschäftsführer: Michael Dörrenberg, Uli Springer; Bio-Fair-Trade-Sortiment; seit 2009 Franchiselizenzvergabe

Balzac Coffee Company

Von Vanessa Kuhlmann 1998 in Hamburg gegründet; inzwischen diverse Stores in Berlin, Lübeck und Hamburg; 2011 Fusion mit World Coffee

Starbucks leitet sich vom Namen des Steuermanns aus dem Roman Moby Dick ab. Damit sollte an die Seefahrertradition der ersten Kaffeehändler erinnert werden.

1.3.5 Bäckerei-Cafés

Die traditionellen Bäckereien wurden längst von Betrieben abgelöst, die ein breites Speisen- und Getränkesortiment führen, in einigen liegt der Schwerpunkt inzwischen sogar auf dem Kaffee- und Restaurantumsatz. Und so gibt es neben dem für eine Bäckerei typischen Sortiment bestehend aus Frühstücksangeboten, Kuchen, Torten, Kaffee, Tee und heißer Schokolade meist auch kleine warme Mittagsgerichte, die weit über die Definition „herzhafte Bäckersnacks" hinausgehen können.

Das Angebot von gemütlichen Sitzmöbeln, Kinderspielecken und Free WLAN lockt junge Familien zu einem ausgedehnten Frühstück an

Bäckerei-Cafés

Bäckerei Junge

1897 gegründet von Johannes Junge in Lübeck ist dieses Unternehmen seit dieser Zeit in Familienbesitz. Die drei Großbäckereien in Lübeck, Rostock und Greifswald beliefern ca. 170 eigene Filialen in Norddeutschland.

Kamps Bäckerei

Erste Bäckerei 1982 in Düsseldorf, heute 420 Bäckereien und 65 Kamps Backstuben, in denen in einer „gläsernen Backstube" vor den Gästen gearbeitet wird, zwei davon in London; 97 % Franchiseanteil.

Weitere Bäckerei-Café-Ketten sind u. a.: Bäckerei Tackmann, Von Allwöhrden, Schäfer's, Emil Reimann, Hofpfisterei, Malzer's Backstube, Wiener Feinbäcker Heberer, Stefansbäck.

1.3.6 Handelsgastronomie

Die Größe der Handelsgastronomiebetriebe variiert sehr stark und reicht von 6–20 m^2 bis zu 600 m^2 großen Flächen.

Sie ermöglicht es am Point of Sale (im Kaufhaus, Möbelhaus, Supermarkt etc.), Einkauf und Genuss zu verbinden. Das Angebot an Gerichten ist darauf ausgerichtet, dass der Gast sie schnell bekommt, was aber kein Gegensatz zu frischem Essen sein muss. Viele Betriebe der Handelsgastronomie arbeiten mit dem Free-Flow-System oder dem Fresh-Flow-System und bereiten die Speisen direkt vor den Gästen zu.

In der Handelsgastronomie gibt es Eigentums- und Pachtbetriebe. Es sind drei Varianten möglich:

- Gastronomische Leistung vom Handelsunternehmen selbst, als Profitcenter mit eigener Gewinnerwartung, z. B. Dodenhof, Ikea.
- Tochtergesellschaften, die als selbstständige Betreiber auftreten, eventuell auch einen vom Handelsbetrieb unabhängigen Marktauftritt haben, z. B. Dinea Gastronomie GmbH als Gastronomiekonzept im Kaufhof, Grillpfanne bei Real, Le-Buffet bei Karstadt.
- Die Gastronomie wird von einem externen gastronomischen Unternehmen betrieben, die Fläche im Handelshaus wird im Sinne eines „Shop im Shop" verpachtet, z. B. ALEX im Textilhandelsunternehmen C&A.

Handelsgastronomie

LeBuffet

Ist ein Tochterunternehmen der Karstadt Warenhaus AG; Fresh-Flow-Konzept; das Angebot umfasst asiatische Gerichte, Fisch und Fleisch vom Grill, Pasta, Salat, Antipasti, Desserts, hausgemachtes Eis und Kuchen.

Dinea

1982 als Kaufhof Service Gesellschaft gegründet, erfolgte 1995 die Umfirmierung in DINEA Gastronomie GmbH; sind Free-Flow-Restaurants in den Kaufhof Warenhäusern.

Ikea

Seit dem ersten Möbelhaus 1958 in jedem Einrichtungshaus ident; Selbstbedienung; das Angebot umfasst schwedische und lokale Speisen, Softeis, Hot Dogs etc; Free-Line- in Kombination mit Free-Flow-Systemen.

1.3.7 Verkehrsgastronomie

Diese Betriebe befinden sich an Bahnhöfen, Flughäfen und Autobahnen und sind an die Bedürfnisse der Reisenden angepasst. So gibt es Speisen, die schnell im Restaurant zu verzehren sind oder mitgenommen werden können.

Hauptbahnhof in Leipzig

Verkehrsgastronomie

Tank und Rast

Vielfältiges, für Autobahnraststätten klassisches Gastronomieangebot, ergänzt durch Partner wie Burger King, McDonald's und Nordsee; häufig Aktionsmenüs für Familien.

LSG Sky Chefs

Weltweit größter Airline-Caterer, bestehend aus 156 Unternehmen mit 208 Betriebsstätten in 54 Ländern. Der Mutterkonzern, die Lufthansa Service Holding GmbH ist in Neu-Isenburg ansässig.

SSP

SSP (Select Service Partner) Deutschland ist Dienstleister mit Standorten in Flughäfen, auf Bahnhöfen und in Autobahnraststätten. Das Unternehmen tritt nie unter seinem Namen auf, sondern entwickelt Marken, beispielsweise „Caffè Ritazza".

Weitere Verkehrsgastronomiebetriebe sind: Marché und Mövenpick Restaurants, Allresto, Aral, Shell, Maxi Autohöfe, Stockheim, Yorma's, Pommes Freunde (Enchilada-Gruppe).

1.3.8 Verpflegung in Betrieben, Bildungseinrichtungen und Krankenhäusern

Große Unternehmen bieten an den Standort angepasste, individuelle Lösungen. So kann vor Ort täglich frisch gekocht werden oder mittels Cook&Chill oder Cook&Freeze die Produktion der Speisen an zentralen Orten stattfinden, um dann regenerierfertig in die Verpflegungsbetriebe geliefert zu werden. Die Regeneration und der Service werden auch von den Gastronomieunternehmen angeboten. Bekannte Beispiele für Betriebsverpflegungsunternehmen sind Kruschina und Cultina.

1.3.9 Freizeitgastronomie

Freestander = frei stehendes Gebäude, das meist eigens für das Restaurant errichtet wird.

Freizeitgastronomie

Enchilada restaurant &bar mexicano: Puro México	ALEX (Mitchells & Butlers Germany GmbH)	Café del Sol
Das erste Restaurant wurde 1990 von Hermann Weiffenbach in München eröffnet; mexikanische Küche mit ausgereiftem Barkonzept; Ambiente bestehend aus Sandsteinfelsen, rohen Ziegeln und Ornamenten; Zielgruppe: Szenegänger.	Das Konzept: Genuss und Urlaub vom Alltag, gute Laune und Entspannung; knapp 40 Stores in Deutschland. Diese wurden 1999 vom britischen Unternehmen Mitchells & Butlers übernommen; Cafés, Kneipen, Bars, Bistros.	Das Konzept: täglicher Kurzurlaub direkt vor der Tür, südländisches Flair, Urlaubsatmosphäre; gegründet 2001 von der Gastro & Soul GmbH in Hildesheim; grundsätzlich Freestander Restaurants in der Nähe der Autobahn.

Aufgabenstellung

- Weitere Vertreter der Freizeitgastronomie sind Europapark Rust, Celona Gastro, Cinemaxx, Sausalitos, CMS und Gastro Consulting.

  Sie kennen diese Konzepte nicht? Dann recherchieren Sie im Internet und machen sich hier Notizen!

Diese Übung finden Sie auch unter www.trauner.at/systemgastronomie.aspx.

1.3.10 Homedelivery – Hauslieferung – Lieferdienst

- **Angebote:** Speisen und Getränke in Einwegverpackungen (Karton, Plastik); Fastfood bzw. Imbiss in Form von Pizza, Schnitzel, Saucen und Salaten, Frühlingsrollen, knusprigen Enten usw.
- **Arbeitsablauf:** Anruf oder E-Mail – Zubereitung – Verpackung – Auslieferung.

Hungriger Kunde bestellt eine Pizza (telefonisch oder über das Internet).

Die Mitarbeiterin bzw. der Mitarbeiter vergibt eine Bestellnummer, druckt die Rechnung aus und nimmt die Adresse in den Tourenplan zur Auslieferung auf. Zur Sicherheit muss eine Telefonnummer notiert werden. Bei Bestellungen im Internet ist es üblich, dass sich die Kunden erst registrieren müssen, um eine Kundennummer sowie ein Passwort zu erhalten. Mit diesem Login kann immer wieder bestellt werden.

Die Pizza wird gebacken und in einen Karton verpackt. Auf den Karton wird die Bestellnummer geschrieben. Pizza in der Verpackung warm halten und zur Auslieferung bereitstellen.

Die Auslieferung erfolgt laut Tourenplan. Die Bestellung wird übergeben und kassiert.

- **Anforderungen:** Getränke- und Lebensmittellager, Fertigungsküchen; Fahrzeuge zur Anlieferung mit Vorrichtungen zur Kühlung bzw. zum Warmhalten (z. B. isolierte Trolleys). Selbstverständlich müssen auch hier strenge Hygienevorgaben eingehalten werden.

Joey's Think Pizza...

HALLO PIZZA! ISS BESSER!

MUNDFEIN PIZZAWERKSTATT

Smiley's Pizza Profis

1.3.11 Take out – Mitnahmegeschäft – Fensterverkauf

- **Angebote:** portioniert zum sofortigen Verzehr, z. B. Snacks, Döner, Pizzaschnitten, Schnitzelsemmeln, Dosengetränke oder Getränke in Plastikbechern.
- **Arbeitsablauf:** Mündliche Bestellung am Fenster – Verkaufsgespräch führen (eventuell Zusatzverkauf) – Zubereiten (bzw. Fertigstellen) – Verpacken – Kassieren.
- **Anforderungen:** Geschäftslokal oder Wagen mit Verkaufsfenster, Kühl- und Zubereitungsgeräte, Einweggeschirr, Servietten, Hygienevorrichtungen.

Stapelbare Transportboxen erleichtern die Anlieferung

1.3.12 Catering – Außer-Haus-Lieferung

- **Angebote:** Umfassende Gastronomie, z. B. kalt-warme Buffets oder Menüs mit korrespondierenden Getränken und Unterhaltung.
- **Arbeitsablauf:** Bestellung entgegennehmen und mit Vertrag fixieren – Planung nicht ohne Planungsformular oder Function-Sheet – Durchführung (Einkauf, Vor- und Zubereitung, Lieferung, Service, Abräumen und Aufräumen) – Rücktransport des Equipments.
- **Anforderungen:** besondere Infrastruktur, und zwar Lagereinheiten, Kühler, Küchen, Küchengeräte, Tische und Sessel in transportabler Form; technische Ausstattung – Stromversorgung prüfen; ausreichendes Inventar (Serviergegenstände, Tischwäsche usw.); Fachpersonal für Empfang, Küche, Service, Unterhaltung und Reinigung.

2 Expansionsformen systemgastronomischer Betriebe

Mein Opa erzählt mir immer von „seinem“ Wirt um die Ecke. Dort fühlte er sich wohl, dort wusste er, was ihn erwartet. Warum gibt es diesen Wirt um die Ecke nicht mehr – was ist da passiert?

Diese Individualgastronomie wurde ersetzt durch eine Gastronomie, die an Marken gebunden ist. Die Marke sagt heute dem Gast, und zwar standortunabhängig, welche Leistungen er in einem Betrieb zu erwarten hat. Damit ist sozusagen die Marke an die Stelle des Wirtes getreten.

Die Expansion erfolgt in der Systemgastronomie entweder in Form von eigenen Filialen, mit dem Verkauf von Franchiselizenzen, bzw. im Lizenzsystem. Obwohl beide Systeme auf den ersten Blick gleich aussehen, bestehen doch einige, vor allem rechtliche Unterschiede.

2.1 Filialsystem

Ein besonderes Merkmal des Filialsystems ist, dass es eine Zentrale gibt, die die Filialen führt und steuert. Die Filialleiterin bzw. der Filialleiter ist keine selbstständige Unternehmerin/kein selbstständiger Unternehmer, sondern eine Angestellte/ein Angestellter. Die Geschäftsführerin/der Geschäftsführer des Standortes (der Filiale) ist der Zentrale weisungsgebunden. Die Finanzhoheit und rechtliche Belange obliegen der Zentrale.

Die Produktentwicklung oder die Vorgabe der Standards wird wie in den meisten systemgastronomischen Betrieben zentral vorgeschrieben.

Im Filialsystem organisierte Unternehmen sind u. a. Betriebe der Handelsgastronomie, wie IKEA, Dodenhof und XXXLutz sowie Starbucks, Marché, Le Buffet und Balzac Coffee Company, Dinea, Junge Die Bäckerei.

Dodenhof mit Fashion-Café

Das erste im Filialsystem organisierte Gastronomieunternehmen Deutschlands war die Wienerwald-Kette von Friedrich Jahn.
Sein erstes Restaurant gründete er 1955 in München, später machte er dann das Franchising in Deutschland populär. 1980 verfügte der Konzern über 1 536 Restaurants weltweit mit etwa 27 000 Mitarbeitern. Das schnelle Wachstum wurde dem Konzern im Jahre 1983 zum Verhängnis und führte ihn schließlich in die Insolvenz. Friedrich Jahn verlor das Unternehmen, das in den folgenden 25 Jahren von verschiedenen Betreibergesellschaften geführt wurde.

Heute sind die Markenrechte wieder im Besitz der Gründerfamilie, die mit einem neuen Konzept wiederum ein Franchisesystem äußerst erfolgreich aufgezogen hat.

Wienerwald heute

2.2 Franchisesystem

Im Franchisesystem ist der Franchisenehmer/die Franchisenehmerin ein selbstständiger Unternehmer bzw. eine selbstständige Unternehmerin. Er/sie trägt allein das unternehmerische Risiko für sein/ihr Geschäft.

Bei großen Franchiseunternehmen werden häufig Mehrfachlizenzen vergeben, das heißt ein Franchisenehmer bzw. eine Franchisenehmerin hat die Lizenz für mehrere Betriebe dieser Marke. Dabei werden dann Restaurantleiter/innen bzw. Filialleiter/innen eingestellt, die als Angestellte den Betrieb führen – wie beim Filialsystem.

Außerdem gibt es Unternehmer und Unternehmerinnen, die Franchiselizenzen von verschiedenen Konzepten erwerben und diese an einem Standort zusammenführen. So präsentieren zum Beispiel Betreiber/innen von Autobahnraststätten verschiedene Gastronomiemarken als sogenannten Food-Court. Auch das Unternehmen Stockheim, es bezeichnet sich als Verkehrsgastronomie, betreibt auf Bahnhöfen und Flugplätzen verschiedene Shops und hat die Lizenzen verschiedener Gastronomiekonzepte erworben.

Food-Court = Zone innerhalb eines Gebäudes, in der es Verkaufsstellen verschiedener eigenständiger Restaurants gibt, jedoch die Sitzplätze gemeinsam genutzt werden.
Einer der größten Food-Courts Europas mit 1 200 Sitzplätzen befindet sich im CentrO in Oberhausen im Ruhrgebiet.

Das CentrO in Oberhausen

Going international
A promotional slogan for franchising can be expressed as "being in business for yourself but not by yourself".

Eine **Salvatorische Klausel** kann z. B. lauten: „Sollten einzelne Bestimmungen dieses Vertrags unwirksam oder undurchführbar sein, bleibt davon die Wirksamkeit des Vertrags im Übrigen unberührt“. Sie hat den Zweck, einen teilweise unmöglichen Vertrag, insbesondere aber den wirtschaftlichen Erfolg, den der Vertrag bewirken soll, so weit wie möglich aufrechtzuerhalten.

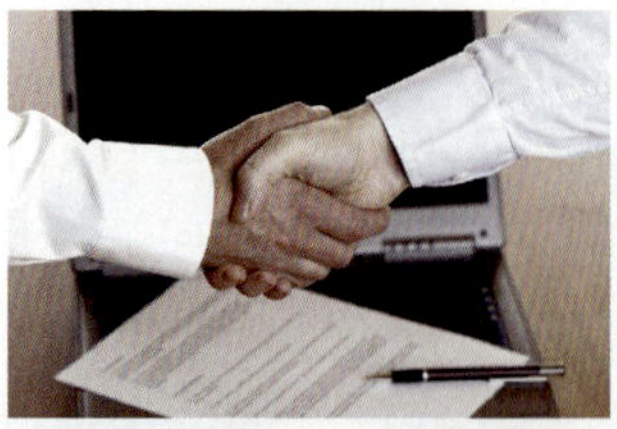

Der **Franchisegeber/die Franchisegeberin** gewährt dem Franchise-nehmer/in das Recht auf den Namen und legt gleichzeitig die Verpflichtung auf, ein Geschäft entsprechend seinem Konzept zu führen.

Franchisesysteme im Gastgewerbe sind z. B. McDonald's, Segafredo, Burger King, Block House, Joey's, Hallo Pizza, KFC

Der **Franchisenehmer/die Franchisenehmerin** darf während der Vertragslaufzeit das Know-how und den Markennamen nützen. Er ist zu verschiedenen Aufgaben verpflichtet, z. B. zur Einhaltung der vorgegebenen Standards bzw. zur Zahlung einer Franchisegebühr.

Aufgabenstellung

Diese Übung finden Sie auch unter Lehrerservice auf www.trauner.at/systemgastronomie.aspx.

- Ein Franchisevertrag ist für viele der Traum vom eigenen Unternehmen mit einem starken Partner an der Seite. Doch worauf lässt man sich da ein? Überlegen Sie dies anhand folgender Punkte, die ein Franchisevertrag beeinhaltet!

Gegenstand des Franchisings (Produkt, Dienstleistung)	
Pflichten des Franchisenehmers/der Franchisenehmerin	
Modalitäten zur Errichtung und Führung des Franchisebetriebes	
Pflichten des Franchisegebers/der Franchisegeberin	
Ausbildung des Franchisenehmers/der Franchisenehmerin	
Werbung	
Schutzrechte des Franchisegebers	
Warenlieferungen durch den Franchisegeber/die Franchisegeberin	
Haftung und Versicherung	
Preisbildung	
Franchisegebühren	
Vertraulichkeit und Geheimhaltung	
Abwerbeverbot	
Dauer des Vertrags	
Kündigung und Beendigung des Franchisevertrags	
(nachvertragliche) Wettbewerbsverbote	
Veräußerung des Betriebs	
Salvatorische Klausel	
Schiedsgericht	

Einem Franchisevertrag liegt also der Wunsch beider Parteien zugrunde, Geld zu verdienen. Der Franchisegeber bzw. die Franchisegeberin will sein/ihr Unternehmen erweitern, ohne eigenes Geld auszugeben. Er/sie liefert den Markennamen, die Betriebsplanung, das Fachwissen, die richtige Ausrüstung, ein Liefersystem usw.

Zu den Leistungen des Franchisegebers bzw. der Franchisegeberin gehören:

- Hilfe bei der Standortsuche und Gebietsschutz.
- Überregionale Marktforschung und Werbung.
- Qualitätsmanagement mit Kontrollen durch Mystery Shopper.
- Rahmenvereinbarungen mit Lieferanten.
- Versicherungen.
- Vermittlung von Dienstleistern, wie Buchhaltungs- und Securityunternehmen.
- Kreditangebote.
- Schutzrechte für die Marken.
- Ausstattung und Betriebsmittel des Geschäftslokales.
- Franchise-Handbuch mit Arbeitsabläufen und Hygienevorgaben.
- Schulungen der Mitarbeiter und Mitarbeiterinnen.

Going international
Franchisor = Franchisegeber/in
Franchisee = Franchisenehmer/in
For more look at www.eff-franchise.com, the website of the European Franchise Federation

Schutzrechte für Marken
Viele Marken sind geschützt, und zwar durch Eintragung in das Markenregister des Patent- und Markenamts. Es gibt Marken mit Kultstatus, wie z. B. Coca-Cola. Bereits im Jahr 1886 mischte ein gewisser John Stith Pemperton in Atlanta ein koffeinhaltiges Getränk, das er als Heilmittel gegen Müdigkeit und Kopfschmerzen anpries. Er verkaufte die Rechte an Asa Griggs Candler, der 1892 die Coca-Cola Company gründete und das Getränk als Marke schützen ließ. Zur Weltmarke wurde es schließlich durch Robert W. Woodruff, nachdem er das Getränk auch außerhalb der USA populär gemacht hatte. Sogar die „Humpelrock“ genannte Flasche wurde zum Mythos und ist seit 1916 patentrechtlich geschützt.

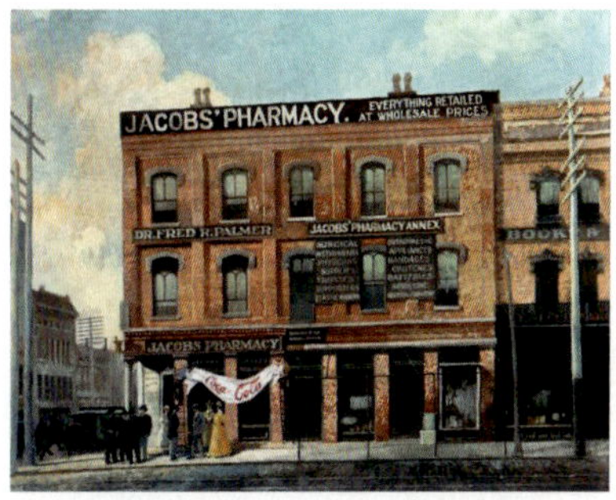

In dieser Apotheke in Atlanta wurde Coca-Cola erstmals verkauft

Der **Franchisenehmer/die Franchisenehmerin** ist ein eigenständiger Unternehmer bzw. eine eigenständige Unternehmerin mit allen gesetzlichen Verpflichtungen. Zusätzlich ist er/sie an vertraglich vereinbarte Pflichten gebunden, wie:

- Häufig Bezugsverpflichtung bei vorgegebenen Lieferanten.
- Einheitliche Angebots- und Preisgestaltung.
- Franchisegebühren an den Franchisegeber bzw. die Franchisegeberin.
- Buchführung und Berichtswesen (Eigenhaftung, z. B. beim Finanzamt).
- Kontrollrechte des Franchisegebers/der Franchisegeberin.
- Vertraulichkeit und Geheimhaltung von Internas.
- Wettbewerbsverbote und Vertragsstrafen.
- Bindung an Vertragsdauer.
- Beendigung des Vertrages, Kündigung.
- Übertragbarkeit und Vergabe von Unterlizenzen.
- Sondervereinbarungen.

Durch das Zurverfügungstellen des Know-hows ist der Betriebserfolg planbar und absehbar – ein großer Vorteil.

Franchisebetriebe arbeiten meist mit geringen Gewinnspannen und benötigen daher hohe Umsätze. Eine geschickte Standortwahl in Ballungszentren oder an Orten mit hohem Gästedurchfluss, wie an Autobahnen, ist sinnvoll.

Durch die Vergabe von Franchiselizenzen wird die Expansion eines Systems schneller vorangetrieben. Dabei muss man nicht so viel eigenes Kapital aufbringen.

Allerdings muss ein System schon erprobt und ausgereift sein, um damit überhaupt einen Markt für Franchiselizenzen erschließen zu können. Von einer unbekannten Marke kauft sicherlich niemand eine Lizenz, schon gar nicht für viel Geld.

Somit beginnen nahezu alle systemgastronomischen Konzepte zunächst mit einem eigenen Restaurant, das selbst betrieben wird.

Läuft dieses gut, dann werden in den meisten Fällen eigene Filialen eröffnet. Erst wenn diese erfolgreich arbeiten und die Marke einen gewissen Bekanntheitsgrad erreicht hat, können Franchiselizenzen ausgegeben werden.

Viele Unternehmen in der Systemgastronomie wachsen über längere Zeiträume mit eigenen Filialen und gleichzeitig mit Franchiselizenzen.

Diese Übung finden Sie auch unter www.trauner.at/systemgastronomie.aspx.

Die Entscheidung, ob man sich mit einer Franchiselizenz selbstständig macht oder mit einer eigenen Idee, muss man für sich selbst treffen. Tatsache ist, dass man mit dem Erwerb einer Lizenz zunächst eine gute Möglichkeit hat erst einmal Geld zu verdienen, um dann vielleicht später ein eigenes Konzept auszuprobieren.

Aufgabenstellung

- Finden Sie Vor- und Nachteile von Franchiselizenzen!

  a) **Vorteile**
  Man kann schneller expandieren, da man das Kapital nicht selbst aufbringen muss.

  b) **Nachteile**
  Negative Schlagzeilen an einem Standort wirken sich weltweit innerhalb kürzester Zeit auf die Marke negativ aus.

Die Vergabe von Franchiselizenzen bringt dem Franchisegeber bzw. der Franchisegeberin eine regelmäßige und dauerhafte Einnahmequelle in Form der monatlichen, umsatzabhängigen Franchisegebühren. Bis zur Marktsättigung können die Einnahmen durch weitere Verträge mit investierenden Franchisenehmerinnen und Franchisenehmern wesentlich schneller gesteigert werden, als dies der Franchisegeber bzw. die Franchisegeberin mit eigenen Filialen leisten könnte.

Die Multiplikation des Konzeptes an verschiedenen Standorten ermöglicht es, die Marke bei gleichzeitiger Verlagerung des unternehmerischen Risikos zügig auszubauen. Doch genau dort können auch die Risiken für den Franchisegeber/die Franchisegeberin und den Markennamen liegen. Die Betriebe müssen regelmäßig und gründlich überprüft und die Standards möglichst genau festgelegt werden. Ist dies nicht der Fall, könnte eine beliebte Marke schnell flächendeckend Schaden nehmen.

Dies potenziert sich bei den sogenannten **Mehrfachlizenzen** (Multi-Unit-Franchising). In diesem Fall betreibt ein Franchisenehmer bzw. eine Franchisenehmerin mehrere Restaurants desselben Systems. In den letzten Jahren wurden immer mehr Mehrfachlizenzen vergeben, bieten sie doch den Franchisenehmern die Chance auf mehr Gewinn, Verantwortung und breitere Aufgabenstellungen. Franchisegeber profitieren davon, dass das erforderliche Wissen nur einmal vermittelt werden muss. Außerdem lässt sich die Expansionsgeschwindigkeit durch die Unterzeichnung von Mehrfachlizenzen erhöhen. Auf der anderen Seite können Mehrfachlizenznehmer unter Umständen gefährlicher für eine Marke sein als Einzel-Franchisenehmer, da die erforderliche Kompetenz von Franchisenehmern zur Führung mehrerer Standorte oft unterschätzt wird. Da ein eventueller Misserfolg großflächiger ausfallen kann, könnte die Marke schneller Schaden nehmen.

Bei der Vergabe von Mehrfachlizenzen ist eine besondere Unterstützung durch den Franchisegeber/die Franchisegeberin nötig. Der Franchisenehmer/die Franchisenehmerin muss genau ausgewählt und hinreichend unterstützt sowie kontrolliert werden.

Für Mehrfachlizenznehmer gelten oft andere Regeln:

- Verträge werden nicht von Anfang an für Mehrfachlizenzen unterschrieben. Meist gibt es Optionen auf den Erwerb weiterer Lizenzen für besonders erfolgreiche Franchisenehmer. Der zweite Standort kann oft noch vom Franchisenehmer selbst bewältigt werden, wenn aber drei oder mehr Standorte vorhanden sind, dann wird es schon schwieriger.
- Der Kontakt zum eigentlichen Standortbetrieb wird durch größere Managementaufgaben geringer.
- Die Auswertung der betriebswirtschaftlichen Kennzahlen wird umfangreicher.
- Die Motivation der Mitarbeiterinnen und Mitarbeiter sinkt häufig, wenn der Chef/die Chefin nur selten da ist.
- Die Optimierung des gelungenen Markenauftritts muss an allen Standorten angestrebt werden.
- Ein breiter angelegtes Marketing muss bewältigt werden.

Aufgabenstellungen

1. Überlegen Sie systemgastronomische Marken, die in den letzten Jahren durch Probleme mit den Franchiselizenzen aufgefallen sind.

2. Recherchieren Sie im Internet die Bedingungen für Franchisenehmer/Franchisenehmerinnen verschiedener Systeme. Stellen Sie Unterschiede und Gemeinsamkeiten dar!

Diese Übung finden Sie auch unter www.trauner.at/systemgastronomie.aspx.

2.3 Lizenzsystem

Neben dem Verkauf von Franchiselizenzen gibt es in der Systemgastronomie auch Konzepte, die reine Lizenzen ihrer Marke verkaufen.

Erwerb von Lizenzen
Haben Sie jemals schon eine Lizenz erworben? Im ersten Moment denken Sie vielleicht: „Nein, das habe ich nicht!“ Dann stellen Sie sich einmal folgende Frage: „Haben Sie für Ihren PC oder Laptop eine Software gekauft?“ Eben – dann haben Sie zur Nutzung des Programms also doch schon eine Lizenz gekauft.

Going international
Lizenz = licence.

Ein reiner Lizenzvertrag beinhaltet also nur die Nutzung von Rechten, wie z. B. die Verwendung der Marke, des Logos, aber normalerweise kein betriebswirtschaftliches Know-how, kein Marketing, keine Produktentwicklung usw., wie dies ein Franchisevertrag sehr wohl beinhaltet.

Durch einen Lizenzvertrag erteilt der Inhaber eines geschützten Rechts dem Lizenznehmer ein definiertes Nutzungsrecht.

Eine Lizenz kann natürlich ein ganzes Paket von Rechten enthalten, die dann zusammen ein gastronomisches Konzept bilden. Das Konzept an sich kann aber nicht der Inhalt der Lizenz sein, denn Wissen wird durch Weitergabe übertragen, nicht durch eine Lizenz. Die Übergänge sind allerdings juristisch nicht eindeutig.

Franchisevertrag	Lizenzvertrag
In einem Franchisevertrag stecken alle Elemente eines Lizenzvertrags. Der Franchisevertrag ist ein Vertriebsvertrag.	In einem Lizenzvertrag stecken kaum Elemente eines Franchisevertrags. Der Lizenzvertrag ist kein Vertriebsvertrag.

Trotzdem ist bei vielen Franchisesystemen von Lizenzen die Rede. Sieht man allerdings genauer hin, dann handelt es sich eben doch um Franchiseverträge. Das liegt daran, dass der Begriff Franchise in keinem deutschen Gesetz zu finden ist und der Begriff Lizenz lediglich im Markengesetz erwähnt wird.

3 Betriebe der Individualgastronomie

Meine Freundin Martina stammt aus einer Hoteliersfamilie in Berchtesgaden. Schon ihre Großeltern und Urgroßeltern waren Hoteliers. Sie erzählt, dass die Familie rund um die Uhr für die Gäste da ist ...

Mit Individualgastronomie meint man vom Inhaber bzw. der Inhaberin geführte Einzelbetriebe. Es gibt sie in jeder Betriebsform.

3.1 Bewirtungsbetriebe

Dazu zählen u. a. Restaurants, Gaststätten, Cafés, Cafeterias, Bars, Unterhaltungsbetriebe, Selbstbedienungsbetriebe.

- **Restaurants** zeichnen sich durch ein exklusives Ambiente und einen gehobenen Service aus. Es gibt À-la-carte-Bestellungen bzw. Menüs mit oder ohne korrespondierende Getränke.
- **Gaststätten** bieten häufig regionale Küche mit typischen ländlichen Gerichten sowie Getränken. Sie werden auch als Schenke, Wirtshaus oder Gasthaus bezeichnet.

- In **Ethno- bzw. Spezialitätenrestaurants** werden sowohl das Ambiente und die Unterhaltung als auch das Speisen- und Getränkeangebot unter ein Motto gestellt. Beispiele sind italienische, griechische und chinesische Restaurants bzw. Fischküchen usw.

- In **Kneipen, Pubs und Bars** besteht das Kernsortiment aus Getränken. Dazu werden (kleine) Speisen angeboten.
- Ein **Café** ist häufig an eine Konditorei angegliedert und bietet Kuchen, Torten und Gebäck sowie Kaffee- und Teespezialitäten.
- Als **Cafeteria** bezeichnet man Verpflegungsbetriebe in Universitäten, Schulen und Großbetrieben, die für eine einfache Pausenverpflegung (oft in Selbstbedienung) sorgen.
- **Kantinen** und **Mensen** befinden sich an Sportstätten, Universitäten, Schulen und in Großbetrieben. Meist werden täglich wechselnde warme Mittagsgerichte angeboten.

Going international

Juniorsuite: usually one room with more space and furniture than a standard hotel room; may include a living and sitting area.
Suite: a multiple room; some sleeping rooms and one living room with connecting doors.
Penthouse: apartment on the highest floor.
Grand Lit, Queen-size-bed, King-size-bed: beds vary in size; Grand Lit is a larger single bed, Queen size has approx. 150 x 200 cm, King size has approx. 190 x 200 cm.

3.2 Hotelleriebetriebe

Dazu zählen vor allem Hotels und Pensionen. Das Angebot erstreckt sich neben der Unterkunft auch auf die Bewirtung und verschiedene Dienstleistungen, z. B. in Bezug auf Wellness, Beauty und Sport.

Betriebstypen – Definitionen

Hotel
Gehobene Beherbergung mit öffentlich zugänglichem Restaurant, also nicht nur für Hotelgäste, sondern auch für andere Besucher.

Hotel garni
Stadthotels werden oft als Hotels ohne Gastronomie geführt, es wird also nur Beherbergung mit Frühstück angeboten. Das Wort „Inn“, z. B. Holiday Inn, weist auf diesen Betriebstyp hin.

Gasthof und Pension
Befinden sich meist im ländlichen Raum. Das gute Preis-Leistungs-Verhältnis macht sie bei Familien und Reisegruppen sehr beliebt. Das Angebot reicht von Wellness, Erholung und Sport über Gesundheit bis zu Seminaren.

In Pensionen werden ausschließlich Hausgäste verpflegt, d. h. es gibt kein À-la-carte-Geschäft

Ordnen Sie die englischen Begriffe zu: Single (1), double (2), twin bed (3)

☐ Einzelbettzimmer

☐ Zweibettzimmer

☐ Doppelbettzimmer

Zimmerkategorien – Definitionen

Einzelbettzimmer

nur ein Bett

Doppelbettzimmer

ein Doppelbett

Zweibettzimmer

oft auch als Einzelbelegung buchbar

Junior Suite
großes Zimmer mit Schlaf-, Wohn- und Arbeitsbereich

Suite
mehrere Zimmer mit diversen Funktionen

Appartement
mit Küche bzw. Kochnische

Ziele erreicht?

KOMPETENZ-ERWERB

Diese Übung finden Sie auch unter www.trauner.at/systemgastronomie.aspx.

1. Welche Merkmale zeichnen einen Systemgastronomiebetrieb aus?
2. Nennen Sie Vorteile eines systemgastronomischen Betriebs gegenüber einem individuellen gastronomischen Betrieb.
3. Wodurch zeichnen sich Fast-Food-Ketten aus?
4. Erklären Sie den Begriff Franchising! Verwenden Sie dabei die Stichwörter Franchisegeber, Franchisenehmer und Franchisesystem.
5. Zeigen Sie Vor- und Nachteile der Vergabe von Mehrfachlizenzen auf.
6. Wodurch unterscheiden sich Franchiseverträge von Lizenzverträgen?
7. Geben Sie Beispiele für Filialsysteme. Erläutern Sie die Organisation von Filialsystemen.
8. Was verstehen Sie unter Verkehrsgastronomie?
9. Die meisten Kaufhausrestaurants sind im Free-flow-System organisiert. Gibt es andere Möglichkeiten der Serviceform? Was würden Sie bevorzugen?
10. Erklären Sie den Unterschied zwischen einem Café, einer Cafeteria, einem Coffeeshop und einem Bäckerei-Café.
11. Füllen Sie aus!

Welche Betriebe gehören in welche Kategorie? Weisen Sie die Nummer (1) Beherbergungsbetrieben ohne Gastronomie bzw. die Nummer (2) Beherbergungsbetrieben mit Gastronomie zu!

Hotel garni		Hotel	
Gasthof		Pension	
Appartement- und Bungalowhotelanlage		Frühstückspension (B&B)	

Gastronomiekonzepte

Coa, aran und **Vapiano** – nur drei Beispiele von vielen:

Die Systemgastronomie hat viele Facetten. Lesen Sie die Kurzbeschreibungen der drei Konzepte, die sich in vielen Punkten unterscheiden. Aus Gründen der laufenden Aktualisierung finden Sie die Fact Sheets sowie weiteres Informationsmaterial unter www.trauner.at/systemgastronomie.aspx.

Nach Durchsicht der Fact Sheets sind Sie in der Lage, die Unterschiede sowie die Gemeinsamkeiten dieser drei Konzepte zu erkennen. Erarbeiten Sie dies anhand folgender Punkte:

- Hygienestandards,
- Servicestandards und
- Beschwerdemanagement.

Vergleichen Sie anschließend die Ergebnisse mit Ihrem eigenen Ausbildungsunternehmen.

Erarbeiten Sie weiters ganz allgemein die Merkmale von systemgastronomischen Betrieben und belegen Sie diese mit praktischen Beispielen.

Mehr zu den genannten systemgastronomischen Unternehmen:
www.coa.as
www.aran.de
www.vapiano.de

Meine Ziele

Nach Bearbeitung dieses Kapitels kann ich

- verschiedene systemgastronomische Konzepte vergleichen bzw. voneinander abgrenzen.

KOMPETENZ-ERWERB

Brainstorming = Verfahren, das durch Sammeln von spontanen Einfällen eine optimale Lösung finden möchte; brainstorm ist das englische Wort für Geistesblitz.

Aufgabenstellung

- Nach erfolgreicher Ausbildung und einigen Jahren Praxis wollen Sie sich selbstständig machen. Zunächst war die Überlegung, dass Sie von einem bestehenden systemgastronomischen Unternehmen eine Lizenz übernehmen. Doch dann kamen Sie auf die Idee etwas Eigenes zu entwickeln. Überlegen Sie also (eventuell auch in einer Kleingruppe) ein neues gastronomisches Konzept. Es sollte das Potenzial haben, dass sich daraus eine systemgastronomische Kette entwickeln lässt.

Folgende Leitfragen helfen Ihnen bei der Konzepterstellung:

1. Welche Ideen für ein neues gastronomisches Konzept gibt es? Sammeln Sie zunächst in einem Brainstorming so viele Ideen wie möglich.
2. Welche Zielgruppe sprechen Sie an?
3. An welchem Ort soll das Systemkonzept realisiert werden? Suchen Sie nach passenden Standorten.
4. Wie richten Sie den Betrieb ein? Überlegen Sie ein Raumkonzept. Denken Sie dabei auch an die Zweckmäßigkeit der Ausstattung von Küche, Restaurant und Lager. Erstellen Sie Skizzen.
5. Welche Speisen bieten Sie an? Machen Sie konkrete Vorschläge für eine Speisenkarte.
6. Welche Getränke bieten Sie an? Machen Sie konkrete Vorschläge für eine Getränkekarte.
7. Welche Preise verlangen Sie? Erstellen Sie ein Preiskonzept.
8. Welche Serviceform wählen Sie?
9. Wie viele Mitarbeiterinnen und Mitarbeiter benötigen Sie für Ihren Betrieb? Welche Ausbildung sollen diese Personen haben?
10. Welches Bezahlungssystem wählen Sie?
11. Welche Marketingstrategien verfolgen Sie?
12. Welche Bereiche des Betriebes standardisieren Sie, welche sind zentral gesteuert?

Nachdem Sie dies alles gründlich überlegt und niedergeschrieben haben, denken Sie noch einmal genau darüber nach und stellen Sie sich folgende letzte Frage:

- Lässt sich Ihr Konzept multiplizieren? Lässt es sich zu einer systemgastronomischen Kette ausbauen? Begründen Sie ausführlich!

Präsentieren Sie Ihre Ideen im Plenum. Stellen Sie sich vor, Sie präsentieren Ihre Ideen vor potenziellen Geldgebern. Wenden Sie sämtliche Tricks und Kniffe einer überzeugenden Präsentation an.

Beobachtungsauftrag für die nicht präsentierenden Gruppen

Beantworten Sie folgende Frage:

- Ist die vorgestellte Idee realisierbar?
- Würden Sie als Gast in diesen Betrieb gehen, eventuell sogar weit fahren?
- Schlüpfen Sie in die Rolle des Geldgebers/der Geldgeberin: Hat Sie der Vortrag überzeugt und würden Sie in das vorgestellte Unternehmen investieren?

Betriebsorganisation

Einen Betrieb zu organisieren, heißt eine Personalstruktur zu schaffen, die einerseits auf die Bedürfnisse der Gäste optimal eingeht und andererseits den Betrieb unternehmerische Gewinne erzielen lässt.

Die Organisation eines gastronomischen Betriebes hängt von der Art und von der Größe des Betriebes ab. Welche organisatorischen Möglichkeiten es gibt, zeigt das folgende Kapitel. Insgesamt ist zu beobachten, dass heute die herkömmlichen Systeme der Hotellerie und der Gastronomie von weniger personalintensiven Organisationsmodellen abgelöst werden.

Ganz allgemein versteht man unter Organisation den Prozess des Organisierens. Es werden verschiedene Handlungen zusammengefügt, um ein Ergebnis zu erzielen. Dabei sind Regeln einzuhalten.
Wie organisiere ich mein Leben? – Organisieren beginnt bei jedem einzelnen Menschen – Stichwort Zeitmanagement.

Meine Ziele

KOMPETENZERWERB

Nach Bearbeitung dieses Kapitels kann ich

- eine Arbeitsbeschreibung der Organisation von Betrieben der Systemgastronomie abgeben;
- die Aufgaben der einzelnen Abteilungen innerhalb einer Hotelorganisation nennen;
- sagen, welche konkreten Arbeiten eine Fachfrau bzw. ein Fachmann für Systemgastronomie in Bezug auf Organisation zu erledigen hat;
- die Unterschiede zwischen einer Aufbau- und einer Ablauforganisation nennen und die beiden Struktursysteme beschreiben;
- die Möglichkeiten der Organisation in der Produktion erläutern.

1 Organisation von Betrieben der Systemgastronomie

Wieviel Zeit verbringt ein Storemanager/eine Storemanagerin mit Organisationsaufgaben und was umfasst das genau? Wie ich weiß, machen die Aufgaben rund um Organisation und Verwaltung in etwa die Hälfte der Arbeitszeit aus. Er bzw. sie organisiert alle Bereiche des Restaurants nach einem zentral festgelegten Gastronomiekonzept und achtet streng auf die Einhaltung der vorgegebenen Standards.

1.1 Funktionen und Aufgaben der Zentrale und der Betriebsstellen

Systemgastronomische Betriebe weisen meist spezielle Besitzverhältnisse, wie Franchise oder übergeordnete Besitzer und Besitzerinnen in Form einer Gesellschaft auf. Daher werden diese Betriebe oft von einer Company geleitet.

Company ist eine Gesellschaft, die geschäftliche Interessen verfolgt und partnerschaftlich mit den Mitgliedern zusammenarbeitet.

Aufgaben

Aufgaben der Company	Aufgaben im Shop
Die Company, die Firmenzentrale, erarbeitet die geschäftlichen Vorgaben, das sind Gastronomiekonzepte für alle Bereiche und verpflichtet die Gesellschafter (Partner) diese Vorgaben zu erfüllen – siehe Franchise.	Im Shop, in den einzelnen Betrieben (z. B. den Restaurants) wird meist im Schichtdienst (bis zu 20 Stunden täglich) das gastronomische Angebot umgesetzt.

Der Storemanager bzw. die Storemanagerin organisiert und kontrolliert die Umsetzung des Gastronomiekonzeptes in Bezug auf Einkauf, Lager, Küche, Restaurant sowie Gästebetreuung und Verkauf.

Exkurs

Was zeichnet Systemgastronominnen und Systemgastronomen aus?

- Fachleute für Systemgastronomie organisieren alle Bereiche eines Restaurants nach einem zentral festgelegten Gastronomiekonzept und achten auf die Einhaltung der vorgegebenen Standards.
- Sie regeln die Arbeitsabläufe im Einkauf, in der Lagerhaltung, in der Küche, im Service, in der Gästebetreuung bzw. im Verkauf und übernehmen die Personalplanung. Außerdem überwachen sie die Qualität der Produkte und führen Kostenkontrollen sowie Marketingmaßnahmen durch. Sie betreuen die Gäste, nehmen Reklamationen entgegen und achten auf die Einhaltung von Hygiene-, Umwelt- und Sicherheitsvorschriften.
- Sie arbeiten in Selbstbedienungsrestaurants, bei Fast-Food-Ketten sowie in Gaststätten und Restaurants, die ein standardisiertes Gastronomiekonzept umsetzen. Weitere Tätigkeitsfelder bieten Speisewagenbetriebe und Raststätten. Darüber hinaus sind sie in Betriebskantinen und bei Cateringunternehmen beschäftigt.
- Ihre Tätigkeiten üben sie vorwiegend in Gast- und Verkaufsräumen aus. Im Lagerraum kontrollieren sie den Warenbestand und sorgen für die fachgerechte Lagerung der jeweiligen Waren. Bei Bedarf werden sie auch in Küchen tätig. Rechnungen, Kalkulationen oder Dienstpläne erstellen sie im Büro.

- Sie bestellen Rohprodukte, Convenience Food (Tiefkühlwaren, Fertig- und Halbfertigprodukte) sowie Getränke und überwachen die Lagerung in Kühl- und Lagerräumen, Kühlschränken oder Tiefkühltruhen. Die Zubereitung der Speisen erfolgt u. a. mit Fritteusen, Mikrowellenherden und Grills. In Warmhalteeinrichtungen, Heiß- und Buffettheken werden sie dann für die Kunden bereitgehalten.
- Diese Geräte und Einrichtungen müssen regelmäßig auf Sauberkeit und Funktionsfähigkeit überprüft werden. Mit speziellen Messgeräten und Temperaturfühlern messen sie, ob die Tiefkühlprodukte oder die bereits erhitzten Gerichte die vorgeschriebenen Temperaturen haben. Außerdem bedienen sie Zapfanlagen, Geschirrspülmaschinen sowie elektronische Kassensysteme.
- Am Computer arbeiten sie Personaleinsatzpläne aus oder führen die Lohnbuchhaltung. Mithilfe einer speziellen Gastronomiesoftware erstellen sie Materialbedarfslisten und aktualisieren den Warenbestand. Sie nutzen das Internet und nehmen über E-Mail Kontakt zu ihrer Firmenzentrale auf, die sich mitunter im Ausland befindet.
- Sie setzen Vorschriften in den Bereichen Hygiene, Umweltschutz und Arbeitssicherheit um und überwachen deren Einhaltung. Häufig tragen sie Berufskleidung, um von den Gästen als Servicekraft erkannt zu werden.
- Sie arbeiten meist im Team mit Köchinnen und Köchen sowie Restaurantfachleuten. Einzelne Arbeitsabläufe besprechen sie mit ihren Vorgesetzten, der Leitung des Restaurants bzw. der Food-and-Beverage-Abteilung.
- Sofern sie die Schichtleitung übernehmen, planen sie den Einsatz von Küchenhilfskräften, Reinigungspersonal und Auszubildenden. Sie leiten diese bei ihren Tätigkeiten an.
- Sie verständigen sich mit Lieferanten.
- Sie haben Kontakt zu den Mitarbeiterinnen und Mitarbeitern in der Firmenzentrale, die für das Gastronomiekonzept verantwortlich sind (Berichtewesen).
- Im Servicebereich betreuen sie die Gäste, nehmen Bestellungen auf und kassieren. Überdies sind sie Ansprechpartner für Beschwerden der Kundinnen und Kunden (Beschwerdemanagement).
- Um auch fremdsprachige Gäste bedienen zu können, verfügen sie über entsprechende Sprachkenntnisse.

Die wichtigste Arbeitsgrundlage ist das vorgegebene Gastronomiekonzept der Firmenzentrale, dessen Umsetzung zu organisieren und zu kontrollieren ist.

Eine Beschreibung der Betriebsarten in der Systemgastronomie finden Sie auf Seite 11ff.

Organigramm der Mitarbeiterinnen und Mitarbeiter in der Systemgastronomie
Die Installation mehrerer Schichtführerinnen und Schichtführer richtet sich nach den Öffnungszeiten des Betriebes.

1.2 Aufbauorganisation

Die Aufbauorganisation befasst sich mit der Hierarchie (Zuständigkeitsverteilung) und deren innerbetrieblichen Verknüpfungen.

Die Verknüpfungen der Kompetenzbereiche (Abteilungen, Instanzen) können in gerader Linie (Einliniensystem) oder in überschneidender Weise (Mehrliniensystem) gestaltet werden.

Eine Stabsstelle hat keine Weisungsbefugnis, sondern nur eine beratende Funktion.

Eine weitere Möglichkeit ist es den Abteilungsbereichen Berater zuzuteilen, die sogenannten **Stabsstellen.**

Einliniensystem

Beim Einliniensystem gehen die Weisungs- und Kommunikationswege von der Geschäftsleitung zum Leiter bzw. der Leiterin der jeweiligen Abteilung und von dort zu den Mitarbeiterinnen und Mitarbeitern.

Überlegen Sie, welche Probleme bei der Kommunikation im Einliniensystem auftauchen könnten!

Anfragen von „unten" gehen über die Abteilungsleiter und Abteilungsleiterinnen zur Geschäftsleitung.

Mehrliniensystem

Die Abteilungsleiter und Abteilungsleiterinnen der funktionsbezogenen Ebene sind sozusagen die Disziplinarvorgesetzten der Mitarbeiter und Mitarbeiterinnen und geben Anweisungen, z. B. was zu bearbeiten ist. Die Abteilungsleiter und Abteilungsleiterinnen der produktbezogenen Ebene sind sozusagen die fachlichen Vorgesetzten und geben Anweisungen, z. B. wie oder wann die Produkte zu bearbeiten sind.

Beispiel:
Der Mitarbeiter bzw. die Mitarbeiterin der Einkaufsabteilung ist gemäß Weisung der Einkaufsleitung zuständig für den Gemüseeinkauf. Der Produktionsleiter bzw. die Produktionsleiterin weist ihn oder sie an, wann er oder sie wie viel Gemüse bestellen muss.

Mehrliniensystem als Matrix

Stabliniensystem

Die Stabsstellen können auf der obersten Stufe angesiedelt sein (vgl. Abbildung 1) oder je nach Bedarf auch auf den unteren Ebenen (Abbildung 2).

Abbildung 1

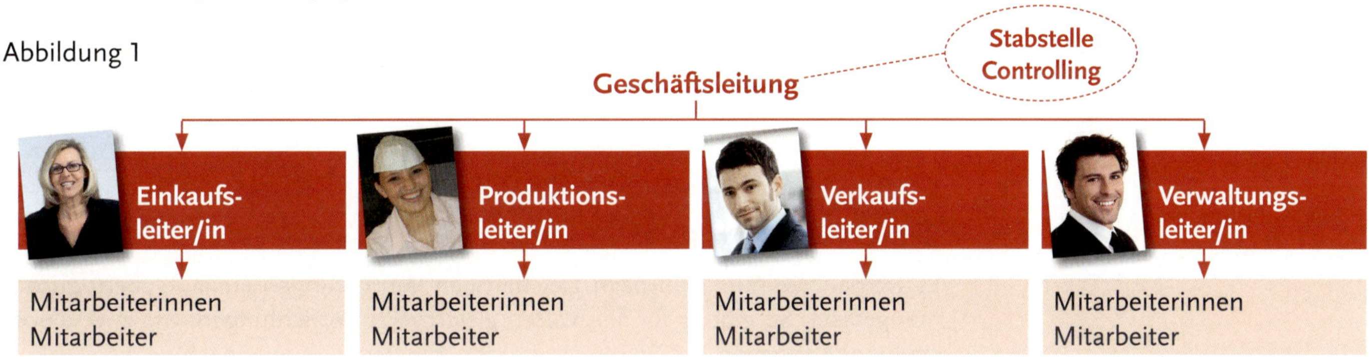

Abbildung 2

Die Aufbauorganisation stellt im Prinzip die betriebliche Wertschöpfungskette mit den übergeordneten Aufgaben, z. B. der Verwaltung dar. Dies setzt voraus, dass die Kernaufgaben sinnvoll, unter Berücksichtigung der Kostenstellen, zusammengefasst werden und dabei der notwendige Informationsfluss gewährleistet wird.

Eine gute Aufbauorganisation

- verhindert Doppelarbeiten,
- erleichtert die abteilungsspezifische Weiterbildung (Personalqualifikation),
- ermöglicht die Spezialisierung auf bestimmte Kernfunktionen (Expertenwissen).

Das betriebliche Informationssystem muss bestens funktionieren, damit keine Fehlentscheidungen entstehen.

Wertschöpfungskette = mit dem Durchlauf durch mehrere Abteilungen, wie z. B. Lager, Produktion und Verkauf, wird der Wert eines Rohproduktes größer, denn es wird Arbeit, Energie usw. investiert.
Diese Kosten erhöhen also den Wert der Ware.
Durch diese Wertschöpfung generiert sich der Gewinn, also der Verkaufspreis abzüglich der Gesamtkosten.

Die Wertschöpfungskette kann nach dem Objektprinzip oder nach dem Verrichtungsprinzip organisiert werden.

Beachten Sie den Unterschied!
Umsatz: *engl.* sales; wertmäßige Erfassung des Absatzes und damit des Erlöses für die verkauften Produkte und Dienstleistungen.
Gewinn: *engl.* profit; Differenz zwischen dem Erlös und den Aufwendungen; d. h., erst der Betrag, der nach Abzug der Kosten übrig ist, ist „mein Geld".

Objektprinzip

Beim Objektprinzip werden die Aufgaben nach verschiedenen Objekten (z. B. Speisen, Getränke, Merchandise) zusammengefasst. Es entsteht eine Spartenorganisation (Divisionalorganisation).

Geschäftsleitung

Speisen	Getränke	Merchandise
Einkauf	Einkauf	Einkauf
Lager	Lager	Lager
Verwaltung	Verwaltung	Verwaltung

Das englische Wort Merchandise steht für Handelsware, also für Waren, die zugekauft werden.

Verwendet man das Objektprinzip für die Organisation der Produktionsabteilung, entsteht die Fließfertigung für ein Produkt oder die Zentrenproduktion (Inselproduktion).

Verrichtungsprinzip

Es werden die Aufgaben nach gleichartigen Verrichtungen (Teilaufgaben) zusammengefasst. So gibt es für alle Waren gleichartige Verrichtungen, wie z. B. die Bestellungen abgeben, die Waren annehmen, die Rechnungen bezahlen.
Diese drei Teilaufgaben sind bei jedem Objekt gleich, sei es bei Speisen, bei Getränken oder bei den Merchandise-Waren.

Die Aufgaben werden verteilt:
- Die Bestellungen erledigt die Einkaufsabteilung.
- Die Warenannahme übernimmt das Lager.
- Die Bezahlung der Rechnungen erfolgt durch die Buchhaltung (Verwaltung).

Geschäftsleitung

Einkauf	Lager	Verwaltung
Speisen	Speisen	Speisen
Getränke	Getränke	Getränke
Merchandise	Merchandise	Merchandise

Das Einkaufen von Wein erfordert viel Zeit

Verwendet man das Verrichtungsprinzip für die Organisation der Produktionsabteilung, entsteht eine Werkstattproduktion.

Profitcenterorganisation

In großen systemgastronomischen Unternehmen werden Restaurants, oft auch Abteilungen, als Profitcenter betrieben.

Ein **Profitcenter** liegt vor, wenn
- die Teilbereiche ergebnisorientiert (gewinnorientiert) geführt werden und
- das Ergebnis zur Steuerung dieser Teilbereiche eingesetzt wird.

Diese Restaurants bzw. Abteilungen agieren gewissermaßen als eigene Unternehmen. Die Aufbauorganisation muss entsprechend gestaltet werden, z. B. nach Produktgruppen (Sparten) oder nach Gebietsgruppen. Die für die übergeordneten Aufgaben notwendigen Abteilungen (Marketing, Finanzen, Personal) werden zentral zur Seite gestellt.

Aufbauorganisation nach Produktgruppen (Sparten)

Geschäftsleitung
- Profitcenter Restaurants
  - Einkauf
  - Produktion
- Profitcenter Bistros
  - Einkauf
  - Produktion
- Verwaltung
  - Marketing
  - Finanzen
  - Personal

Aufbauorganisation nach Gebietsgruppen

Geschäftsleitung
- Profitcenter Inland
  - Restaurants
  - Bistros
  - Marketing
- Profitcenter Ausland
  - Restaurants
  - Bistros
  - Marketing
- Verwaltung
  - Finanzen
  - Personal
  - Einkauf

Diskutieren Sie mit Ihren Mitschülerinnen und Mitschülern, ob die Abteilungen Personal und Einkauf besser in die Aufbauorganisation eingebaut werden könnten.

Die Wertschöpfungskette beginnt bzw. endet genaugenommen bei den externen Partnern wie Lieferanten und Kunden. Die betriebliche Aufbauorganisation muss diesem Umstand Rechnung tragen. Entsprechende Abteilungen müssen dafür sorgen, dass diese Schnittstellen in den Betriebsablauf integriert werden.

Dies geschieht zum einen beim Umsetzen des Qualitätsmanagements und zum anderen beim Verwirklichen der Marketingstrategie. Zwischen Lieferant und Kunde liegt der interne Wertschöpfungsfluss, der kostenrelevant und fehlerfrei sein muss.

Jedes Unternehmen hat andere externe und interne Bedingungen. Die Aufbauorganisation sieht daher stets anders aus bzw. wird betriebsspezifisch gestaltet. Betriebe mit Filialen im Ausland oder mit Profitcentern werden andere Schwerpunkte setzen als Betriebe, die sich nur im Inland betätigen.

Diese Übung finden Sie auch unter www.trauner.at/systemgastronomie.aspx.

Aufgabenstellung

- Rufen Sie sich nachfolgende Begriffe ins Gedächtnis! Erklären Sie diese! Schlagen Sie gegebenenfalls auf den vorangegangenen Seiten nach!

Hierarchie	
Stabsstelle	
Einliniensystem	
Matrix	
Mehrliniensystem	
Weisungsbefugnis	
Stabliniensystem	
Wertschöpfung	
Objektprinzip	
Sparten	
Divisionalorganisation	
Verrichtungsprinzip	
Inselproduktion	
Werkstattproduktion	
Profitcenter	
Organigramm	

Sie haben mit Ihrem Ausbildungsbetrieb einen Stand auf der Messe „Ausbildung Live“. Beschreiben Sie den Besucherinnen und Besuchern Ihren Ausbildungsberuf, also Ihre Ausbildung zum Fachmann bzw. zur Fachfrau für Systemgastronomie möglichst positiv. Gehen Sie dabei bitte auf den Ablauf und die Inhalte der Ausbildung ein und weisen Sie auf Karrieremöglichkeiten hin.

Fachbegriffe in Englisch
Hierarchie = hierarchy
Stabsstelle = staff unit
Einliniensystem = single-line system
Matrix = matrix
Mehrliniensystem = multiple-line system
Weisungsbefugnis = authority
Stabliniensystem = line-and-staff system
Wertschöpfung = value creation, added value, value added
Objektprinzip = object principle
Sparten = divisions, sections
Divisionalorganisation = divisional organisation
Verrichtungsprinzip = job-shop organisation
Inselproduktion = cell production
Werkstattproduktion = job-shop production, job-shop manufac-turing
Profitcenter = profit centre
Organigramm = organisation chart

2 Organisation von Restaurants und Hotelbetrieben

Meine Freunde, Azubis in der Küche und im Restaurant, sprechen von Sommeliers, Gardemangers und Sous Chefs. Ich möchte wissen, welche Aufgaben und Positionen in der Individualgastronomie damit verbunden sind.

Man unterscheidet zwischen

Europäischem System

- Herkömmliches System, vor allem in europäischen Einzelbetrieben
- Hotels wenden diese Form der Betriebsorganisation evtl. auch in etwas vereinfachter Art an
- Im Wesentlichen gibt es neben der Hotelleitung (Besitzer oder Geschäftsführer bzw. Direktor des Hotels) noch drei Abteilungen
  - Beherbergungsabteilung (Rezeption/Frontoffice, Etage/Housekeeping)
  - Verpflegungsabteilung (Küche, Service, Lagerverwaltung)
  - Verwaltungsabteilung (Buchhaltung und Kontrolle, Hilfsabteilungen und Nebenbetriebsverwaltung)

Amerikanischem System

- Hauptsächlich in Hotelketten
- Steuerung von der Konzernzentrale aus, d. h., ein GM (General Manager) zeichnet für den gesamten Betrieb verantwortlich
- Eine Controlling-Abteilung in der Zentrale überprüft den Erfolg des Hotels
- Ergänzend zu den Abteilungen im europäischen System findet man: Security (Sicherheit), Entertainment (Unterhaltung), Public Relations (Werbung), Human Resources (Personalangelegenheiten), Salesmanagement (Verkauf), Banquet (Veranstaltungen)

Im amerikanischen System wird jede Abteilung von einem Manager bzw. einer Managerin angeführt. Sie werden von Assistents unterstützt, Auszubildende heißen Trainees.

Eine Reihe von **englischen Begriffen** ist im Hotel auch im deutschen Sprachgebrauch üblich, wie Frontoffice für Rezeption bzw. Reservierung oder Housekeeping für die Dienstleistungen auf der Etage („Hausdamen").
Einige weitere Fachbegriffe sind:
Accounting = Buchhaltung.
Facility Management = Gebäudeverwaltung.
Food and Beveragen = Speisen und Getränke.
Human Resources = Personal.
Laundry = Wäscherei.
Public Relations (PR) = Öffentlichkeitsarbeit.
Quality Assurance = Qualitätssicherung.
Sales = Vertrieb, Verkauf.
Tax = Steuern.
Trainee, auch Apprentice = Auszubildende/er; ein Trainee-Programm ist jedoch etwas anderes, und zwar wird es häufig von Studenten nach dem Studium absolviert, um praktische Erfahrungen zu sammeln.
Training Programme = Schulungsprogramm.

Food and Beverage Manager (F&B Manager) = für die Organisation, Planung, Logistik und Durchführung rund um Speisen und Getränke verantwortlich.

Pakete der Beherbergung

- Zimmer mit oder ohne Frühstück
- Halbpension mit einer Hauptmahlzeit
- Vollpension mit zwei Hauptmahlzeiten
- All-inclusive – ein Pauschalbetrag ermöglicht alle Konsumationen im Hotelbetrieb

2.1 Beherbergungsabteilung

Die Aufgaben der Beherbergungsabteilung sind vielfältig:

- Werbemaßnahmen für die Zimmervermietung
- Reservierungen der Gästezimmer
- Gästeempfang
- Einchecken und Check-out der Gäste
- Verwalten der Tageskassa
- Reinigen der Zimmer
- Mängelbehebung in den Zimmern

Datenschutz ist ein Grundrecht, d. h., jeder Mensch kann grundsätzlich selbst entscheiden, wem er wann welche persönlichen Daten zugänglich machen will. Für einen Hotelbetrieb bedeutet das, dass die persönlichen Daten der Gäste nur für den internen Gebrauch zu verwenden sind.

2.2 Verpflegungsabteilung

In Großbetrieben wird die Verpflegungsabteilung von der Food-&-Beverage-Abteilung geleitet. Der F-&-B-Manager mit seinen Mitarbeiterinnen und Mitarbeitern (Assistents) hat die Aufgabe, den gesamten Gastronomiebereich des Hotels zu organisieren und das tägliche Gastronomiegeschäft zu leiten und zu kontrollieren. Im F&B wird u. a. festgelegt,

- welche Speisen und Getränke zu welchen Preisen verabreicht werden,
- wie der Einkauf durchgeführt wird,
- wie bei Gästebeschwerden reagiert wird,
- welche Arbeitsabläufe wie verbessert werden können,
- welche saisonmäßigen Promotions (Aktionen) durchgeführt werden.

Küche	Restaurant	Lager
Küchenchef/in	Restaurantdirektor/in	Lagerverwalter/in
Küchenchef-Stellvertreter/in	Mâitre d'Hôtel	Mitarbeiter/Mitarbeiterinnen
Abteilungsköche/-köchinnen (z. B. Pâtissier/Pâtissière)	Sommelier/Sommelière	Wirtschafter/in
Jungköche/köchinnen	Chef de Rang	Kellermeister/in
Auszubildende	Demi-Chef de Rang	
Küchengehilfen/-gehilfinnen	Commis	
Putzbrigade Stewarding	Auszubildende	

Küche

Die Hauptaufgabe in der Küche ist die Zubereitung und Präsentation der Speisen. Fachliches Wissen, Flexibilität, rasches Handeln und gute Teamfähigkeit sind die grundsätzlichen Anforderungen an die Mitarbeiterinnen und Mitarbeiter.

Die Hierarchie einer Küchenbrigade wurde herkömmlich französisch bezeichnet. In amerikanisch geführten Betriebsketten werden die Positionen grundsätzlich englisch benannt.

Küchenbrigade

Küchenhierarchie in absteigender Wertigkeit

Deutsch	Englisch	Französisch
Küchenchef/in	Executive Chef	Chef de cuisine
Stellvertreter/in	Second Chef	Sous chef
Abteilungskoch/köchin	Chef de partie	Chef de partie
Jungkoch/köchin	Assistent	Commis
Lehrling	Apprentices, Trainees	Apprenti
Küchenhelfer/in, Putzbrigade	Cleaning staff	Aide de cuisine

Das Einrichten der Posten eines Küchenbetriebes richtet sich nach der Betriebsgröße. Diese Einteilung wird aber immer von der Hygienesicherheit und der Sinnhaftigkeit der Arbeitsabläufe geleitet.

Posten	Personen	Aufgaben
Küchenleitung	Küchenchef/in Stellvertreter/in	Arbeitseinteilung, Qualitäts- und Hygienemanagement, Rezeptanwendung, Einsatz der Lebensmittel, Mengenberechnung und Speisenkalkulation, Vorschläge zur Speisenkarte, Ausbildungsprogramme, Beschwerdemanagement
Fleischposten	Saucier/Rôtisseur Saucenkoch/köchin, Bratenkoch/köchin	Fleisch- und Saucengerichte
Beilagenposten	Potagier/Entremetier Suppenkoch/köchin, Beilagenkoch/köchin	Suppen und Beilagen aller Art, Gemüsespeisen, vegetarische Gerichte
Posten der Kalten Küche	Gardemanger Koch/Köchin der kalten Küche	Fleischvorbereitung (Portionieren von rohem Fleisch), Salate, kalte Vorspeisen, kalte Buffets
Süßspeisenposten	Patissier Süßspeisenkoch/köchin	Zubereitung von kalten und warmen Süßspeisen, Eis, Cremen, Desserts, Früchten

Teildienst – Schichtdienst
Beim Teildienst arbeitet die Brigade zu den Hauptmahlzeiten; dies erfordert zusätzlich eine sogenannte Garde (Wachemannschaft aus mehreren Köchen) für den Dienst am Nachmittag und am Abend. Im Schichtdienst werden bis zu drei Brigaden eingesetzt.

Service

Da diese Abteilung die Leistungen des Betriebes nach außen darstellt, steht die Dienstleistung, also der Service der Gäste, im Vordergrund. Aber auch der Verkauf ist wichtig. Die Anforderungen an das Personal sind vielfältig, vorausgesetzt werden ein gepflegtes Äußeres, Sprachgewandtheit (Fremdsprachenkenntnisse), gute Umgangsformen und Fachlichkeit.

Eine **Serviceform** könnte beispielsweise so aussehen:

- Ein Mitarbeiter bzw. eine Mitarbeiterin gibt Informationen zu Speisen und Getränken und nimmt die Bestellung auf (Orderman – elektronisches Bestellsystem), versucht Zusatzverkäufe.
- Ein Mitarbeiter bzw. eine Mitarbeiterin serviert die Plateaus, sortiert nach Tischen.
- Ein Mitarbeiter bzw. eine Mitarbeiterin serviert die gebrauchten Plateaus ab.

Der Vorteil gegenüber einem Selbstbedienungssystem liegt in der besseren Möglichkeit, den Gast zu einer weiteren Konsumation oder zu einer Zusatzbestellung zu bewegen. Eine Umsatzsteigerung ist die Folge. Der Gast hat den Vorteil, dass er sich nicht immer wieder anstellen muss.

Netzwerkpläne sind Arbeitsanleitungen, die über einen betrieblichen Aufgabenbereich hinausgehen, z. B. das Zusammenwirken von Küche und Service zum Zweck der Verbesserung der Gästezufriedenheit oder zur Umsetzung eines neuen Gastronomiesystems.

Schauen Sie genau hin! Was stimmt da nicht im Service? Blättern Sie auch auf Seite 82 zum Kapitel Qualitätssicherung.

Die Aufgaben im Service sind u. a.:

- Vorbereitung (Mise en place)
- Aufdecken
- Tischeinteilung (Reservierungen)
- Begrüßung und Plazierung der Gäste
- Servieren von Speisen und Getränken
- Rechnungslegung und Verabschiedung

Lager

Sämtliche Waren des Hotel- wie auch des Gastronomiebereichs werden in der Lagerverwaltung zusammengefasst. Sie werden in den einzelnen Lagern bei bestimmten Bedingungen gelagert. Die Arbeit des Lagerverwalters bzw. der Lagerverwalterin erfordert gute Kenntnisse zur Lebensmittelhygiene, über die Marktlage der Produkte sowie über die Abteilungen im Betrieb.

Wir unterscheiden grundsätzlich:
- Non-Food-Lager: Magazine, in denen die Waren gelagert werden, die nicht in den Lebensmittelbereich gehören.
- Lebensmittellager: Lager, in denen ausnahmslos Lebensmittel gelagert werden.
- Hauptlager: Hier werden die Waren nach der Anlieferung aufgenommen und erfasst. Nur mit einem Fassungsschein können Waren entnommen werden, diese werden vom Lager zu bestimmten Zeiten (Fassungszeiten) ausgefolgt.
- Tageslager: Hier werden in den Abteilungen Küche, Service, Etage usw. Produkte zum Verbrauch gelagert. Diese wurden bereits aus der Lagerbuchhaltung abgebucht und sind nun in der Verantwortung des jeweiligen Abteilungsleiters.

2.3 Verwaltungsabteilung

Diese Abteilung wird im Klein- und Mittelbetrieb direkt vom Unternehmer bzw. von der Unternehmerin (Geschäftsführer/in wahrgenommen). Die betriebliche Buchhaltung ist meist outgesourct. Betriebsberatungsfirmen, evtl. auch vom Franchisegeber bereitgestellt, überprüfen den betrieblichen Erfolg und geben Auskunft über Rationalisierungsmaßnahmen.

to outsource = etwas (aus einem Unternehmen) auslagern.

Weitere Möglichkeiten der Einteilung in diverse Abteilungen

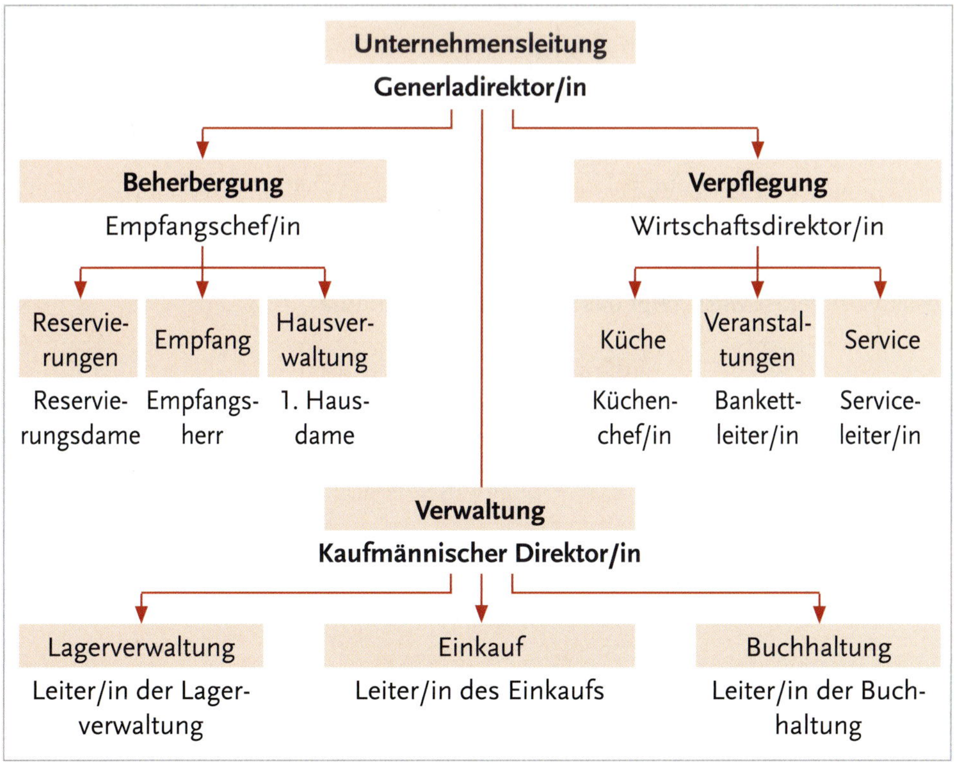

Abgewandeltes Europäisches System nach Hänssler, K. H. (Hrsg.) (2008): Management in der Hotellerie und Gastronomie

3 Ablauforganisation

> *„Erst wenn man hinter die Kulissen blickt, kommt man drauf, wie die Organisation eines Betriebes wirklich abläuft", erklärte mir mein Chef beim ersten Vorstellungsgespräch. Ich bin neugierig zu erfahren, was Ablauforganisation bedeutet. Wer macht was, und vor allem in welcher Reihenfolge?*

Durch die Aufbauorganisation sind bereits die wichtigsten Verknüpfungen im Betriebsablauf, nämlich wer was erledigt bzw. anweist, festgelegt. Nun müssen die einzelnen Aufgaben, Tätigkeiten und Prozesse sowie der Ablauf bei der Übergabe an den Prozessschnittstellen beschrieben und standardisiert werden.

Der Ablauf ist zu klären, also **wie, wann** und **in welcher Reihenfolge** etwas erledigt wird.

Notwendige Funktionstrennungen müssen festgehalten und kontrolliert werden, z. B. Trennung von Service und Produktion.

Stellenbeschreibungen helfen die Ablauforganisation zu optimieren. Richtlinien für die verschiedensten Aufgaben und für den Informationsfluss erleichtern die Kontrolle. Ob der Ablauf nach dem traditionellen, funktionsorientierten Schema festgelegt wird oder prozessorientiert erfolgt, bleibt dem Unternehmen überlassen.

Vertikal = senkrecht; die Aufbauorganisation wird nach Funktionen geordnet.

Das **funktionsorientierte** Schema basiert auf einer vertikalen Ausrichtung der Abläufe.

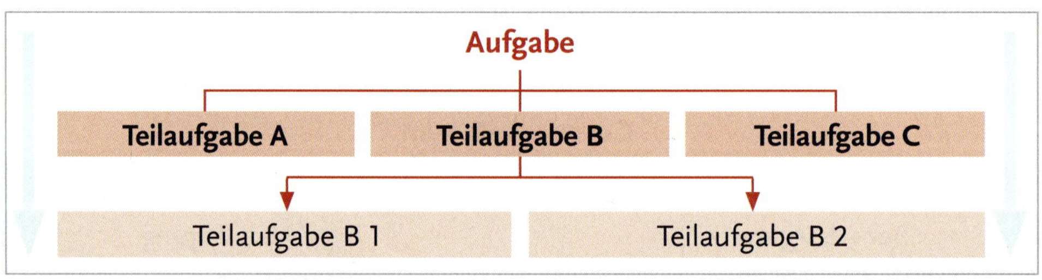

Welche Abteilungen befasst sind und wie die Aufgabe im funktionsorientierten Prozessablauf gelöst wird, zeigt das nachfolgende Schema.

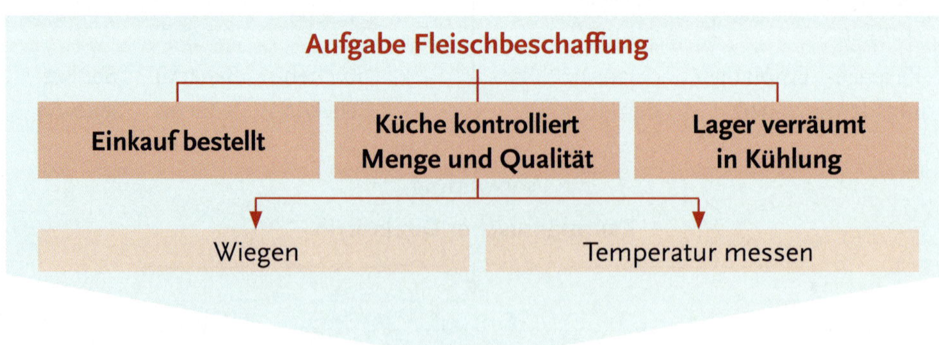

Horizontal = waagrecht; die Aufbauorganisation richtet sich nach dem Ablauf der Prozesse (Bündelung von Teilaufgaben).

Der **prozessorientierte** Ablauf basiert auf einer horizontalen Ausrichtung. Es wird das Verrichtungsprinzip angewandt, jedoch werden die einzelnen Teilaufgaben gebündelt. Somit werden Zeit und Kosten gespart und die Fehlerquoten gesenkt.

Die Zusammenfassung von Teilaufgaben zu Prozessen soll möglichst alle Arbeitsschritte eliminieren, die keinen positiven Einfluss auf die Wertschöpfungskette haben.

Teilaufgabe A → Teilaufgabe B 1 / Teilaufgabe B 2 → **Teilaufgabe C**

Bestellen → Menge kontrollieren (wiegen) / Qualität kontrollieren (0° C messen) → **Lagern** → Funktional wäre dies die Abteilung Logistik

Die bewusst sehr vereinfachten Beispiele sollen es ermöglichen zwischen Aufbauorganisation und Ablauforganisation leichter zu unterscheiden.

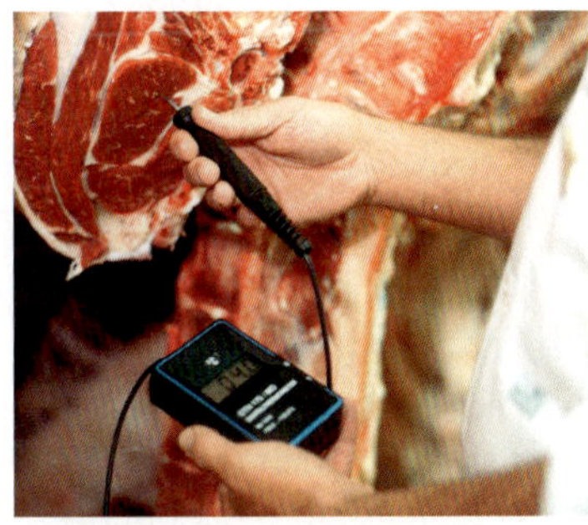

Qualitätssicherung durch pH-Wert-Messung

Die Ablauforganisation steht eine Ebene unter der Aufbauorganisation.

- Entweder wird das **Objektprinzip** weiterverfolgt, jedoch im kleineren Maßstab, also in Teilaufgaben. Die Objekte bzw. Funktionen sind Beschaffung von Fleisch oder Gemüse. Man stelle sich also vor, es gäbe eine Abteilung, die nur Fleisch beschafft, und eine, die nur Gemüse beschafft. Ihre Unterabteilungen sind Bestellung, Kontrolle und Lagerung. Diese Funktionen bzw. Objekte bestellen, kontrollieren und verräumen wie an einem Fließband das Fleisch oder das Gemüse.

Fleischbeschaffung	**Gemüsebeschaffung**
↓ Bestellung	↓ Bestellung
↓ Kontrolle	↓ Kontrolle
↓ Lagerung	↓ Lagerung

Warum werden pH-Messungen durchgeführt?

- Oder es wird das **Verrichtungsprinzip** weiterverfolgt. Dabei werden die Teilaufgaben nach ihrer Tätigkeit (Bestellung, Kontrolle, Lagerung) aneinandergereiht und zwar für jede Art von Ware.

Bestellung Fleisch Gemüse	→	Kontrolle Fleisch Gemüse	→	Lagerung Fleisch Gemüse

Kontrolle beim Einkauf von Tomaten

- Daraus wurde das **prozessorientierte Prinzip** entwickelt, also die Bündelung von Teilaufgaben.

Beschaffung bestellt, kontrolliert und lagert jede Ware

Je größer der Betrieb, desto mehr überlagern die Prozesse die Objektstruktur.

Abteilung Beschaffung

Beschaffung Fleisch	Beschaffung Gemüse
bestellen, kontrollieren, lagern	bestellen, kontrollieren, lagern

Abläufe in der Produktion

Die zwei grundlegenden Fertigungsabläufe sind **Fließfertigung** und **Werkstattfertigung.**

Eine wichtige Stellung im Betrieb nehmen die Aufgaben der Produktion ein. Sie müssen nicht nur ein tolles Produkt garantieren, sondern auch das Einhalten der HACCP-Grundsätze und die Kostenminimierung beinhalten.

Bei der Fließfertigung werden die Arbeitsgeräte bzw. die Arbeitsflächen getrennt in Reihen, eventuell auch in unterschiedlichen Räumen, angeordnet.

Bei der Werkstattfertigung werden die Arbeitsgeräte bzw. die Arbeitsflächen ähnlicher Ausstattung in einem Raum zusammengefasst, z. B. alle Endfertigungsgeräte.

In Großbetrieben (mit über 10 000 Essen) werden nach der Fließfertigung alle Speisen gefertigt. Auch in einigen Bierzelten auf dem Oktoberfest in München.
Die Speisenauswahl ist meist begrenzt, da sonst zuviel Kosten für Equipment und Personal entstehen würden. Jeder bzw. jede ist ein Experte/eine Expertin auf seinem/ihrem Gebiet, aber alle sind stark voneinander abhängig.

Aus diesen beiden Fertigungsabläufen entstand die **Zentren- oder Inselfertigung,** die die Vorteile beider Formen zu vereinen versucht.

Objekt Speisen				
Mitarbeiter und Mitarbeiterinnen	A1–A4	B1–B4	C1–C4	D1–D4
Produktionsobjekt 1	Schnitzel schneiden	Schnitzel panieren	Schnitzel braten	Schnitzel anrichten
Produktionsobjekt 2	Gulaschfleisch schneiden	Zwiebeln schneiden	Gulasch dünsten	Gulasch anrichten
Produktionsobjekt 3	Hähnchen würzen	Hähnchen aufstecken	Hähnchen grillen	Hähnchen anrichten
Produktionsobjekt 4	Enten füllen	Enten binden	Enten braten	Enten anrichten
Fließfertigung →				

Verrichtung Produktion		
	Vorbereitung	**Endfertigung**
Mitarbeiter und Mitarbeiterinnen	A1–A4	B1–B4
Werkstatt 1	Schnitzel schneiden und panieren	Schnitzel braten und anrichten
Werkstatt 2	Gulaschfleisch und Zwiebeln schneiden	Gulasch dünsten und anrichten
Werkstatt 3	Hähnchen würzen und aufstecken	Hähnchen grillen und anrichten
Werkstatt 4	Enten füllen und binden	Enten braten und anrichten
Werkstattfertigung		

Verrichtung Produktion		
	Vorbereitung	**Endfertigung**
Mitarbeiter/innen	A1–A2	B1–B2
Objektinsel/Zentrum Fleisch	Schnitzel schneiden und panieren sowie Gulasch und Zwiebeln schneiden	Schnitzel braten und anrichten sowie Gulasch dünsten und anrichten
Objektinsel/Zentrum Geflügel	Hähnchen würzen und aufstecken sowie Enten füllen und binden	Hähnchen grillen und anrichten sowie Enten braten und anrichten
Zentren- bzw. Inselfertigung		

Bei der Werkstattfertigung streut sich das Expertentum auf mehrere Aufgaben und die Abhängigkeit besteht nur noch innerhalb der Werkstatt.

Bei der Inselfertigung werden Werkstätten mit ähnlichen Objekten zusammengefasst. Dadurch entsteht ein kleineres Expertentum, aber dafür eine Kosteneinsparung. Die Abhängigkeit entsteht nur noch innerhalb der Inseln.

Je nach Betriebsart, Betriebsgröße bzw. Betriebstyp kann es weitere Formen oder Mischformen der Ablauforganisation geben.

Besonders in der Produktion werden alle Teilaufgaben und Arbeitsschritte explizit vorgeschrieben und in einem **Handbuch** festgelegt. Visualisiert werden die Arbeitsschritte durch Zeichnungen, Explosionsbilder usw.

Vertiefen Sie das Thema Handbuch im Kapitel Qualitätsmanagement.

In der Systemgastronomie sind Handbücher ein wichtiges Organisationsmittel. In ihnen werden die Standards für sämtliche Bereiche des Unternehmens festgehalten und genau beschrieben. So gibt es Handbücher zur Geschäftseröffnung, Handbücher für die Produktion, Technikhandbücher, Reklamationshandbücher und Servicerichtlinienhandbücher.

Handbücher erleichtern die Einarbeitung neuer Mitarbeiterinnen und Mitarbeiter und haben folgende Aufgaben zu erfüllen:

- **Sie sichern die Standards.** Im Produktionshandbuch sind die Rezepturen schriftlich und in Form von Explorationszeichnungen oder Fotos hinterlegt. Das soll Missverständnisse vermeiden und eine einheitliche Qualität definieren.
- Durch die exakte Warenmengenangabe für die Produkte **dienen** sie **der Steuerung** der Warenwirtschaft und erleichtern das Bestellwesen.
- Abweichungen zwischen Handbuch und Wirklichkeit sind sofort erkennbar, sie ermöglichen eine **zügige Kontrolle während der Produktion.**
- Handbücher sind **Organisationsmittel,** weil sie Arbeitsabläufe bei der Produktion, der Präsentation, der Warenannahme, der Lagerung und der Warenausgabe bis hin zur Reklamation beschreiben.
- Sie dienen als **Nachschlagewerk** und **Wissensspeicher,** denn hier findet man auch Vorgänge, mit denen man schon eine längere Zeit nicht mehr konfrontiert war.

Aufgabenstellung

- Beschreiben Sie kurz das Produktionshandbuch aus Ihrem Betrieb. Was erwarten Sie sich ganz allgemein von einem Handbuch? Was soll Ihrer Meinung nach zu finden sein?

Da in der Systemgastronomie streng nach Standards gearbeitet wird, sind die Produktionsabläufe genau beschrieben, und zwar ausführlich in Handbüchern, in Kurzform direkt an der Garnierstation.

Darstellung von Arbeitsabläufen

Ziel der Ablauforganisation ist die Optimierung und Standardisierung von Arbeitsabläufen zur Herstellung einer Speise, eines Getränks oder der Ausführung einer Dienstleistung. Der Arbeitsablauf muss dabei in möglichst kurzer Zeit erfolgen, um:

- die Gästezufriedenheit ständig zu verbessern,
- Arbeitsunterbrechungen im Prozessablauf zu vermeiden und die Produktivität zu steigern,
- Geräte und Räumlichkeiten optimal auszulasten.

Mithilfe der Ablauforganisation lassen sich Zubereitungs- und Servicezeiten berechnen sowie deren Einhaltung überwachen. Das heißt, durch Kostensenkung und effektive Arbeitsweise ist eine Verbesserung des Betriebsergebnisses möglich.

Nach der DIN 66001 werden Ablaufpläne in einem **Flussdiagramm** dargestellt, dabei werden einheitliche Symbole verwendet, die genormt sind.

Flussdiagramm nach der DIN 66001

Pizza Mama	Beginn, Ende und eventuelle Zwischenstopps eines Arbeitsablaufs werden mit rechteckigen Symbolen gekennzeichnet, die abgerundete Ecken haben	(Flusslinien)	Gerade Flusslinien verbinden die einzelnen Elemente. Pfeilspitzen können die Richtung weisen
Pizzateig ausrollen	Tätigkeiten, Arbeitsschritte werden als Rechteck dargestellt (möglichst nur ein Schritt pro Rechteck)	extra Käse? nein ja	Die Raute wird für Entscheidungsfragen bei Produktvariationen benutzt. Die Frage muss so formuliert sein, dass nur mit Ja oder Nein geantwortet werden kann.
Pizza immer schneiden	Informationen, die zum Prozess hinzufließen oder daraus gefolgert werden, stehen in einem Parallelogramm (z. B. kurzfristige Rezepturänderungen), weil die Rohstoffe nicht verfügbar sind	Lieferung an Frau Meier: immer 2x klingeln!	Symbol für Zusatzinformationen (Aktennotizen): ein Schriftstück

Grafische Arbeitsablaufpläne in Form einer **Explosionszeichnung** enthalten nur die nötigste Beschriftung. Man sieht auf einen Blick, welche Zutaten in welcher Menge und Reihenfolge zu verwenden sind.

Darstellungsformen von Arbeitsabläufen

Volltext	Stichwörter
■ Erlaubt besonders genaue Beschreibungen der einzelnen Abläufe ■ Kann sehr unübersichtlich sein ■ Für Mitarbeiterinnen und Mitarbeiter, die die deutsche Sprache nicht ganz so gut beherrschen, sind diese Ablaufpläne schwer verständlich	■ Kürzere Darstellungsform ■ Dabei werden zunächst die Zutaten und Mengen genannt und dann die Arbeitsschritte mit Aufzählungspunkten ergänzt

Beispiel: Haussalat
Darstellung in vier verschiedenen Ablaufplänen

(1) Volltext
Beginnen Sie zunächst damit, sich die Hände gründlich zu waschen und zu desinfizieren. Kontrollieren Sie, ob der Arbeitsplatz sauber ist. Legen Sie nun eine Edelstahlschüssel, eine Porzellanschale, einen Mittelteller, eine Serviette und einen Tafellöffel bereit. Überprüfen Sie, ob alle benötigten Zutaten vorbereitet in der Saladette liegen. Geben Sie nun folgende Zutaten in die Edelstahlschüssel: 25 g Mischsalat, 3 halbierte Cocktailtomaten, 10 g geröstete Pinienkerne. Geben Sie 15 ml Spezialdressing hinzu, vermengen alles vorsichtig mit dem Tafellöffel und geben die Salatmischung in das bereitgestellte Porzellanschälchen. Fragen Sie jetzt Ihren Gast, ob er Schafskäse über seinen Salat möchte, wenn ja dann richten Sie 15 g gewürfelten Feta dekorativ auf dem Salat an. Bestreuen Sie den Salat mit 5 g frisch gehackten Kräutern. Geben Sie die fertig angerichtete Porzellanschale auf einen mit einer Serviette ausgelegten Mittelteller und legen Sie das Baguette rechts an. So reichen Sie dem Gast den Salat. Weisen Sie ihn auf das vorhandene Besteck hin und wünschen Sie einen guten Appetit.

Diskutieren Sie die Vor- und Nachteile der verschiedenen Darstellungsformen in der Klasse.

(2) Stichwortartig

Zutaten:
25 g Mischsalat
3 halbierte Cocktailtomaten
10 g geröstete Pinienkerne
5 g frisch gehackte Kräuter
15 g Schafkäse (Feta) auf Wunsch, gewürfelt
15 ml Spezialdressing
Beigabe: eine Scheibe geröstetes Baguette

Arbeitsschritte:
- Hände waschen, auf einen sauberen Arbeitsplatz achten
- In eine Edelstahlschüssel die folgenden Zutaten geben: Mischsalat, Tomaten, Pinienkerne
- Spezialdressing dazugeben
- Alles mit einem Löffel vermengen
- In das bereitgestellte Porzellanschälchen geben
- Den Gast fragen, ob er Schafskäse möchte. Bei Bedarf dekorativ darauf anrichten
- Mit Kräutern bestreuen
- Das Porzellanschälchen auf einen mit einer Serviette ausgelegten Mittelteller geben
- Baguette rechts anlegen und servieren

(3) Flussdiagramm

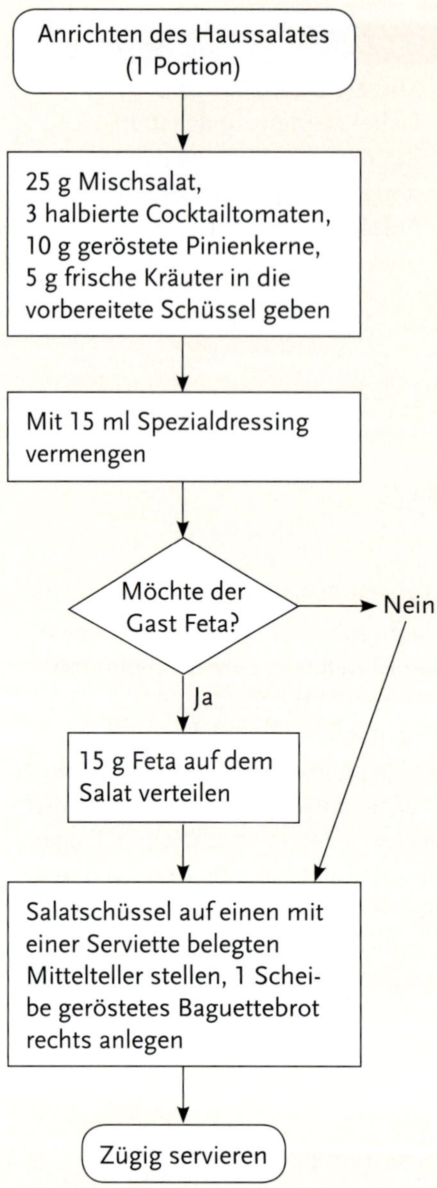

(4) Explosionszeichnung

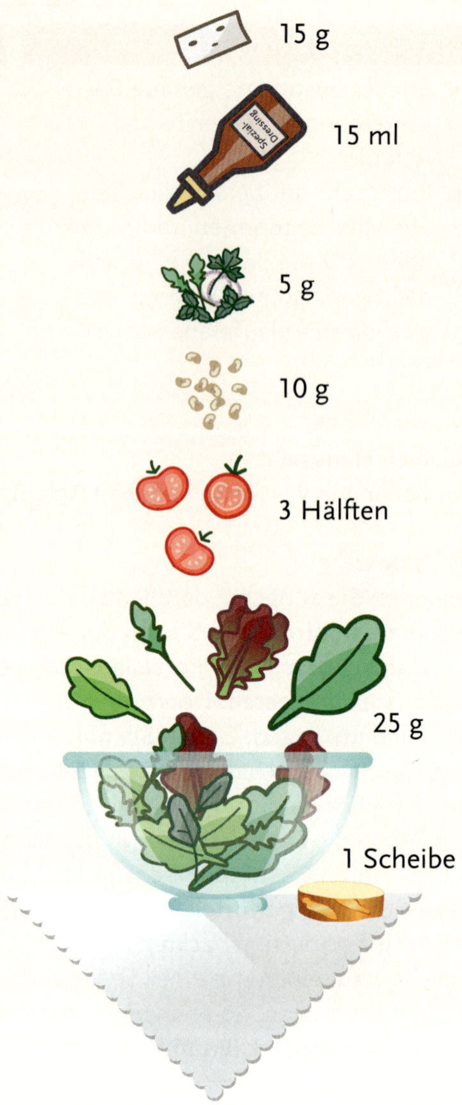

Ziele erreicht?

Diese Übungen finden Sie auch unter www.trauner.at/systemgastronomie.aspx.

1. Füllen Sie aus!

Profitcenter (1), Aufbau (2), Ablauf (3)

Die ______________ organisation befasst sich mit der Hierarchie (Zuständigkeitsverteilung) und deren innerbetrieblichen Verknüpfungen.

Bei der ______________ organisation müssen die einzelnen Aufgaben, Tätigkeiten und Prozesse sowie die Übergabe an den Prozessschnittstellen beschrieben und standardisiert werden.

Bei einer ______________ organisation werden die Teilbereiche ergebnisorientiert (gewinnorientiert) geführt und das Ergebnis wird zur Steuerung dieser Teilbereiche eingesetzt.

2. Setzen Sie ein!

a) Der F&B Manager mit seinen ______________ hat die Aufgabe den gesamten ______________ des Hotels zu organisieren und das tägliche Gastronomiegeschäft zu ______________ und zu ______________.

b) Beim Objektprinzip werden die Aufgaben nach verschiedenen ______________ ______________ (z. B. ______________, ______________ ______________) zusammengefasst.

Es entsteht eine ______________ organisation (______________ organisation).

Beim Verrichtungsprinzip werden die Aufgaben nach gleichartigen ______________ (______________) zusammengefasst.

3. Nennen Sie die deutschen, englischen und französischen Positionen in einer Küchenbrigade.

4. Erklären Sie den Unterschied zwischen Fließfertigung und Werkstattfertigung.

5. Erstellen Sie ein Aufbauorganigramm Ihres Betriebes!

6. Erläutern Sie die Vor- und Nachteile der Aufbauorganisation in Abbildung 1 und 2.

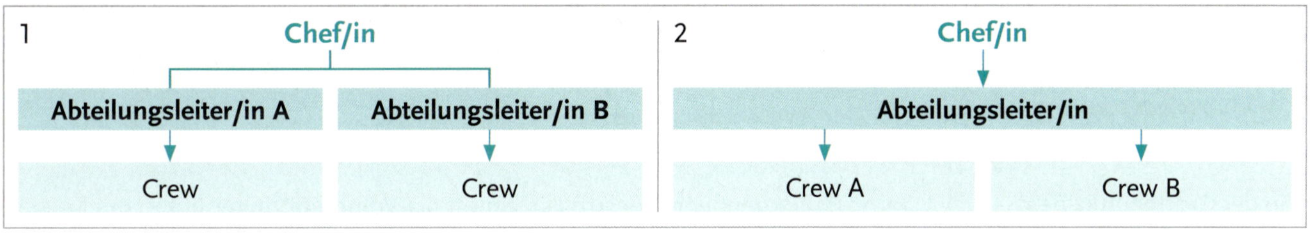

7. Die Explosionszeichnung zeigt das Herstellen einer Salatschüssel mit Toppings (Schinken- und Käsestreifen, Eispalten).

a) Erstellen Sie einen Arbeitsablaufplan in Form eines Flussdiagramms sowie als Volltext. Die Mengenangaben können Sie selbst definieren.

b) Nennen Sie Vor- und Nachteile der einzelnen Darstellungsformen für Ablaufpläne.

8. Nehmen Sie die Rezeptur eines Produktes aus Ihrem Betrieb oder dem Unterricht zur Hand und erstellen Sie daraus je einen Arbeitsablaufplan im Volltext, stichwortartig, als Flussdiagramm und als Explosionszeichnung. Tauschen Sie die fertigen Arbeitsabläufe mit Ihren Klassenkameradinnen und -kameraden aus und diskutieren Sie, welche Form der Darstellung für das von Ihnen verwendete Produkt am sinnvollsten ist.

Verkaufssteuerung und Marketing

Kinder in der Gastronomie benötigen eine besondere Aufmerksamkeit. Gelangweilte Kinder bedeuten gestresste Eltern. Unter der Maxime: „Geht es den Kindern gut, geht es auch den Eltern gut" nehmen die Kleinen eine zentrale Rolle bei Familienentscheidungen ein. Nicht nur bei der Auswahl des Restaurants für den gemeinsamen Sonntagsausflug sind die kleinen Gäste federführend. Auch die Lokalität, zum Beispiel für ihre Geburtstagsparty, wählen sie zielgerichtet aus.

Veranstaltungen jeglicher Art werden oft als Volumenbringer bezeichnet – sie steigern das Umsatzvolumen. Da jeder Umsatz auch Gewinn bringen soll, ist es notwendig die Veranstaltungen kostenrelevant zu organisieren.

Der Gastronom als Kaufmann sieht den Einfluss auf die Gewinnsituation durch Sonderveranstaltungen besonders in

- der Möglichkeit des gezielten Einkaufs (Mengenrabatte etc.),
- der Erhöhung des Lagerumschlags,
- der Ergänzung des Deckungsbeitrags,
- der Senkung von Fixkosten pro Stück,
- der höheren Kapazitätsauslastung,
- der Optimierung von Produktionskosten (Serienfertigung),
- der Gästebindung bzw. -gewinnung.

KOMPETENZ-ERWERB

Meine Ziele

Nach Bearbeitung dieses Kapitels kann ich

- die grundlegenden Inhalte einer Bankettmappe nennen;
- die Eckpunkte zur Führung eines guten Verkaufsgesprächs erläutern;
- sagen, welche Organisationsmittel zur Planung und Durchführung von Veranstaltungen wichtig sind;
- Raum-, Belegungs- und Organisationspläne erstellen;
- Aktionswochen vorbereiten;
- Angebotsvergleiche durchführen.

1 Durchführung von Veranstaltungen

In der Gastronomie werden Veranstaltungen jeglicher Art durchgeführt, vom Candlelight Dinner zu zweit bis zu Veranstaltungen für Tausende von Menschen auf einem Musikfestival. In allen Fällen ist gastronomische Leistung gefragt, denn gegessen und getrunken wird bei nahezu allen Gelegenheiten. Auch die Systemgastronomie beteiligt sich immer öfter an diesem Umsatzsegment.

Veranstaltungen sind auch in der Systemgastronomie eine gute Möglichkeit, zusätzliche Umsätze zu erwirtschaften oder diese in umsatzschwachen Zeiten zu optimieren. Eine Möglichkeit ist das Catering. Läuft die Organisation eines Caterings klaglos ab, wird ein großer Werbeeffekt für das Unternehmen erzielt. So werden neue Gästekreise erschlossen.

Catering = to cater heißt Speisen und Getränke zu liefern.

Veranstaltungen außer Haus (Outside Catering)

Um Caterings durchführen zu können, müssen bestimmte Voraussetzungen in personeller und räumlicher Hinsicht erfüllt sein. Ein Mehraufwand sowohl in der Küche als auch im Service ist gegeben. Darüber hinaus muss die Logistik passen.

Veranstaltungen im Haus werden **Inside Catering** genannt.

Spezielle Herausforderungen sind:

- Die Angebotslegung für Speisen und Getränke muss zu der vom Kunden gewünschten Location passen – es sind alle Möglichkeiten auszuloten.
- Die Speisen- und Getränkeauswahl sowie die Präsentation des Gebotenen müssen zur Veranstaltung und zur Zielgruppe passen.
- Personal und Logistik müssen exakt geplant werden.
- Zusatzleistungen (spezielle Dekorationen, Unterhaltungsprogramme usw.) werden häufig gewünscht und sind zu planen.

Wie das Verkaufsgespräch für Veranstaltungen ablaufen sollte, lesen Sie im Lernfeld „Beratung und Verkauf im Restaurant" im Buch Systemgastronomie 2.

Arten von Veranstaltungen

Geschlossene Veranstaltung

- Das sind Familienfeiern (Geburtstage, Hochzeiten) oder Betriebsfeiern (z. B. Weihnachtsfeier).
- Nur vom Gastgeber bzw. von der Gastgeberin geladene Gäste nehmen teil. Diese Person lädt auch ein.
- Es wird ein Vertrag zwischen Gastronom und Gastgeber/in abgeschlossen.
- Meist Banketts (Speisen und Getränke werden serviert; Menüreihenfolge ist festgelegt) oder Buffets (Gäste bedienen sich selbst), manchmal auch eine Kombination aus beidem (z. B. Suppe wird serviert, dann folgt ein Buffet).

Offene Veranstaltung

- Veranstalter ist der gastronomische Betrieb; jeder kann (evtl. nach Anmeldung) teilnehmen.
- Produktbezogene Veranstaltungen, Steakabend, Burgerparty etc.
- Veranstaltungen zu Feiertagen oder regionalen Festen.
- Veranstaltungen für bestimmte Zielgruppen, Family Day, Single Party.
- Clubbing, Disco, Modeschau, Vernissage, Buchpräsentation etc.
- Offene Veranstaltungen können weitere Zielgruppen für den Betrieb erschließen und helfen, sich „einen Namen zu machen".

Ein Hotel der Blockhouse-Gruppe

Bevor die Organisation von Sonderveranstaltungen beginnen kann, muss ein Gast diese bestellt haben, d. h. wir müssen ihm diese verkauft haben. Dazu bedient man sich verschiedener Hilfsmittel.

Going international
Meeting = Sitzung, Tagung
Convention = Tagung, Versammlung
Conference = Konferenz
Event = Veranstaltung
Exhibition = Ausstellung
Banquet = Bankett, Festessen
Bankett leitet sich vom italienischen Wort banchetto ab: Festessen, Festmahl, aber auch Beistelltisch

Kompositionstabellen helfen dem Kunden bei der Zusammenstellung von Menüs.

2 Verkaufs- und Organisationshilfen

GRAND ELYSEE
HAMBURG

Meetings & Conventions
The huge variety of our 25 different-sized, daylight-flooded function rooms makes the Grand Elysée Hamburg a perfect place for meetings, conferences, events and exhibitions ...
So präsentiert sich ein Hotel in Hamburg – bei einer Anfrage ist es nun wichtig die richtigen Organisationsmittel, wie die Bankettmappe, einen Function-sheet sowie den Reservierungsplan (Agenda) bereit zu haben. Ein gutes Verkaufsgespräch richtig zu führen muss gelernt sein.

2.1 Verkaufsmappe – Bankettmappe

Dem Verkäufer dient die Bankettmappe zur Visualisierung von Angeboten und als Gedankenstütze. Eine gute Bankettmappe hilft dem Verkäufer sich mehr auf das Gespräch zu konzentrieren, da er nicht laufend über die Erstellung von alternativen Angeboten nachdenken muss. Er kann auf Angebote, die in der Bankettmappe dargestellt sind, zurückgreifen.

Die Bankettmappe kann dem Gast bereits vor dem Gesprächstermin zugesandt werden, sodass auch er sich auf das Gespräch vorbereiten kann und einen vorläufigen Eindruck vom Hotel bzw. den Angeboten bekommt.

Eine Bankettmappe sollte Folgendes enthalten:

- Visitenkarte des Ansprechpartners bzw. der Ansprechpartnerin im Hotel
- Kurze allgemeine Information über das Hotel und die Bankettabteilung, möglichst mit Fotos von gedeckten Tafeln, Gästezimmern usw.
- Raumpläne
- Visualisierungen, z. B. zu den Möglichkeiten für Tischanordnung und Bestuhlung, zu Buffets
- Speisen-, Menü- und Buffetangebote, eventuell Kompositionstabellen
- Arrangements, z. B. für Seminare
- Getränkeangebote
- Dekorationsangebote, möglichst mit Bildern
- Technikangebote und Sonstiges, z. B. Musikanlage, Beamer
- Zimmerangebote
- Anreiseskizze
- Preise, Vertragsbedingungen, Allgemeine Geschäftsbedingungen (AGB)
- Function-sheet; damit der Gast sieht, welche Informationen benötigt werden

Ein gepflegtes Erscheinungsbild der Mappe ist selbstverständlich, ebenso ihre Fehlerfreiheit und Aktualität.

Die Aktualität sollte in der Bankettmappe ersichtlich sein, z. B. als Fußzeile beim Speisenangebot oder es wird in den AGBs ein Verweis auf die Gültigkeit der Angebote und Preise eingearbeitet.

2.2 Function-sheet (Veranstaltungsformular)

Dieses Formular ist sowohl Planungs- und Durchführungshilfe als auch Verkaufshilfe. Es trägt dazu bei, keinen Punkt, der für die Durchführung besprochen werden muss, zu vergessen. Somit ist es eine Checkliste für den Verkauf.

Die Planung und die Durchführung werden unterstützt, da alle Gästewünsche und vertraglich abgemachten Ausführungsdetails angeführt sind und so den verschiedenen Abteilungen als Information zugehen.

Tentativ: ______ blocken bis ______ Definitiv: ______
GASTHAUS MUSTERMANN
Bankettabteilung Herr/Frau ______ aufgenommen am: ______

Veranstaltung am ______ Einlass um ______ Uhr Beginn um ______ Uhr

Anlass: ______ ENDE um ______ Uhr Raum: ______

Veranstalter Herr/Frau/Firma ______ Tel: ______ Fax: ______
Adresse: ______
E-Mail: ______

Rechnungsadresse: ______

Ansprechpartner: Herr/Frau ______ Tel.: ______ Fax: ______
Adresse: ______
E-Mail: ______

Anzahl Gäste: ______ davon Anzahl Kinder ______ davon ______ siehe Bemerkung

Rechnungsart: ______ Zahlung bis ______ a conto: ______ bis: ______

Raummiete: ______ Umsatzgarantie: ______

Zusätzliches Personal: ______ Anzahl: ______ Preis: ______
Nicht auf Sammelrechnung: ______ Tabak: ______ Spirituosen: ______

Beginn ______ Aperitif ______ Anzahl: ______ Preis: ______

Menü/Buffet ______ Anzahl: ______ Preis: ______ Beginn: ______

1. Gang ______ Getränk: ______ Preis: ______ Zeit: ______
2. Gang ______ Getränk: ______ Preis: ______ Zeit: ______
3. Gang ______ Getränk: ______ Preis: ______ Zeit: ______
4. Gang ______ Getränk: ______ Preis: ______ Zeit: ______
5. Gang ______ Getränk: ______ Preis: ______ Zeit: ______

Kaffee abfragen: ______ Preis: ______ Getränke weitere: ______

Digestif: ______ Preis: ______

Besonderheiten: ______

Reden: ______ Pausen: ______ Extras: ______
Tischwäsche: ______ Deko: ______ Preis: ______
Tafelform: ______ Serviceart: ______ Tischkarten: ______ zusätzliche Tische ______

Technik: ______ Anzahl: ______ Preis: ______ Garderobe: ______ Preis: ______
Sonstiges: ______
Tanzfläche: ______ Musik: ______ EUR: ______

Zimmer: ______ DZ von ______ bis ______ Preis: ______
______ EZ von ______ bis ______ Preis: ______
Garagenplätze: ______ Preis: ______ Gouvernante: ______ Zeit: ______ EUR: ______
Bemerkungen: ______

Sonstiges: ______ Presse: ______ VIP: ______

Verteiler im Haus: ______ Vertrag bis: ______

Beachten Sie den Unterschied!
Tentativ: Noch nicht sicher.
Definitiv: Sicher.

Dieses Formular finden Sie auch unter www.trauner.at/systemgastronomie.aspx.

Blocken bis = Vorausreservierung bis ...

Veranstalter, Rechnungsempfänger sowie Ansprechpartner müssen nicht zwingend ein und dieselbe Person sein.

Die Informationen werden in ein spezielles Computerprogramm eingegeben. Darin sind Textbausteine hinterlegt und somit ist die Vertragsausfertigung standardisiert.

Verteiler = wird im Haus an die einzelnen Abteilungen ausgegeben.

Da jeder Betrieb andere Voraussetzungen hat, kann man folgende allgemeine Aussage treffen:

Function-sheet

Informiert über	Wird verteilt an
▪ **kaufmännische Daten** (Name, Adresse, Telefonnummer, Preis, Rechnungsstellung usw.)	▪ **Food-&-Beverage-Abteilung** (Küche, Service, Bankettabteilung, Stewarding)
▪ **Gästewünsche** (Tanz, Sperrzeitverkürzung, Dekoration usw.)	▪ **Administration** (Buchhaltung, Einkauf, Technik, Direktion u. Ä.)
▪ **Schwerpunkte** (Menü, Getränke, Reden usw.)	▪ **Empfang** (Etage, Garage, Portier u. Ä.)
▪ **Details** (Tischkarten, Mikrofone usw.)	▪ **Nebenbetriebe** (Gärtnerei, Wäscherei usw.)
▪ **Ausführung** (Tafelform, Beginn, Serviceart, Datum usw.)	

2.3 Organisationsmittel

⚠ Manche Organisationsmittel können auch mehreren Zwecken dienen.

Organisationsmittel sind

- hilfreich für die Planung und Durchführung, z. B. Veranstaltungspläne, Raumpläne;
- wichtig für den Verkauf und
- dienen als Merklisten bzw. Checklisten.

Jedes Unternehmen hat seine spezifischen Organisationsmittel. Das Layout und der Inhalt sind je nach Betrieb anders gestaltet, jedoch wird jede Veranstaltung grundlegende Informationen benötigen. Diese sind in jedem Betrieb gleich, z. B. die Kategorie Tag der Veranstaltung oder die Kategorie Gästeanzahl.

Sinn und Zweck von **Planungs- und Durchführungshilfen** ist es, Informationen festzuhalten bzw. weiterzugeben, damit keine Details vergessen werden. Auch muss ein Überblick über die Arbeitsschritte und deren zeitlichen Abläufe gegeben sein, sodass ein unnötiger Arbeitsaufwand – also doppelte Arbeit – eliminiert wird.

Die enthaltenen Informationen betreffen u. a.:

- die Räume,
- Zeitaspekte,
- Arbeitsmittel,
- technische Details,
- Wareneinsatz und Logistik,
- Kosten und Personal.

Rauminformationen beziehen sich sowohl auf die Belegungszeiten als auch auf die Bereitstellung der entsprechenden Nutzungsmöglichkeiten bzw. Nutzungswünsche der Gäste.

2.3.1 Agenda (Veranstaltungsplan)

Zu den wichtigsten Informationen beim Verkauf einer Veranstaltung zählt der Raumbelegungsplan (Reservierung). Diese gibt an, welcher Raum an welchen Tagen und in welchen Zeiträumen belegt ist. Eine Information über den Veranstalter und den Veranstaltungsanlass zusätzlich einzufügen, kann nützlich sein. Das Layout legt jeder Betrieb selbst fest.

Pax (persons approximately) = Gästeanzahl.

Muster einer Agenda

Datum	Raum 1: bis 100 Pax		Veranstaltung	Raum 2: bis 300 Pax		Veranstaltung
01.01.11	von	bis		von	bis	
	von	bis		von	bis	
	von	bis		von	bis	
02.01.11	von	bis		von	bis	
	von	bis		von	bis	
	von	bis		von	bis	
03.01.11	von	bis		von	bis	
	von	bis		von	bis	
	von	bis		von	bis	
usw.						

2.3.2 Raumplan (Bestuhlungsplan, Raumstellplan)

Im Raumplan wird dargestellt, welche Tafelformen abhängig von der Gästezahl im Raum Platz finden, d. h. verwendet werden können. Man sollte dem Gast verschiedene Nutzungsmöglichkeiten bzw. Stellmöglichkeiten aufzeigen.

Bestuhlung für Vorträge

So könnte man z. B. verschiedene Skizzen von unterschiedlich bestückten Räumen anfertigen oder Folien mit diversen Tafelformen über eine leere Raumplanskizze legen.

Der Gast muss die Personenzahl erfahren, die bei dieser oder jener Tafelform im jeweiligen Raum Platz finden kann. Geben Sie auch Information zu den Ausmaßen der Räume (Quadratmeter, Breite und Länge) und legen Sie Bilder eines bestückten und dekorierten Raumes vor.

Dies alles hilft dem Gast bei seiner Entscheidung.

Hat ein Betrieb sehr viele Veranstaltungsräume, hilft eine Übersicht, z. B. in dieser Form:

	Raum 1
Länge	12,50 m
Breite	6,80 m
Höhe	3,80 m
Fläche	85 m^2
U-Form	25–43 Pers.

Diese Übung finden Sie auch unter www.trauner.at/systemgastronomie.aspx.

Beispiel eines Raumplans mit runden Tischen für je 6 Personen

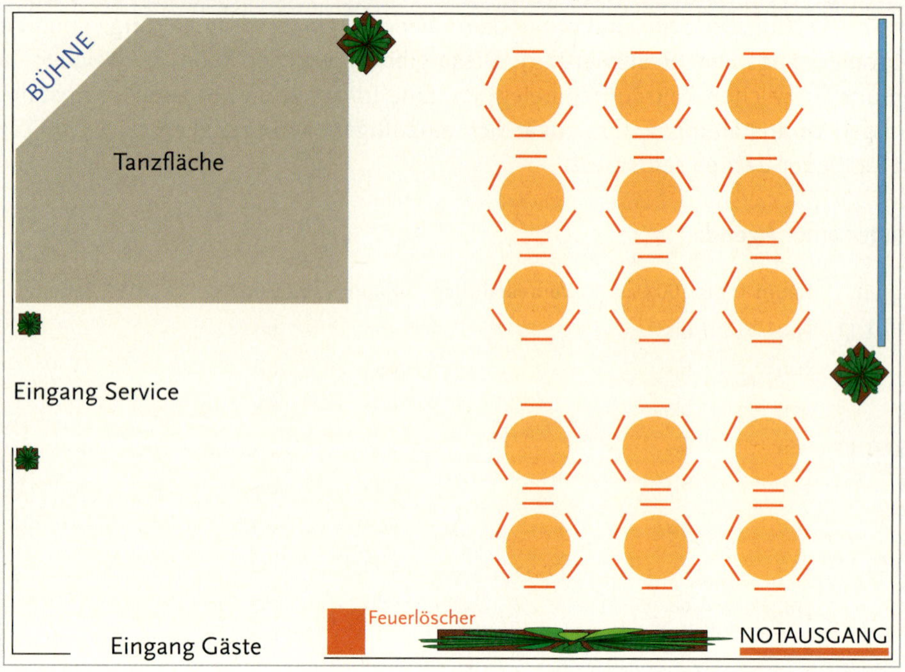

Beachten Sie stets, dass
- Fluchtwege nicht verstellt werden,
- die Tanzfläche den Ein- und Ausgangsverkehr nicht behindern darf,
- das Servicepersonal genügend Platz für den Service hat.

Aufgabenstellung

- Erstellen Sie einen Raumplan für 60 Gäste und verwenden Sie als Tafelform eine E-Tafel.

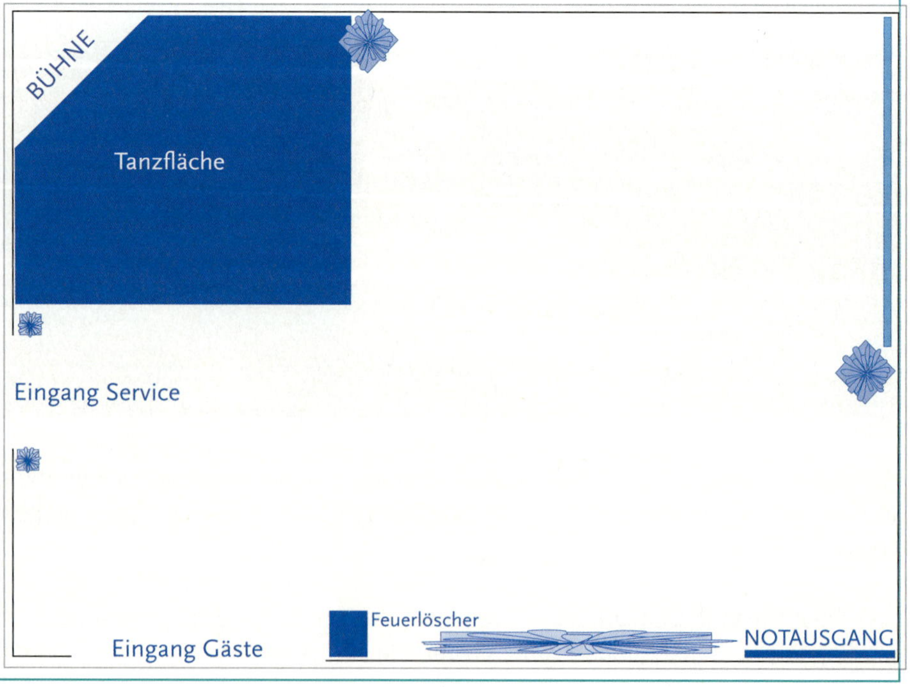

2.3.3 Tafelorientierungsplan (Raumorientierungsplan)

Wird bei größeren Veranstaltungen erstellt, damit die Gäste ihren Platz finden und die Servicestationen für das Personal festgelegt werden können.

Beispiel eines Tafelorientierungsplans für Gäste

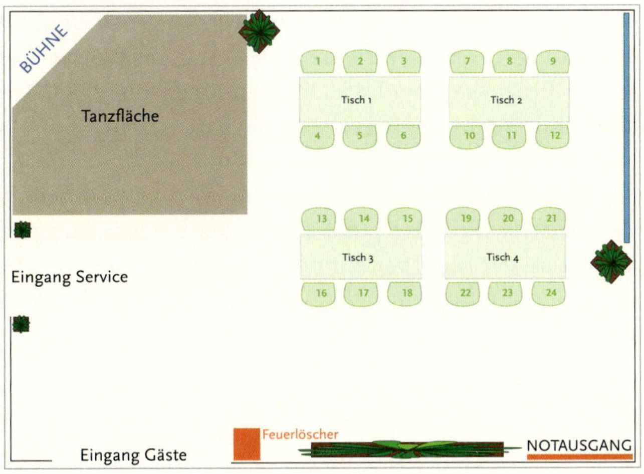

Eine Aufgabe finden Sie unter www.trauner.at/systemgastronomie.aspx.

Ein Raumorientierungsplan kann auch ein Orientierungsplan zum Auffinden des Raumes im Gebäude sein.

Anhand der Gästeliste werden die Orientierungspläne erstellt.

Name des Gastes	Tisch-Nr.	Platz-Nr.
Frau A	1	6
Herr A	1	5
Frau B	2	8
usw.		

2.3.4 Ablaufpläne

Vereinfachtes Beispiel für eine kleinere Veranstaltung

Sa. 15.01.11 Uhrzeit	Prozess	Arbeitsschritte	Anzahl Personal	Mitarbeiternamen
14.30	Saal vorbereiten	Materialausgabe und Vorbereiten (Servietten brechen, Besteck polieren etc.) Tische stellen	2	
15.50	Tische eindecken	Tischwäsche auflegen Gedecke auflegen	2	
17.00	Vorbereitungsendphase	Tischdekor fertigstellen Aperitif vorbereiten	1 1	
17.35	Abnahmekontrolle			Chef de Service
17.45	Service-Besprechung	Stationen einteilen, Weinkellner/in festlegen Menü und Zeiten erklären Function-sheet durchsprechen Spätdienst erläutern	5	
18.00	Pause			
18.30 18.30 19.00 19.15 19.45 20.00 20.40 21.30 22.00 22.30 22.30	Veranstaltung durchführen	 Aperitif Weinservice 1. Gang Rede erneuter Weinservice 2. Gang 3. Gang Nachspeise Kaffee und Digestif Abräumen Getränkeservice	5 2 bleiben 1 bleibt	
23.30	Veranstaltungsende	Aufräumarbeiten	3	
01.00	Dienstende			

Diese Berechnungsmethode kann auch für andere Abteilungen, z. B. Housekeeping angewendet werden.

In Ablaufplänen werden Prozesse in zeitlicher Reihenfolge angeführt und, sofern notwendig, in Hauptarbeitsschritte gegliedert. Abhängig vom Arbeitsaufwand wird die Anzahl des benötigten Personals festgelegt.

Nach Erstellung des Personaleinsatzplans werden dann die Aufgaben entsprechend der Dienstzeiten verteilt. Da die drei Prozesse der Vorbereitung ab 14.30 Uhr hintereinander ablaufen und pro Prozess der Einsatz von zwei Personen benötigt wird, kann der gesamte Vorbereitungsprozess mit einem Personaleinsatz von zwei Personen bewältigt werden. Die Prozesse ab 17.45 Uhr benötigen bis 22.00 Uhr fünf Personen und ab 22.30 Uhr nur noch drei Personen.

Die Anzahl der benötigten Mitarbeiterinnen und Mitarbeiter wird laut Ablaufplänen aller Veranstaltungen einer Woche summiert, und zwar unter Einbeziehung der Kernzeiten. Die wöchentliche Anzahl der Mitarbeiterinnen/Mitarbeiter kann nun für den Dienstplan durch Division mit der Anzahl der Wochenarbeitstage – in der Regel sind dies fünf Tage – berechnet werden.

1. Schicht $\frac{19}{5} = 3{,}8$	2. Schicht $\frac{35}{5} = 7{,}0$	3. Schicht $\frac{19}{5} = 3{,}8$

Gesamtanzahl für die Woche = 3,8 + 7 + 3,8 = 14,6

Da es 0,6 Personen nicht gibt, muss der Dienstplan modifiziert werden.
- Entweder werden Aushilfen stundenweise eingesetzt oder
- Gutstunden abgebaut oder
- Überstunden angeordnet.

Überstunden sollten möglichst vermieden werden, da zukünftige Dienstpläne damit belastet bzw. hohe Personalkosten aufgebaut werden.

Sofern möglich, können auch Zusatzarbeiten wie z. B. Vorbereitungsarbeiten für eine andere Veranstaltung, angesetzt oder, sofern tariflich erlaubt, Teildienste vergeben werden.

2.3.5 Personaleinsatzplan (Dienstplan)

Über Personaleinsatzpläne lesen Sie auch im Kapitel Personalwesen, Seite 113 ff.

Dieser muss verbindlich für einen längeren Zeitraum (Woche) erstellt werden. Der entgültige Personaleinsatzplan ist wie eine Urkunde und muss mit einem urkundenechten Schreibstift geschrieben werden. Es darf nicht radiert werden. Je nach Tarifvertrag muss das Arbeitszeitkonto in einer bestimmten Frist ausgeglichen werden.

Aufgabenstellung

- Sehen Sie sich das Beispiel eines Ablaufplans für eine Veranstaltung an (auf Seite 57) und schreiben Sie für diese Veranstaltung einen Dienstplan für 14 Mitarbeiterinnen und Mitarbeiter.

Eine Aushilfenkartei wird benötigt, um Personalengpässe beheben zu können. Näheres lesen Sie dazu unter www.trauner.at/systemgastronomie.aspx.

2.3.6 Anforderungsformulare

Je nach Betrieb werden Arbeitsutensilien und Materialien in verschiedenen Abteilungen angefordert.

Anforderungsformular für Housekeeping oder Wäscherei

Materialanforderung

Von Abteilung: ______ Rückfragen an: ______

Empfänger: ______ Gegeben am: ______

☐ wird abgeholt am: ______ Uhrzeit: ______

☐ liefern am: ______ Uhrzeit: ______ Ort: ______

Aufgabenstellung

- Ergänzen Sie die Materialanforderung an die Abteilung Housekeeping. Sie planen eine Hochzeit mit 100 Gästen!

Materialanforderung

Von Abteilung: ______ Rückfragen an: ______

Empfänger: ______ Gegeben am: ______

☐ wird abgeholt am: ______ Uhrzeit: ______

☐ liefern am: ______ Uhrzeit: ______ Ort: ______

Anzahl	Bezeichnung	Größe	Farbe	Bemerkung
10	Molton	180 × 80		

Erhalten am: ______

Diese Übung finden Sie auch unter www.trauner.at/systemgastronomie.aspx.

2.3.7 Checklisten

Inwieweit die einzelnen Abteilungen zur Anforderung noch zusätzlich eine Checkliste benötigen, entscheidet die Abteilung selbst. Eine Bankettabteilung sollte unbedingt folgende Checkliste mit diesen Punkten erstellen:

Checkliste

für Veranstaltung: ______ am ______ um ______ Uhr

Anlass: ______ Raum: ______

Belegung vorher bis ______ danach ab ______.

Sollte ein Punkt zum festgelegten Datum nicht erfüllt sein, muss sofort eine Steuerungs- bzw. Korrekturmaßnahme durchgeführt werden. Dies sollte schriftlich mit Datum und Uhrzeit vermerkt werden. Bestimmte Punkte müssen laufend vor dem Erledigungszeitpunkt bezüglich des Fortschritts überprüft werden, denn am Erledigungszeitpunkt kann es für Steuerungsmaßnahmen schon zu spät sein. **Eine entsprechende Spalte könnte in die Checkliste integriert werden.**

Ziele erreicht?

KOMPETENZ-ERWERB

Diese Übungen finden Sie auch unter www.trauner.at/systemgastronomie.aspx.

1. Füllen Sie aus! Stimmt die Aussage? Kreuzen Sie ja oder nein an!

a) Bankettmappe

	Ja	Nein
Sie sollte dem Gast keinesfalls vor dem ersten Gespräch gegeben werden.		
Dem Verkäufer dient sie zur Visualisierung von Angeboten und als Gedankenstütze.		
Dekorationsmöglichkeiten sind mit Bildern zu visualisieren.		
Zimmerangebote gehören nicht in eine Bankettmappe.		

b) Function-sheet

	Ja	Nein
Er ist eine Checkliste für den Verkauf.		
Alle Gästewünsche und vertraglich abgemachten Ausführungsdetails sind angeführt.		
Definitiv heißt noch nicht sicher, tentativ heißt sicher.		
Er geht den verschiedenen Abteilungen als Information zu.		

2. Welche Tafelform schlagen Sie für folgende Veranstaltungen vor? Begründen Sie Ihre Auswahl!

- Silberhochzeit mit 30 Personen

- Omas Geburtstag mit 18 Personen

- Betriebsfest mit 120 Personen, inklusive Tanz

3. Was müssen Sie an organisatorischen Dingen bei einer Veranstaltung (Catering) außer Haus beachten?

4. Komplexe Aufgabe: Organisation einer Veranstaltung im Haus

Sie betreiben ein italienisches Restaurant der Kette Buongiorno, das Sortiment besteht aus Pizza, Pasta, italienischen Fleisch- und Fischgerichten, Vorspeisen und Desserts. Es gibt eine große Weinkarte mit italienischen Weinen und Schaumweinen. Ihr Sortiment ist aber nicht komplett standardisiert, frei nach Ihrer wichtigsten Maxime: „Wir lesen unseren Gästen jeden Wunsch von den Augen" und so gehen Sie gerne auf die Wünsche Ihrer Gäste ein.

Die Stadtverwaltung möchte ihre Weihnachtsfeier mit 60 Personen bei Ihnen abhalten. Frau Sonderling, die Organisatorin der Veranstaltung, kommt zu Ihnen zur Absprache.

a) Bereiten Sie einen Function-sheet für Ihr erstes Verkaufsgespräch mit Frau Sonderling zur Ermittlung ihrer Wünsche vor.

b) Spielen Sie das Verkaufsgespräch durch und notieren Sie alle Wünsche von Frau Sonderling auf dem Function-sheet.

c) Erstellen Sie aufgrund der Wünsche drei begründete Vorschläge für die Speisenauswahl (zwei Menüvorschläge, ein Mal Speisen auf einem Buffet). Wählen Sie korrespondierende Getränke aus. Erstellen Sie einen Raumplan, der die Anordnung der Tische und Stühle deutlich macht und kalkulieren Sie die Preise.

d) Formulieren Sie für die geplante Veranstaltung aufgrund Ihrer Vorschläge ein schriftliches Angebot.

e) Nachdem sich die Stadtverwaltung für einen Vorschlag entschieden hat, können Sie einen internen Ablaufplan zur Vorbereitung der Veranstaltung erstellen.

f) Des Weiteren stellen Sie einen Personalplan für Ihre Mitarbeiterinnen und Mitarbeiter sowie eine Bestellliste (Lebensmittel, Getränke, Dekor) auf.

g) Entwerfen Sie die Menükarte für diesen Abend.

5. Komplexe Aufgabe: Organisation einer Veranstaltung außer Haus

Sie arbeiten als Restaurantleiter/in bei „Natürlich", einer jungen systemgastronomischen Kette mit bundesweit 30 Restaurants. Sie sind bekannt für frische regionale Küche und bieten Gegrilltes (Fisch und Fleisch), Salate und Gemüse sowie fruchtige Desserts an. Des Weiteren haben Sie eine große Auswahl an besonderen Getränken, wie z. B. selbst hergestellte Limonaden.

Ihr Franchisenehmer, Herr Feldweg, hat sechs Standorte in Norddeutschland mit jeweils 30 Sitzplätzen. Er möchte sich in der Region einen Namen machen und nimmt häufig an regionalen Veranstaltungen teil. So hat er sich um das Catering bei dem diesjährigen Freilufttheaterfestival in der Stadt Lüneburg beworben. An drei Tagen wird es jeweils zwei Vorstellungen geben. Auf der Rasenfläche vor der Theaterbühne haben 1 500 Zuseher Platz, die sechs Vorführungen sind ausverkauft.
Sie sollen Herrn Feldweg ein Konzept für eine detaillierte Planung dieser Veranstaltung vorlegen. Insgesamt können Sie auf einen Mitarbeiterstamm von ca. 50 Personen zurückgreifen, abzüglich der Mitarbeiterinnen und Mitarbeiter, die in den sechs Restaurants von Herrn Feldweg zum Einsatz kommen. Da Ihr Unternehmen öfter Veranstaltungen dieser Art organisiert, verfügen Sie über das benötigte Equipment, wie Zeltgarnituren, Sonnenschirme, mobile Tresen, Gargeräte usw.

Erstellen Sie ein Konzept. Sie haben 120 Minuten Zeit. Gehen Sie nach folgendem Schema vor:

a) Nennen Sie fünf Hauptgerichte, fünf verschiedene passende Beilagen und zehn unterschiedliche Getränke.

b) Erstellen Sie die Preise für die angebotenen Speisen und Getränke und begründen Sie Ihre Entscheidung.

c) Erarbeiten Sie ein Konzept, wie die Gäste bei dieser Veranstaltung bezahlen.

d) Direkt neben der Rasenfläche für die Theateraufführung haben Sie ein Areal mit 300 Quadratmetern zur Verfügung. Erstellen Sie eine Skizze Ihres Aktionsaufbaus.

e) Wählen Sie Servicestandards aus und begründen Sie die Auswahl.

f) Überlegen Sie, wie viele Mitarbeiterinnen und Mitarbeiter Sie benötigen. Erstellen Sie anhand Ihrer Umsatzprognose und der geplanten Arbeitsproduktivität (Umsatz pro Mitarbeiter-Stunde) einen Dienstplan.

g) Sie bekommen von Ihrem Franchisenehmer 2.000 Euro zur Verfügung gestellt. Wofür verwenden Sie dieses Budget? (exklusive Personalkosten)

h) Schlagen Sie sechs Marketingaktionen vor, mit denen Sie Ihre Zielgruppe, also die Besucherinnen und Besucher der Veranstaltung ansprechen möchten. Diskutieren Sie ausführlich die Vor- und Nachteile der von Ihnen geplanten Aktionen und entscheiden Sie sich für zwei bis drei, die Sie tatsächlich anwenden wollen.

i) Da Sie in Ihrem Unternehmen öfter Außenaktionen durchführen, möchten Sie wissen, wie erfolgreich die Marketingaktionen der Veranstaltung beim Theaterfestival waren. Erläutern Sie mehrere Möglichkeiten der Erfolgskontrolle Ihrer Marketingmaßnahmen und erklären Sie, wie Sie diese praktisch umsetzen würden.

6. Projektvorschlag

Erstellen Sie in Gruppenarbeit eine Bankettmappe (Verkaufsmappe). Die benötigten Fotos (geschmückte Tafel, angerichtete Teller, Dekoration etc.) können im Praktischen Fachkundeunterricht gemacht werden bzw. sind im Internet zu recherchieren. Die Texte müssen mit einem Textverarbeitungsprogramm in das passende Layout gebracht, die Preise mit einem Tabellenkalkulationsprogramm berechnet werden.

Verwenden Sie folgende Vorgaben:

- Name: Sunshine Asia
- Der Betrieb befindet sich im Zentrum, hat eine gute Verkehrsanbindung und genügend Parkraum
- Angebot: Ethnofood, asiatische Gerichte, alkoholfreie Mischgetränke, Weinkarte
- Das Restaurant bietet 50 Sitzplätze sowie drei Banketträume für 60 bis 120 Personen
- Übliche Gästewünsche hinsichtlich moderner Technik und Dekoration können aus dem eigenen Fundus erfüllt werden
- Jahresumsatz EUR 2.500.000,--, Wareneinsatzquote 32 %, Gewinnquote 17 %

Qualitätsmanagement

Über den Begriff Qualität diskutieren die Menschen schon seit Jahrtausenden.

Lao-tse sagte: Qualität ist Güte.

John Locke sagte: Qualität ist die Fähigkeit eines Dinges, eine Empfindung im Bewusstsein zu erzeugen.

Das Wort Qualitätsmanagement setzt sich aus den Begriffen Qualität und Management zusammen. Wir erklären zunächst den Begriff Qualität. Am besten stellt man sich dazu das Gegensatzpaar Qualität und Quantität vor.

Quantität ist die Menge. Qualität ist die Beschaffenheit oder Eigenschaft. Qualitativ heißt demgemäß „die Qualität betreffend".

Wer sich qualifiziert, befähigt sich eine Sache auszuführen, z. B. ein Auto zu fahren. Ein umfassendes Qualitätsmanagement ist also eine Managementmethode, die die Qualität in den Mittelpunkt stellt.

Umgelegt auf die Systemgastronomie bedeutet das z. B., dass als qualitätsfördernde Maßnahme die Mitarbeiterinnen und Mitarbeiter speziell geschult werden und sich damit besonders für ihren Beruf qualifizieren.

KOMPETENZ-ERWERB

Meine Ziele

Nach Bearbeitung dieses Kapitels kann ich

- die Eigenschaften und Merkmale von Qualität beschreiben;
- sagen, was ISO-Normen sind und welchen Nutzen eine Zertifizierung hat;
- die Definition des Begriffs Qualitätsmanagement nennen;
- erläutern, was Total Quality Management bedeutet und welche Schritte nötig sind, um es in einen Betrieb einführen zu können;
- die Methoden der Qualitätssicherung nennen;
- beschreiben, wie ISO-Normen mithilfe eines Audits in einem Betrieb eingeführt werden;
- Blätter für ein Qualitätshandbuch erstellen.

1 Eigenschaften und Merkmale von Qualität

Qualität ist die Beschaffenheit einer Ware, ihre Güte, ihr Wert, aber auch die Art und Weise einer Dienstleistung, z. B. freundlicher Service.
Aber wie erkennt man Qualität? Wie kann man Vergleiche anstellen?

Qualität unterliegt festgelegten Standards.

Aufgabenstellung

- Ergänzen Sie Argumente für die Kaufentscheidung.

▪ Preiswerter	▪ Frisch gepresst

Diese Übung finden Sie auch unter www.trauner.at/systemgastronomie.aspx.

1.1 Wer bestimmt die Qualität?

Qualität ist von mehreren Faktoren abhängig:

- Von gesetzlichen Vorschriften: Das Lebensmittel-, Bedarfsgegenstände- und Futtermittelgesetzbuch (LFGB) bestimmt durch Verordnungen die Qualität der Hygiene einer Speise (z. B. es darf kein Haar in der Suppe sein).
- Von Qualitätsvorgaben des Betriebsmanagements: Fachliche Qualität wird vorgegeben (z. B. in Form von Rezepturen).

Qualitätsvorgaben werden von privaten oder staatlichen Stellen bewertet und die Einhaltung überprüft. Sichtbare Kennzeichen von Qualität sind **Gütesiegel,** z. B. das deutsche Weinsiegel.

Des weiteren beinhaltet Qualität, dass ein Produkt produziert oder verkauft werden kann, das den Vorstellungen der **Gäste** entspricht.

Gästewünsche und Vorstellungen der Gäste sind Qualitätsrichtlinien für die Erstellung von Standards.

Mehr zum Lebensmittel-, Bedarfsgegenstände- und Futtermittelgesetzbuch (LFGB) siehe www.gesetze-im-internet.de/lfgb
Des weiteren interessant: Europäische Behörde für Lebensmittelsicherheit www.efsa.europa.eu/de

1.2 Was ist Qualität?

Die Qualität gibt an, in welchem Maße ein Produkt (eine Ware oder eine Dienstleistung) den bestehenden Anforderungen entspricht.

Die Qualität eines Produktes wird nicht durch seinen Preis oder seine Güte bestimmt, sondern dadurch, ob die an das Produkt gestellten Anforderungen erfüllt werden. Dabei sollen neben den objektiven, messbaren Eigenschaften auch die subjektiven Erwartungen der Kunden erfüllt werden.

In der praktischen Anwendung des Qualitätsbegriffs unterschied David A. Garvin 1984 folgende Teilqualitäten:

Absolute Qualität: maximale Güte eines Produktes oder einer Dienstleistung.
Qualität des Produktes ist messbar. Qualitätsunterschiede werden durch bestimmte Eigenschaften oder Bestandteile eines Produktes auch quantitativ widergespiegelt.
Qualität für den Gast: Sie wird an den individuell nachgefragten und wahrgenommenen Bedürfnissen ausgerichtet. Der auf den Verwendungszweck und die Gästepräferenz ausgerichtete Ansatz basiert auf rein kundensubjektiven Bewertungszusammenhängen. Diese Sichtweise wurde in die DIN EN ISO 9001 – 2005 aufgenommen.
Qualität der Herstellung wird durch die Einhaltung eines vorgegebenen internen Gütestandards gekennzeichnet.
Qualität als Wert: Sie wird aus einem Verhältnis von Preis und Leistung bzw. Nutzen definiert. Qualität ist damit abhängig von dem wahrgenommenen Nutzen im Verhältnis zum Preis.

Beispiel: Kräutertee

Einfache Qualität	Mittlere Qualität	Höhere Qualität
Zutaten Wasser, Teebeutel, Zucker.	**Zutaten** Wasser, Teebeutel „Teekanne Wiesenkräuter“, Zucker oder Süßstoff.	**Zutaten** Wasser, lose Biokräuter, Zuckerauswahl oder Honig.
Zubereitung Wasser erhitzen, Teebeutel einhängen – servierbereit.	**Zubereitung** Wasser aufkochen, Teebeutel aus der Verpackung nehmen und bereithalten – Gast bestimmt selbst die Zubereitungszeit.	**Zubereitung** Wasser aufkochen, auf 90 °C abkühlen, die frischen Kräuter nach Gästewunsch (3–8 Minuten) überbrühen, abseihen.
Anrichten Anrichten (im Portionsbecher aus Pappe mit Firmenlogo). Zuckerportionssäckchen dazureichen, Plastikstäbchen.	**Anrichten** In Teeglas mit saugendem Underlayer (Fa. Teekanne), Unterteller aus Porzellan mit Teebeutel, Teelöffel, Zuckerportionssäckchen und Süßstoffspender.	**Anrichten** Teeportionskännchen aus Silber, Teetasse aus japanischem Porzellan, Silberlöffel, Zuckerdisplay mit fünf verschiedenen Zuckersorten sowie Honig im Glasschüsselchen (Aufschrift Waldhonig), Kännchen mit Heißwasser zum Nachbessern des Tees.

Aufgabenstellung

Diese Übung finden Sie auch unter www.trauner.at/systemgastronomie.aspx.

- Notieren Sie die Zutaten, die Zubereitung und die Anrichteart eines Omeletts in drei Qualitätsstufen! Orientieren Sie sich am Beispiel Kräutertee von Seite 64.

Einfache Qualität	**Mittlere Qualität**	**Höhere Qualität**

Zutaten	Zutaten	Zutaten
Zubereitung	Zubereitung	Zubereitung
Anrichten	Anrichten	Anrichten

Der **Preis** der drei Beispiele wird durch die dargestellte, unterschiedliche Qualität stark variieren. Der Gast entscheidet, welche Qualität er kaufen will.

In den Anfängen hat die Systemgastronomie ihre Speisen, Getränke und Dienstleistungen eher im unteren Qualitäts- und Preissegment angeboten. Der Trend geht jedoch in Richtung differenzierte Angebote, Markenprodukte, Mehrweggeschirr und zusätzlichem Service.

Diskutieren Sie die nebenstehende Aussage! Welche Gründe gibt es Ihrer Meinung nach für diese Angebotsveränderung?

2 Normen

Wussten Sie, dass jedes Heft in DIN A4 genau 210 x 297 mm groß ist?
Es entspricht einer Norm, nämlich dem Papierformat DIN.
Es gibt Institute auf nationaler und internationaler Ebene, die sich mit der Normierung von Produkten und Dienstleistungen befassen.

Gastronorm

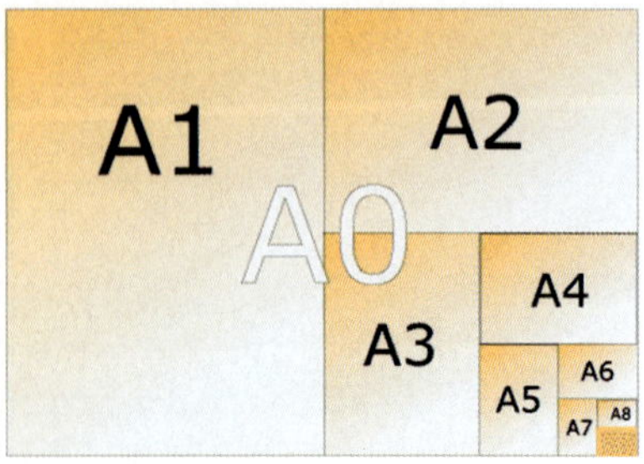

Papierformate

Recherchieren Sie die Maße der Gastronorm und der Papierformate.

ISO = International Organisation for Standardization
Der Sitz dieser Organisation ist in Genf.
DIN = Deutsche Industrienorm

Technische Normen sind neben dem Papierformat DIN z. B. die Gastro-Norm-Behälter.

Verfahrensnormen sind z. B. die EN ISO 9000 für Qualitätsmanagementsysteme.

Im Zusammenhang mit Qualität tauchen immer wieder die Begriffe Standard, Güte und Norm auf.

- Ein **Standard** ist eine vergleichsweise einheitliche oder vereinheitlichte, weithin anerkannte und meist auch angewandte (oder zumindest angestrebte) Art und Weise, etwas herzustellen oder durchzuführen. Sie hat sich gegenüber anderen durchgesetzt.
- Die **Güte** umfasst einen technischen Gebrauchswert sowie eine subjektive Qualitätseinschätzung. Bei Gebrauchsgegenständen kann das die Störanfälligkeit, Robustheit, Lebensdauer etc. sein. Bei Lebensmitteln kann auch der Nähr- und Genusswert als Güte bezeichnet werden. Güte ist somit die Eigenschaft, die aus der Verkehrsanschauung für die Sache üblich und zu erwarten ist.
- Eine **Norm** ist eine anerkannte Regel, die als Standard angesehen wird. Eine Norm ist immer dann sinnvoll, wenn gleichartige oder ähnliche Gegenstände von unterschiedlichen Personenkreisen an verschiedenen Orten verwendet werden.

2.1 ISO-Normen

Früher waren in einem Betrieb vor allem eine gute Produktivität und die Herstellung der Produkte zu einem angemessenen Preis gefordert. Heute geht es zunehmend mehr um Qualität. Die Kunden wünschen sich die höchste Qualität zu einem guten Preis.
Diese Anforderungen kann ein Betrieb nur leisten, wenn es ein Qualitätsmanagement gibt, das systematisch organisiert ist und sagt „wo es langgeht".

Nach der DIN EN ISO 9001:2005 ist Qualität definiert als:
„Grad, in dem ein Satz inhärenter Merkmale Anforderungen erfüllt".
Die Qualität kann zusammen mit Adjektiven wie schlecht, gut oder ausgezeichnet verwendet werden.
Inhärent bedeutet: im Gegensatz zu zugeordnet, einer Einheit innewohnend, insbesondere als ständiges Merkmal.
Die Qualität gibt damit an, in welchem Maße ein Produkt (Speisen, Getränke oder Dienstleistungen) den bestehenden Anforderungen entspricht. Die Qualität eines Produktes wird nicht durch seinen Preis oder seine Güte bestimmt, sondern dadurch, ob die an das Produkt gestellten Anforderungen erfüllt werden. Dabei sollen neben den objektiven, messbaren Eigenschaften auch die subjektiven Erwartungen der Kunden erfüllt werden.

2.2 Zertifizierung

Aufgabenstellung

- Eine kurze Frage an Sie:

	Ja	Nein
Haben Sie schon einmal ein Zertifikat erhalten?		

Ein Zertifikat ist nichts anderes als ein Zeugnis. Sie haben ein Zeugnis der 2. Klasse erhalten und wurden beurteilt. Sie sind befähigt in die 3. Klasse aufzusteigen.

Diese Übung finden Sie auch unter www.trauner.at/systemgastronomie.aspx.

Wie funktioniert eine Zertifizierung?

- Eine Zertifizierung erfolgt innerbetrieblich nach eigenen Normen, also nach Standards, die die Firma selbst aufgestellt hat.
- Welche Produkte nach ISO zertifiziert werden, entscheidet eine unabhängige Firma. Sie gibt eine Qualitätsbeschreibung ab. („Das Lebensmittel ist echt.")
- Die Zertifizierung ist das Zeugnis.

Was ist eine IFS-Zertifizierung?

IFS = International Food Standard

Im Lebensmittelbereich stößt man immer wieder auf IFS. Dieser internationale Standard baut auf ISO auf und wurde vom Hauptverband des deutschen Einzelhandels ins Leben gerufen, um die Produktion von Eigenmarken, und damit die Produktsicherheit, zu gewährleisten. IFS kann auf alle Fertigungsstufen eines Lebensmittels ab dem Erzeuger angewendet werden.

Der Standard dient nicht nur der hohen Produktsicherheit, sondern auch der Kostensenkung bei Lieferanten und Händlern sowie der Transparenz in der gesamten Herstellungskette.

Firmen zur Zertifizierung

Ist ein Qualitätsmanagement in einem Betrieb eingeführt, dann ist es sinnvoll, das System von außen zu durchleuchten. Das muss eine **objektive Person** sein, die nicht aus dem Unternehmen kommt.

Ohne diese objektive Distanz besteht leicht die Gefahr, dass der Blick für das Wesentliche verloren geht.

Zur Begutachtung und anschließenden Zertifizierung wird eine Firma (z. B. TÜV Süd) beauftragt. Die Mitarbeiter und Mitarbeiterinnen dieser Firma erfassen den Entwicklungsstand des Qualitätsmanagementsystems. Mögliche Schwachstellen werden aufgedeckt. Sie stellen fest, ob das Unternehmen auf dem richtigen Weg ist.

Diese Personen analysieren also das Managementsystem und prüfen die Übereinstimmung mit der ISO-Norm.

Auf Basis der erkannten Stärken und Schwächen werden Verbesserungsvorschläge gemacht. Ziel ist es, eine Optimierung zustande zu bringen. Entwicklungspotenziale werden aufgezeigt.

Aussagen von betroffenen Firmen

- Geld gespart
- Produkte deutlich verbessert
- Lob von unseren Gästen erhalten
- Stress der Mitarbeiter und Mitarbeiterinnen reduziert
- Arbeitsabläufe genau unter die Lupe genommen
- Teamarbeit verbessert: ein guter Geist zieht sich durch die ganze Firma

Was bringt die Zukunft?

Die ISO-Normen eroberten von Europa ausgehend die Welt:

- Die europäische Union nennt sie EN ISO 9000.
- In den USA hat die American Society for Quality Control die Q90-Normen geschaffen.

Immer mehr Firmen verlangen von ihren Lieferanten eine Zertifizierung nach ISO. Bei Ausschreibungen werden zertifizierte Betriebe bevorzugt. Klar, dass sich immer mehr Unternehmen um eine solche Zertifizierung bemühen.

Ausschreibung = potenzielle Lieferanten werden aufgefordert, ein Angebot zu unterbreiten.

> Das ist wie ein Schneeballeffekt: Hat ein Betrieb einmal eine Zertifizierung nach ISO, verlangt er sie auch von seinen Lieferanten.

Weltweit sind bereits Tausende ISO-Zertifikate ausgestellt worden, der Großteil davon in Europa. Weil ISO-Normen nicht an bestimmte Produkte oder eine spezielle Branche gebunden sind, sind sie so einzigartig. Sie gelten für große Unternehmen genauso wie für kleine. Egal ob Produktionsbetrieb oder Dienstleister, die ISO-Normen sind universell einsetzbar.

⚠ Die Einführung eines Qualitätsmanagements nach ISO verursacht hohe Kosten. Dieser Nachteil wird jedoch durch die vielen Vorteile aufgehoben.

Es werden in Zukunft noch mehr Betriebe eine Zertifizierung anstreben, weil sie die vielen Vorteile erkennen:

- Schnelleres Eingehen auf die sich ständig ändernden Kundenbedürfnisse
- Größerer Vorsprung gegenüber der Konkurrenz
- Bessere interne Kontrolle durch Stärken-Schwächen-Analyse aller Produktionsabläufe

Diese Übung finden Sie auch unter www.trauner.at/systemgastronomie.aspx.

Aufgabenstellungen

1. Ordnen Sie die Aussagen zu!

1	Standard	=		eine anerkannte Art und Weise, wie etwas hergestellt wird
2	Güte	=		eine anerkannte Regel
3	Norm	=		die Einschätzung der Qualität

2. Beantworten Sie die Fragen schriftlich!
Was ist eine Gastronorm?

Wofür steht die Abkürzung ISO?

3. Kreuzen Sie die richtige Antwort bzw. die richtigen Antworten an!
Was ist ein ISO-Zertifikat?

Ein Zeugnis	
Ein isotonisches Getränk	
Eine Bestätigung gewisser Fähigkeiten	
Eine mathematische Formel	

4. Stimmt die Aussage? Kreuzen Sie Ja oder Nein an!

	Ja	Nein
Ist ein Qualitätsmanagement in einem Betrieb eingeführt, dann ist es sinnvoll, das System von außen zu durchleuchten.		
Unternehmen, die sich einer Zertifizierung stellen, machen weiter wie bisher.		
Immer mehr Firmen verlangen von ihren Lieferanten eine Zertifizierung nach ISO.		
Die Einführung eines Qualitätsmanagements nach ISO hat nur Vorteile, keine Nachteile.		

3 Was ist Qualitätsmanagement?

Der Begriff Qualitätsmanagement ist noch keine 50 Jahre alt.
Die Geschichte des Qualitätsmanagements beginnt jedoch schon am Anfang des 20. Jahrhunderts. Bis dahin hatten die Fachwissenschaftler nicht an die Ideen der Philosophen angeknüpft, obwohl diese teilweise ähnlich waren.
Heute hat sich mit dem Qualitätsmanagement international ein allgemeines Managementkonzept durchgesetzt. Es gibt allerdings nicht das Qualitätsmanagementsystem, sondern es gibt viele verschiedene Ansätze und Konzepte.

Aus diesem Grund möchten wir kurz auf einige bedeutende Ansätze eingehen, die sich vor allem in der zweiten Hälfte des 20. Jahrhunderts entwickelt haben.

3.1 Geschichtliche Entwicklung des Qualitätsmanagements

Der erste Denker zum Qualitätsmanagement war **Frederick Winslow Taylor** (1856–1915). Er entwickelte bereits um die Jahrhundertwende seinen Ansatz zur wissenschaftlichen Betriebsführung.

Zu dieser Zeit gab es in den immer größer werdenden Fabriken vor allem Arbeiter, die aus der Landwirtschaft kamen und für die Fabriksarbeit nur angelernt wurden. Das führte zu sozialen Unruhen.

Taylor zerlegte die Arbeitsabläufe in kleinere Teilschritte und lehrte seinen Mitarbeitern die Arbeitsmethoden an diesem Arbeitsplatz. Außerdem entwickelte er ein Lohnsystem, das höhere Leistung besser belohnte.

Allerdings trieb er die Arbeitsteilung auf die Spitze. Im Taylorismus wurde streng nach geistiger und körperlicher Arbeit getrennt. Ein Arbeiter in der Fabrik konnte nur eine Tätigkeit ausüben, er wusste nicht, was vor ihm und nach ihm passierte. Mitdenken war nicht erwünscht. Das Denken war dem Management vorbehalten. Er hatte einen deutlichen Hang zu Individualarbeit, von Gruppenarbeit hielt er nichts.

Frederic Winslow Taylor

Taylor's wissenschaftliche Regeln
- Wähle für eine bestimmte Arbeit die richtige Person.
- Lehre dieser Person für diese Arbeit die effizientesten Arbeitsmethoden und Bewegungen.
- Belohne höhere Leistung durch höhere Bezahlung.

„Weil Denken die schwerste Arbeit ist, die es gibt, beschäftigen sich auch nur wenige damit."
(Henry Ford)

Auto am Fließband heute

Beispiel aus der Autoindustrie
Bevor der Blinker montiert wurde, wurde die Blinkerbirne geprüft. Nach dem Einbau wurde die Funktion derselben noch einmal gecheckt und dann erst der nächste Arbeitsschritt gesetzt, z. B. das Blinkerglas eingebaut.

Going international
Just in time = gerade rechtzeitig
Market = Markt
Lean Production = Produktionsoptimierung

Im heutigen Qualitätsmanagement sind gerade die umfassende Bildung der Mitarbeiter und die Teamarbeit zentrale Punkte.
Heute weiß man auch, dass der Leistungssteigerung eines Menschen Grenzen gesetzt sind, die auch durch bessere Entlohnung nicht auszuschöpfen ist.

Henry Ford (1863–1947) führte in der Automobilindustrie die Fließbandfertigung ein. Bei Ford reduzierte sich durch die Einführung der Fließbandfertigung der hohe Kontrollaufwand des Taylorismus.

Automobile wurden bis dahin einzeln gefertigt, d. h., ein Arbeiter (Mechaniker) stellte in selbstständiger Arbeit ein Auto her und musste alle Arbeitsvorgänge beherrschen. Er war als Spezialist für die Firma lebensnotwendig – fiel dieser Arbeiter aus, konnte kein Fahrzeug mehr gefertigt werden.

Auch die Lohnkosten für den Spezialisten waren sehr hoch.

Henry Ford stellte in seinem Autowerk auf Fließbandfertigung um. Viele angelernte Mitarbeiter leisten jeweils eine sogenannte „1 Handgriffsarbeit". Das Spezialistentum wurde durchbrochen. Viele Werkstücke (Autos) konnten zur gleichen Zeit produziert werden.

Das Fließfertigen wurde zum System.

Ein und derselbe „Handgriff" konnte in so kurzer Zeit geschult werden, dass jeder Arbeiter diesen sofort erlernen konnte. Er war dadurch natürlich auch leichter zu ersetzen und erhielt auch nicht so viel Lohn.

War in der Einzelfertigung der Erfolg des Produktes vom jeweiligen Mitarbeiter abhängig, so tritt in der Fließfertigung die Leistung des Mitarbeiters in den Hintergrund und das Funktionieren des „Systems" steht im Vordergrund.

Die qualitative Durchführung der einzelnen Arbeitsschritte wurde nicht mehr dem guten Know-how des Spezialisten überantwortet, sondern musste einem Qualitätsmanagement unterzogen werden.

Der Grundgedanke war, jeden dieser Arbeitsprozesse durch eine Selbstkontrolle des Fließarbeiters zu sichern. Vor und nach dem Arbeitsschritt musste ein standardisierter Check durchgeführt werden, um die Qualität zu gewährleisten.

Standards und Checks sind vom Qualitätsmanagement vorgegeben. Jeder weiß in allen Einzelheiten, wie die Arbeit durchzuführen ist. Gastgewerbliche Systeme funktionieren ähnlich.

Der Japaner **Taiichi Ohno** (1912–1990) entwickelte in den 1950er-Jahren die Ideen von Ford und Taylor weiter. Er optimierte die Zeit und die Arbeitskraft, aber er beendete die Zergliederung in immer kleiner werdende Teilschritte.

- Eine Produktion ohne Lager („just in time").
- Eine schnelle Reaktion auf den Markt („time to market").
- Das gleichzeitige oder aufeinanderfolgende Arbeiten an mehreren Maschinen.
- Die Qualitätskontrolle führen die Arbeiter während der Arbeit durch.
- Die Arbeiter sollen in ihrem Bereich mitdenken, Veränderungen autonom vornehmen.

Sein Managementkonzept wurde später unter dem Begriff „Lean Production" bekannt.

„Etwas ist falsch im Betrieb, wenn Mitarbeiter nicht täglich die Augen offen halten, wenn sie Dinge langweilig oder ermüdend finden und trotzdem Abläufe nicht neu festlegen."
(T. Ohno aus Zollondz, Grundlagen des Qualitätsmanagements, 2. Auflage 2006, Seite 101)

Walter Andrew Shewhart (1881–1967) war der erste Statistiker, der sich mit Qualitätsmanagement auseinandersetzte. Um eine bestimmte Qualität einzuhalten, mussten Fehler erfasst und analysiert werden. Er beobachtete nicht den gesamten Prozess, sondern beschränkte sich auf Stichproben.

Walter Andrew Shewhart

Hieraus entwickelte sich die sogenannte Qualitätsregelkarte. Dabei wird eine obere und eine untere Eingriffsgrenze definiert. Es werden in konstanten Abständen Stichproben genommen. Diese werden mit den Eingriffswerten verglichen. Sobald eine Stichprobe eine Eingriffsgrenze überschreitet, wird eine Korrektur des Prozesses vorgenommen.

Ein Beispiel für die Anwendung einer Qualitätsregelkarte ist die Temperaturkontrolle in einer Tiefkühlzelle.

Temperaturkontrolle
Die Temperatur wird z. B. alle 5 Stunden überprüft. Zuvor werden Grenzwerte festgelegt. Innerhalb dieser Werte kann die Temperatur vom Standardwert –18 °C abweichen (z. B.: –16 °C bis –24 °C).
Wenn die Messung ergibt, dass die Temperatur in der Tiefkühlzelle wärmer als –16 °C oder kälter als –24 °C ist, dann wird die Einstellung verändert.
Befindet sich die gemessene Temperatur innerhalb der Grenzen, dann muss nicht eingegriffen werden.

Der Amerikaner **William Edwards Deming** (1900–1993) arbeitete mit Shewhart zusammen. Nach dem 2. Weltkrieg war die Produktion von der Knappheit der Produkte bestimmt, die Industrie geprägt vom Taylorismus und der Massenproduktion. Deming forderte ein radikales Umdenken in der Produktionsweise.

William Edwards Deming

Deming's Ansatz war: Die Unternehmen müssen sich auf den Kunden einstellen.

Auch **Joseph Moses Juran** (1904–2008) stellte wie Deming den Kundenwunsch in den Mittelpunkt der Betrachtung. Er verstand unter Qualitätsmanagement eine Managementphilosophie, bei der alle Prozesse unter Einbeziehung der Mitarbeiter und Mitarbeiterinnen geplant und realisiert werden. Heute wird ein solcher Ansatz als umfassendes Qualitätsmanagement (TQM) bezeichnet.

TQM = Total Quality Management

Nach Juran erfolgt die kontinuierliche Förderung der Qualität in drei Schritten:
- Qualitätsplanung,
- Qualitätsregelung,
- Qualitätsverbesserung.

Besondere Buffetpräsentation im 5-Sterne-Hotel der Hyattgruppe in Berlin.

Das Produkt soll nicht alle technisch möglichen Eigenschaften aufweisen, sondern die, die vom Kunden gewünscht werden. Das erhöht die Gebrauchstauglichkeit eines Produktes. Dieser Ansatz wurde als **„Fitness for use"** bezeichnet.

> Der „Fitness for use"-Gedanke ist Grundlage für die Hotelklassifizierung. Es wird im Voraus entschieden, welche Güte ein 4-Sterne- oder ein 5-Sterne-Hotel haben muss und was es im Vergleich zu der nächsten Kategorie hat oder nicht hat.
> *(in Anlehnung an Zollondz, Grundlagen des Qualitätsmanagements, 2. Auflage 2006, Seite 158).*

Für den Amerikaner **Armand Vallin Feigenbaum** (geboren 1920) liegt der Schwerpunkt von Qualität bei der Produktentwicklung und muss durch Aktivitäten in den nachfolgenden betrieblichen Funktionen wie Konstruktion, Fertigung und Vertrieb schließlich beim Konsumenten enden. Feigenbaum nannte sein Managementsystem Total Quality Control (TQC). Es wird noch heute als das Urmodell des TQM (Total Quality Management) angesehen.

Ab 1949 befasste sich der Japaner **Kaoru Ishikawa** (1915–1989) mit der Entwicklung von Gruppenarbeitskonzepten. Später wurden die von ihm entwickelten sogenannten Qualitätszirkel auf der ganzen Welt bekannt und gehören heute zum internationalen Standard des Qualitätsmanagements.

Außerdem entwickelte er das Konzept „Company Wide Quality Control" (CWQC), das alle qualitätsrelevanten Aktivitäten eines Unternehmens umfasst, in die sowohl alle Unternehmensbereiche als auch alle Mitarbeiterinnen und Mitarbeiter sowie Abteilungen eingebunden sind. Auf allen Stufen werden Qualitätszirkel eingesetzt.

Qualitätszirkel = spezielle Formen der Gruppenarbeit, deren Ziel es ist, zur Verbesserung der Qualität beizutragen.

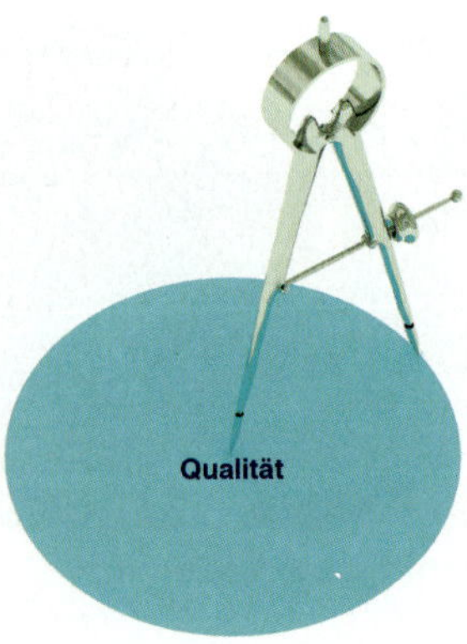

Yoji Akao (geboren 1928) entwickelte 1966 zusammen mit **Shigera Mizuno** das Quality Function Deployment (QFD). Es ist keine übliche Qualitätsmethode, sondern eine kundenorientierte Produktplanungsmethode. Um zu verhindern, dass ohne genaue Kenntnisse der Kundenanforderungen sofort Produktmerkmale festgelegt werden, wird streng zwischen den Kundenanforderungen und den technischen Lösungsmerkmalen getrennt.

Somit werden mehrere miteinander verbundene Aufgaben gelöst:
- Direktes Einbringen der Kundenanforderungen.
- Definieren der Wettbewerbsvorteile durch die für den Kunden überraschenden Lösungen (begeisterter Kunde).
- Verstehen der verschiedenen Anforderungen von Kunden, Entwicklern, Produzenten, Verkäufern.
- Erstellen der Bewertungsprofile, Wechselbeziehungen der einzelnen Anforderungen/Lösungsmerkmale.

- Festlegen der für die Qualität des Produktes aus Kundensicht wichtigen und daher für den Verkaufserfolg entscheidenden Produktmerkmale.
- Ermitteln der Kosten-Wert-Relationen.
- Einheitliche, methodische Kommunikation der Ziele für alle Bereiche, einschließlich einer nachvollziehbaren Dokumentation des gesamten Prozesses.
- Ablauf von QFD-Projekten.

Ein Instrument der Qualitätsmethode QFD ist das sogenannte **House of Quality,** das die Beziehung zwischen Gast und Qualität darstellt.

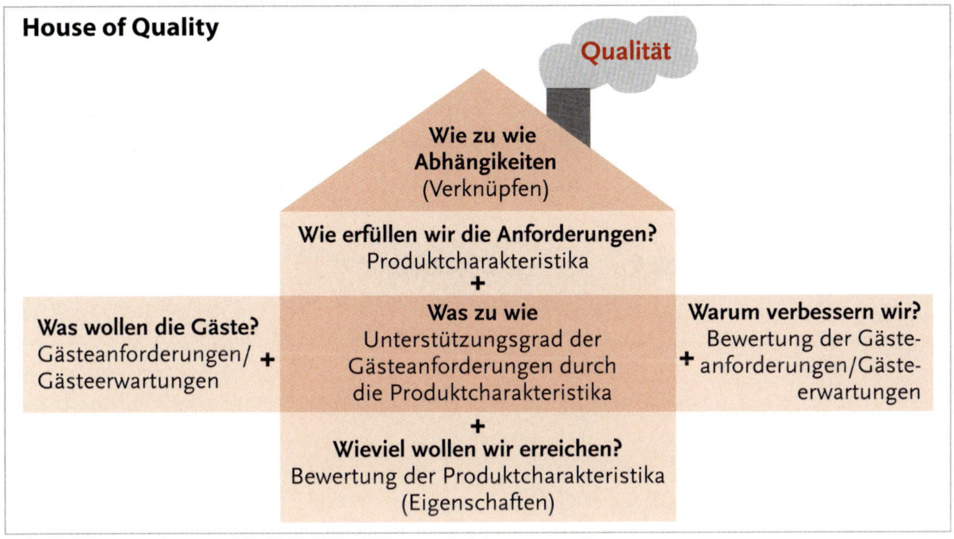

Die Anwendung des QFD-Konzeptes erfordert eine stark teamorientierte Arbeitsweise im Unternehmen. Die Unterstützung des Managements ist eine notwendige Voraussetzung. Entwicklungsabteilungen, Marketing und Vertrieb müssen mit einbezogen werden.

Ein weiterer bekannter Qualitätsexperte war **Philip B. Crosby** (1926–2001). Der Mediziner und Ingenieur entwickelte das **„Null-Fehler-Programm“,** ein rückwärtsgerichtetes Konzept, das beim Ergebnis eines jeden Qualitätsmanagements beginnt. Es ist das Produkt, das die Qualitätsforderungen „fehlerfrei“ zu erfüllen hat.

Es soll ein eindeutig formulierter Standard für die Mitarbeiter dargestellt werden. Crosby geht davon aus, dass sich Menschen an diese Standards halten. Das ist für ihn der Motor, um die innere Einstellung des Mitarbeiters/der Mitarbeiterin zu bewerten, zu korrigieren und ändern zu können. Indem er oder sie das Handeln selbst korrigiert, kann er oder sie die Fehlerursache beseitigen. Die Ausrichtung auf den Mitarbeiter/die Mitarbeiterin muss sich im Führungsstil des Unternehmens wiederfinden.

Die Forderung entspricht dem Gästewunsch. Der Gast kommt mit der Vorstellung, dass er eine heiße Suppe bekommt, weil ihm eine lauwarme nicht schmeckt.
Der Standard beim Servieren einer Suppe muss daher 75 °C sein.

Für das heutige Qualitätsmanagement sind Crosby's Ansätze als interessante Anstöße zu sehen. Die **Grundsätze seiner QM-Programmatik,** die inzwischen als Allgemeingut des Qualitätsmanagements angesehen werden können, hat er in den folgenden vier Punkten zusammengefasst:

- Qualität bedeutet Erfüllung der Forderungen.
- Qualität wird durch Vorbeugung, nicht durch Prüfung erreicht.
- Qualität hat den Leistungsstandard „Null Fehler“.
- Qualität wird anhand des Preises der Abweichung gemessen.

Crosby begreift Qualitätsmanagement als eine Denkweise, nach der Führungskräfte ihre Aufgabe weniger in der Lösung technischer Probleme sehen sollen, sondern sich mit der Einführung von Vorbeugungsmaßnahmen zu befassen haben.

Aufgabenstellung

- Vergleichen Sie die Aussagen der Wissenschafter, indem Sie eine kurze Zusammenfassung der Qualitätsdefinitionen machen!

TAYLOR	FORD	OHNO	SHEWHART	DEMING

JURAN	FEIGENBAUM	ISHIKAWA	AKAO	CROSBY

Diese Übung finden Sie auch unter www.trauner.at/systemgastronomie.aspx.

3.2 Ziele eines Qualitätsmanagements

Der Qualitätsmanager muss die Ziele seines Unternehmens formulieren.

Definition des Begriffs Qualitätsmanagement
Qualitätsmanagement bedeutet Planung, Durchführung und Verbesserung aller Tätigkeiten eines Betriebes mit dem Ziel, die Wünsche der Gäste zu erfüllen.

Aufgabenstellung

- Welche Ziele sind für ein Qualitätsmanagement wichtig?

	Sehr wichtig	Wichtig	Nicht wichtig
Ich muss die Zufriedenheit meiner Gäste verbessern.			
Arbeitsabläufe müssen vereinheitlicht werden, und zwar abteilungsübergreifend.			
Meine Mitarbeiterinnen und Mitarbeiter müssen zufrieden sein.			
Ich muss die Arbeitsabläufe laufend verbessern.			
Meine Mitarbeiterinnen und Mitarbeiter müssen motiviert werden.			
Meine Mitarbeiterinnen und Mitarbeiter müssen in den Entscheidungsprozess eingebunden werden.			
Ich muss die wesentlichen Arbeitsabläufe dokumentieren.			
Ich muss eine Zertifizierung des Betriebes anstreben.			

Diese Übung finden Sie auch unter www.trauner.at/systemgastronomie.aspx.

3.3 Total Quality Management

Total Quality Management ist eine Managementmethode, die
- die Qualität in den Mittelpunkt stellt und
- auf der Mitwirkung aller ihrer Mitglieder basiert.

Weitere Ziele sind:
- die Zufriedenstellung der Kundinnen und Kunden,
- ein langfristiger Geschäftserfolg sowie
- ein großer Nutzen für die Mitglieder des Unternehmens.

Die drei Grundpfeiler des TQM

Total	Quality	Management

Einbeziehen der Gäste, der Mitarbeiterinnen und Mitarbeiter sowie der Lieferanten und sonstiger Einflüsse (z. B. Gesetze).	Güte der Arbeit, der Prozesse und des Unternehmens. Hieraus wächst dann die Qualität der Produkte von selbst.	Die Führungsaufgabe Qualität zu entwickeln steht im Vordergrund.

TQM ist die Abkürzung für **T**otal **Q**uality **M**anagement = umfassendes Qualitätsmanagement.

Management by wandering around. Der Begriff wurde von amerikanischen Qualitätstrainern geschafffen für eine Managementmethode, bei der die Chefinnen und Chefs mit offenen Augen und Ohren durch den Betrieb wandern. Mitunter arbeiten sie an verschiedenen Stellen für eine gewisse Zeit sogar mit.

Mitte der 1980er-Jahre tauchte der Begriff Total Quality Management in der Qualitätsdiskussion auf. Inhalt und Name basieren auf dem TQC-Ansatz von Feigenbaum und dem CWQC-Ansatz von Ishikawa. Letzterer stellte eine Erweiterung des Ansatzes von Feigenbaum dar.

Die Total-Quality-Management-Strategie beinhaltet wesentliche Elemente von CWQC bzw. geht noch darüber hinaus, indem auch die übergeordnete Unternehmensphilosophie auf das Ziel Qualität ausgerichtet und sogar in das Umfeld des Unternehmens miteinbezogen wird.

Dabei sind die Gedanken von den Qualitätsexperten Juran, Feigenbaum, Ishikawa und Crosby in diesen neuen Ansatz eingeflossen.

Aufbau des „Total Quality Management"

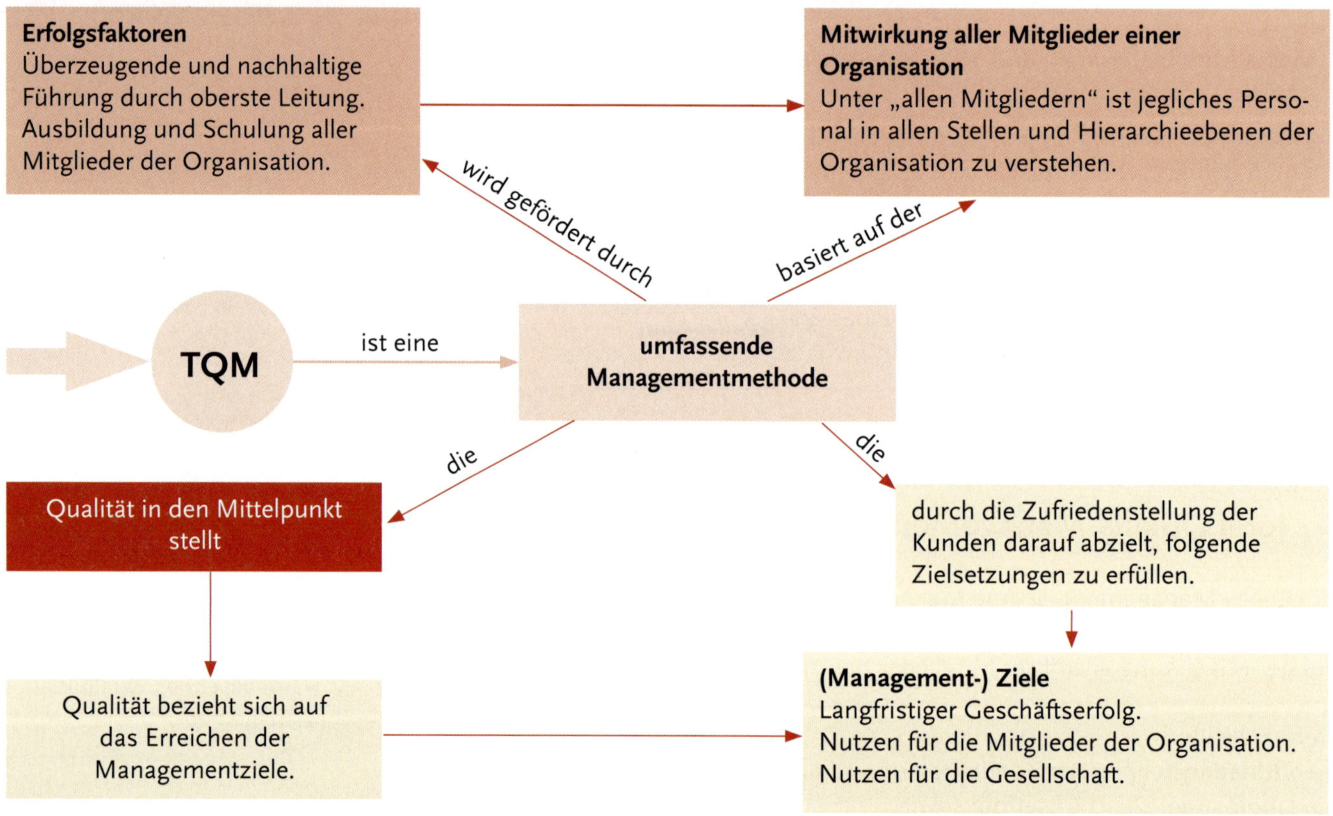

Der Gast ist „König"

Erfolgsmerkmale eines Qualitätsmanagements

- Mitarbeiterinnen und Mitarbeiter informieren, was man von ihnen erwartet
- Positives Denken – der Funke springt auf alle über
- Zuhören – immer das Ohr beim Gast haben
- Keep it simple – auf das Einfache (das Wesentliche) konzentrieren
- Flexibel sein – Fähigkeit zur Veränderung
- Innovationen zulassen – Neues ausprobieren
- Konkurrenz beobachten – sie „schläft" nicht
- Weiterbildung anbieten – die Mitarbeiterinnen und Mitarbeiter über Schulungen, Kurse und informative Veranstaltungen informieren

Das „Total Quality Management" als Führungsmodell und die Beziehungen der Beteiligten untereinander

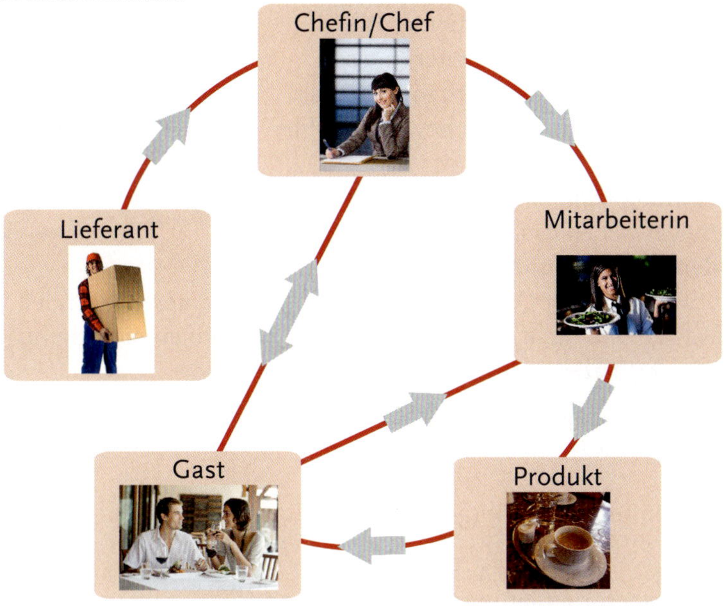

Prinzipien des TQM

Qualität als oberstes Unternehmensziel begreifen

Bessere Qualität kostet weniger, nicht mehr!
Qualität reduziert die Kosten. Durch Vermeidung von Fehlern reduzieren sich z. B. Schwund und Abfall. Durch standardisierte Produkte und besseres Zeitmanagement gibt es Zeitersparnis und eine höhere Kundenbindung.

Engagement der Geschäftsführung – die Rolle des Vorbildes erfüllen

Die Geschäftsführung sollte ihre Führungsaufgabe wahrnehmen und Vorbild für die Mitarbeiterinnen und Mitarbeiter sein. Im Idealfall führt die Geschäftsleitung TQM ein, wenn die Idee dazu aus den Reihen der Mitarbeiterinnen und Mitarbeiter kommt (die Geschäftsleitung muss „überzeugt" werden).

Schon der Qualitätswissenschaftler Deming wusste, dass nur begeisterte Kunden letztendlich ihre Freunde mitbringen. Ein Grundgedanke, der in der Gastronomie als lebensnotwendig angesehen werden sollte.

Führungskräfteentwicklung – Fähigkeiten der Führungskräfte fördern

- TQM ist eine Führungsmethode, die darauf ausgerichtet ist, dass alle Mitarbeiterinnen und Mitarbeiter die Möglichkeit haben mitzuwirken.
- Die Führungskräfte sollten sich eher als Trainer denn als Befehlsgeber sehen. Sie sind Mitglieder des Teams. Sie sollten offen für ihre Ideen sein. Weiters müssen sie die Mitarbeiterinnen und Mitarbeiter informieren und ein Arbeitsumfeld schaffen, in dem die Mitarbeiterinnen und Mitarbeiter ihr volles Potential verwirklichen können, und zwar durch aktives Arbeiten.
- Informationsaustausch zwischen den Führungskräften, z. B. in Meetings, ist genauso wichtig wie sämtliche Methoden der Personalentwicklung.

Bei der Einführung eines TQM sind die Rechte des Betriebsrates zu beachten. Recherchieren Sie im Betriebsverfassungsgesetz, in welchen Punkten Sie bei der Einführung von TQM auf die Belange des Betriebsrates achten müssen (Stichwort Betriebsvereinbarungen).

Notieren Sie Ihre Ergebnisse!

Die Methoden der Personalentwicklung finden Sie im Kapitel Personalwesen.

Diskutieren Sie über folgende Aussage eines bekannten Gastronomen:
„Meine Mitarbeiter sind die stellvertretenden Gastgeber. Daher ist es auch wichtig, dass ich ihn/sie als vollwertigen Menschen und nicht als Sklaven bzw. Sklavin betrachte."

Das Zauberwort heißt Information. Die Mitarbeiterinnen und Mitarbeiter müssen vorher darüber informiert werden, was man von ihnen erwartet, und zwar bevor sie Fehler machen.

Anstatt ständig Fehler auszubessern, ist es von Vorteil etwas zu tun, um die Fehler zu vermeiden bzw. zu reduzieren.
In diesem Sinne heißt Qualität, dass man seinen Leuten begründet, warum man etwas so und nicht anders macht. Man zeigt ihnen die Art und Weise, wie man etwas haben will, am besten man lebt es vor.

Mitarbeiterorientierung – Fähigkeiten der Mitarbeiterinnen und Mitarbeiter entfalten

- Unter Mitarbeiterorientierung wird die Grundhaltung verstanden, bei der jeder/jede einzelne Mitarbeiter/in als bedeutendes Problemlösungs- und Kreativitätspotential betrachtet und behandelt wird. Diese liegt der Erkenntnis zugrunde, dass der Erfolg eines Unternehmens in erster Linie von der Qualität der Mitarbeiter und Mitarbeiterinnen abhängt.
- Die Führung ist dafür zuständig, das gewünschte Arbeitsumfeld zu schaffen und die Mitarbeiterinnen und Mitarbeiter auf neue Formen der Zusammenarbeit vorzubereiten, z. B. Gruppenarbeit.
- Alle müssen zunächst mit den Prinzipien des TQM und deren praktischer Umsetzung vertraut gemacht werden.

Kriterien des Gästewunsches in Bezug auf die Qualität von Speisen sind:
- sensorische Qualität
- fachliche Qualität
- ernährungsphysiologische Qualität
- innovative Qualität
- hygienische Qualität

Gastorientierung – den Gast in den Mittelpunkt stellen

- Der Gast – nicht das Unternehmen – definiert, was Qualität ist. Qualitätsmaßstab ist die Zufriedenheit der Gäste.
- Um volle Zufriedenheit zu erreichen, müssen sämtliche Tätigkeiten und Prozesse im Unternehmen auf die Gäste ausgerichtet werden.
- Eine hohe Zufriedenheit der Gäste bringt viel positive Publicity. Ein hoher Anteil an Stammgästen verringert die Marketingkosten und erhöht die Wiederverkaufsrate.
- Um die Gästeorientierung im Verhalten der Mitarbeiterinnen und Mitarbeiter zu verankern, muss man Leitsätze zum kundenorientierten Verhalten entwickeln.

Ein Gast bewertet die Qualität einer Tomatensuppe.
- **Aussehen:** Die Suppe hat eine ansprechende rote („tomatige") Farbe. Angerichtet in weißer Suppentasse oder im weißen Suppenteller; Dekoration aus frisch gehackten Kräutern.
- **Geruch:** Die Suppe riecht nach frischen Tomaten.
- **Geschmack:** Die Suppe schmeckt nach frischen Tomaten. Sie ist gut gewürzt, aber die Gewürze schmecken nicht vor. Das Basilikumblättchen zur Garnitur ist frisch.
- **Temperatur:** Die Suppe ist heiß, aber nicht zu heiß (75 °C).
- **Textur:** Die Suppe ist sämig, aber nicht klebrig.
- **Ernährungsphysiologische Qualität:** Die Suppe ist vitamin- und mineralstoffreich, enthält keine Farbstoffe und Konservierungsmittel. Als Allergene sind Sellerie und Gluten ausgewiesen.
- **Hygienische Qualität:** Die Suppentasse und der Unterteller sind sauber und nicht ausgeschlagen.

Textur = Sie entwickelt das Gefühlsempfinden am Gaumen.

Aufgabenstellung

- Stellen Sie sich ein gut gezapftes Glas Bier vor und bewerten Sie die Qualität!

Aussehen	
Geruch	
Geschmack	
Temperatur	
Textur	Das Bier ist prickelnd und erfrischend
Ernährungsphysiologische Qualität	
Hygienische Qualität	

Diese Übung finden Sie auch unter www.trauner.at/systemgastronomie.aspx.

Lieferantenintegration – Fähigkeiten der Lieferanten fördern und nutzen

- Die Form der Zusammenarbeit mit den Lieferanten kann die Wettbewerbsfähigkeit entscheidend beeinflussen.

Folgende Strategien sind u. a. möglich:

- Langfristige Lieferantenbeziehungen, die auf Vertrauen basieren.
- Aufbau einer eigenen „Zuliefererindustrie". Eigene Produktionswerke produzieren nur für ein Unternehmen nach vorgegebenen Standards.
- Das Fresh-Flow-Konzept (z. B. LeBuffet, Marché) setzt auf Frische. Die frischen Produkte werden regional je nach Angebot eingekauft und vor Ort weiterverarbeitet.

Strategische Ausrichtung auf Basis von Grundwerten und festem Unternehmenszweck – ohne gemeinsame Werte geht es nicht

- TQM einzuführen ist eine strategische Entscheidung, die das gesamte Unternehmen betrifft.
- Die Einführung dauert zwischen drei und sieben Jahre, die Weiterführung ist ein immerwährender Prozess.
- Da für die meisten Mitarbeiterinnen und Mitarbeiter das Ziel nur sehr vage zu erkennen sein wird, ist es nötig, Grundwerte (dauerhafte Grundsätze) zu formulieren. Ein Unternehmenszweck ist zu beschreiben. Dieser geht aus den Grundwerten hervor.
- Die Grundwerte und der Unternehmenszweck müssen im Sinne einer funktionierenden Öffentlichkeitsarbeit verbreitet werden.
- TQM-geführte Unternehmen richten ihre strategischen und operativen Ziele sehr viel stärker an ihren Grundwerten aus als andere.
- Bei der Auswahl ihrer Mitarbeiterinnen und Mitarbeiter orientieren sich TQM-geführte Unternehmen stärker an den aufgestellten Grundwerten und weniger an den üblichen Leistungsstandards.

Grundwerte geben Auskunft darüber,

- wie das Geschäft geführt werden sollte,
- wie die Allgemeinheit aus Sicht des Unternehmens dargestellt wird und
- welche Rolle das Unternehmen in der Gesellschaft spielt.

Die Erklärung zum Begriff Management by Objectives finden Sie unter Führungstechniken im Kapitel Personalwesen.

In der japanischen Qualitätsphilosophie spricht man von den **„5 S"**. Diese eignen sich, die ständigen Verbesserungen im Unternehmen einzuführen. Jeder einzelne Mitarbeiter bzw. jede einzelne Mitarbeiterin kann das umsetzen.

Seiri – Ordnung schaffen
Nötiges von Unnötigem trennen, z. B. unnötige Arbeitsgeräte/Arbeitsschritte.
Seiton – Ordnungsliebe
Jeden Gegenstand am richtigen Ort aufbewahren.
Seiso – Sauberkeit
Den Arbeitsplatz sauber halten.
Seiketsu – persönlicher Ordnungssinn
Ordnung und Sauberkeit zur Gewohnheit machen und damit am Arbeitsplatz beginnen.
Shitsuke – Disziplin
Standards, Regeln und Vorschriften einhalten.

Ziele setzen und verfolgen – Maßnahmen vertikal und horizontal planen

Im Gegensatz zum Management by Objectives verläuft die Aufteilung der Jahresziele im TQM nicht nur von unten nach oben und von oben nach unten, also von den Mitarbeiterinnen und Mitarbeitern zur Führungskraft, sondern auch horizontal unter Einbeziehung der Gästewünsche und Lieferanten.

Präventive Maßnahmen der Qualitätssicherung – Fehler vermeiden

„Qualität lässt sich nicht in ein Produkt hinein kontrollieren, sie ist vielmehr durch präventive Maßnahmen zu sichern, die möglichst früh ansetzen, und zwar schon bei der Produktentwicklung, Planung und Realisierung der Produktionsanlagen sowie fortlaufend während des gesamten Produktionsprozesses."

Ständige Verbesserung

Auswirkungen auf

das Unternehmen	auf die Mitarbeiter und Mitarbeiterinnen
Beispiele: ■ Bessere Arbeitsprozesse ■ Bessere Zusammenarbeit auch zwischen den Abteilungen ■ Erhöhte Wettbewerbsfähigkeit ■ Reduzierung von Produktions- und Entwicklungskosten	**Beispiele:** ■ Geringerer Krankenstand ■ Identifikation mit dem Unternehmen ■ Gesteigertes Selbstvertrauen durch individuelle und gemeinschaftliche Problemlösung ■ Erhöhte Arbeitszufriedenheit durch Mitgestaltung des eigenen Arbeitsplatzes

Während die „5 S" dazu dienen, den Sollzustand der Arbeitsplätze zu erreichen und zu erhalten, werden weitere Verbesserungen durch das Vorschlagswesen vorgenommen.

Folgendes ist dabei zu beachten:

- Mitarbeiterinnen und Mitarbeiter sollen motiviert werden Vorschläge einzureichen.
- Reduzierung der Formalien auf ein Minimum.
- Verbesserungsvorschläge, die sich auf den eigenen Arbeitsplatz beziehen, dürfen von ihm bzw. ihr selbstständig umgesetzt werden, wenn sie nicht innerhalb einer Woche abgelehnt wurden.
- Mitarbeiterinnen und Mitarbeiter müssen über die Hintergründe aufgeklärt werden, falls ein Vorschlag nicht umgesetzt werden kann.
- Es sollte ein System der Anerkennung entwickelt werden.
- Anzahl und Qualität der Verbesserungsvorschläge sollen in die Personalbeurteilung eingehen.

Die Problemlösungsfähigkeit wird mit den Mitarbeiterinnen und Mitarbeitern in Schulungen trainiert. Die Verbesserungsaktivitäten werden in Qualitätszirkeln und Arbeitsgruppen ausgearbeitet.

Prozessorientierung – interne Kunden-Lieferanten-Verhältnisse pflegen

- In der Prozessorientierung stehen nicht die Produkte, sondern die Prozesse im Vordergrund. Die Produktqualität ergibt sich als Folge der Prozessqualität.
- Alle Mitarbeiterinnen und Mitarbeiter stehen in internen Kunden-Lieferanten-Beziehungen. Der in der Bearbeitungskette Folgende ist der Kunde, der Gebende der Lieferant.
- Die Anforderungen der externen Kunden (Gäste) können so entlang der internen Kunden-Lieferanten-Beziehungen bis zur Quelle der Prozesskette gelangen.

Aus einem Vortrag von Prof. H.-T. Beyer über nationale und internationale Kunden-Lieferanten-Beziehungen:
„Es darf nicht übersehen werden, dass Kunden-Lieferanten-Partnerschaften erhebliche Synergiekosten verursachen. Denken wir nur an die verschiedenen Abhängigkeiten, die entstehen, oder an die Schnittstellenprobleme solcher unternehmensübergreifenden Konzepte sowie an die vielfältigen Reibungen im Netzwerk. Wenn es aber gelingt, die Wertschöpfungsketten besser aufeinander abzustimmen und in strategische Allianzen zu überführen – und das ist ein nie endender Prozess – dann entsteht ein Synergienutzen, der die Kosten um ein Vielfaches übersteigt."

Synergie = Zusammenwirken; als Synergieeffekt wird die positive Wirkung verstanden, die sich aus einem Zusammenschluss bzw. einer Zusammenarbeit ergibt.

Schlankes Management – Lean Management

Ziel ist es, Bestände und Puffer aller Art abzubauen, z. B. Zwischenlager, Reparaturflächen, Ersatzpersonal für Abwesende. Diese Puffer bilden ein Sicherheitsnetz und verdecken Fehler, die häufig als unvermeidlich angesehen werden. Die schlanke Organisation verzichtet auf dieses Sicherheitsnetz. Sie behandelt nicht die Auswirkungen der Fehler, sondern versucht diese im Voraus zu vermeiden. Dies ganz im Sinne der Null-Fehler-Strategie von Crosby, die eine wesentliche Voraussetzung der Just-in-Time-Produktion ist. Lean Management ist also eine zukunftsgerichtete Managementsichtweise.

Going international
Lean Thinking Means: Banish Waste and Create Wealth in Your Corporation.
Dies ist auch der Titel eines sehr bekannten Buches von James P. Womack und Daniel T. Jones.

Benchmarking – von anderen lernen

Eigene Produkte, Dienstleistungen und Unternehmensprozesse werden in Kenngrößen aufgegliedert (Benchmarks) und mit anderen Betrieben (branchenintern oder -extern) verglichen. Man kann z. B. die Serviceleistung am Empfang in einem Restaurant oder in einem Hotel mit einer Arztpraxis oder einem Kaufhaus vergleichen. Ziel ist es, von anderen im Sinne der stetigen Verbesserung zu lernen. Einer Betriebsblindheit soll entgegengewirkt werden. Es sollen eigene Leistungslücken aufgedeckt und analysiert werden.

Betriebsblindheit entsteht, wenn Tätigkeiten zur Routine geworden sind – durch das Begleiten der Kolleginnen und Kollegen bei der Arbeit werden viele Dinge angesprochen, um zielgerichteter gelöst zu werden.

Qualitätscontrolling

Im Qualitätscontrolling müssen einerseits die Prozess- und Innovationsfähigkeit und andererseits die Kunden- und Mitarbeiterzufriedenheit sowie der Bildungsstand untersucht werden. Ein Qualitätscontrolling arbeitet also nicht unbedingt mit den üblichen Wirtschaftskennzahlen, die sich allesamt auf die Vergangenheit beziehen, wie z. B. Umsatz, Produktivität, Rentabilität.

Der Keil verhindert, dass das Auto rückwärts fährt

Wer nicht weiß, wohin er segeln will, für den ist kein Wind der richtige.

4 Qualitätssicherungssysteme – Qualitätsmanagement in der gastgewerblichen Praxis

Die Qualität würde sich ohne Qualitätssicherung (QS) nach unten bewegen. Das Sichern der Qualität bringt eine Qualitätsentwicklung. Sie wird als Betriebsziel vorgegeben und dient der Verbesserung des Betriebsergebnisses. Wie steil der Weg nach oben zeigt, ist von vielen Faktoren abhängig.

Arbeitsschritte beim Aufbau eines Systems zur Qualitätssicherung

1 **Standards der Herstellung von Speisen bzw. Getränken der Rezepturenkartei entnehmen.**	■ Die Sammlung aus einzelnen Blättern muss übersichtlich geordnet sein. ■ Die Zubereitungen müssen erprobt, bewertet und vor allem kalkuliert sein. ■ Angaben zur Qualität der Lebensmittel müssen vorhanden sein. ■ Die Zubereitungsschritte sind idealerweise mit Fotos dargestellt. ■ Das Endprodukt mit Anrichtevorgaben muss als Foto vorhanden sein.
2 **Überprüfungskriterien festlegen.**	■ Hygienerichtlinien müssen erstellt werden. Dazu ist ein Grundwissen zur Lebensmittelhygiene wichtig. ■ Qualitätsmerkmale müssen bestimmt werden.
3 **Daraus Checklisten sowie Schulungsunterlagen anfertigen.**	
4 **Schulungen durchführen.**	■ Klare Ziele vorgeben. ■ Erklären – Vormachen – Nachmachen lassen – Üben – Kontrolle.
5 **Produkt checken.**	■ Überraschende Kontrollen sind sinnvoll. ■ Kontrollen, wenn es Reklamationen gegeben hat. ■ Kontrollen, wenn es Abweichungen von der Norm gegeben hat.
6 **Ergebnisse auswerten und vergleichen – Evaluierung.**	■ Wichtig ist, dass alle über alles informiert werden. ■ Niemand soll sich beschweren können, er wisse über den Fortgang der Qualitätsentwicklung nicht Bescheid.
7 **Nachschulungen ansetzen.**	■ Die Mängel müssen beschrieben werden. ■ Daraus können Lenkungsmaßnahmen abgeleitet werden. ■ Schulungen bzw. Nachschulungen müssen eingesetzt werden, um bei negativen Ergebnissen sofort gegensteuern zu können.

4.1 Umsetzung

Es geht um das Umsetzen der Visionen und Leitbilder. Eine Entwicklung wird es geben, wenn die Arbeitsabläufe für alle Mitarbeiterinnen und Mitarbeiter nachvollziehbar und durchschaubar werden.

Gut motivierte Mitarbeiter leisten bessere Arbeit. Das Schlagwort **Corporate Identity** (sich mit dem Betrieb identifizieren) führt zur besseren Produktsicherheit.

Ein Schwachpunkt ist jedoch immer der Mensch bzw. das Zwischenprodukt, die Rohware.
- Menschen sind oft sehr unterschiedlich in der Arbeitsleistung und auch in ihrer Arbeitsauffassung.
- Rohprodukte, vor allem Lebensmittel, haben viele unterschiedliche Qualitäten und sind auch einem Verderbprozess unterworfen.

4.2 Qualitätsfördernde Maßnahmen

Einige Beispiele aus der Praxis eines Küchenbetriebes:
- Erstellen von Rezepturen
- Mengenberechnung
- Einkaufssteuerung
- Festlegen von Arbeitsabläufen
- Schulung der Mitarbeiterinnen und Mitarbeiter
- Einhaltung der gesetzlichen Bestimmungen

Die Qualitätssicherung wird nach jeder sogenannten Produktionsstufe nötig sein und ist somit ein fixer Bestandteil des Qualitätsmanagements.

Bei der Umsetzung eines Qualitätssicherungssystems müssen vorerst die einzelnen Prozessstufen abgeklärt werden.

Aufgabenstellung

Diese Übung finden Sie auch unter www.trauner.at/systemgastronomie.aspx.

- Checken Sie Ihr Qualitätsdenken und diskutieren Sie.

Aussagen	Stimmt	Stimmt nicht	Weiß ich nicht
Der Gast ist König!			
Wenn ein Gast eine Speise reklamiert, entschuldige ich mich.			
Ich nähere mich dem Gast in einer unterwürfigen Haltung.			
Zuerst höre ich dem Gast zu, bevor ich losrede.			
Ich mache laufend Komplimente.			
Ich bedanke mich für die Geduld des Gastes, wenn etwas länger gedauert hat.			

Wussten Sie, dass Qualitätsstandards von Unternehmen z. B. im Franchisevertrag vorgegeben werden und im Qualitätshandbuch festgelegt sind?

Going international

i'm lovin' it

Corporate visual identity plays a significant role in the way an organisation presents itself.
Many companies, such as McDonald's, have their own identity that runs through all of their products and merchandise. The trademark "M" logo and the yellow and the red appear consistently throughout the McDonald's packaging and advertisements. McDonald's has paid large amounts of money for the research, design and execution involved in creating an identity that is extremely distinguishable.

Rüsten = Waschen, Putzen und Schälen von Gemüse.

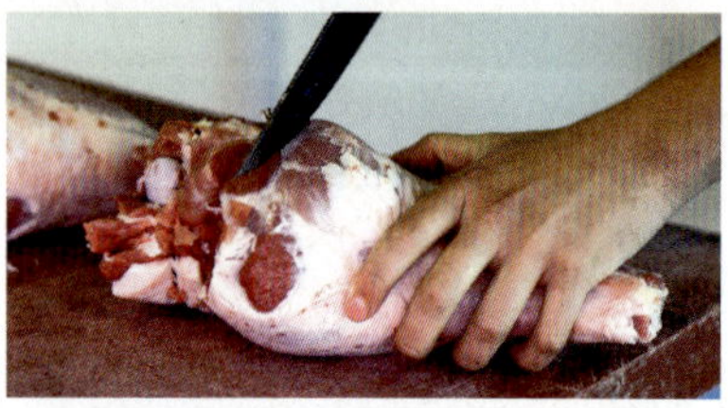

Einkauf Lieferantenbewertung Anlieferung	→ Einkaufssteuerung siehe Warenwirtschaft
↓	
Lagerung Trennung nach Produktgruppen	→ Lagerverwaltung und Bedingungen siehe Betriebsorganisation
↓	
Vorbereitung von Lebensmitteln Rüsten, Ausbeinen, Filetieren, Auftauen	→ Lebensmittelhygiene siehe Speisen- und Menükunde
↓	
Zubereiten der Speisen nach den diversen Zubereitungsarten	→ Garmachungsverfahren siehe Küchenkunde
↓	
Anrichten bzw. Präsentieren Servieren der Speisen und Getränke	→ Siehe Qualitätshinweise Anrichten Siehe Servierarten
↓	
Entsorgen der Reste Abfallbehandlung	→ Siehe Abfallbehandlung

Die Arbeiten, die in jeder Stufe durchgeführt werden, unterliegen wie immer der Gesetzmäßigkeit der Lebensmittelgesetzgebung (Hygienerichtlinien) und den Qualitätsgrundlagen des Qualitätshandbuchs.

- Die Durchführung wird gewährleistet durch Vorgaben und Normen, die mittels Schulungsprogrammen vermittelt und gefestigt werden.
- Tätigkeitsbeschreibungen für die einzelnen Stationen müssen vom jeweiligen Mitarbeiter eingehalten werden.

Jeder Arbeitsschritt muss überprüft und verglichen, also evaluiert werden.

4.3 Evaluation

Es müssen vor Ort Daten und Informationen gesammelt werden, um aus ihnen Erkenntnisse gewinnen zu können und um sie einer Bewertung zuzuführen.

Diesen Daten liegen systematische Beobachtungen zugrunde, die produkt- und arbeitsspezifisch erarbeitet werden müssen.

Die Ergebnisse können sowohl Details eines Prozesses als auch eine ganzheitliche Bewertung auflisten.

In unseren Betrieben wird sowohl eine

- interne Evaluation, Planer und Durchführer der Maßnahmen sind mit den Evaluatoren identisch, wie auch eine
- externe Evaluation durchgeführt, z. B. unter Mithilfe eines beauftragten Institutes oder des Mutterkonzerns.

Eine Zertifizierung bringt nicht nur eine hohe Produktsicherheit, sondern dient auch der Kostensenkung bei Lieferanten und Händlern sowie der Transparenz in der gesamten Herstellungskette.

Als Mittel zur systematischen Beobachtung von Arbeitsschritten und auch Betriebsstätten sowie Gästeräumen eignen sich Checklisten sehr gut.

4.4 Qualitätsaudits

Audits sind Untersuchungsverfahren, die dazu dienen, Abläufe – also Herstellungsprozesse – zu bewerten. Es wird die Erfüllung von bestimmten Anforderungen geprüft. Dabei wird die betriebliche Qualität getestet.

> Zur Durchsetzung der ISO-Normen in einem Unternehmen werden häufig Audits gemacht.

Audit kann man mit „Anhörung“ übersetzen.

Wie sind Qualitätsaudits durchzuführen?

Audits werden häufig von einem geschulten Auditor bzw. einer geschulten Auditorin durchgeführt. Man kann sich im weitesten Sinne einen Detektiv/eine Detektivin vorstellen, der/die Probleme aufzuspüren hat. Die Firmenleitung sieht einen Verbesserungsbedarf und setzt einen Auditor/eine Auditorin ein, um den Problemen auf den Grund zu gehen.

Die bzw. der Hygieneverantwortliche muss
- Überprüfungskriterien festlegen (Hygienerichtlinien, Qualitätsmerkmale)
- Checklisten anfertigen
- Schulungsunterlagen erstellen
- Schulungen durchführen

> Die Durchführung von internen Audits ist zwingender Bestandteil moderner Qualitätsmanagementsysteme.

Interne Audits haben also den Sinn, Fehler aufzudecken. Doch haben Sie keine Angst vor der Überprüfung! Ein negativer interner Bericht macht ihm bzw. ihr genauso wenig Freude wie Ihnen. Der Auditor bzw. die Auditorin wird danach trachten, kleine Fehler mit Ihnen zu besprechen, sodass diese sofort behoben werden können. Er/sie strebt eine Verbesserung der Gesamtsituation für den Betrieb an und wird in diesem Sinne eine gute Zusammenarbeit anstreben.

Der sogenannte **Mystery shopper** ist ein geschulter Beobachter/eine geschulte Beobachterin, der/die als normaler Kunde/in, natürlich unangekündigt, in ein Restaurant kommt. Er bzw. sie bewertet das Dienstleistungsgeschehen nach bestimmten Kriterien, die vorher in Absprache mit der Geschäftsleitung festgelegt wurden.

> Beim Mystery shopping steht nicht die subjektive Wahrnehmung, sondern eine möglichst objektive Beurteilung der Qualität im Mittelpunkt.

Kontrolliert werden vor allem
- Standards beim Service
- Erscheinungsbild der Mitarbeiterinnen und Mitarbeiter
- Verhalten beim Kassieren
- Verhalten bei Reklamationen
- Handhabung von Stresssituationen

> **Wichtige Spielregeln eines Audits**
> - Ziehen Sie keine Show ab.
> - Erläutern Sie typische Beispiele aus Ihrer täglichen Arbeit. Keine Sonderfälle.
> - Diskutieren Sie Fehler offen und ehrlich.
> - Beantworten Sie die Fragen kurz und vor allem sachlich.
> - Bringen Sie keine Ausreden.
> - Lügen Sie nicht, auch Notlügen bringen nichts.
> - Neben den internen Kontrollen sind auch **externe Überprüfungen** üblich.

5 Qualitätshandbuch

„Mein Freund hat mir neulich eine Mappe gezeigt und nennt sie Qualitätshandbuch.“
Darauf meine Frage: „Und was ist da drin?“
Die Antwort kam prompt: „Ich sammle Listen, Checklisten und Vorgangsbeschreibungen aller Abläufe in meinem Lehrbetrieb.“
Tatsächlich enthält ein Qualitätshandbuch die Standards des Betriebes, die für alle Betriebsbereiche allgemein gültig sind. Sie sind für interne und externe Überprüfungen (Audits) bindend.

Das Qualitätshandbuch, auch als Qualitätsführer bezeichnet, erleichtert die Arbeit durch klare, unmissverständliche Anleitungen etwas zu tun.

Standards werden für folgende Bereiche aufgestellt:
- Einkauf: dient der Lieferantenbewertung
- Lagerung – die Bewertung der Lebensmittel wird durch Standards möglich.
- Produktion in allen Prozessstufen – Produktionsabläufe werden standardisiert.
- Dienstleistungen wie Service, Verkauf, Gästebetreuung können mit Normen versehen werden, um diese ebenfalls zu standardisieren.
- Beschwerdemanagement – der Ablauf der Behandlung einer Beschwerde wird genau festgelegt, zur Evaluierung des Beschwerdegrundes „Speise hat nicht geschmeckt“ kann das Qualitätshandbuch bei der Ursachenforschung Aufschluss geben.

6 Schritte sind zur Erstellung eines Qualitätsführers nötig:
- Qualitätsmerkmale der Lebensmittel
- Ursachen von Qualitätsmängeln
- Ausstattung/Equipmentbeschreibungen
- Hinweis auf Durchführungsbestimmungen – Arbeitsschritte der Herstellung
- Haltezeiten (Lagerung, MHD, Heißhaltezeiten, maximale Stehzeiten vor dem Servieren usw.)
- Maßeinheiten – Ertragseinheiten des Produktes

Ausschank von Bier – frisch gezapftes helles Lagerbier

1. Qualitätsmerkmale

Aussehen	▪ klar, goldgelb, Kohlesäureperlen rasch aufsteigend ▪ 2,5 cm Schaumkrone, weiß, elastisch, schäumend ▪ gezapft in 0,3 l Biertulpe mit Brauereilogo ▪ Papiermanschette mit Betriebslogo
Geruch	▪ frisch, „bierig“, sortentypisch, hopfig
Geschmack	▪ sortentypisch, malzig, leicht bitter, kühl
Textur	▪ prickelnd, süffig, cremiger Schaum
Temperatur	▪ 7 °C/± 1 für den Sommerausschank, 9 °C/± 1 für den Winterausschank

2. Ursachen von Qualitätsmängeln

Mangel	**Behebung**
▪ Schaumbildung zu stark oder zu gering	▪ CO_2-Einstellung und Temperatur prüfen
▪ Bier trüb	▪ zu kalt, MHD abgelaufen, Zapfgerät nicht gereinigt
▪ Glasauswahl falsch	▪ korrigieren
▪ Schaumbildung nicht cremig	▪ Gläser nicht rein, nicht gespült, Bier zu kalt
▪ Textur fehlerhaft	▪ Geräteeinstellung prüfen
▪ Papiermanschette fehlt	▪ korrigieren

3. **Ausstattung/Equipment**
   - Bierzapfgerät angeschlossen, Kohlensäureeinstellung im sicheren Bereich
   - Bierspüle funktionsbereit
   - Gerät gereinigt (nach Reinigungsplan)
   - Abtropftasse sauber (stündlich gespült)
   - Gläser gereinigt und nach Größen geordnet
   - Papiermanschetten (genügend vorhanden)

4. **Hinweis auf Durchführungsbestimmungen (Operationsverfahren)**
   - Bierglas auswählen nach Bonierung (auf Einheit achten) – Sinnesprobe (sauber)
   - Glas 5 Sekunden kalt spülen, Wasser gut ablaufen lassen
   - Bier zapfen (Schaumbildung beachten)
   - Bier bis zum Füllstrich weiterzapfen – Überlaufen verhindern – gute Schaumkrone
   - Papiermanschette anbringen – Logo am Glas und auf der Manschette auf der gleichen Seite
   - Endkontrolle (siehe Qualitätsmerkmale)

5. **Haltezeiten**
   - sollen vermieden werden

6. **Maßeinheiten – Ertragseinheiten**
   - Ausschankmaß (bis zum Füllstrich)
   - Ertragsrechnung – Vermeiden von Schankverlusten, z. B. durch Überlaufen

Die Arbeitsschritte der Qualitätssicherung sind:

1 Die Standards der Herstellung von Speisen/Getränken dem Handbuch oder einer Rezepturenkartei entnehmen.

2 Überprüfungskriterien festlegen (Hygienerichtlinien, Qualitätsmerkmale).

3 Checklisten anfertigen.

4 Aus allen Angaben Schulungsunterlagen erstellen.

5 Schulungen durchführen.

6 Produkt checken.

7 Ergebnisse auswerten und vergleichen (Evaluierung).

8 Nachschulungen ansetzen (Lenkungsmaßnahmen).

? Ein Hektoliter Pils kostet 190 € im Einkauf. Welcher Wareneinsatz ist pro Glas (0,4 l) anzusetzen, wenn wir einen Schankverlust von 1,5 % berücksichtigen?

Schritt 1: Rezepturenkartei

Die wichtigsten Grundlagen sind:
- eine Mengenberechnung der einzelnen Rezepturen,
- ein klares Benennen der Produkte mit Mengen in gängigen Maßen,
- eine Angabe zur Qualität der zu verwendenden Lebensmittel,
- die Zubereitung (Arbeitsvorgang) und
- eine Präsentations- oder Anrichtevorgabe eventuell mit Foto.

Die Sammlung aus einzelnen Blättern muss übersichtlich geordnet und nach fachlichen Gebieten gegliedert sein, und zwar von der kalten Vorspeise bis zum Dessert (nach der Menüreihenfolge). Die Zubereitungen müssen erprobt, bewertet und kalkuliert sein, um einer Verifikation standhalten zu können.

! Die Verwendung von Küchenfachausdrücken ist üblich und beugt Missverständnissen vor.

Verifikation = Durch Überprüfung die Richtigkeit bestätigen.

Firmenlogo

Rezepturname

Portionsangabe

Genaue Rezeptur

Gängige Maße

Genaue Materialangaben

Anrichtehinweise, Art und Menge

Bild der Speise

Beispiel eines Rezepturblattes

Rezepturblatt:

RESTAURANT CHICKENGRILL

Hauptspeise

Rezepturname: Gegrillte Hähnchenbrüste mit Potato Wedges

Portionen: 4

Zutaten

4 Stk. TK-Hähnchenbrüste à 150 g
4 Scheiben durchwachsener Speck à 20 g
30 ml Tafelöl
5 g Grillgewürzmischung mit Chili
5 g Salz

Beilage

400 g TK Potato Wedges
20 g Gewürzmischung für Potato Wedges
20 g Salz

Garnierung

8 Stk. Gewürzgurken-Fächer
16 Stk. Tomatenspalten
4 Blätter Eisbergsalat
2 ml Salatdressing (Ketchup)

Zubereitung

1. Die TK-Hähnchenbrüste fachgerecht auftauen und dann in einem Nirostablech mit Rand mindestens 5 Stunden in der Kühlzelle mit dem Grillgewürz und dem Öl marinieren. Mit Frischhaltefolie abdecken. Maximale Marinierzeit 7 Stunden.
2. Die Hähnchenbrüste einzeln auf Küchenkrepp abtupfen. Mit dünnen Speckscheiben straff umwickeln.
3. Grillen bei vorgegebener Grilleinstellung (200 °C – 15 min.).
4. Garprobe 72 °C Kerntemperaturmessung.
5. Würzen.
6. Wedges im TK-Zustand bei vorgegebener Frittierzeit frittieren.
7. Fett abschütteln, in Schüssel leeren.
8. Gewürzmischung und Salz einmengen, schütteln.
9. Alle Zutaten auf dem Salatblatt (siehe Foto) anordnen.
10. Salatdressing mit einem Löffel über die Garnitur ziehen.

Anrichten

Portionsweise je ein Stk. Huhn, 100 g Wedges, 1 Garniturblatt auf warmen Grilltellern anordnen – wie auf dem Foto abgebildet.

Schritt 2: Überprüfungskriterien festlegen (Hygienerichtlinien, Qualitätsmerkmale)

Ein grundlegendes Wissen der Verordnungen zur Lebensmittelhygiene ist wichtig.

Als Hilfsmittel werden verwendet:

- Die Lebensmittelleitlinien für spezifische Fragen, wie die Herstellung von Hackfleisch oder die Speiseeisherstellung. Geschützte Rezepturen müssen beachtet werden.
- Schulungsunterlagen zum Thema Hygiene.

Qualitätsmerkmale sollen erarbeitet werden:

- Durch Zuziehen von Fachleuten (z. B. Produktentwickler/in).
- Durch Berücksichtigung von Qualitätserwartungen der Gäste.

Ein Überarbeiten der Standards ist notwendig, wenn sich die Gesetzeslage ändert, wie z. B. im Jahr 2014 als die Allergenkennzeichnung im Restaurant eingeführt wurde.

Schritt 3: Checklisten anfertigen

Zur Qualitätssicherung wird eine Checkliste verwendet.

Der Überprüfungsgegenstand wird benannt, die Punkte gliedern sich in:

- Allgemeine Arbeitserfordernisse – Hygiene (persönlich, Arbeitsplatz).
- Vorbereitung der Produkte mit Qualitätsangaben – Mise en place, Wiegen, Messen, Waschen, Schälen und Schneiden.
- Zubereitung in den einzelnen Stufen. Eine Reihenfolge festlegen, nachvollziehbare Schritte und Arbeitstechniken – Rühren, Kneten, Garmachungsarten.
- Nachbereitungen – Auskühlen, Regenerieren, Dekorieren.
- Anrichten – Tellerwahl, Portionsgröße, Beigaben (Garnituren, Saucen), Beilagen.
- Servieren – Zeitangaben, Temperaturangaben.
- Präsentationsangaben – für das Buffet o. Ä. (Plattenservice).

Eine höhere Qualität soll durch Verwendung von Austauschprodukten erzielt werden (z. B. Butter statt Margarine). Diskutieren Sie die Auswirkungen.

Angaben zur Checkliste
A Schritt erfüllt
B Schritt teilweise erfüllt
C Schritt nicht erfüllt

Beispiel einer Checkliste

Gegrillte Hähnchenbrüste mit Potato Wedges

Zu überprüfen	Mängelbeschreibung	Lenkung
Allgemeine Sauberkeit am Arbeitsplatz Allgemeine persönliche Hygiene – Einweghandschuhe verwenden, Arbeitsplatz – ausschließlich Grillstation 1 für Hähnchenzubereitung	A B C	
Rezeptur laut Rezepturblatt Wiegen und Messen	A B C	
Auswahl der Produkte Qualität geprüft, kein Gefrierbrand MHD (Mindesthaltbarkeitsdatum) ausreichend	A B C	
Hähnchenbrüste korrekt vorbereiten zum Marinieren, nicht übereinander, sondern einfach aufgelegt, gewürzt, vollkommen abgedeckt	A B C	
Mariniervorgang Zeitkontrolle 5–7 Stunden dokumentiert	A B C	
Fachgerecht grillen Mit dünnen Speckscheiben straff umwickelt, Fett abgetupft auf Krepp (sofort entsorgen), Grill gecheckt (Temperatur und Zeiteinstellung), Garprobe, würzen	A B C	
Wedges frittieren Fritteuse gecheckt (Temperatur und Zeiteinstellung), Fett abgetropft, Würzen in Schüssel	A B C	
Garnitur Schnittform (ganze Stücke, Fächer und Spalten), Marinade überzogen Achtung: Dieser Punkt kann auch auf einer eigenen Checkliste als Endkontrolle festgelegt werden	A B C	
Anrichten Wie Foto und Rezeptur Nach Abrufen der Bestellung sofort anrichten und servieren Achtung: Dieser Punkt kann auch auf einer eigenen Checkliste als Endkontrolle festgelegt werden	A B C	

Die Punkte der Überprüfung sind so gewählt, dass die einzelnen Schritte der Herstellung überprüfbar gemacht werden. Dies betrifft sowohl die Hygienerichtlinien (allgemeine Küchenhygiene, Hygiene bei der Verwendung von Frischei, Durchgarvorgänge) als auch qualitätsmaßgebliche Kriterien.

Die Überprüfungspunkte der Checkliste werden als Arbeitsunterlagen für Herstellungsrichtlinien bei Produkteinführungen und bei Schulungen verwendet.

Schulungsunterlagen werden in Mappen gesammelt. So können sie wieder eingesetzt werden, z. B. wenn das Gericht saisonal bedingt wieder auf die Karte genommen wird.

Änderungen müssen beachtet werden! So ändern sich z. B. die Grundprodukte durch eine andere Einkaufsstrategie (Frischprodukte anstatt Tiefkühlware).

Schritt 4: Schulungsunterlagen erstellen

Aufgrund aller Angaben werden Schulungsunterlagen für die Mitarbeiterinnen und Mitarbeiter der Abteilung erstellt.

Die Grundlage bilden wieder

- Rezeptur,
- Zubereitung und ein
- Bild der angerichteten Speise.

Zur Schulung werden Arbeitsschritte erarbeitet, die in einzelne Punkte gegliedert sind. Diese sind für die Qualität des Produktes ausschlaggebend.

Zielführende Erklärungen zu den einzelnen Punkten

- Handschriftliche Ergänzungen sind möglich.
- Ein Videofilm zur Unterstützung leistet gute Dienste.
- Learning by Doing, d. h., die Speise wird in Gruppenarbeit unter Anleitung eines Schulungsleiters bzw. einer Schulungsleiterin hergestellt.

Beispiel einer Schulungsunterlage

Überprüfungsgegenstand	Arbeitsaufgabe
Allgemeine Sauberkeit am Arbeitsplatz Allgemeine persönliche Hygiene – Einweghandschuhe verwenden, Arbeitsplatz – ausschließlich Grillstation 1 für Hühnerzubereitung	**Hygienecheck** ■ Was wissen Sie über die Verarbeitung von Hühnern? ■ Welche Hygienemaßnahmen müssen getroffen werden? ■ Wo besteht die Gefahr der Kreuzkontamination? Wie verhindern Sie diese?
Rezeptur laut Rezepturblatt (Handbuch) Wiegen und Messen	**Verwendung einer Rezeptur** ■ Rechnen Sie dieses Rezept auf 65 Portionen um. ■ Wie wird richtig gewogen? Wie viel Gramm sind 30 ml?
Auswahl der Produkte Qualität geprüft, kein Gefrierbrand, MHD ausreichend	**Produktqualität** ■ Wie bewerten Sie ein MHD? ■ Wie erkennen Sie Gefrierbrand? ■ Wo können Sie die Qualitätsrichtlinien für ein Produkt nachlesen?
Hähnchenbrüste richtig vorbereitet Zum Marinieren nicht übereinander aufgelegt, gewürzt, vollkommen abgedeckt	**Warenvorbereitung** ■ Beschreiben Sie den Mariniervorgang für die Hähnchenbrüste.
Mariniervorgang Zeitkontrolle 5–7 Stunden dokumentiert	**Dokumentieren** ■ Tragen Sie die Charge in die Zeitkontrollliste ein.

Fachgerecht grillen Mit dünnen Speckstreifen straff umwickelt, Fett abgetupft auf Krepp (sofort entsorgen), Grill gecheckt (Temperatur- und Zeiteinstellung, Garprobe)	**Zubereitung** ■ Wie lautet die richtige Zeit- und Temperatureinstellung dieser Speise? ■ Was verwenden Sie als Küchenkrepp? ■ Wie führen Sie eine Garprobe bei den Hühnerkeulen durch?
Wedges frittieren Fritteuse gecheckt (Temperatur- und Zeiteinstellung), Fett abtropfen, Würzen in Schüssel	**Zubereitung** ■ Wie lautet die richtige Zeit- und Temperatureinstellung dieser Speise? ■ Wie erkennen Sie, dass die Wedges abgetropft sind? ■ Wie salzen Sie richtig?
Garnitur Schnittform (ganze Stücke, Scheiben und Spalten), Marinade überzogen	**Fertigstellen** ■ Welche Garniturstücke verwenden Sie nicht? ■ Wie marinieren Sie richtig?

Schulung nach der 4-Stufen-Methode:
- Erklären
- Vormachen
- Nachmachen lassen
- Üben/Kontrolle

Das Anrichten erfolgt nach Vorgabe (Foto bzw. Rezeptur). Bei Bestellung werden die Hähnchenbrüste mit Potato Wedges angerichtet (gemäß den betrieblichen Zeitvorgaben) und sofort serviert.

Schritt 5: Schulungen durchführen

Wichtig ist es **klare Ziele** vorzugeben, z. B. die Produkteinführung und die Herstellung neuer Produkte.

Empfehlenswert ist weiters gruppendynamisches Schulen mit den oben genannten Hilfsmitteln, wobei erklärende wie festigende Phasen sich mit dem Erarbeiten des Wissens abwechseln.

Jeder Mitarbeiter bzw. jede Mitarbeiterin soll somit zum Schluss die Fertigkeit besitzen, die einzelnen Arbeitsschritte selbstständig durchführen zu können.

Die Unterweisung wird üblicherweise am Arbeitsplatz durchgeführt

Schritt 6: Produkt checken

Die Qualitätssicherung in der Produktion (Überprüfungen mittels Checkliste) soll zeitlich so angesetzt werden, dass die Mitarbeiterinnen und Mitarbeiter vorher den Zeitpunkt wissen und so eine maximale Motivation besitzen, die Speise in hoher Qualität herzustellen.

In der Folge werden Überprüfungen durchgeführt, wenn
- es Reklamationen bei ähnlichen Zubereitungen gegeben hat, oder wenn
- bei anderen Überprüfungen, z. B. einer Endproduktkontrolle, Abweichungen von der Norm festgestellt wurden.

Überraschende Kontrollen sind sinnvoll.

Die Vergabe von B- und C-Werten wird je nach Tolerierbarkeit der Abweichung erfolgen. C-Werte werden nur vergeben, wenn bei der Überprüfung gesetzliche Mängel festgestellt wurden oder das Produkt einer Endkontrolle nicht standhalten würde.

Zwischenbilanzen werden von den **Projektgruppen** und den einzelnen Überprüfern erstellt. Einerseits ist es wichtig, erreichte Erfolge klar hervorzuheben, andererseits sollte aber auch über Schwierigkeiten, die im Laufe der Umsetzungsphase aufgetreten sind, gesprochen werden.

Eine **Mängelbeschreibung** muss von internen Qualitätsstandards abgeleitet werden. Die Toleranzgrenzen können von Betrieb zu Betrieb unterschiedlich sein.

Schritt 7: Ergebnisse auswerten und vergleichen – Evaluierung

Mit dem Instrument der „Zwischenbilanz“ als Evaluationsmaßnahme werden

- einerseits die Motivation für den weiteren Qualitätsprozess aufrechterhalten,
- andererseits auch jene zu überzeugen und einzubinden versucht, die der Qualitätsentwicklung skeptisch abwartend gegenüberstanden.

Ein eigenes Meeting muss angesetzt werden. Dies ist deshalb von Bedeutung, weil hier alle über alles informiert werden. Der Grundsatz der größtmöglichen Transparenz wird somit auch hier hochgehalten und niemand kann sich beschweren, er wisse über den Fortgang der Qualitätsentwicklung nicht Bescheid.

Schritt 8: Nachschulungen ansetzen (Lenkungsmaßnahmen)

Mängelbeschreibungswerte sind Grundlage für Verbesserungsvorschläge und müssen in jedem Fall behandelt werden. Es könnte vielleicht schon eine Gesetzesübertretung (z. B. in Zusammenhang mit der Hygiene) erfolgt sein. Schulungen bzw. Nachschulungen müssen eingesetzt werden, um bei negativen Ergebnissen sofort entgegensteuern zu können.

Beispiel einer Checkliste mit möglicher Mängelbeschreibung

Gegrillte Hähnchenbrüste mit Potato Wedges

Zu überprüfen	Mängelbeschreibung	Lenkung
Allgemeine Sauberkeit am Arbeitsplatz Allgemeine persönliche Hygiene – Einweghandschuhe verwenden, Arbeitsplatz – ausschließlich Grillstation 1 für Hähnchenzubereitung	Mitarbeiter hantiert ohne Handschuhe mit den Hähnchenbrüsten.	
Rezeptur laut Rezepturblatt Wiegen und Messen	Die Gewürzmenge ist falsch gewogen.	
Auswahl der Produkte Qualität geprüft, kein Gefrierbrand MHD ausreichend	Das MHD ist um 10 Tage überschritten, die Hähnchenbrüste sind an der Oberfläche abgetrocknet und haben braune Flecken.	
Hähnchenbrüste korrekt vorbereiten Zum Marinieren nicht übereinander, sondern einfach aufgelegt, gewürzt, vollkommen abgedeckt	Die Hähnchenbrüste sind in der Kühlzelle nicht abgedeckt.	
Mariniervorgang Zeitkontrolle 5–7 Stunden dokumentiert	Zeitpunkt des Marinierbeginns ist nicht im Zeitprotokoll eingetragen.	
Fachgerecht grillen Fett abgetupft auf Krepp (sofort entsorgen), mit dünnen Speckscheiben straff umwickeln, salzen; 72° C Kerntemperatur, Grill gecheckt (Temperatur- und Zeiteinstellung), Garprobe	Schmutziges Küchenkrepp liegt neben dem Grill.	
Wedges frittieren Fritteuse gecheckt (Temperatur und Zeiteinstellung), Fett abgetropft, Würzen in Schüssel	Wedges sind stark fettig.	
Garnitur Schnittform (ganze Stücke, Fächer und Spalten), Marinade überzogen	Halbe Gurkenscheiben werden angerichtet.	
Anrichten Wie Foto und Rezeptur Nach Abrufen der Bestellung sofort anrichten und servieren	Zu viel Wedges. Teller ist kalt.	

Ziele erreicht?

KOMPETENZ-ERWERB

Diese Übungen finden Sie auch unter www.trauner.at/systemgastronomie.aspx.

1. Ein System zur Qualitätssicherung hat einen bestimmten Aufbau.
Nummerieren Sie die Arbeitsschritte in der richtigen Reihenfolge!

Standards der Herstellung von Speisen bzw. Getränken der Rezepturenkartei entnehmen.	
Ergebnisse auswerten und vergleichen.	
Schulungen durchführen.	
Überprüfungskriterien festlegen.	
Checklisten sowie Schulungsunterlagen anfertigen.	
Nachschulungen ansetzen.	
Produkt checken.	

2. Stimmt die Aussage? Kreuzen Sie Ja oder Nein an!

	Ja	Nein
Ist ein Qualitätsmanagement in einem Betrieb eingeführt, dann ist es sinnvoll, das System von außen zu durchleuchten.		
Unternehmen, die sich einer Zertifizierung stellen, machen weiter wie bisher.		
Immer mehr Firmen verlangen von ihren Lieferanten eine Zertifizierung nach ISO.		
Die Einführung eines Qualitätsmanagements nach ISO hat nur Vorteile, keine Nachteile.		

3. Definieren Sie den Begriff Qualität.

4. Von welchen Faktoren ist die Qualität eines Rohstoffes abhängig?

5. Nach welchen Kriterien wird die Qualität von Speisen und Getränken bewertet?

6. Aus welchen Teilqualitäten setzt sich Qualität zusammen? Beschreiben Sie diese!

7. Wofür steht die Abkürzung ISO?

8. Unterscheiden Sie die Begriffe Standard, Güte und Norm anhand eines selbst gewählten Beispiels.

9. Sie wollen eine Mitarbeiterschulung zum Thema Qualitätsmanagement durchführen und mit einem kurzen geschichtlichen Einblick beginnen. Stellen Sie auf einem Zeitstrahl die wichtigsten Entwicklungen des Qualitätsmanagements dar.

10. Nennen und erläutern Sie die acht Grundsätze des Qualitätsmanagements.

11. Was verstehen Sie unter TQM?

12. Nennen und beschreiben Sie die 14 Prinzipien des TQM.

13. Was bedeuten die „5 S“?

14. Was versteht man unter einem Audit und zu welchem Zweck wird es angewendet?

15. Erläutern Sie den Begriff Evaluation.

16. Qualitätssicherung beginnt mit einer korrekten Arbeitsanweisung für die Mitarbeiterinnen und Mitarbeiter. Stellen Sie sich vor, Sie haben ein neues Produkt (z. B. einen Cappuccino) eingeführt. Erarbeiten Sie für Ihre Mitarbeiterinnen und Mitarbeiter einen Arbeitsablauf (siehe Seite 46), der direkt an der Kaffeemaschine aufgehängt werden soll.

17. Wie berührt das Qualitätsmanagement die Inhalte eines Franchisevertrages (siehe Seite 19ff.)?

18. Erstellen Sie ein standardisiertes Rezepturblatt. Nehmen Sie die Bücher Systemgastronomie 1 und 2 zu Hilfe. Fertigen Sie dazu eine Checkliste an und erstellen Sie eine Schulungsunterlage. Nach Möglichkeit bereiten Sie die Speise zu, checken Sie das Produkt und evaluieren Sie das Ergebnis.

19. Komplexe Aufgabe

Sie arbeiten in einer systemgastronomischen Kette, die 16 Autobahnrasthöfe betreibt. Neben dem Benzinverkauf und dem Tankstellenshop befindet sich an jedem Standort ein Restaurant.
Hierzu folgende Eckdaten:

- Free-Flow-Service
- Öffnungszeiten: täglich 4:00 Uhr bis 24:00 Uhr, 365 Tage im Jahr
- Angebot: typische Imbissspeisen (hoher Anteil an Convenienceprodukten)
  - Currywurst, Bratwurst, Wiener Schnitzel (Pute, Schwein, Huhn), Seelachsfilet (paniert), Schellfisch (gedünstet)
  - Bratkartoffeln, Pommes Frites, Salzkartoffeln, Butterreis, Baguette
  - Gemüse nach Saison
  - Salatbar
  - Rote Grütze, Schokoladencreme mit Vanillesauce, Vanillemousse mit Aprikosensoße
  - Große Auswahl an Blechkuchen, Muffins und Gebäck
  - Kontinentales Frühstück von 4:00 Uhr bis 10:00 Uhr, danach durchgängig warme und kalte Speisen
- Getränkeangebot ganztägig
  - Regionales Mineralwasser (medium, still und mit viel Kohlensäure)
  - Apfelsaft, Orangensaft, Tomatensaft, Johannisbeernektar, Maracujanektar
  - Limonaden (Cola, Orangen- und Zitronenlimonade)
  - Energydrinks
  - Kaffeespezialitäten
  - Teesortiment
  - Heiße Schokolade

Alle Gerichte können im Restaurant verzehrt, aber auch mitgenommen werden.

Personalstruktur: je Restaurant 2–3 Köche, angelerntes Servicepersonal, Aushilfen, Studenten, Azubis zum Fachmann/zur Fachfrau für Systemgastronomie

Umsatzverteilung: 60 % Benzinverkauf, 15 % Tankstellenshop, 25 % Restaurant

In den letzten Jahren sind die Umsätze des Restaurants immer schlechter geworden. Es häufen sich Gästebeschwerden über schlechten Service und lange Wartezeiten. Die Qualität der Speisen und Getränke ist eigentlich in Ordnung, aber sie ist nicht gleichbleibend, sondern unterliegt starken Schwankungen.

Bei externen Kontrollen zur Hygiene haben Sie immer sehr gut abgeschnitten. Hierzu haben Sie auch schon bereits seit Jahren ein ausgeklügeltes Monitoringsystem mit vielen betriebsinternen Kontrollen. Jetzt wollen Sie auch für die oben beschriebenen Probleme verstärkt Qualitätssicherung betreiben, die Standards optimieren und ein Überprüfungssystem einführen.

Sie sind beauftragt worden, einen Vorschlag für ein Qualitätssicherungssystem zu erstellen. Sie haben das Kapitel zum Qualitätsmanagement bereits durchgelesen. Erstellen Sie nun ein System zur Qualitätssicherung für diesen Betrieb.

Hinweis für Lehrerinnen und Lehrer:

- Die Schülerinnen und Schüler müssen ein schriftliches Konzept abgeben. Rechnen Sie mit ca. zwei Stunden Vorbereitungszeit.
- Alternativ lässt man die Schülerinnen und Schüler einen Vortrag ausarbeiten, den sie präsentieren müssen. Zeitvorgabe für den Vortrag ca. 20 Minuten. Die Vorbereitungszeit differiert je nach Medieneinsatz zwischen zwei und vier Stunden.

II Personalwesen

Humanisierung oder Wirtschaftlichkeit?

Nachdem Sie die Ziele und Aufgaben des Personalwesens kennengelernt haben, werden Sie begründen können, warum sich dieses scheinbare Gegensatzpaar in der Arbeitswelt nicht zwingend ausschließen muss, sondern gegenseitig ergänzt.

Die erlernten Instrumente der Personalplanung, der Personalbeschaffung und der Personalführung – Stichwort Motivation – werden Sie befähigen, die für die Verwaltung und den Einsatz der Mitarbeiterinnen und Mitarbeiter notwendigen Aufgaben selbstständig durchzuführen. Dies alles unter Einbeziehung der rechtlichen Rahmenbedingungen sowie der Grundlagen zur Abrechnung im Personalbereich.

Personalplanung

Bei einer Budget-Planung werden die Personalkosten schon im Vorfeld erfasst

Bei einer zielgerichteten Personalplanung geht es in erster Linie darum, den Personalbedarf zu ermitteln, eine Personalauswahl mit geeigneten Instrumentarien zu treffen, um schließlich die neuen Mitarbeiterinnen und Mitarbeiter einzuführen. Darüber hinaus gehört es zur Aufgabe, den gesamten Personaleinsatz zu planen, das ist die Erstellung sämtlicher Dienst-, Urlaubs- und Fortbildungspläne.

Das heißt, dass
- zu einem bestimmten Zeitpunkt,
- an dem entsprechenden Ort,
- die notwendige Anzahl von Mitarbeiterinnen und Mitarbeitern,
- mit der erforderlichen Qualifikation

zur Verfügung zu stellen ist.

KOMPETENZ-ERWERB

Meine Ziele

Nach Bearbeitung dieses Kapitels kann ich
- sagen, welcher Unterschied zwischen einer quantitativen und einer qualitativen Personalbedarfsplanung besteht;
- einige Verfahren zur Ermittlung des Personalbedarfs nennen;
- verschiedene Instrumentarien zur Personalauswahl beschreiben;
- die Grundzüge der Einführung neuer Mitarbeiterinnen und Mitarbeiter erläutern;
- erklären, wie Personaleinsatzpläne zu erstellen sind.

1 Personalbedarfsplanung

Den Personalbedarf kann man relativ einfach berechnen. Doch was passiert, wenn jemand ausfällt? Sie kennen sicher die Situation, dass gerade dann, wenn am meisten los ist, sich jemand verletzt, ein Kollege bzw. eine Kollegin anruft, sie habe unbändige Zahnschmerzen und müsse dringend zum Zahnarzt … Der ganze Plan wird durcheinandergeworfen. Die Berechnungen von Ist- und Sollbestand bzw. des Nettopersonalbedarfs sind neu zu machen.

Dennoch oder gerade deshalb ist eine Bedarfsplanung unumgänglich.

Bedarfsplanung

Qualitative Personalbedarfsplanung

- Welche Qualifikationen haben die Mitarbeiterinnen und Mitarbeiter?
- Welche Fähigkeiten haben Sie?

Quantitative Personalbedarfsplanung

- Stimmt die Anzahl der vorhandenen Mitarbeiterinnen und Mitarbeiter mit den vorhandenen Arbeitsplätzen überein?

Der Personalbedarf wird von vielen Faktoren beeinflusst, u. a. von
- den Unternehmenszielen,
- den Marketingmaßnahmen,
- den Umsatzmöglichkeiten des Unternehmens,
- der Arbeitszeitflexibilität und der Leistungsfähigkeit der Mitarbeiterinnen und Mitarbeiter,
- der Fehlzeitenquote,
- der Serviceform sowie
- der Produktionstechnologie.

1.1 Qualitative Personalbedarfsplanung

Die qualitativen Personalplanungsmaßnahmen beschäftigen sich mit der Ermittlung der Fähigkeitsprofile der Mitarbeiterinnen und Mitarbeiter und ihrer Zuordnung zu den Anforderungen des Arbeitsplatzes. Die wichtigsten Mittel sind hierbei die Stellenbeschreibung und das Stellenanforderungsprofil.

Folgende Informationen sollte eine **Stellenbeschreibung** enthalten:
- Bezeichnung der Stelle, z. B. Schichtführer
- Rangstufe
- Ziele, Aufgaben
- Einordnung in die Hierarchie des Unternehmens
- Kompetenzen

Going international
Human resource management = Personalwesen

In der Stellenbeschreibung sollen die Aufgaben nur so detailliert wie notwendig beschrieben werden. Dabei soll es sich nicht um ein Aufzählen von Arbeitsschritten handeln, sondern um eine umfassende Beschreibung der Aufgabe, z. B. Reinigung und funktionsgerechte Erhaltung des Arbeitsplatzes. Somit kann die Aufgabe an die Gegebenheiten angepasst werden.

Eine Jobanforderung, die für den einen gerade passt, kann dem anderen zu eng sein

- Verantwortungsbereich
- Vertretung
- Anforderungen an den Stelleninhaber bzw. die Stelleninhaberin (siehe Anforderungsprofil)
- Vergütung

> Da sich die Anforderungen an einen Arbeitsplatz in der heutigen Zeit, z. B. aufgrund von technischen Neuerungen, stetig ändern, sollte die Stellenbeschreibung von Zeit zu Zeit an die neuen Erfordernisse angepasst werden.

Das **Stellenanforderungsprofil** kann als Teil der Stellenbeschreibung gesehen werden. Es ist eine verkürzte Darstellung der Tätigkeiten und beschäftigt sich vor allem mit den Anforderungen an die Mitarbeiterinnen und Mitarbeiter.

Ein Anforderungsprofil enthält Informationen über den/die Arbeitnehmer/in bezüglich folgender Inhalte:

- Bezeichnung, Position
- Ausbildung, Fortbildungen
- Berufserfahrung
- fachliche Anforderungen an den Arbeitsplatz
- Anforderungen an die Persönlichkeit und die soziale Kompetenz des Mitarbeiters bzw. der Mitarbeiterin

1.2 Quantitative Personalbedarfsplanung

Die quantitative Personalplanung ermittelt den Personalbestand. Interessant ist hierbei vor allem der Personalbestand in der Zukunft.

$$B_Z = B_A + Z - A$$

zukünftiger Personalbestand = aktueller Personalbestand + Personalzugang – Personalabgang

Personalbedarf

Bruttopersonalbedarf	Nettopersonalbedarf
Menge aller Personen einer Personalkategorie, die zur Leistungserstellung insgesamt benötigt werden. ▪ Er besteht aus dem Einsatzbedarf (Personal, das aus organisatorischen und rechtlichen Gesichtspunkten benötigt wird) und dem ▪ Reservebedarf; hierbei werden die Fehlzeiten und betrieblichen Auslastungsspitzen berücksichtigt.	Ergibt sich aus dem Bruttopersonalbedarf abzüglich des Istbestands. ▪ Ist der Bruttopersonalbedarf zum Planungszeitpunkt größer als der Istbestand, so handelt es sich um eine **Unterdeckung.** Der Nettopersonalbedarf ist positiv. ▪ Ist der Bruttopersonalbedarf kleiner als der Nettopersonalbedarf, besteht eine **Überdeckung.** Der Nettopersonalbedarf ist negativ und in dem Unternehmen herrscht ein Personalüberhang bzw. Freistellungsbedarf.

Ergänzungspersonalbedarf

Ersatzbedarf	Neubedarf
Gibt die Anzahl der Mitarbeiterinnen und Mitarbeiter an, die bis zum Ende der Planungsperiode eingestellt werden müssen, um den Personalbestand zu Beginn der Planungsperiode zu erreichen.	Summe aus dem Ersatzbedarf und einem Zusatzbedarf, der durch Erweiterungsinvestitionen oder zusätzliche Aufgaben der einzelnen Organisationseinheiten entsteht. Zusatzbedarf bedeutet Schaffung neuer Arbeitsplätze.

Der **Ergänzungsbedarf** gibt Stellen an, die zwar bereits vorhanden, aber noch nicht besetzt sind. Das heißt, das geeignete Personal muss noch gesucht werden.

Neben der Ermittlung des aktuellen Personalbestandes ist die Prognose des zukünftigen Personalbedarfs eine wichtige Aufgabe einer effizienten Personalplanung.

Hierbei müssen auch Personalveränderungen berücksichtigt werden, wobei auf manche Änderungen der Arbeitgeber bzw. die Arbeitgeberin keinen Einfluss hat, beispielsweise wenn Mitarbeiterinnen und Mitarbeiter aus dem unbezahlten Urlaub zurückkehren, wenn sie kündigen, in Mutterschutz gehen oder pensioniert werden.

Darüber hinaus gibt es Änderungen, die durch den Arbeitgeber bzw. die Arbeitgeberin beeinflusst sind, wie z. B. die Übernahme von Auszubildenden oder die Entlassung bzw. Freistellung von Mitarbeiterinnen und Mitarbeitern zu Langzeitfortbildungsmaßnahmen.

Formeln zur quantitativen Personalplanung:

Einsatzbedarf
\+ Reservebedarf
= **Bruttopersonalbedarf**

Bruttopersonalbedarf
– Istbestand je Personalkategorie
= **Nettopersonalbedarf**

Voraussichtliche Abgänge
– voraussichtliche Zugänge
= **Ersatzbedarf**

Ersatzbedarf
\+ Zusatzbedarf
= **Neubedarf**

1.3 Verfahren zur Ermittlung des Personalbedarfs

Um den Personalbedarf zu ermitteln, bedient man sich verschiedener Verfahren.

Schätzungen

Führungskräfte (Abteilungsleiter/in) geben den Personalbedarf aufgrund von intuitiven Erfahrungen an. Diese Methode ist relativ ungenau.

Statistische Verfahren

Bei den statistischen Verfahren wird ein Bedarf prognostiziert, der auf vergangenheitsbezogenen Daten beruht.

Eine Möglichkeit sind etwa Trendanalogien. Diese gehen von der Annahme aus, dass in der Vergangenheit festgestellte Abhängigkeiten auch in Zukunft erhalten bleiben, z. B. folgende Zusammenhänge:

- Anzahl der Servicekräfte in Abhängigkeit zur Anzahl der Gäste.
- Filialdichte in Abhängigkeit zum Gesamtumsatzvolumen.

Trendanalogien können nur kurzfristig aufgestellt werden, da technische Neuerungen oder auch eine geänderte Serviceform einen großen Einfluss auf den Personalbedarf haben.

Es können auch Kennzahlen eingesetzt werden, beispielsweise die Arbeitsproduktivität oder der Bruttopersonalbedarf.

Aufschlüsse über die Anzahl der Führungskräfte in einem Restaurant gibt das Organigramm, zu finden im Kapitel Aufbauorganisation.

Eine weitere wichtige Kennzahl ist die **Arbeitskräftestruktur.** Dabei werden die einzelnen Arbeitskräftegruppen in ein Verhältnis gesetzt, z. B.

- Anteil der Führungskräfte zu den gewerblichen Mitarbeiterinnen und Mitarbeitern,
- ausgebildetes Fachpersonal zu angelernten Kräften,
- Servicepersonal zu Mitarbeiterinnen und Mitarbeitern in der Küche.

Organisatorische Verfahren

Dabei orientiert sich der Personalbedarf weniger an der Arbeitsmenge, als an anderen Einflussgrößen, wie etwa an gesetzlichen Bestimmungen oder gewünschten Organisationsstrukturen.

Stellenplanmethode

- Eignet sich für die kurz- und mittelfristige Personalplanung und setzt voraus, dass Stellenbeschreibungen für alle Hierarchieebenen und Organisationsbereiche vorhanden sind.
- Eignet sich besonders für die Bedarfsermittlung von Führungskräften sowie Verwaltungs- und Sicherheitspersonal.
- Ausgehend vom aktuellen Stellen- und damit Personalbedarf erfolgt eine systematische Fortschreibung des Stellenbedarfs.
- Der für die Zukunft erstellte Stellenplan und die dazugehörigen Stellenbeschreibungen und Anforderungsprofile liefern die nötigen Ausgangsdaten zur quantitativen und qualitativen Bruttopersonalbedarfsermittlung.
- Wird der künftige Stellenplan durch den zukunftsbezogenen Stellenbesetzungsplan ergänzt, können quantitativer und qualitativer Nettobedarf ermittelt werden.

Arbeitsplatzmethode

- Eignet sich zur Personalbedarfsplanung für Stellen mit zwingend erforderlicher Anwesenheit (z. B. aufgrund von Gesetzen) oder für langfristig angelegte Stellen.
- Die Ermittlung des Personalbedarfs erfolgt weitestgehend unabhängig vom Arbeitsaufkommen.
- Sie richtet sich nach dem Aufbau des Betriebs.

Aufgabenstellungen

- **Berechnen Sie den Personalbedarf!**

a) Im nächsten Monat werden sechs Mitarbeiter in den Ruhestand versetzt, weitere sechs Mitarbeiterinnen und Mitarbeiter beenden ihre Ausbildung und verlassen das Unternehmen. Darüber hinaus hat eine Kollegin gekündigt. Gleichzeitig fangen acht neue Auszubildende an und vier neue Küchenkräfte wurden eingestellt. Da Sie im Sommer immer mehr Gäste erwarten, benötigen Sie zusätzlich neun Arbeitskräfte, um die Servicequalität aufrechtzuerhalten. Berechnen Sie den Neubedarf an Mitarbeiterinnen und Mitarbeitern.

b) Aus organisatorischen Gründen benötigen Sie für nächsten Freitag 23 Mitarbeiterinnen und Mitarbeiter in Ihrem Betrieb. Als Reserve sind zusätzlich vier Personen nötig. Anwesend sind an diesem Tag aber nur 20 Mitarbeiterinnen und Mitarbeiter. Errechnen Sie den Nettopersonalbedarf.

Die Lösungen finden Sie unter www.trauner.at/systemgastronomie.aspx.

Monetäre Verfahren

Budgetierung – ausgehend von den zur Verfügung stehenden Geldmitteln einer Abteilung werden die zu erwartenden Lohnkosten bestimmt, aus denen der Personalbedarf errechnet wird.

Personalbemessungsmethoden

Bei der auch Kapazitätsrechnung genannten Methode wird der Personalbedarf wie folgt berechnet:

$$\text{Personalbedarf} = \frac{\text{Arbeitsmenge x Zeitbedarf pro Arbeitsgang}}{\text{übliche Arbeitszeit pro Mitarbeiter/in}}$$

- Die Bezugsgröße ist der Zeitbedarf pro Arbeitsgang. Dieser muss zunächst ermittelt werden.
- Es wird der Nettopersonalbedarf errechnet. Um zu dem Bruttowert zu gelangen, muss ein Zuschlag dazugerechnet werden, der Urlaube und Krankenstände berücksichtigt.

Beispiel
Am Mittwoch nächster Woche haben Sie in Ihrem Restaurant vier Veranstaltungen. Jeweils für 20–30 Personen ist ein kaltes Buffet bestellt. Zur Erstellung eines Buffets für diese Personenanzahl ist ein Mitarbeiter bzw. eine Mitarbeiterin am Tag vorher 6 Stunden beschäftigt.
Wie viel Personal benötigen Sie also am kommenden Dienstag zur Vorbereitung dieser Veranstaltungen? Ihre Köche und Köchinnen arbeiten laut Tarifvertrag 8 Stunden am Tag.

Lösung: $\frac{6 \times 4}{8} = 3$ Es werden drei Köche bzw. Köchinnen benötigt.

Aufgabenstellungen

1. Für nächsten Samstag sind bei Ihnen im Betrieb drei Kindergeburtstage angemeldet. Der erste startet um 10.00 Uhr, der nächste um 13.00 Uhr und der letzte um 15.30 Uhr. Die Kinder kommen wegen der tollen Kinderspielecke gerne zu Ihnen.

   Für einen Kindergeburtstag planen Sie inklusive Vor- und Nachbereitung der Kinderspielecke 2,5 Stunden ein. Eine Servicekraft kümmert sich ausschließlich um die Geburtstagsgesellschaft. Laut Tarifvertrag arbeiten Ihre Mitarbeiterinnen und Mitarbeiter bei Ihnen 7,5 Stunden am Tag. Wie hoch ist Ihr Personalbedarf für die drei Veranstaltungen für den nächsten Samstag?

2. Sie arbeiten in einem großen Cateringbetrieb und liefern mittags durchschnittlich 350 Essen an einen großen Autohersteller zur Betriebsverpflegung. In den Sommerferien werden nur 190 Essen bestellt.

   Für die Herstellung eines Menüs rechnen Sie bei diesen Gesamtmengen und den vorhandenen technischen Voraussetzungen mit 9 Minuten Arbeitszeit pro Gericht. Bei Ihnen arbeiten die Mitarbeiter/innen 8,5 Stunden am Tag. Berechnen Sie den Personalbedarf pro Tag für die Sommerferien.

Die Lösungen finden Sie unter www.trauner.at/systemgastronomie.aspx.

Eine weitere Möglichkeit ist es, den Personalbedarf auf Basis des Pro-Kopf-Umsatzes zu berechnen. Dabei wird der Gesamtumsatz durch den Pro-Kopf-Umsatz geteilt.

2 Personalbeschaffung

Werbeaktion für eine Karriere bei McDonald's
An nur einem Tag sollen weltweit 50 000 neue Mitarbeiterinnen und Mitarbeiter eingestellt werden.
Das Unternehmen betont die Aufstiegschancen, denn mehr als 50 Prozent der heutigen Filialbesitzer und 75 Prozent der Restaurantmanager begannen einst als einfache Angestellte.

... April 19 is National Hiring Day. McDonald's and its franchisees are looking to hire up to 50 000 new employees ...
... we believe the best people in the world work right here. And we believe you could be one of them. You've got enthusiasm, responsibility and drive. We've got flexible schedules, benefits and jobs that can turn into satisfying careers. It's a perfect match ...

Going international
College Recruiting: Bei dieser sehr weit verbreiteten Methode zur Personalbeschaffung pflegen Unternehmen den Kontakt zu Schulen und Hochschulen. Um ein positives Image in Bezug auf die von ihnen angebotenen Arbeitsplätze zu erzeugen, versuchen sie, junge Absolventen bzw. Absolventinnen für ihr Unternehmen zu begeistern.

Personalbeschaffung kann intern oder extern erfolgen. Bei der internen Suche nach Mitarbeiterinnen und Mitarbeitern wird von der Tatsache ausgegangen, dass das Personal mit der gewünschten Qualifikation auf dem Arbeitsmarkt nicht in ausreichender Anzahl vorhanden ist.

Eines der beliebtesten Mittel zur aktiven Personalbeschaffung ist die Stellenanzeige. Bei ihrer Gestaltung sind gewisse Regeln bezüglich des Aufbaus, der Struktur und des Inhaltes zu beachten. Es sollen ungeeignete Kandidaten möglichst im Voraus ausgeschlossen werden.

Interne Personalbeschaffung

Mitarbeiter aus den eigenen Reihen qualifizieren.

- **ohne Personalbewegung:**
  - Personalbeschaffung über **Überstunden/Mehrarbeit** bzw. **Urlaubsverschiebung** eignet sich nur bei einem vorübergehenden Bedarf
  - Personalbeschaffung über zusätzliche **Qualifizierungsmaßnahmen** stellt eher eine vorbeugende Maßnahme dar, um die Arbeitsleistung zu verbessern.
  - Personalbeschaffung über **Einarbeitung** bzw. **Umschulung** von ungelernten Mitarbeiterinnen und Mitarbeitern löst normalerweise positive Reaktionen aus.

Vorteil: Es entstehen keine Kosten für die Personalsuche (Anzeigenkosten, Agenturen).
Nachteil: Es kann eine Verärgerung der Mitarbeiterinnen und Mitarbeiter eintreten.

- **mit Personalbewegung:**
  - Versetzung
  - innerbetriebliche Stellenausschreibung
  - Personalentwicklung

Vorteil: Die Mitarbeiterinnen und Mitarbeiter werden für längere Zeit im Unternehmen gehalten.

Externe Personalbeschaffung

- **Passive Beschaffung** erfolgt hauptsächlich über Eigenbewerbungen (Initiativbewerbungen), die in einer Bewerberkartei gespeichert sind.

Vorteil: Es fallen keine Kosten durch Anwerbung an.

- **Aktive Beschaffung** erfolgt durch:
  - Stellenanzeigen in Zeitungen, Fachzeitschriften oder im Internet
  - Soziale Netzwerke
  - Anwerbung von Betriebsangehörigen
  - Personalagentur, College Recruiting

Tipps zu den Inhalten einer Stellenanzeige

Unternehmensinformation
- Name
- Logo
- Branche
- Standort
- Größe des Unternehmens
- Unternehmensgegenstand

Stelleninformation
- Ausschreibungsgrund
- Aufgabenbeschreibung
- Verantwortungsumfang
- Entwicklungsmöglichkeiten
- Stellung innerhalb der Hierarchie

Anforderungen
- Berufsbezeichnung
- Vor- und Ausbildung
- Kenntnisse und Fähigkeiten
- Berufserfahrung
- Anforderungen an die Stelle (nicht die Person beschreiben!)

Konditionen
- Urlaub
- Sozialleistungen
- Arbeitszeiten

Gewünschte Bewerbungsunterlagen
- Bewerbungsanschreiben
- Lebenslauf
- Zeugnisse
- persönliche Vorstellung

Immer mehr an Bedeutung gewinnen Anwerbungen im Internet. Hierzu bieten sich Websites der Unternehmen an, am besten mit einem Bewerberbogen, den der/die potentielle Bewerber/in online ausfüllen kann. Auch Online-Stellenbörsen werden immer häufiger genutzt.

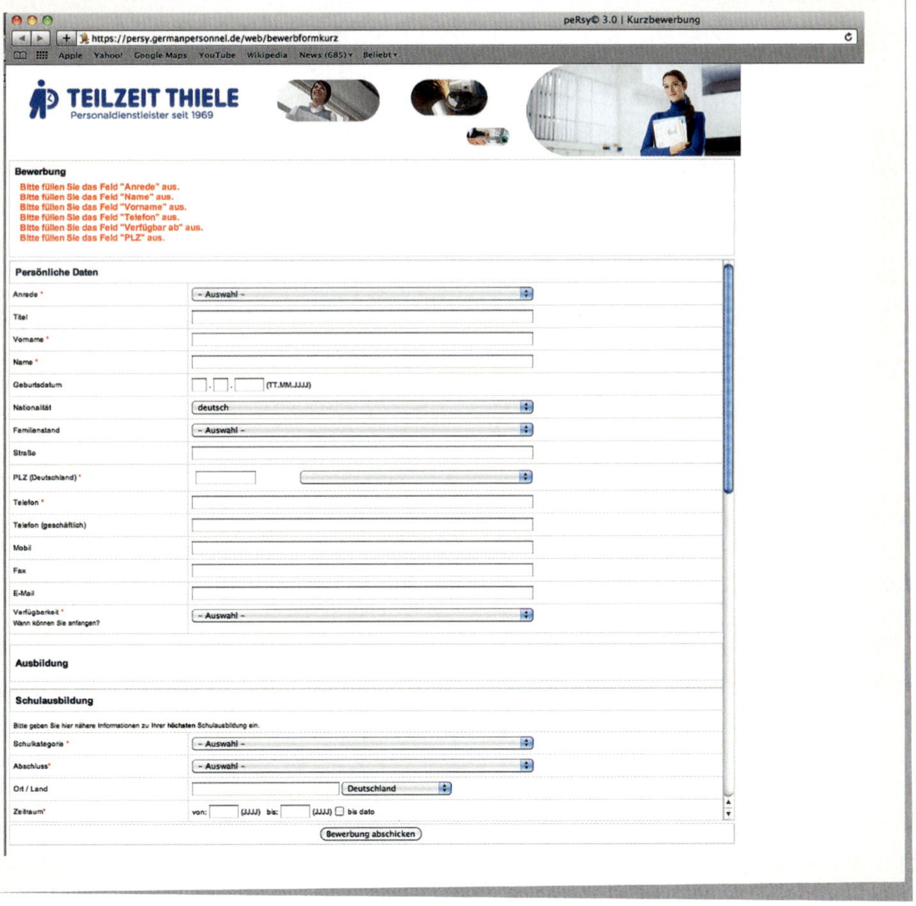

Im Rahmen der PR-Aktivitäten kann ein Unternehmen durch Informationen über Arbeitsplätze und Arbeitsbedingungen bei einem Tag der offenen Tür, durch Betriebsbesichtigungen, Pressegespräche sowie durch die Kontaktpflege zu Schulen und Universitäten positiv auf sich als Arbeitgeber aufmerksam machen.

Das AGG (= Allgemeines Gleichbehandlungsgesetz) ist bei Stellenanzeigen einzuhalten.

Eine komplexe Aufgabe zur Personalauswahl finden Sie unter www.trauner.at/systemgastronomie.aspx.

2.1 Personalauswahl

Die Personalauswahl ist ein entscheidendes Element im Bereich der Personalbeschaffung. Verschiedenste Auswahltechniken kommen zum Einsatz.

Welche äußeren Anforderungen sind an Bewerbungsunterlagen zu stellen?

Vollständigkeit
- Bewerbungsanschreiben
- Lebenslauf
- Lichtbild
- Zeugnisse
- evtl. Referenzen
- evtl. Personalfragebogen

Form
- Mappe
- Briefumschlag
- Gliederung
- Sauberkeit
- Schriftbild

Stil
- Wortwahl
- Schreibstil
- Rechtschreibung
- Satzbau

2.1.1 Schriftliche Bewerbung

Bewerbungsunterlagen werden sowohl auf Äußerlichkeiten als auch auf Inhalte, z. B. vom Restaurantleiter, untersucht.

Bewerbungsunterlagen

Bewerbungsanschreiben
- Welche Aufgaben erfüllt der Bewerber/die Bewerberin derzeit bei welchem Arbeitgeber/in?
- Welche Sozialkompetenzen bringt er bzw. sie ein?
- Warum will der Bewerber/die Bewerberin seinen bzw. ihren Arbeitsplatz wechseln?
- Warum hat er/sie Interesse an einer Mitarbeit in unserem Hause?
- Warum hält er/sie sich geeignet für die ausgeschriebene Stelle?
- Welchen Gehaltswunsch hat der Bewerber/die Bewerberin?
- Ab wann kann der Bewerber/die Bewerberin anfangen?
- Außerdem sollte zu erkennen sein, ob sich der Bewerber/die Bewerberin mit dem Unternehmen auseinandergesetzt hat.

Lebenslauf
- Häufigkeit des Arbeitsplatzwechsels?
- Dauer der Betriebszugehörigkeit?
- Arbeitsplatzwechsel in der Probezeit?
- Zeitlücken?
- Alter?
- Schulische und berufliche Aus- und Weiterbildung?
- Kontinuität des beruflichen Aufstiegs?
- Branchenwechsel?
- Wurde das Aufgabengebiet gewechselt?
- In welchem namhaften Unternehmen hat der Bewerber/die Bewerberin schon gearbeitet?
- In welchen Aufgabengebieten wurde der Bewerber/die Bewerberin eingesetzt?
- Unterschrift, Ort, Datum

Lichtbild
- Format
- Qualität des Bildes
- gepflegte Kleidung

Zeugnisse
- Schulzeugnisse
- Ausbildungszeugnisse
- Arbeitszeugnisse
- Weiterbildungszeugnisse

2.1.2 Vorstellungsgespräch

Bei einem Vorstellungsgespräch verfolgt der Arbeitgeber bzw. die Arbeitgeberin mehrere Ziele:
- Er/sie gewinnt einen persönlichen Eindruck von dem Bewerber/der Bewerberin.
- Er/sie erkennt Interessen, Wünsche und Einstellungen des Bewerbers/der Bewerberin.
- Er/sie gibt dem Bewerber/der Bewerberin die Möglichkeit, sich einen besseren Eindruck vom Unternehmen zu verschaffen.

Ein Vorstellungsgespräch findet mit den Personen statt, die nach der schriftlichen Bewerbung ausgewählt wurden.

Bei einer großen Anzahl von Bewerberinnen und Bewerbern wird ein Einstellungstest oder ein Assessment-Center durchgeführt, um Bewerber bzw. Bewerberinnen auszuwählen.

Assessment-Center = umfassender Eignungstest.

Mehr zur Assessment-Center-Technik finden Sie auf Seite 108 ff.

Ein Vorstellungsgespräch kann
- einzeln, z. B. durch den Restaurantleiter bzw. die Restaurantleiterin, oder
- von mehreren Personen, z. B. Abteilungsleiter/in, Bezirksleiter/in, angehender Führungskraft, Mitarbeiter/in der Personalabteilung,

durchgeführt werden.

Unzulässige Fragen im Vorstellungsgespräch
Das allgemeine Persönlichkeitsrecht sowie das im Allgemeinen Gleichbehandlungsgesetz (AGG) dargelegte Diskriminierungsverbot erlauben es der Arbeitgeberin bzw. dem Arbeitgeber nicht, in einem Vorstellungsgespräch Fragen zu stellen, die mit der Tätigkeit gar nichts zu tun haben. Grundsätzlich dürfen keine Fragen über die persönlichen Daten von Verwandten, Freizeitbeschäftigung etc. der Bewerberin/des Bewerbers gestellt werden. Ebenfalls nicht erlaubt sind Fragen zu Schulden, zur Familienplanung, zum Gesundheitszustand, zur Religionszugehörigkeit oder zur Mitgliedschaft in einer Gewerkschaft oder Partei. Bewerber müssen auf solche Fragen grundsätzlich keine Antwort geben, sie dürfen sogar lügen.

Nach folgenden Punkten darf im Vorstellungsgespräch laut Gesetz nicht gefragt werden:
- Heirats- und Kinderwunsch
- Partnerschafts- und Familienverhältnisse
- Schwangerschaft
- Behinderung und Gesundheitszustand
- Gewerkschafts- und Parteizugehörigkeit
- Vermögenssituation
- Religionszugehörigkeit
- Austritts- oder Kündigungsgrund im vorherigen Job
- Sexuelle Orientierung
- Vorstrafen

Ausnahmen und Regeln
Das AGG bietet dem Bewerber/der Bewerberin Schutz vor Diskriminierung. In besonderen Fällen, also wenn ein sogenanntes berechtigtes Interesse des Arbeitgebers/der Arbeitgeberin vorliegt, ist er/sie dennoch verpflichtet, indiskrete Fragen korrekt zu beantworten.

Beispiele
- Jemand bewirbt sich um die Restaurantleitung und hat somit Verantwortung für den Tresor, dann müssen Vorstrafen wegen Diebstahls oder Veruntreuung angegeben werden.
- Bei schweren körperlichen Tätigkeiten darf nach dem Gesundheitszustand gefragt werden.
- Wer in der Lebensmittelindustrie arbeitet, muss ein Gesundheitszeugnis abgeben. Auch wer unter einer infektiösen Krankheit leidet, muss dieses gegebenenfalls angeben, z. B. in einem Heil- und Pflegeberuf.
- Die Partei-, Gewerkschafts- und/oder Religionszugehörigkeit kann ebenfalls eine Rolle spielen. Dies kommt immer dann in Betracht, wenn Sie sich bei einem sogenannten „Tendenzbetrieb" bewerben. Dies sind beispielsweise Parteien, Gewerkschaften und Kirchen, aber auch Verlage und Zeitungen können dazu gehören. Bei einem Tendenzbetrieb liegt der Arbeit nämlich eine bestimmte politische, ethische oder religiöse Einstellung zugrunde, sodass hier die oben genannten Fragen dann doch zulässig sein können.

Beachten Sie den Unterschied!
Vorstellungsgespräch: Es gilt als erster Kontakt, wobei erkannt werden sollte, ob die Bewerberin bzw. der Bewerber für die Stelle überhaupt geeignet ist.
Einstellungsgespräch: Es folgt danach und dient in erster Linie zum Abklären der Konditionen.

Verpflegungspauschale:
- ist man mindestens 8 Stunden unterwegs: 6,-- €
- 14–24 Stunden: 12,-- €
- mindestens 24 Stunden: 24,-- €

Pro gefahrenem Kilometer sind 0,30 € zu verrechnen.

Es kann auch vereinbart sein, dass die Bahnfahrt 2. Klasse in Rechnung gestellt wird.

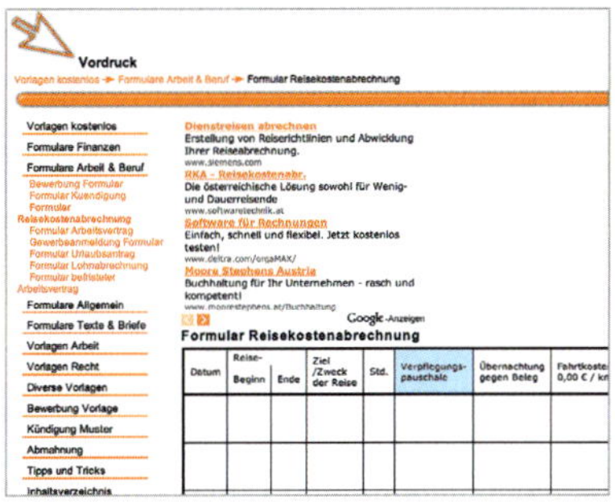

Ein runder Tisch schafft beim Vorstellungsgespräch eine gute Atmosphäre

Vor dem Gespräch sind einige organisatorische Dinge zu klären

Zeit
- Informieren Sie den Bewerber/die Bewerberin rechtzeitig über den Termin.
- Wenn Sie mehrere Interviews hintereinander führen, planen Sie genug Zeit pro Interview sowie eine Pause ein.

Ort
- Es muss ein Raum gewählt werden, in dem man sich ungestört unterhalten kann.
- Wird der Bewerber/die Bewerberin von mehreren Gesprächspartnern hintereinander befragt, müssen verschiedene Räume vorhanden sein.

Organisatorisches
- Halten Sie die Bewerbungsunterlagen sowie Informationen zum Unternehmen bereit.
- Überlegen Sie vorher, welche Fragen Sie dem Bewerber/der Bewerberin stellen möchten.
- Überlegen Sie vorher, welche und wie viele Informationen vom Unternehmen preisgegeben werden sollen.
- Klären Sie vorher ab, ob eine Betriebsbesichtigung gemacht werden soll.
- Besprechen Sie die weitere Vorgehensweise, z. B. wann der Bewerber/die Bewerberin endgültig Bescheid bekommt.

Ein Einstellungs- bzw. Vorstellungsgespräch gliedert sich in mehrere Phasen:

Einstieg
- Schaffen einer entspannten Atmosphäre
- Gegenseitiges Bekanntmachen, Sitzgelegenheit anbieten
- Dank für die Bewerbung
- Anbieten von Getränken
- Hinweise auf den Ablauf des Gesprächs

Prüfung fachlicher und sozialer Kompetenz
- Aufforderung an den Bewerber bzw. die Bewerberin über seine/ihre persönliche, private Situation zu erzählen sowie
- über den beruflichen Werdegang, seine/ihre Qualifikationen und Fähigkeiten sowie die Vorstellungen und Wünsche über den angestrebten Arbeitsplatz

Vorstellung des Unternehmens und des Arbeitsplatzes
- Informationen über das Unternehmen, den Arbeitsplatz und das Aufgabengebiet
- evtl. Besichtigung des Betriebes und des Arbeitsplatzes

Konditionen
- eigentliche Vertragsverhandlungen über das Arbeitsentgelt, Sozialleistungen, Arbeitsbedingungen, Probezeit, Eintrittstermin usw.

Fragen des Bewerbers/der Bewerberin
- Aufforderung noch offene Fragen zu stellen

Abschluss
- Zusammenfassung der Ergebnisse
- Absprache über die weitere Vorgehensweise
- Dank für das Gespräch
- Verabschiedung

Die Auswertung des Vorstellungsgesprächs bezieht sich vor allem auf das Verhalten des Bewerbers/der Bewerberin, seine/ihre Motivation und die Einstellung gegenüber dem Unternehmen und dem Arbeitsplatz.

Motivation = die Bereitschaft, bezogen auf ein Ziel, ein bestimmtes Verhalten zu zeigen.

2.1.3 Einstellungstests

Ein Einstellungstest wird durchgeführt, um das Bild über den Bewerber bzw. die Bewerberin zu vervollständigen.

Der Test muss immer folgenden Anforderungen gerecht werden:

- Der Bewerber/die Bewerberin sollte sein/ihr typisches Verhalten zeigen können.
- Das Verfahren muss standardisiert, erprobt und zuverlässig messbar sein.
- Die Ergebnisse müssen Rückschlüsse auf ein zukünftiges Verhalten zulassen.

Persönlichkeitstests

Es geht um die Beschreibung und Vorhersage emotionaler und motivierender Aspekte.

Persönlichkeitstests geben Hinweise zur Beschreibung der Persönlichkeit des Bewerbers/der Bewerberin. Sie können handschriftlich (in Papierform) oder computergestützt durchgeführt werden.

Ein Persönlichkeitstest am Computer, z. B. von www.ipersonic.de.

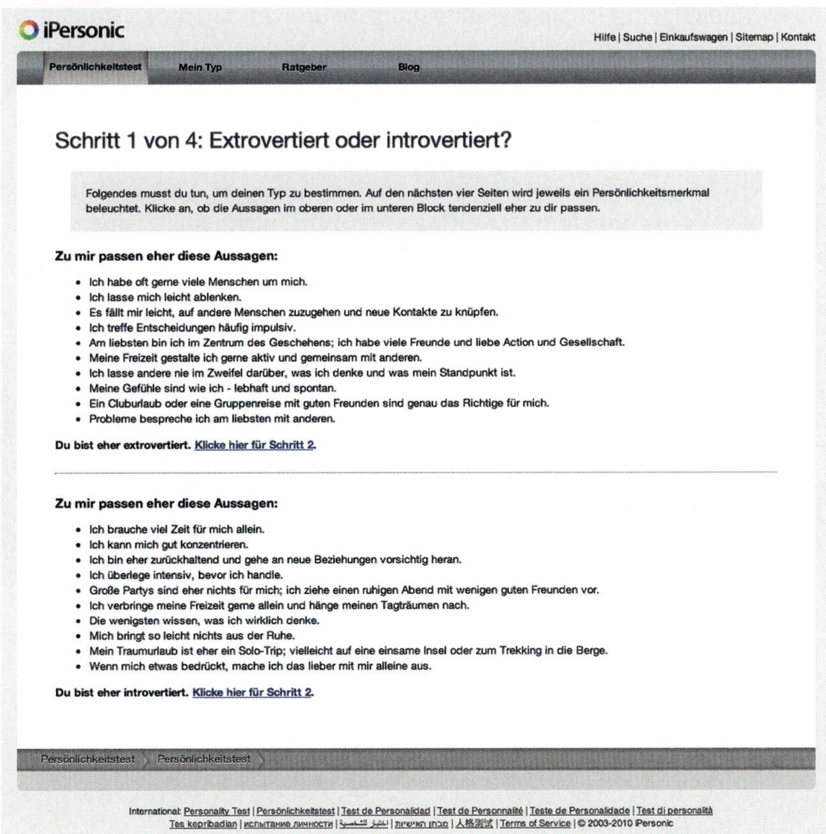

iPersonic

Hilfe | Suche | Einkaufswagen | Sitemap | Kontakt

Persönlichkeitstest | Mein Typ | Ratgeber | Blog

Schritt 1 von 4: Extrovertiert oder introvertiert?

Folgendes musst du tun, um deinen Typ zu bestimmen. Auf den nächsten vier Seiten wird jeweils ein Persönlichkeitsmerkmal beleuchtet. Klicke an, ob die Aussagen im oberen oder im unteren Block tendenziell eher zu dir passen.

Zu mir passen eher diese Aussagen:

- Ich habe oft gerne viele Menschen um mich.
- Ich lasse mich leicht ablenken.
- Es fällt mir leicht, auf andere Menschen zuzugehen und neue Kontakte zu knüpfen.
- Ich treffe Entscheidungen häufig impulsiv.
- Am liebsten bin ich im Zentrum des Geschehens; ich habe viele Freunde und liebe Action und Gesellschaft.
- Meine Freizeit gestalte ich gerne aktiv und gemeinsam mit anderen.
- Ich lasse andere nie im Zweifel darüber, was ich denke und was mein Standpunkt ist.
- Meine Gefühle sind wie ich - lebhaft und spontan.
- Ein Cluburlaub oder eine Gruppenreise mit guten Freunden sind genau das Richtige für mich.
- Probleme bespreche ich am liebsten mit anderen.

Du bist eher extrovertiert. Klicke hier für Schritt 2.

Zu mir passen eher diese Aussagen:

- Ich brauche viel Zeit für mich allein.
- Ich kann mich gut konzentrieren.
- Ich bin eher zurückhaltend und gehe an neue Beziehungen vorsichtig heran.
- Ich überlege intensiv, bevor ich handle.
- Große Partys sind eher nichts für mich; ich ziehe einen ruhigen Abend mit wenigen guten Freunden vor.
- Ich verbringe meine Freizeit gerne allein und hänge meinen Tagträumen nach.
- Die wenigsten wissen, was ich wirklich denke.
- Mich bringt so leicht nichts aus der Ruhe.
- Mein Traumurlaub ist eher ein Solo-Trip; vielleicht auf eine einsame Insel oder zum Trekking in die Berge.
- Wenn mich etwas bedrückt, mache ich das lieber mit mir alleine aus.

Du bist eher introvertiert. Klicke hier für Schritt 2.

Persönlichkeitstest › Persönlichkeitstest

International: Personality Test | Persönlichkeitstest | Test de Personalidad | Test de Personnalité | Teste de Personalidade | Test di personalità
Tes kepribadian | испытание личности | اختبار الشخصية | מבחן האישיות | 人格測试 | Terms of Service | © 2003-2010 iPersonic

Problematisch bei diesen Tests ist die Möglichkeit der Manipulierbarkeit durch den Bewerber bzw. die Bewerberin. Da meist zu erkennen ist, welche Antworten erwartet werden, kann bewusst falsch ausgefüllt werden.

Fähigkeitstests

Diese Tests werden bei Azubis gerne eingesetzt.

- Spezielle Leistungstests prüfen z. B. Allgemeinwissen, Rechnen, Sprachkenntnisse, sensorische und motorische Fähigkeiten.
- Allgemeine Fähigkeitstests prüfen Aufmerksamkeit, Konzentration und Belastbarkeit.
- Intelligenztests untersuchen die Begabung zum Denken.
- Spezielle Begabungstests untersuchen z. B. die fachliche Kompetenz, technische Begabungen, Fingerfertigkeit.

Going international
Assessment = Bewertung, Beurteilung.
Center = Eine der Bedeutungen ist Mittelpunkt; demgemäß kann man sagen, dass in einem Assessment-Center die Beurteilung in den Mittelpunkt gestellt wird.

2.1.4 Assessment-Center-Technik (ACT)

Sie ist ein systematisches Verfahren, das zur qualifizierten Feststellung von Verhaltensleistungen bzw. Verhaltensdefiziten dient.

Es werden praxisnahe Übungen mit spezifischen, problemorientierten Situationen durchgeführt.

Im Gegensatz zum Vorstellungsgespräch, in dem ein Fragenkatalog erörtert wird, ist die Assessment-Center-Technik eine Arbeitsprobe des Bewerbers bzw. der Bewerberin. Man beobachtet, wie sie/er sich in bestimmten Situationen des beruflichen Alltags verhält.

Viele Beispiele von Assessment-Center-Tests sind auf You Tube zu finden.
Notieren Sie Ihnen wichtig erscheinende Aussagen!

> Die Assessment-Center-Technik gehört zu den differenziertesten Auswahlverfahren. Gleichzeitig ist sie die aufwendigste und anspruchsvollste Form des Gruppengesprächs. Teilweise wird sie in der Systemgastronomie bei der Auswahl der Azubis angewendet.

Früher dauerten Assessment-Center-Tests drei bis fünf Tage. Durch moderne Verfahren wurde die Dauer auf ein bis zwei Tage reduziert, nicht zuletzt aus Kosteneinsparungsgründen.

Going international

Schon nach dem Ersten Weltkrieg führte die deutsche Reichswehr Tests durch, um Offiziersanwärter auszusuchen. Um 1920 hatte ein Institut der Universität Berlin ein psychologisches Verfahren entwickelt, das als Vorläufer der Assessment-Center-Technik gilt. Sein Ansatz lag auf der ganzheitlichen Betrachtung der Kandidaten.

Ab 1927 durfte kein Offizier der Reichswehr ernannt werden, der nicht zuvor erfolgreich das heerespsychologische Auswahlverfahren durchlaufen hatte ...

In Großbritannien wurde dann im Zweiten Weltkrieg das AC-Prinzip ebenfalls zur Auswahl von Offizieren benutzt. In den USA griff Douglas W. Bray (1918–2006) diese Erkenntnisse auf, um sie bei AT&T (American Telephone & Telegraph Corporation) zur Beobachtung von Nachwuchskräften zu nutzen.

Lesen Sie nun den englischen Text über Douglas W. Bray:

... Douglas W. Bray is the inventor of the modern-day assessment centre used by thousands of organisations around the world to identify the best leaders and employees for critical roles. He proved the effectiveness in a research study he conducted of AT&T over a 25-year period ...

Die Anzahl der Teilnehmer bzw. Teilnehmerinnen an einem Assessment-Center-Test kann zwischen einer Person und zirka 15 Personen schwanken.

Langzeituntersuchungen haben gezeigt, dass die Assessment-Center-Technik die besten Prognosen über das zu erwartende Arbeitsverhalten erlaubt. Aufgrund der hohen Verfahrenskosten beschränkt sich ihr Einsatz zumeist jedoch auf die Auswahl von Führungskräften und Nachwuchsführungskräften.

Merkmale einer modernen Assessment-Center-Technik:
- Mehrfachbeurteilung
- Methodenvielfalt
- Verhaltensorientierung
- Anforderungsbezogenheit
- Trennung von Beobachtung und Bewertung
- Einsatz trainierter Beobachter/innen

Aufgaben im Assessment-Center

Die Aufgaben sollen sich möglichst nah an den späteren Arbeitsaufgaben und dem Geschäftsbetrieb orientieren und haben in der Regel folgende Struktur:

Aufgaben	Charakteristik	Was wird getestet?
Einzelkämpfer-aufgabe	■ vom Bewerber/von der Bewerberin alleine zu erledigen ■ manchmal ein kleiner, schriftlicher Wissenstest ■ z. B. Postkorbübung: Der Bewerber bzw. die Bewerberin muss unter Zeitdruck die Eingangspost einer Führungskraft bearbeiten.	■ Wie wird die Aufgabe erledigt? ■ Wie wird organisiert? ■ Wird systematisch und planvoll gearbeitet? ■ Wie geht der Bewerber bzw. die Bewerberin mit der Stresssituation um? ■ Ist er bzw. sie in der Lage, Fakten und Probleme zu analysieren und zu sortieren? ■ Besteht Risikobereitschaft? ■ Wird delegiert?
„Jeder gegen jeden" – jeder hat sich für seine Position einzusetzen	Eine Gruppe von 4 bis 6 Bewerbern/Bewerberinnen soll eine Entscheidung treffen, z. B. über ■ die Besetzung einer neuen Stelle, ■ die Entlassung eines Mitarbeiters/einer Mitarbeiterin, ■ die Einführung eines neuen Produkts, ■ die Auswahl eines neuen Standorts. ■ Die Bewerber/die Bewerberinnen müssen in einer bestimmten Zeit zu einer Entscheidung finden – führerlose Gruppendiskussion.	■ Überzeugungskraft ■ sprachliches Ausdrucksvermögen ■ Ausdauer und Engagement ■ Bereitschaft zur Kooperation ■ Kompromissbereitschaft
„Einer gegen den anderen" – Rollenspiel, z. B. Gast- oder Mitarbeitergespräche nachspielen	Der Bewerber/die Bewerberin schlüpft in die Rolle ■ des Vorgesetzten, der mit einem „schwierigen" Mitarbeiter ein Beurteilungsgespräch zu machen hat, ■ des Vorgesetzten, der mit einem Mitarbeiter bzw. einer Mitarbeiterin ein Gespräch bezüglich eines Fehlverhaltens zu führen hat, ■ des Mitarbeiters/der Mitarbeiterin, der/die ein Verkaufsgespräch mit einem Gast zu führen hat, ■ des/der Verantwortlichen, der/die mit einem Gast über eine Beschwerde reden muss.	■ aktives Zuhören ■ Auffassungsgabe ■ Redegewandtheit ■ Fähigkeit beim Thema zu bleiben ■ Diplomatie
„Einer gegen alle" – Vortrag bzw. Präsentation	Der Bewerber bzw. die Bewerberin erhält eine Vorbereitungszeit, um dann z. B. ■ statistische Daten des Unternehmens zu präsentieren und zu analysieren, ■ ein neues Produkt vorzustellen, ■ sich selbst vorzustellen.	■ Problemlösungsfähigkeit ■ Überzeugungskraft ■ Fähigkeit vor einem Publikum frei zu sprechen ■ Fähigkeit einen Sachverhalt anschaulich darzustellen

Beispiel für ein eintägiges Assessment-Center:

Zu einem Assessment-Center werden sechs Personen eingeladen, dementsprechend gibt es auch sechs Prüfer/Prüferinnen.

- Die Veranstaltung findet im Besprechungsraum des Unternehmens statt.
- Getränke und Gebäck werden bereitgestellt.
- Die Bewerber und Bewerberinnen treffen pünktlich ein, zunächst wird der zeitliche und inhaltliche Ablauf erklärt.
- Der Moderator bzw. die Moderatorin und die Prüfer/Prüferinnen stellen sich den Bewerberinnen und Bewerbern vor.
- Der Moderator bzw. die Moderatorin erklärt die Funktion der Beobachter (Prüfer bzw. Prüferinnen). Weiters gibt er/sie Informationen über das Unternehmen sowie die möglichen Arbeitsfelder für die Bewerber und Bewerberinnen. Dabei muss er/sie auf die Einhaltung des Zeitplans achten.

Aufgabe 1

In einem separaten Raum müssen sich die Bewerberinnen und Bewerber darauf vorbereiten, sich einem Plenum vorzustellen. Sie haben eine Viertelstunde Zeit. Die Vorstellung sollte gegliedert sein in:

- schulischer Werdegang mit Interessensschwerpunkten,
- Ausbildung mit Interessensschwerpunkten,
- private Interessen und Hobbys,
- Wünsche an die zukünftige Tätigkeit im Unternehmen.

Während der Vorbereitungszeit steht der Moderator/die Moderatorin den Bewerberinnen und Bewerbern für Fragen zur Verfügung. Anschließend werden sie ins Plenum gebeten und aufgefordert sich einzeln vorzustellen. Jede/jeder hat für die Vorstellungsrunde circa 20 Minuten Zeit.

Die Prüferinnen und Prüfer verwenden einen Beurteilungsbogen, der z. B. folgende Kriterien enthält:

Kriterien	**Note für Bewerber/in ...**
Rhetorik – spricht flüssig und verständlich	1 – 2 – 3 – 4 – 5
Selbstsicherheit – Auftreten, ist beherrscht, behält die Übersicht	1 – 2 – 3 – 4 – 5
Fachwissen – verfügt über Fachwissen, stellt Fachaspekte richtig dar	1 – 2 – 3 – 4 – 5
Transfer des Fachwissens – verständliche Darstellung, praxisbezogene Sprache	1 – 2 – 3 – 4 – 5

Aufgabe 2

Die Bewerberinnen und Bewerber müssen Lösungen in einem Fallbeispiel erarbeiten, das Führungs- und Arbeitsprobleme enthält. Das Beispiel ist jedoch so gestaltet, dass keine Ideallösung gefunden werden kann.
Ziel ist es, Argumente zu finden und Strategien zu entwickeln – es steht also nicht die Lösung im Mittelpunkt, sondern die Vorgehensweise.

Fallbeispiel: Ein langjähriger Crew-Mitarbeiter wurde zum Schichtleiter ausgebildet. Seine Routineaufgaben erledigt er sehr sorgfältig, aber er hat Probleme mit den anderen Mitarbeiterinnen und Mitarbeitern. Er kann sich nicht durchsetzen und die Crew, die jahrelang mit ihm auf einer Ebene gearbeitet hat, akzeptiert ihn nicht so als Chef. Entwickeln Sie Lösungsstrategien für diesen Fall!

Wieder erhalten die Bewerberinnen und Bewerber eine Viertelstunde Zeit, um allein eine Lösung zu erarbeiten. Diese trägt jede/jeder dann im Plenum vor.

Die Prüferinnen und Prüfer bewerten die Argumentationen u. a. nach folgenden Kriterien:

- Arbeitstechnik
- Konfliktverhalten
- Führungsverhalten

Aufgabe 3

Die Bewerberinnen und Bewerber müssen in einer Gruppendiskussion ein Fallbeispiel gemeinsam lösen. Dafür werden 30 Minuten angesetzt.
Im Vordergrund stehen nun Überzeugungsverhalten und Durchsetzungsvermögen.

Fallbeispiel: In Ihrem Restaurant sind die Gästezahlen wegen einer in der Nähe liegenden Diskothek stark angestiegen. Das freut Sie natürlich, aber es gibt immer häufiger Probleme mit Gästen, die randalieren und für Unfrieden sorgen.

Darunter leidet nicht nur die Einrichtung des Restaurants, sondern auch Ihre Mitarbeiterinnen und Mitarbeiter. Niemand arbeitet mehr gerne in der Nacht von Samstag auf Sonntag. Erarbeiten Sie Lösungsansätze für dieses Problem!

Die Prüferinnen und Prüfer bewerten folgende fünf Kriterien	
Kriterien	**Note für Bewerber/in ...**
Durchsetzungsfähigkeit	1 – 2 – 3 – 4 – 5
Überzeugungskraft	1 – 2 – 3 – 4 – 5
Ausdauer	1 – 2 – 3 – 4 – 5
Entscheidungsfähigkeit	1 – 2 – 3 – 4 – 5
Soziales Verhalten	1 – 2 – 3 – 4 – 5

Abschlussgespräch und Auswertung
In einem Abschlussgespräch können die Bewerberinnen und Bewerber noch weitere Fragen zum Unternehmen sowie zur persönlichen Entwicklung stellen.

Die Bewertung erfolgt mit einem Beurteilungsbogen, wie bei Aufgabe 1. Nach etwa einer Woche sollten die Bewerberinnen und Bewerber über die Einstellung bzw. Ablehnung Bescheid bekommen.

2.2 Einführung neuer Mitarbeiterinnen und Mitarbeiter

Die Einführung bzw. Einarbeitung von Mitarbeiterinnen und Mitarbeitern ist ein informativer Vorgang. Er muss und kann auch sehr gut vorbereitet werden.

In der Systemgastronomie – wie in der Gastronomie überhaupt – ist die Fluktuation sehr groß. Der daraus resultierende Mitarbeiterwechsel ist für einen Betrieb nicht von Vorteil.

Fluktuation = Wechsel.

$$\text{Fluktuationsquote} = \frac{\text{Personalabgänge x 100}}{\text{Ø Personalbestand}}$$

Legen Sie Wert auf eine systematische Einarbeitung (Einführung) neuer Mitarbeiterinnen und Mitarbeiter!

Fühlt sich eine Mitarbeiterin bzw. ein Mitarbeiter von Anfang an willkommen, dann wird sie/er auch nicht so schnell kündigen.

Die Einführungsphase kann in sieben Schritten geplant werden:

1. Schritt: Vorbereitung (Einsatzplanung)

- Arbeitsplatz vorbereiten
- Kollegen und Kolleginnen informieren
- Arbeitsunterlagen prüfen, auch auf Vollständigkeit
- evtl. Einarbeitung delegieren (Mentor/in)

Mentor/in = Ratgeber/in einer jüngeren, weniger erfahrenen Person; der Name stammt aus der griechischen Mythologie, von Homer, und zwar berät Mentor Telemach, den Sohn von Odysseus, und ist somit sein Ratgeber.

2. Schritt: Begrüßung

- freundliche Begrüßung
- persönliches Gespräch
- Überblick über die Organisation des Unternehmens geben
- Schwerpunkte des Arbeitsgebietes erläutern
- Berufskleidung ausgeben
- Belehrung über allgemeine Vorschriften
- evtl. restliche Unterlagen einfordern

3. Schritt: Vorstellung

- in der Abteilung bei den Kolleginnen und Kollegen
- beim/bei der direkten Vorgesetzten
- evtl. beim Mentor/bei der Mentorin

4. Schritt: Orientierung

- Arbeitsplatz zeigen
- Umkleideraum, Toilette, Frühstücksraum usw. zeigen

5. Schritt: Informieren

- Arbeitsunterlagen geben
- Belehrung über Sicherheitsvorschriften, Unfallschutz, Hygiene
- Verhalten bei Krankheit und Unfall besprechen
- Arbeitszeit, Pausenregelung
- Urlaubsbestimmungen
- Termin der Lohnzahlung

6. Schritt: Einarbeiten

- Stellenbeschreibung gemeinsam durchgehen
- Arbeitsabläufe erklären oder zeigen
- Unterweisung zu einzelnen Tätigkeiten
- Standards in Produktion und Service erklären
- erste Arbeitsergebnisse auswerten
- Feedback geben

7. Schritt: Nachbereitung
(durch die zuständige Führungskraft oder den Mentor/die Mentorin)

- systematisches Bemühen – Hilfestellungen geben, Fragen beantworten
- Fortschritte anerkennen
- nach dem Wohlbefinden erkundigen

Dies alles in regelmäßigen Abständen wiederholen.

Exkurs – Arbeitszeitmodelle in der Systemgastronomie

- **Normaldienstzeit:** Zu festgelegten Zeiten, z. B. von 8.00 bis 17.00 Uhr; nur in der Verwaltung möglich, da systemgastronomische Betriebe andere Öffnungszeiten, oft sogar 24-Stunden-Betrieb, haben.
- **Gleitzeit:** Kernarbeitszeit, in der die Anwesenheit des Mitarbeiters/der Mitarbeiterin festgelegt ist. Beginn und Ende der Arbeitszeit sind flexibel; ebenfalls nur im Verwaltungsbereich sinnvoll einsetzbar.
- **Schichtdienst:** Einteilung in Früh-, Mittel- und Spätschicht; weitverbreitetes Arbeitszeitmodell in der Systemgastronomie.
- **Teildienst:** Dienst mittags und abends, nachmittags sind Freistunden; in systemgastronomischen Betrieben selten zu finden, da die meisten durchgehend geöffnet haben. In der klassischen Gastronomie ist der Teildienst weit verbreitet.

Diskutieren Sie in der Klasse über die verschiedenen Arbeitszeitmodelle in der Systemgastronomie.

3 Personaleinsatzplanung

Ein gut gemachter Personaleinsatzplan erleichtert das Arbeiten miteinander und erhöht in wesentlichem Maße die Zufriedenheit der Mitarbeiterinnen und Mitarbeiter.
Doch eines muss in der Gastronomie selbstverständlich sein – letztendlich ist es der Gast, der den Dienstplan beeinflusst. Ist z. B. ein unerwartet hohes Gästeaufkommen im Restaurant, das den längeren Einsatz einiger Mitarbeiterinnen und Mitarbeiter erfordert, dann wird man nicht die Uniform an den Nagel hängen und den Dienst beenden.
Da hilft dann der exakteste Plan nichts und Flexibilität ist gefordert.

Die Personaleinsatzplanung beschäftigt sich mit der Zuordnung der verfügbaren Mitarbeiterinnen und Mitarbeiter auf die vorhandenen Arbeitsplätze.

Dies umfasst aber nicht nur die Erstellung des Dienstplans, sondern auch die eines Urlaubsplans und eines Fortbildungsplans.

Um einen **Dienstplan** zu machen, müssen folgende Informationen vorhanden sein:

Art der Planung

quantitative Planung	qualitative Planung	zeitliche Planung	örtliche Planung
Anzahl der benötigten Mitarbeiterinnen und Mitarbeiter, unter Einbeziehung von ■ Umsatzerwartung ■ Produktivitätssteigerung ■ Kostenoptimierung ■ Vorgaben aus dem Arbeitsvertrag	Qualifikation (Befähigung) der Mitarbeiterinnen und Mitarbeiter	Zeitraum, in dem die Mitarbeiterinnen und Mitarbeiter eingesetzt werden können	Arbeitsplatz, an dem die Mitarbeiterinnen und Mitarbeiter eingesetzt werden können

Wichtige Gesetze zur Dienstplanerstellung, siehe auch Kapitel „Arbeitsrechtliche Grundlagen".

Arbeitszeitgesetz: regelt Arbeitszeiten, Pausen usw. für erwachsene Mitarbeiterinnen und Mitarbeiter.
Jugendarbeitsschutzgesetz: regelt Arbeitszeiten, Pausen, Urlaub für Jugendliche.
Mutterschutzgesetz: regelt Beschäftigungsverbote, Pausen usw. für Schwangere.
Schwerbehindertengesetz: regelt den Umgang mit Schwerbehinderten als Arbeitnehmer/innen.
Bundesurlaubsgesetz: regelt die Bestimmungen zum Urlaub.

Weiters muss geklärt sein:
- Welche Wünsche haben die Mitarbeiterinnen und Mitarbeiter?
- Existieren Urlaubspläne?
- Krankenstände: Die Krankheitsausfallquote ist zu berechnen, siehe Seite 250.
- Welche Azubis sind wann in der Schule?
- Welche Mitarbeiterinnen und Mitarbeiter sind auf Fortbildung?
- Welche Gesetze sind zu beachten?
- Welche tarifvertraglichen Regelungen, Betriebsvereinbarungen und individuellen Arbeitsvereinbarungen sind zu beachten?

Wer kennt sie nicht? – die Bilder von Kinderarbeit und den damit verbundenen Rechten von Kindern.

Dass dies nur die Länder der Dritten Welt betrifft, stimmt nur bedingt. Auch in Deutschland war Kinderarbeit nicht immer verboten.

Die Geschichte des Jugendarbeitsschutzes ist bei uns, wie in Europa generell, eng mit der Geschichte der Industrialisierung verbunden.

Im Mittelalter war Jugendschutz im heutigen Sinne gänzlich unbekannt. In Deutschland führten die Zünfte im 15. Jahrhundert zwar die ersten Kinderschutzbestimmungen ein, doch mit der Zunahme an Industriebetrieben verschlechterte sich auch die soziale Lage der Arbeiterinnen und Arbeiter. Insbesondere Kinder und Jugendliche waren zu dieser Zeit als billige Arbeitskräfte geschätzt. In den Familien gab es diesbezüglich kein Verständnis, trugen die Kinder doch maßgeblich zu ihrem Unterhalt bei.
Noch zu Beginn des 19. Jahrhunderts war in Deutschland ein gesetzlich verankerter Arbeitsschutz unbekannt. Erst im Jahr 1938 wurde der Jugendarbeitsschutz durch das „Gesetz über Kinderarbeit und die Arbeitszeit der Jugendlichen“ erstmals nachhaltig geregelt.

Seit 1960 gibt es schließlich das Jugendarbeitsschutzgesetz (kurz: JArbSchG), das seit dieser Zeit mehrfach novelliert wurde, zuletzt durch die Umsetzung der Richtlinien der EU.

Ein Dienstplan sollte mindestens für eine Woche im Voraus geplant werden. In der Systemgastronomie sind oft Monatsdienstpläne üblich.

Ein gut gemachter Dienstplan erhöht die **Mitarbeiterzufriedenheit.** Denn regelmäßig erst am Abend zu erfahren, wann man am nächsten Tag arbeiten muss, macht für die Mitarbeiterinnen und Mitarbeiter eine private Planung unmöglich und frustriert sie auf Dauer.

Ein Muster für einen Wochendienstplan für das Restaurant finden Sie unter www.trauner.at/systemgastronomie.aspx. Dass bei unerwarteten Ausfällen vom Plan abgewichen werden muss, sollte selbstverständlich sein.

Aufgabenstellung

- Carina ist 16 Jahre alt. Da sie nach dem Hauptschulabschluss keine Lehrstelle gefunden hatte, nahm sie schließlich das Angebot einer Bekannten ihrer Mutter an, und zwar den Job als Verkäuferin eines Imbiss-Standes.

  Carina berichtet: „Ich beginne täglich um 9.00 Uhr, auch samstags, den Stand sperre ich um 10.00 Uhr auf. Da sich die Imbissbude im Zentrum der Stadt an einer stark frequentierten Einkaufsstraße befindet, ist der Andrang bereits vormittags sehr groß und lässt erst gegen 18.00 Uhr nach. Bis dahin arbeite ich beinahe ohne Unterbrechung. Meist kommt die Chefin um 14.30 Uhr und ich kann endlich eine kurze Pause machen. Um 20.00 Uhr schließen wir, doch dann ist oft noch etwas wegzuräumen.

Diese Übung finden Sie auch unter www.trauner.at/systemgastronomie.aspx.

Anfangs hat mir die Arbeit sehr viel Spaß gemacht – es war nie langweilig, weil immer so viel los war. Doch jetzt habe ich oft Rückenschmerzen – vom vielen Stehen. Wenn ich abends nach Hause komme, bin ich total müde, aber irgendwie überdreht und kann schlecht einschlafen. Soll ich in den Krankenstand gehen? Oder bin ich dann meinen Job los? Auch meine Mutter möchte ich nicht enttäuschen, schließlich bringe ich monatlich 780 Euro nach Hause und kann ihr zur Miete etwas beisteuern."

Recherchieren Sie die gesetzlichen Regelungen!

Gesetzlich vorgeschriebene Ruhepausen

Urlaubsanspruch (nach Alter gestaffelt)

Samstagsruhe – trifft sie auf Carina zu?

5-Tage-Woche

Pflichten des Arbeitgebers bzw. der Arbeitgeberin

Näheres zum Jugendarbeitsschutzgesetz finden Sie auf Seite 168 f.

Regeln für die Erstellung eines Dienstplans

Werden folgende Regeln bei der Erstellung eines Dienstplans beachtet, dann lassen sich die meisten Unstimmigkeiten vermeiden:

- Erläutern Sie den Mitarbeiterinnen und Mitarbeitern die Prioritäten, die Sie bei der Dienstplanerstellung gesetzt haben. Dazu gehört z. B. die Bekanntgabe von Umsatzzielen oder wann Sonderveranstaltungen geplant sind. Die Mitarbeiterinnen und Mitarbeiter müssen wissen, wie die Entscheidungen zustande gekommen sind. Die Prioritäten des Restaurantleiters sollten bekannt sein. Wenn z. B. am Wochenende verstärkt Schüler bzw. Schülerinnen und Studenten bzw. Studentinnen eingesetzt werden, da diese nur dann Zeit haben, sollte das den Mitarbeiterinnen und Mitarbeitern einleuchten.
- Gehen Sie auf Mitarbeiterwünsche ein! Befragen Sie die Mitarbeiterinnen und Mitarbeiter vor jeder Planungsperiode. Wenn möglich versuchen Sie die Wünsche zu berücksichtigen. Dass nicht immer alle berücksichtigt werden können, ist auch klar.
- Bei kurzfristigen Änderungen des Dienstplans führen Sie ein persönliches Gespräch oder rufen zumindest vorher an.
- Halten Sie sich an den Plan! Bemühen Sie sich, nötige Abweichungen so gering wie möglich zu halten, damit sich die Mitarbeiterinnen und Mitarbeiter darauf einstellen können.

Es ist sinnvoll, für Wünsche der Mitarbeiterinnen und Mitarbeiter gewisse Rahmenbedingungen zu definieren. So wird verhindert, dass einige Mitarbeiterinnen und Mitarbeiter darunter leiden, wenn andere ständig Wünsche haben.

Ein Muster eines Dienstplans und eine Arbeitsaufgabe finden Sie unter www.trauner.at/systemgastronomie.aspx.

Ziele erreicht?

KOMPETENZ-ERWERB

Diese Übungen finden Sie auch unter www.trauner.at/systemgastronomie.aspx.

1. **Füllen Sie aus!**
Eine Stellenbeschreibung sollte Informationen enthalten über die Bezeichnung der Stelle, die ________ ________________, die Ziele und Aufgaben, die Einordnung in die Hierarchie des Unternehmens, die ________________, den ________________, eine Vertretung, die ________ ________________ (siehe Anforderungsprofil) und die ________________.

2. Welche Verfahren zur Ermittlung des Personalbedarfs gibt es? Erläutern Sie eines näher.

3. Mit welchen Methoden ist es üblich Personal zu beschaffen? Charakterisieren Sie diese Methoden. Geben Sie auch die Vor- und Nachteile an.

4. Erstellen Sie für Ihren Betrieb eine Stellenanzeige, in der ein neuer Auszubildender bzw. eine neue Auszubildende gesucht wird. Aufgrund dieser Stellenanzeige sind bei Ihnen viele Bewerbungen eingegangen. Sie sollen aus 50 schriftlichen Bewerbungen zehn Kandidatinnen und Kandidaten auswählen, die Sie zu einem Vorstellungsgespräch einladen. Wie gehen Sie vor? Welche Kriterien sind für Sie bei der Sichtung der Unterlagen am wichtigsten? Beschreiben Sie Ihr Vorgehen ausführlich!

5. Die qualitative Personalbedarfsplanung bedient sich folgender zweier Instrumente: der Stellenbeschreibung und des Anforderungsprofils. Erstellen Sie eine Stellenbeschreibung für einen Mitarbeiter bzw. eine Mitarbeiterin im Service. Erstellen Sie zu Ihrer Stellenanzeige aus Frage 4) ein Anforderungsprofil. Erläutern Sie den Unterschied zwischen Stellenbeschreibung und Stellenanforderungsprofil.

6. Ihr Chef führt nächste Woche Vorstellungsgespräche mit potenziellen neuen Mitarbeiterinnen und Mitarbeitern. Er bittet Sie ihm zu helfen. Welche organisatorischen Dinge sind zu klären?

7. Beschreiben Sie in groben Zügen den Ablauf eines Assessment-Center-Auswahlverfahrens. Welchen Vorteil hat diese Technik gegenüber einem Einstellungstest?

8. Welche Arbeitszeitmodelle gibt es? Welches Modell wird in der Systemgastronomie angewendet? Erklären Sie es kurz.

9. Nennen Sie die Regeln für die Erstellung eines Dienstplans.

10. Auch in Ihrem Unternehmen müssen Personalkosten eingespart werden. Daher haben Sie die Schichten in letzter Zeit wesentlich schlanker besetzt. Die Mitarbeiterinnen und Mitarbeiter sind damit sehr unzufrieden, die Maßnahme ist aber nötig. Trotzdem möchten Sie nicht, dass die Gäste dies zu spüren bekommen. Was tun Sie, um die Mitarbeiterzufriedenheit zu erhöhen? Machen Sie drei Vorschläge.

11. Sie arbeiten in einem systemgastronomischen Unternehmen. Im letzten Monat haben fünf Mitarbeiter/innen Ihr Unternehmen verlassen. Am Anfang des Monats hatten Sie 62 Mitarbeiterinnen und Mitarbeiter beschäftigt, am Ende des Monats sind es 57. Berechnen Sie die Fluktuationsquote.

12. In Ihrem Unternehmen sind im letzten Jahr 35 Mitarbeiter gegangen, einige in Rente, einige haben das Unternehmen auf eigenen Wunsch verlassen. Im Durchschnitt haben in Ihrem Unternehmen 150 Mitarbeiter gearbeitet. Berechnen Sie die Fluktuationsquote.

13. Die Fluktuationsquote in Ihrem Unternehmen hat sich in den letzten 10 Jahren folgendermaßen entwickelt:

Jahr	02	03	04	05	06	07	08	09	11	12
Fluktuationsrate	5,3 %	6,8 %	9,9 %	10,3 %	12,3 %	11,8 %	12,4 %	13,0 %	13,6 %	13,4 %

Was sagt diese Entwicklung aus? Welche Gegenmaßnahmen können ergriffen werden?

14. Sie sollen einen Dienstplan erstellen. Welche Informationen über Ihre Mitarbeiterinnen und Mitarbei--ter benötigen Sie hierzu?

15. Finden Sie die Fehler!

Dienstplan: Checkliste	
Gesetzliche Vorgaben	**Betriebliche Vorgaben**
Arbeitszeitgesetz Jugendarbeitsschutzgesetz Tarifvertrag Vermerk „Änderungen vorbehalten“ Aushang drei Tage vorher Aufbewahrungsfristen Budget	Leistungsmaßstab Arbeitsaufkommen Betriebsvereinbarungen Sonderveranstaltungen Personalbedarf Pausen Mitarbeiterpotenzial Mutterschutzgesetz

Da der Dienstplan ein Dokument ist, darf er **nicht mit Bleistift** geschrieben werden.

Nennen Sie konkret 10 gesetzliche Vorgaben!

1. ______
2. ______
3. ______
4. ______
5. ______
6. ______
7. ______
8. ______
9. ______
10. ______

Kontrollieren Sie nun den beigefügten Dienstplan auf Fehler!

Dienstplan Service
Vom: 22. 1. 20.. – 28. 1. 20..

NAME	Montag	Dienstag	Mittwoch	Donnerstag	Freitag	Samstag	Sonntag	Bedingung
A	frei	frei	früh	früh	früh	früh	früh	*1
B	frei	frei	mittel	spät	spät	spät	früh	*1
C	mittel	mittel	spät	mittel	früh	spät	spät	*1
D	früh	früh	frei	frei	mittel	mittel	spät	*2
E	Urlaub	Urlaub	Urlaub	Urlaub	Urlaub	frei	frei	*2
F	spät	spät	spät	frei	frei	früh	spät	*3
G	mittel	spät	spät	spät	spät	frei	frei	*3
H	frei	frei	früh	frei	frei	spät	frei	*4
Bedarf								
früh/mittel	1/1	1/1	1/1	1/1	2/1	3/1	3/0	
spät	2	2	3	2	2	4	3	

Bedingungen:

* 1: Vollzeitkraft, flexibel einsetzbar, 5-Tage-Woche
* 2: Vollzeitkraft, 5-Tage-Woche, nur Frühdienst oder Mittelschicht
* 3: Vollzeitkraft, 5-Tage-Woche, nur Spätdienst
* 4: Teilzeitkraft, nur eine Schicht am Wochenende

Fehler: ______

______

Personalführung

Wird man als Führungskraft geboren? – „Ja und Nein", sagt Mirella Carbonaro, Expertin für Mitarbeiterführung und Teamentwicklung, „denn Führen ist kein Charaktermerkmal und die Grundvoraussetzung für erfolgreiche Führung ist die innere Haltung der Führungsperson gegenüber den Mitarbeiterinnen und Mitarbeitern sowie zu sich selbst." Und sie führt weiter aus: „Man kann sich Führungstechniken aneignen – das ist auch gut so – doch das ganze Handwerkszeug ist sinnlos, wenn die Haltung der Führungsperson nicht dazu passt."

Führen bedeutet, die Mitarbeiterinnen und Mitarbeiter bezüglich der gemeinsamen Werte und Ziele des Unternehmens unter Berücksichtigung auf die jeweilige Situation zu beeinflussen.

Mithilfe der Personalführung werden die Ziele und grundlegenden Strategien bzw. Entscheidungen des Unternehmens auf den einzelnen hierarchischen Ebenen durch Vorgesetzte umgesetzt.

Diese Führungskräfte tragen die Verantwortung dafür, dass gemeinsam mit den Mitarbeiterinnen und Mitarbeitern die unternehmerischen Ziele erreicht werden.

KOMPETENZ-ERWERB

Meine Ziele

Nach Bearbeitung dieses Kapitels kann ich

- sagen, welche Führungstechniken es gibt;
- einige Verfahren zur Personalführung sowie Führungsstile nennen;
- über Kommunikation und Motivation im Sinne einer optimalen Personalbetreuung berichten;
- erläutern, wie Personalentwicklung funktioniert;
- Personalbeurteilung in Form der zu verwendenden Methoden, deren Fehlerquellen sowie ihre Auswirkungen erklären;
- alle Instrumente der Personalführung selbstständig einsetzen.

Es gibt **fünf Faktoren,** die das Verhalten der Führungskräfte beeinflussen:
- die Führungskraft selbst,
- die einzelnen Mitarbeiterinnen und Mitarbeiter,
- die Gruppe,
- die Werte und Ziele sowie
- die jeweilige Situation.

Personalführung ist ein Prozess, in dem die einzelnen Stufen der Führung immer wieder durchlaufen werden. Diese sind im Managementkreis dargestellt.

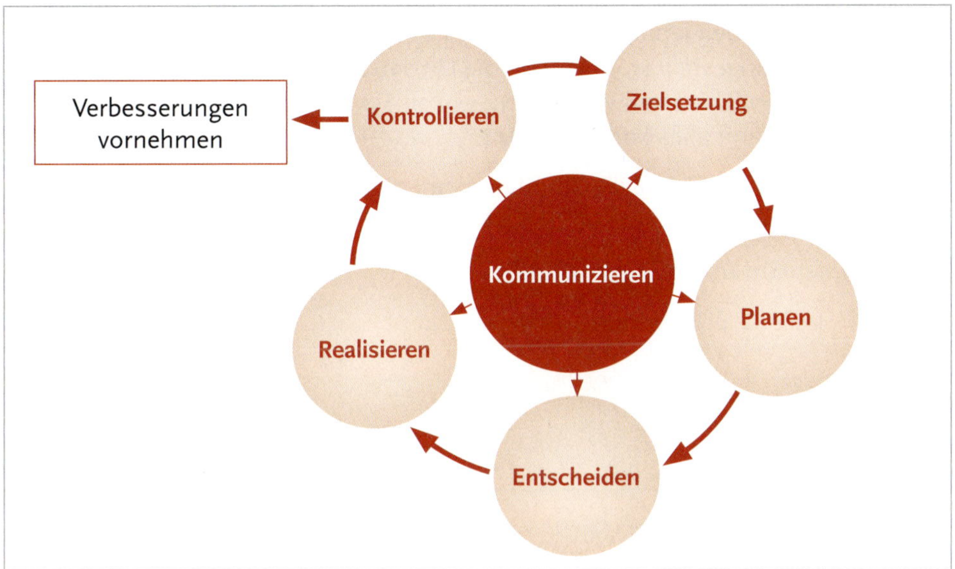

Nachfolgend werden die einzelnen Prozesspunkte genau erklärt.

Zielsetzung

Der Zielbildungsprozess ist mehrstufig.

Zielsuche
Finden von Zielen.

↓

Zielabstimmung
Die gefundenen Ziele müssen mit anderen Unternehmenszielen harmonieren.

↓

Zielformulierung

Was soll erreicht werden?	Wie viel soll erreicht werden?	Bis wann soll das Ziel erreicht werden?	Wo hat das Ziel seine Gültigkeit?

↓

Zielverbindlichkeitserklärung
Nach der Formulierung des Ziels kommt die Zielvorgabe, diese sorgt für eine Verbindlichkeit der Ziele.

Ziele sind so zu formulieren, dass alle Beteiligten das Gleiche darunter verstehen und die Zielerreichung gemessen werden kann. Sie sollten sowohl eine Zeitvorgabe als auch eine quantitative Vorgabe enthalten.

Diese Übung finden Sie auch unter www.trauner.at/systemgastronomie.aspx.

Aufgabenstellung: 1. Schritt

- Bei einer Kontrolle ist dem Franchisenehmer/der Franchisenehmerin aufgefallen, dass immer wieder Fehler bei der Durchführung und Dokumentation des HACCP-Konzepts in einigen seiner/ihrer Restaurants auftreten. Der Franchisenehmer bzw. die Franchisenehmerin erwartet von seinen/ihren Restaurantleitern und -leiterinnen eine reibungslose Durchführung und eine lückenlose Dokumentation.

  Versetzen Sie sich in die Situation eines Restaurantleiters bzw. einer Restaurantleiterin: In den letzten Monaten sind viele neue Mitarbeiterinnen und Mitarbeiter eingestellt worden. Um die Umsetzung des HACCP-Konzepts in den einzelnen Filialen zu verbessern, wollen Sie Schulungen durchführen, damit in Zukunft alles korrekt abläuft.

  Ihr Ziel muss es sein: Mehr Mitarbeiterinnen und Mitarbeiter müssen sich mit der Umsetzung von HACCP auskennen.

  Wie gehen Sie an die Sache heran?

Planen

Planen ist:

- die Suche nach dem kürzesten Weg, auf dem man mit geringstmöglichem Aufwand zum vorher vereinbarten Ziel kommt **(Minimalprinzip),** oder
- die Suche nach den Wegen, auf denen man bei vorgegebenem Aufwand **(Maximalprinzip)** ein optimales Ziel erreicht.

Diese grundsätzlichen Prinzipien des unternehmerischen Handelns nennt man auch „ökonomisches Prinzip“.

Diese Übung finden Sie auch unter www.trauner.at/systemgastronomie.aspx.

Aufgabenstellung: 2. Schritt

- Sie treten in die Phase der Planung ein. Die Zielsetzung soll durch ein umfassendes Netz an Schulungen erreicht werden.

Sie haben den Durchblick

Der Planungsvorgang umfasst drei wichtige Schritte:

- Wege finden – vom Problem zum Ziel, und zwar in einzelnen Abschnitten festgelegt.
- Informationen sammeln und auswerten.
- Unrealistische Möglichkeiten ablehnen, also alle Möglichkeiten, die den Muss-Zielen nicht genügen.

Der Planungsvorgang ist abgeschlossen, indem entschieden wird, welche Lösungsmöglichkeit realisiert werden soll.

Aufgabenstellung: 3. Schritt

- Vor Durchführung einer Personalschulung müssen folgende Fragen beantwortet werden:
  - Wer soll geschult werden? Welche Mitarbeiterinnen und Mitarbeiter benötigen die Schulung?
  - Welche Methode soll angewendet werden?
  - Wo und wann soll die Schulung durchgeführt werden? Welche Termine und Räume sind frei?
  - Wer führt die Schulung durch?

  Sind alle Informationen dazu gesammelt, werden zunächst die unrealistischen Möglichkeiten ausgeschieden, z. B. Termine, die nicht sinnvoll sind.

Diese Übung finden Sie auch unter www.trauner.at/systemgastronomie.aspx.

Going international
Einige Begriffe rund ums Lernen:
(A course of) training = Schulung
Instruction: Schulung
Learning by doing = „Lernen durch Handeln" – indem man die Arbeit macht, lernt man die Handgriffe
Lifelong learning = im Englischen auch als LLL bekannt; „lebenslanger Lernprozess"; auch permanent education oder continuing education

Entscheiden

Mit dem Finden einer Entscheidung ist die Planung abgeschlossen.

Eine Lösungsmöglichkeit ist erst dann optimal, wenn sie beide Bedingungen erfüllt:
- Sie wird den Muss-Zielen gerecht.
- Sie kommt den Wunschzielen am nächsten. Die Zielerreichung ist keine Grundvoraussetzung, aber sie ist wünschenswert.

Außerdem sollte die Lösung potenzielle Probleme am besten berücksichtigen. Es ist natürlich auch möglich, dass die optimale Lösung weder den Wunschzielen am nächsten kommt noch potenzielle Probleme am besten berücksichtigt werden. Man entscheidet sich trotzdem dafür, weil wenigstens die Ziele, die erfüllt sein müssen, erfüllt werden.

Aufgabenstellung: 4. Schritt

- Sie haben sich entschieden:
  - Die HACCP-Schulung findet am ... um ... im Restaurant ... im Raum ... statt.
  - Referent/in ist ...
  - Alle Mitarbeiterinnen und Mitarbeiter, die weniger als sechs Monate im Betrieb sind und somit noch keine Schulung erhalten haben, werden dazu eingeladen.

Diese Übung finden Sie auch unter www.trauner.at/systemgastronomie.aspx.

Entscheiden heißt, dass man aus den Lösungsmöglichkeiten die beste auswählt.

Realisieren

Realisieren bedeutet, dass die geplanten Ziele praktisch umgesetzt werden müssen. Es ist aber nicht unbedingt die Aufgabe der Führungskraft, dies zu tun. Sie oder er muss die organisatorischen Rahmenbedingungen dafür schaffen, d. h. organisieren, delegieren und koordinieren.

Delegieren = übertragen.

Daneben gibt es natürlich auch Aufgaben, die nicht delegierbar sind. Sie müssen von der Führungskraft selbst erledigt werden, z. B. die Beurteilung von Mitarbeiterinnen und Mitarbeitern oder die Zielkontrolle.

Jedes Ziel, das Mitarbeiterinnen und Mitarbeiter erreichen können, sowie die damit verbundenen Aufgaben können delegiert werden.
Bei jeder neuen Aufgabe muss sich die Führungskraft fragen:
- Wozu dient sie?
- Wer kann sie übernehmen?
- Welche Kompetenzen benötigt der Mitarbeiter bzw. die Mitarbeiterin, um die Ziele selbstständig zu erreichen?

Aufgabenstellung: 5. Schritt

- Sie treten in die Realisierungsphase ein und fassen die Punkte zusammen:
  - Ein Einladungsschreiben an die Teilnehmerinnen und Teilnehmer muss formuliert werden.
  - Der Raum muss geblockt werden.
  - Der Referent/die Referentin muss organisiert werden – extern oder intern. Dann müssen Vereinbarungen über die Inhalte und Bedingungen getroffen werden. Externe Personen müssen eine genaue Wegbeschreibung erhalten.
  - Zertifikate über den Besuch der Schulung müssen erstellt werden.

  Anschließend delegieren Sie die Aufgaben:

Diese Übung finden Sie auch unter www.trauner.at/systemgastronomie.aspx.

Kommunizieren

Ziel der Kommunikation ist es, dass sich Führungskräfte und Mitarbeiterinnen und Mitarbeiter das Wissen besorgen, das notwendig ist, um die vereinbarten Ziele zu erreichen.

Googelt man den Begriff Kommunikation, kommt man um den Namen Friedemann Schulz von Thun nicht herum. Mit seinem dreibändigen Klassiker „Miteinander reden“ hat er ein Standardwerk zu diesem Thema geschaffen.
Wer war nicht selbst schon in der Situation, sich verständlich machen zu wollen, und es gelingt einfach nicht. Aber auch umgekehrt, begreift man oft nicht, was das Gegenüber eigentlich von einem will.
Schulz von Thun erklärt, wie zwischenmenschliche Kommunikation abläuft. Er stellt die unterschiedlichen Kommunikationsstile vor und fasst seine Erkenntnisse schließlich in folgendem Satz zusammen: „Wer sich selbst versteht, kommuniziert besser.“

Gerade in Stresssituationen in gastronomischen Schichtbetrieben ist Kommunikation besonders wichtig,

- damit auch alle Wünsche der Gäste erfüllt werden,
- damit nichts verloren geht, nur weil das Personal gewechselt hat.

Trotzdem findet sich gegen umfassende Kommunikation häufig Widerstand. Warum ist das so? Es wird vor allem befürchtet, dass die Geheimhaltung gefährdet wird und dass Macht verloren geht.

Aufgabenstellung: 6. Schritt

Diese Übung finden Sie auch unter www.trauner.at/systemgastronomie.aspx.

- Kommunikation bedeutet in diesem Zusammenhang:
  - Die Einladungsschreiben werden den Mitarbeiterinnen und Mitarbeitern zugeschickt.
  - Der Referent/die Referentin bekommt eine E-Mail mit der Wegbeschreibung.

Diskutieren Sie über folgende bewiesene Aussage: „Frauen kommunizieren anders als Männer!"

Zu viel Geheimniskrämerei führt zu Unruhe im Betrieb und zu unzufriedenen Gästen!

Kontrollieren

Jede sinnvolle Kontrolle der Mitarbeiterinnen und Mitarbeiter basiert auf einem vereinbarten Ziel. Die Kontrolle sollte auf ein Mindestmaß beschränkt werden, um Selbstverantwortlichkeit zu fördern.

Wird das vereinbarte Ziel nicht erreicht, werden die Abweichungen gemeinsam analysiert und es muss gemeinsam versucht werden, Abhilfe zu schaffen.

Aufgabenstellung: Letzer Schritt

Diese Übung finden Sie auch unter www.trauner.at/systemgastronomie.aspx.

- Somit schließt sich der Kreis der Führungsaufgaben. Abschließend müssen die einzelnen Zwischenschritte der Organisation kontrolliert werden:
  - Sind die Einladungen rechtzeitig verschickt worden?

  Aber auch:
  - War der Referent bzw. die Referentin kompetent?
  - Können die Mitarbeiterinnen und Mitarbeiter ihr erworbenes Wissen anwenden?

1 Führungstechniken

Führungstechniken beschreiben grundsätzliche Verhaltens- und Verfahrensweisen, die in einem Unternehmen zur Bewältigung der Aufgaben herangezogen werden. Dabei ist darauf zu achten, dass den Mitarbeiterinnen und Mitarbeitern mehr Selbstständigkeit bei der Ausführung ihrer Arbeit übertragen wird, sodass als Folgewirkung eine positive Leistungssteigerung erzielt werden kann.
Der Begriff Führungstechnik wird auch durch Führungskonzeption, Managementtechnik oder Führungsprinzip ersetzt. Die Führungstechniken gehen grundsätzlich von einem kooperativen Führungsstil aus – mal mehr, mal weniger.

Im Wesentlichen werden unter Führungstechniken die sogenannten Management-by-Prinzipien verstanden.

Management-by-Prinzipien

Management by Objectives

Mitarbeiterinnen und Mitarbeiter sowie Führungskräfte vereinbaren gemeinsam Ziele und legen fest, wie diese zu kontrollieren sind.

- Durch die Beteiligung am Zielbildungsprozess identifizieren sich die Mitarbeiterinnen und Mitarbeiter stärker mit dem Unternehmen.
- Größere Mitarbeiterzufriedenheit und damit bessere Leistung.
- Um eine Überforderung zu vermeiden, dürfen nicht mehr als 3 bis 7 Ziele vereinbart werden.

„Zum Ziel kommt nur, wer eines hat.“

Management by Delegation

Jeder Mitarbeiter bzw. jede Mitarbeiterin erhält seinen/ihren eigenen Aufgabenbereich und ist dafür verantwortlich.

- Motivation und Eigeninitiative werden gefördert.
- Die Führungskraft nimmt die Verantwortung nicht von den Mitarbeiterinnen und Mitarbeitern zurück. Nur außergewöhnliche Fälle werden besprochen.

Management by Exception

Alle Aufgaben, die die Führungskraft nicht selbst wahrnehmen muss, werden delegiert.

- Entscheidungen im Normalbereich treffen die Mitarbeiterinnen und Mitarbeiter, um Ausnahmefälle kümmert sich der/die Vorgesetzte.
- Führungskräfte sind von Routinearbeiten freigespielt, die Mitarbeiterinnen und Mitarbeiter entwickeln Eigenverantwortung.
- Durch eindeutige Zuständigkeiten werden Entscheidungen schneller gefällt.
- Allerdings behalten die Führungskräfte die interessanten Aufgaben, dies bremst die Kreativität der Mitarbeiterinnen und Mitarbeiter und sie agieren dann nicht mehr verantwortungsvoll.

„Führung nach dem Prinzip der Ausnahme.“

Management by Motivation

Ausgehend von den Mitarbeiterbedürfnissen, sollen die Führungskräfte Leistungsanreize finden, die die Mitarbeiterinnen und Mitarbeiter motivieren.

- Anreize sind z. B. verschiedene Möglichkeiten der Weiterentwicklung im Unternehmen.
- Selbstverantwortliches Arbeiten bzw. die Beteiligung an Entscheidungsprozessen erhöht die Motivation.
- Diese Führungstechnik setzt voraus, dass die Bedürfnisse der Mitarbeiterinnen und Mitarbeiter bekannt sind.
- Es wird davon ausgegangen, dass alle nach Selbstverwirklichung im Beruf streben, was jedoch nicht realistisch ist.

Management by Empowerment

Ausgehend von der Annahme, dass alle Mitarbeiterinnen und Mitarbeiter durch „Ausstattung mit Vollmachten“ (Empowerment) zu mehr Leistung zu motivieren sind, umfasst diese Technik drei Schlüsselelemente:

- Jeder muss Zugang zu allen Informationen haben. Informationsweitergabe fördert das Vertrauen. Die Mitarbeiterinnen und Mitarbeiter können dann handeln, als wären sie ein Teil des Unternehmens.
- Die Autonomie durch Abgrenzung baut auf dem Austausch von Informationen auf. Jeder bekommt eine Aufgabe, die Teil der Gesamtaufgabe des Unternehmens ist.
- Teams statt Hierarchien: Dies bedeutet, dass die Führungskräfte den Mitarbeiterinnen und Mitarbeitern dabei helfen Fähigkeiten zu entwickeln, die sie brauchen, um als Mitglied eines selbstständigen Teams zu funktionieren.

> Arbeitnehmerinnen und Arbeitnehmer bringen ihre eigenen Ideen ein und handeln eigenverantwortlich in Interesse des Unternehmens.

Aufgabenstellung

Diese Übung und einen Lösungsvorschlag finden Sie auch unter www.trauner.at/systemgastronomie.aspx.

- Die Führungsmittel im Management by Delegation sind u. a.:
  - Allgemeine Führungsanweisung
  - Stellenbeschreibung
  - Informationsplan
  - Dienstbesprechung
  - Mitarbeitergespräch

  Viele sehen diese Managementtechnik aufgrund der vielen Führungsmittel sehr kritisch. Die Delegation wird in diesem Fall häufig als Abschieben uninteressanter Aufgaben verstanden.

  Überlegen Sie diese Aussage und notieren Sie Ihre Meinung!

Going international

How can a manager tell what management style to use? In 1957, Robert Tannenbaum and Warren Schmidt wrote one of the most revolutionary articles ever, titeled “How to Choose a Leadership Pattern”. It showed that the leadership style is the choice of the manager.

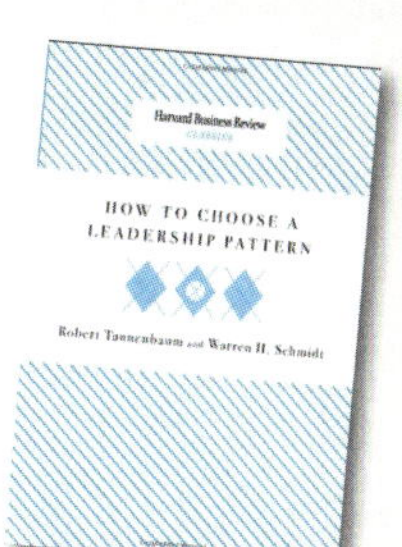
Harvard Business Review

HOW TO CHOOSE A LEADERSHIP PATTERN

Robert Tannenbaum and Warren H. Schmidt

This style is used when leaders tell their employees what they want done and how they want it done, without getting the advice of their followers

This style involves the leader including one or more employees in the decision-making process

In this style the leader allows the employees to make the decisions

2 Führungsstile

Hans Jung beschreibt in seinem Buch Personalwirtschaft: „Führungsstil im personalwirtschaftlichen Sinn ist die Form, in der die Führungs- und Leitungsaufgaben von den Führungskräften im Rahmen der Organisation ausgeübt werden. Der Führungsstil findet seinen Ausdruck in der konkreten Verhaltensweise der Führungskräfte gegenüber ihren Mitarbeiterinnen und Mitarbeitern."

Erfolgreich sind diejenigen Vorgesetzten, die je nach Situation den passenden Führungsstil anwenden

Es gibt verschiedene Führungsstiltheorien. Die angeführten drei sind in der Praxis am häufigsten anzutreffen.

Alle Führungsstile haben Vorteile und Nachteile, keiner ist als optimal zu bezeichnen. Die Wahl des Führungsstils hängt von vielen verschiedenen Faktoren ab, von der Art des Unternehmens, den Qualifikationen der Führungskräfte und den Fertigkeiten der Mitarbeiterinnen und Mitarbeiter.

2.1 Führungsstile von Tannenbaum und Schmidt

Die beiden Amerikaner Robert Tannenbaum und Warren Schmidt entwickelten im Jahre 1957 ein Führungsmodell, das die **Art der Entscheidungsfindung** als bestimmendes Merkmal in den Mittelpunkt stellte.

2.1.1 Autoritärer Führungsstil

Der oder die Vorgesetzte bezieht seine/ihre Mitarbeiterinnen und Mitarbeiter nicht in den Führungsprozess mit ein. Er/sie gibt Anordnungen, die die Mitarbeiterinnen und Mitarbeiter ausführen müssen. Die Führungskraft hat insgesamt ein eher distanziertes Verhältnis zu seinen/ihren Untergebenen.

Er oder sie informiert seine/ihre Mitarbeiterinnen und Mitarbeiter nur über die Aufgaben und kontrolliert, ob diese erfüllt wurden.

Die autoritäre Führungskraft muss
- sich durchsetzen können,
- die Verantwortung alleine tragen,
- sich selbst kontrollieren können,
- in allen Bereichen ihr Fachwissen anwenden können,
- fähig sein, Entscheidungen zu treffen.

In welcher Situation wenden Sie den ...

a) autoritären Führungsstil an?

___

___

___

b) kooperativen Führungsstil an?

___

___

___

Autoritärer Führungsstil

Vorteil	Nachteile
▪ ermöglicht schnelle Entscheidungen	▪ Motivation und Selbstständigkeit der Mitarbeiterinnen und Mitarbeiter werden nicht gefördert ▪ keine Identifikation mit dem Unternehmen ▪ Betriebsklima eher angespannt

2.1.2 Kooperativer Führungsstil

Der Führungsprozess wird von Mitarbeiterinnen und Mitarbeitern sowie der Führungskraft gemeinsam gestaltet, wobei das Ausmaß der Zusammenarbeit unterschiedlich stark ausgeprägt ist. Die Führungskraft informiert ihre Mitarbeiterinnen und Mitarbeiter ausführlich über die anstehenden Aufgaben, regt zu Diskussionen an und delegiert, je nach den Fähigkeiten der Teammitglieder.

Auch im kooperativen Führungsstil ist eine Kontrolle unvermeidlich, sie wird aber eher als Ergebniskontrolle ausgeführt, nicht als Verfahrenskontrolle.

Die kooperative Führungskraft muss
- gegenüber anderen Menschen und deren Meinung aufgeschlossen sein,
- ein positives Mitarbeiterbild vermitteln,
- delegieren können und wollen.

Kooperativer Führungsstil

Vorteile	Nachteile
■ ermöglicht sachgerechte Entscheidungen ■ fördert die Selbstständigkeit der Mitarbeiterinnen und Mitarbeiter ■ motiviert zu Arbeitsfreude und dem Entwickeln von Eigeninitiative ■ Betriebsklima ist häufig gelöst und entspannt	■ Entscheidungswege verzögern sich durch das Einholen mehrerer Meinungen

2.1.3 Laissez-faire-Führungsstil

Die Führungskraft lässt den Mitarbeiterinnen und Mitarbeitern völlig freie Hand. Sie oder er gibt ihnen keine Anweisungen, aber auch keine Hilfe. Er/sie lässt sie einfach alleine, in der Hoffnung, dass sich alles richten wird. So könnte man diesen Führungsstil auch als Nichtführung bezeichnen.

„Treiben lassen" – eine mögliche Übersetzung von laissez-faire.

Aufgabenstellungen

1. Welche Auswirkungen können sich in einem Betrieb ergeben, der laissez-faire geführt wird.

2. Welche Auswirkungen haben die Führungsstile von Tannenbaum und Schmidt
   - auf die Mitarbeiterinnen und Mitarbeiter,
   - auf den Vorgesetzten/die Vorgesetzte?

   Zu welchem Betriebsklima führen diese Führungsstile?

Diese Übung finden Sie auch unter www.trauner.at/systemgastronomie.aspx.

2.2 Führungsverhaltensgitter von Blake und Mouton

Die beiden amerikanischen Forscher der Ohio State University – Robert R. Blake und Jane Mouton – haben im Jahr 1964 das sogenannte **„Managerial Grid"** aufgestellt. Dabei gehen sie davon aus, dass sich ein Führungsstil immer in zwei Charakteristika zeigt, die Aufgaben- und die Personenorientierung. Diese sind voneinander unabhängig und können beliebig kombiniert werden.

Nach Blake und Mouton lassen sich die Grundeinstellungen und das daraus folgende Verhalten als Führungskraft mit Hilfe dieses Koordinatensystems identifizieren. Von den insgesamt 81 Positionen (9 x 9) wurden **fünf Grundführungsstile** festgeschrieben.

Personenorientierung

1/9-Typ = Glacéhandschuh-Management
Die Rücksichtnahme auf die Bedürfnisse der Mitarbeiterinnen und Mitarbeiter nach zufriedenstellenden zwischenmenschlichen Beziehungen bewirkt ein freundliches Betriebsklima und ein gemächliches Arbeitstempo. Somit sind die Bedürfnisse der Mitarbeiterinnen und Mitarbeiter wichtiger als die Aufgabe.

9/9-Typ = Team-Management
Hohe Arbeitsleistung verbindet die engagierten Mitarbeiterinnen und Mitarbeiter. Der gemeinschaftliche Einsatz verbindet die Menschen im Team.

5/5-Typ = Organisations-Management
Gleichgewicht zwischen der Notwendigkeit, die Arbeit zu tun, und der Aufrechterhaltung einer zufriedenstellenden Betriebsmoral.

1/1-Typ = Überlebens-Management
Minimale Anstrengung zur Erledigung der geforderten Arbeit genügt gerade noch, um sich im Unternehmen zu halten.

9/1-Typ = Befehl-Gehorsam-Management
Der Betriebserfolg beruht darauf, die Arbeitsbedingungen so einzurichten, dass der Einfluss persönlicher Faktoren auf ein Minimum beschränkt wird, und man sich auf die Aufgabenerfüllung konzentriert.

Aufgabenorientierung

Ob sich eine Führungskraft in ihrem Führungsverhalten mehr an der Sache oder an den Personen orientiert, liegt an ihrer Grundeinstellung. Diese bildet sich schon in der Kindheit und wird durch Erfahrungen im Elternhaus und das soziale Umfeld beeinflusst.

Aufgabenstellung

- Grenzen Sie den Begriff Führungstechnik vom Begriff Führungsstil ab.

Diese Übung finden Sie auch unter www.trauner.at/systemgastronomie.aspx.

2.3 Reifegradmodell von Hersey und Blanchard

Das „situative" Führen der amerikanischen Autoren Paul Hersey und Ken Blanchard besagt: „Je nach Reifegrad der geführten Mitarbeiterinnen und Mitarbeiter ist ein anderes Verhalten des/der Vorgesetzten Erfolg versprechend."

Sie sind der Meinung, dass ein Führungsstil sich an drei verschiedenen Merkmalen orientiert:

- an der Aufgabe
- an der Beziehung des/der Vorgesetzten zu Mitarbeiterin und Mitarbeiter
- an dem Reifegrad des Mitarbeiters/der Mitarbeiterin.

Mit steigendem Reifegrad der Mitarbeiter bzw. Mitarbeiterinnen nimmt der aufgabenorientierte Führungsgrad ab.

Der amerikanische Psychoanalytiker Michael Maccoby hat vier typische Mitarbeitercharaktere beschrieben, zu lesen unter www.trauner.at/systemgastronomie.aspx.

partizipieren = teilhaben.

Führungsstile

Partizipativer Führungsstil – „participating"	Integrierender Führungsstil – „selling"	Delegationsstil – „delegating"	Autoritäter Führungsstil – „telling"
Bei mäßiger bis hoher Reife der Mitarbeiterinnen und Mitarbeiter sollte der/die Vorgesetzte stark mitarbeiterbezogen und gleichzeitig weniger aufgabenbezogen führen. Eine Beteiligung an den Entscheidungen und ein Meinungsaustausch sind sinnvoll.	Haben die Mitarbeiterinnen und Mitarbeiter geringe bis mäßige Reife, ist es empfehlenswert, wenn der/die Vorgesetzte gleichzeitig einen stark mitarbeiterbezogenen und aufgabenbezogenen Führungsstil anwendet. Die Mitarbeiterinnen und Mitarbeiter sind durch genaue Arbeitsanweisungen und Erklärungen zu überzeugen.	Sehr „reife" Mitarbeiter benötigen keine besondere Zuwendung durch den Vorgesetzten bzw. die Vorgesetzte. Man muss ihnen auch keine detaillierten Vorgaben bezüglich ihrer Aufgaben und ihres Verhaltens machen. Verantwortung ist zu delegieren, sie erkennen selbst, was zu tun ist. Man kann ihnen Entscheidungen überlassen.	Bei einer niedrigen Reife der Mitarbeiterinnen und Mitarbeiter wird eine hohe Aufgabenorientierung bei gleichzeitig niedriger Beziehungsorientierung empfohlen. Der/die Vorgesetzte sollte die Mitarbeiterin/den Mitarbeiter genau anweisen und überwachen.

Aufgabenstellungen

Diese Übung finden Sie auch unter www.trauner.at/systemgastronomie.aspx.

1. Erläutern Sie Ihrem neuen Auszubildenden die drei Führungsstiltheorien.
2. Welchen Führungsstil bevorzugen Sie für sich selbst? Begründen Sie!
3. Welchen Führungsstil wünschen Sie sich von Ihrem/Ihrer Vorgesetzten? Begründen Sie!

3 Personalbetreuung

Ein Arbeitsblatt zur Personalbetreuung finden Sie unter www.trauner.at/systemgastronomie.aspx.

Heute habe ich gar keine Lust zur Arbeit zu gehen. Viel lieber würde ich im Bett bleiben, shoppen gehen, Musik hören ... Aber ich muss mich mal wieder motivieren.

Zunächst müssen die Bedürfnisse der Mitarbeiterinnen und Mitarbeiter klar sein. Dann ist zu überlegen, welche Leistungsanreize (monetäre und nicht monetäre) die Bedürfnisse befriedigen. In Mitarbeitergesprächen und Besprechungen werden die nötigen Informationen erhoben.

Monetär = Leistungsanreiz über Geld, z. B.

- Prämien, Bonussystem
- Gehaltserhöhung
- Sonderzahlungen
- Umsatzbeteiligung

Nicht monetär = Leistungsanreiz, z. B. durch

- Lob, Anerkennung
- Weiterbildungsmöglichkeiten
- Aufstiegschancen
- Übertragen von Verantwortung
- Beteiligung am Zielbildungsprozess

3.1 Motivation von Mitarbeiterinnen und Mitarbeitern

Ein Motiv besteht aus einem Bedürfnis und aus einer Erwartung, dieses Bedürfnis durch eine Verhaltensänderung zu befriedigen. Motive stellen die Beweggründe für unser Verhalten dar.

Hans Jung schreibt im Buch Personalwirtschaft: „Unter Motivation versteht man die Vorgänge und Faktoren, die menschliches Verhalten auslösen bzw. verständlich machen."

Verbinden sich die Motive mit den Anreizen, ändert sich das Verhalten.

Sucht man nach der richtigen Motivation, dann sucht man nach Gründen für ein bestimmtes Verhalten. Die Motivation ist ein wandelnder Prozess und entwickelt sich im Laufe des gesamten Lebens.

Wenn der Mitarbeiter/die Mitarbeiterin seine/ihre Bedürfnisse geäußert hat, dann kann man darauf reagieren.

Ein Beispiel:
Samuel arbeitet seit einem halben Jahr bei Mövenpick am Flughafen Berlin. Es gefällt ihm zwar, doch beim Umgang mit den Gästen merkt er selbst, dass es nicht so rund läuft. Bei Fragen der Gäste möchte er kompetente Auskünfte geben können. Er nimmt allen Mut zusammen und spricht mit seinem Vorgesetzten. Das Gespräch läuft gut – sein Wunsch wird unterstützt. Der Vorgesetzte führt mit ihm eine Fortbildung durch. Samuel ist happy – endlich kann er seinen Gästen eine kompetente Beratung anbieten.

Auch sein Chef ist happy. Er merkt, wie Samuel motiviert an die Arbeit geht. Als Belohnung überträgt er ihm einen eigenverantwortlichen Bereich, eine Station. Samuels Einsatz wurde anerkannt.

Rein wissenschaftlich unterscheidet man zwischen der intrinsischen und der extrinsischen Motivation.

Intrinsisch = von innen her kommend.
Extrinsisch = von außen her angeregt.

- Die intrinsische Motivation kommt vom Mitarbeiter/von der Mitarbeiterin selbst. Jeder Mitarbeiter und jede Mitarbeiterin, dem/der seine/ihre Arbeit an

sich Freude bereitet, ist motiviert. Die Arbeit an sich befriedigt die Bedürfnisse. Eine gute Führungskraft muss Anreize zur intrinsischen Motivation geben, indem sie einen kooperativen Führungsstil verfolgt und die Mitarbeiterinnen und Mitarbeiter am Zielbildungsprozess beteiligt.
- Mitarbeiterinnen und Mitarbeiter, die eine bestimmte Tätigkeit ausüben, weil ihnen diese indirekt die Möglichkeit gibt, ihre Bedürfnisse befriedigen zu können, sind extrinsisch motiviert. Der Beruf gibt ihnen z. B. die finanziellen Rahmenbedingungen, um ihr Privatleben zu gestalten oder die nötige Freizeit, um ein zeitintensives Hobby auszuleben.

Es ist nicht immer leicht zu erkennen, ob ein Mitarbeiter/eine Mitarbeiterin intrinsisch oder extrinsisch motiviert ist. Auch Überschneidungen sind möglich. Wichtig ist, dass man als Führungskraft die Leistungsanreize möglichst so setzt, dass sie den Motiven der Mitarbeiterinnen und Mitarbeiter entsprechen.

Je komplexer die Aufgaben eines Mitarbeiters bzw. einer Mitarbeiterin sind, desto höher ist in der Regel die intrinsische Motivation.

Zum Thema Motivation bietet die Wissenschaft die unterschiedlichsten Theorien. Ein besonders bekanntes Modell ist die **Bedürfnispyramide nach Maslow.**

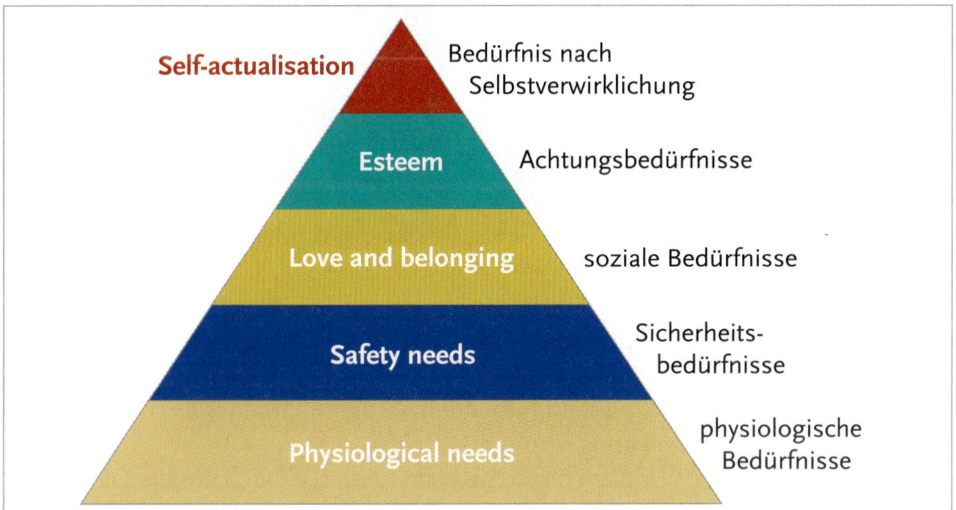

Abraham H. Maslow schuf sein Entwicklungsmodell der Hierarchie menschlicher Bedürfnisse erstmals 1942. Bis zu seinem Tod im Jahre 1970 hat er es immer wieder weiterentwickelt.

Maslow geht in seiner Theorie davon aus, dass die einzelnen Bedürfnisstufen nacheinander wirksam werden, d. h., dass die Sicherheitsbedürfnisse erst befriedigt werden können, wenn die physiologischen Bedürfnisse bereits befriedigt sind.

Hans Jung interpretiert in seinem Buch Personalwirtschaft die Bedürfnispyramide in Bezug auf die arbeitenden Menschen wie folgt:

Physiologische Bedürfnisse	Sicherheitsbedürfnisse	Soziale Bedürfnisse	Achtungsbedürfnisse	Selbstverwirklichung
Ausreichende Bezahlung Existenz	Sicherheit am Arbeitsplatz	Kommunikation mit Mitarbeiterinnen und Mitarbeitern	Fachkompetenz	Macht
	Kündigungsschutz		Lob	
Gesunder Arbeitsplatz	Betriebliche Altersversorgung	Teamarbeit	Status	Einfluss
	Weiterbildung	Information	Guter Lohn	Realisierung der eigenen Pläne

Welche Rückschlüsse können Sie aus der Maslow'schen Bedürfnispyramide für Ihren betrieblichen Alltag ziehen?

Anlässe für Mitarbeitergespräche:
- Einführung eines neuen Mitarbeiters/einer neuen Mitarbeiterin
- Beurteilungsgespräch
- Beförderung
- Kritik am Mitarbeiter/an der Mitarbeiterin
- Kündigung
- Abteilungswechsel
- Beratungsgespräch

Der/die Vorgesetzte lässt durch einen Kollegen/eine Kollegin ausrichten: „Du musst um 16.00 Uhr zum Chef kommen!" Was passiert?

Genau! – es wird nachgedacht und spekuliert, was denn der Chef/die Chefin von einem wollen könnte. Viel unnötige Zeit geht verloren.
Ist die Aussage jedoch: „Der Chef möchte, dass du um 16.00 Uhr in den Besprechungsraum kommst. Er will mit dir die Reaktionen der Gäste auf den neuen Samba-Sandwich besprechen."
Was ist anders?

Diese Übung sowie ein Arbeitsblatt zur Mitarbeitermotivation finden Sie unter www.trauner.at/systemgastronomie.aspx.

3.2 Kommunikation mit den Mitarbeiterinnen und Mitarbeitern

Kommunikation zwischen Vorgesetztem/r und Untergebenem/r erfolgt in Mitarbeitergesprächen und Besprechungen.

Mitarbeitergespräche

Es sind dies Gespräche zwischen dem Mitarbeiter bzw. der Mitarbeiterin und dem/der Vorgesetzten unter vier Augen.
Es werden
- die Arbeitssituation,
- die Leistungen,
- die Aufgabenverteilung und
- das Kooperationsverhalten besprochen.

Um Mitarbeitergespräche optimal zu organisieren, sind bestimmte Rahmenbedingungen zu beachten:
- Laden Sie, wenn möglich, den Mitarbeiter bzw. die Mitarbeiterin rechtzeitig ein.
- Nennen Sie bei der Einladung schon das Thema.
- Nehmen Sie sich Zeit und erledigen Sie nicht nebenbei noch andere Dinge.
- Finden Sie einen ruhigen Ort (Im Betrieb oder außerhalb? Welcher Raum?).
- Schaffen Sie eine entspannte Atmosphäre (Sitzecke oder Schreibtisch? Getränke und Snacks?).
- Lassen Sie zunächst den Mitarbeiter/die Mitarbeiterin erzählen, ohne zu unterbrechen. Beziehen Sie erst dann zum Thema Stellung.
- Fassen Sie am Ende des Gesprächs die Ergebnisse zusammen.
- Vereinbaren Sie einen Zeitpunkt, wann die Vereinbarungen in die Tat umgesetzt und/oder überprüft werden.
- Informieren Sie weitere Vorgesetzte über die Ergebnisse des Gesprächs (besonders in Matrixorganisationen wichtig!)

Nichtdirektive Gesprächsführung
Eine Möglichkeit, um einen Mitarbeiter bzw. eine Mitarbeiterin zum offenen Sprechen zu bewegen, ist die nichtdirektive Gesprächsführung. Dabei wird das Thema nur kurz angedeutet und dann dem Mitarbeiter/der Mitarbeiterin die Gesprächsführung überlassen. Die Führungskraft beschränkt sich auf das Fragen. Er/sie äußert nicht seine/ihre Ansicht zum Thema, sondern wartet ab, bis der Mitarbeiter bzw. die Mitarbeiterin die Initiative ergreift.
Diese Methode eignet sich besonders gut dazu, die Bedürfnislage des Mitarbeiters/der Mitarbeiterin herauszufinden. Nicht geeignet ist sie für Anweisungen, Aufträge und Informationsweitergabe.

Besprechungen

Im Unterschied zu Mitarbeitergesprächen werden Besprechungen mit mehreren Mitarbeitern bzw. Mitarbeiterinnen gleichzeitig geführt. Sie sind zur schnellen und gleichzeitigen Informationsweitergabe von allen Seiten sinnvoll.

Besprechungen können die verschiedensten Inhalte haben, z. B. werden bei einer Arbeitsbesprechung Informationen an alle Teammitglieder weitergegeben. Es können auch gemeinsam Entscheidungen getroffen oder Probleme erörtert werden, mit dem Ziel, gemeinsam Lösungsansätze zu finden.

Das Schaubild verdeutlicht die organisatorischen Rahmenbedingungen.

Auch eine Besprechung mit Mitarbeiterinnen und Mitarbeitern sollte gut vorbereitet sein. Folgendes muss schon zu Beginn klar sein:

- Wer schreibt das Protokoll?
- Sollen Gesprächsregeln festgelegt werden?
- Wie ist die Tagesordnung?
- Kurze Einführung in das Thema.

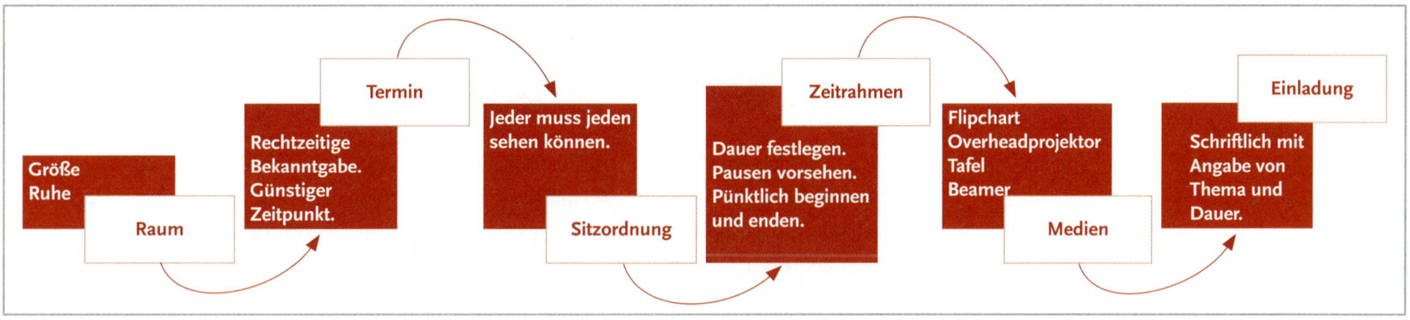

4 Personalentwicklung

Die Personalentwicklung beschäftigt sich immer mit der Personalbildung, oft mit der Personalförderung und mitunter auch mit der Gestaltung des organisatorischen Wandels in einem Unternehmen.
Grundsätzlich sind die Bedürfnisse der Mitarbeiterinnen und Mitarbeiter und die sich wandelnden Anforderungen in einem Unternehmen in Einklang zu bringen. Mit der Personalentwicklung sichern sich die Unternehmen langfristig die Verfügbarkeit geeigneter Fach- und Führungskräfte.

Die Mitarbeiterinnen und Mitarbeiter werden in ihrer beruflichen Handlungskompetenz gefördert, die sich aus der Sozialkompetenz, der Methodenkompetenz und der Fachkompetenz zusammensetzt.

Sozialkompetenz = Fähigkeit, im Team zu arbeiten, Umgangsformen, Kommunikation miteinander.
Methodenkompetenz = Fähigkeit, Informationen zu verarbeiten.
Fachkompetenz = Fachwissen, z. B. Produktkenntnisse, Kenntnisse von Produktionsabläufen oder hygienischem Arbeiten.

4.1 Personalbildung

Ein Arbeitsblatt zur Personalentwicklung finden Sie unter www.trauner.at/systemgastronomie.aspx.

Nach dem Zweck der Personalbildung unterscheidet man Ausbildung, Fortbildung und Umschulung.

Personalbildung

Ausbildung

Erstausbildung in einem anerkannten Ausbildungsberuf. Im Gastgewerbe sind das:
- Fachmann/Fachfrau für Systemgastronomie
- Koch/Köchin
- Restaurantfachmann/Restaurantfachfrau
- Hotelfachmann/Hotelfachfrau
- Hotelkaufmann/Hotelkauffrau
- Fachkraft im Gastgewerbe

Fortbildung

Schließt an die Erstausbildung an.
- Anpassungsfortbildung: soll Kenntnisse und Fertigkeiten des erlernten Berufes vertiefen.
- Aufstiegsfortbildung: soll den Mitarbeiterinnen und Mitarbeitern zu qualifizierteren Aufgaben und zum beruflichen Aufstieg verhelfen, wie Nachwuchsförderung, Führungskräftefortbildung.

Umschulung

Führt entweder zu einem neuen Beruf oder zu einer anders qualifizierten beruflichen Tätigkeit. Gründe:
- gesundheitliche Probleme
- Änderungen am Arbeitsmarkt

In vielen systemgastronomischen Unternehmen sind neben der Ausbildung im dualen System auch betriebsinterne Anlernausbildung, Praktika und Traineeprogramme üblich.

Visuelle Medien sind:
- Tafel
- Flipchart
- Dias
- Whiteboard
- Plakate
- Interaktives Whiteboard

Zunächst muss ermittelt werden, welchen Bedarf an Personalbildung es im Unternehmen gibt. Dazu sind einige Fragen zu beantworten:
- Welche betrieblichen Anforderungen an die Mitarbeiterinnen und Mitarbeiter sind nötig?
- Welche Qualifikationen und welche Interessen bestehen?
- In welchem Bereich ist ein Bedarf an Personalbildung vorhanden?
- Welche Maßnahmen zur Ausbildung, Fortbildung oder Umschulung sind zu setzen?

In jedem Unternehmen sollte es ein durchdachtes Schulungskonzept geben, in dem festgelegt ist, wer welche Fortbildungsmaßnahmen belegen muss.

Aufgabenstellung

- Bereiten Sie eine Schulung vor! Bestimmen Sie die Zielgruppe! Legen Sie die Lerninhalte und die Lernmethoden fest! Wählen Sie die Lehrmedien aus!

  Bestimmen Sie Ort und Zeit!

  Mögliche Themen: Produkteinführung, Serviceschulung, Kassenabrechnung, Hygiene

An die Fortbildung muss eine Erfolgskontrolle angeschlossen werden, so wird z. B. die Arbeitsleistung beobachtet bzw. geprüft, ob eine Steigerung der Produktivität messbar ist.

Aufgabenstellung

Diese Übung finden Sie auch unter www.trauner.at/systemgastronomie.aspx.

- Kreuzen Sie an!

Beispiele	Erstausbildung	Fortbildung	Umschulung
Renate fängt nach der Schule bei Burger World an und wird dort zunächst in alle Stationen eingewiesen.			
Otto möchte nach seinem Jurastudium in der Rechtsabteilung eines systemgastronomischen Betriebes anfangen und durchläuft zunächst ein einjähriges Trainee-Programm, um sich in die Gepflogenheiten der Branche einzuarbeiten.			
Clemens, ein Fachmann für Systemgastronomie, macht neben seiner Tätigkeit in der Gastronomie einen Abschluss zum Fachwirt im Gastgewerbe.			
Die Köchin Lana absolviert einen Lehrgang zur Diätköchin.			
Die Bäckerin Jana hat eine Mehlstauballergie und wird aus diesem Grund Fachfrau für Systemgastronomie. Die Agentur für Arbeit unterstützt sie bei diesem Vorhaben.			

Methoden der Personalbildung

Personalbildung ist sehr vielfältig. Die Wahl der Methode ist natürlich vom Thema und von der Zielgruppe abhängig. Dabei lassen sich unterschiedliche Kriterien aufstellen, wobei viele Verzweigungen bestehen:

- Ob **aktive** oder **passive Methoden** angewendet werden, richtet sich nach dem Grad der Beteiligung der Mitarbeiterinnen und Mitarbeiter.
- Nach der Anzahl der Teilnehmer und Teilnehmerinnen entscheidet sich, ob **Einzel-** oder **Gruppenbildungsmethoden** gemacht werden.
- Soll eine **interne** oder eine **externe Person** die Schulung durchführen?
- Ist der Bildungsort der Arbeitsplatz **(„on the job“)** oder ist er außerhalb **(„off the job“)**?

Diskutieren Sie in Gruppenarbeit die Vor- und Nachteile von internen und externen Methoden der Personalbildung!

Training „off the job“

Programmierte Unterweisung
Aktive Methode, die im Selbststudium durchgeführt werden kann, und zwar in Buchform oder am PC. Der Lernprozess umfasst neben der Information mit Frage und Antwort auch die Selbstkontrolle.

Lehrgespräch
Der/die Lehrende erarbeitet mit dem/der Lernenden themenbezogene Fragestellungen, gibt Denkanstöße, analysiert und diskutiert.

Rollenspiel
Eine Situation aus dem betrieblichen Alltag wird simuliert, z. B. ein Verkaufs- oder ein Mitarbeitergespräch.

Fallstudie
Einer Gruppe wird eine Problemsituation aus dem betrieblichen Alltag gegeben, zu der in einer bestimmten Zeit ein Lösungsvorschlag erarbeitet werden soll.

Vorlesungsmethode
Der/die Vortragende kann in kurzer Zeit ein relativ großes Wissensgebiet vermitteln. Hilfreich ist der Einsatz visueller Medien.

Training „on the job“

Die Mitarbeiterinnen und Mitarbeiter lernen hierbei durch „learning by doing“.

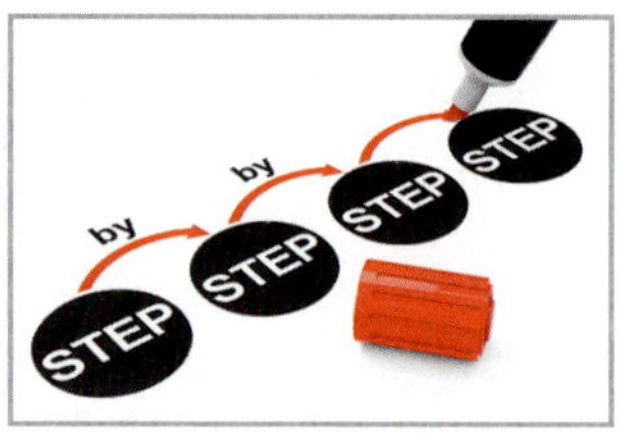

Unterweisung
Vier-Stufen-Methode: Vorbereitung → Vormachen → Nachmachen → Üben

Leittextmethode
Der/die Lernende soll das Ausbildungsziel möglichst selbstständig erreichen. Er/sie bekommt die zur Zielerreichung benötigten Materialien, Medien, Informationen und Übungshilfen und erarbeitet sich anhand von Leitfragen das Thema im Selbststudium.

Anleitung/Beratung
Im laufenden Arbeitsprozess bekommt der/die Lernende Anleitung bzw. Beratung vom Vorgesetzten.

Übertragung von Aufgaben mit begrenzter Verantwortung
Den Mitarbeiterinnen und Mitarbeitern werden Aufgaben übertragen, für die sie aber nicht die volle Verantwortung tragen müssen. Sonderaufgaben: Die Mitarbeiterinnen und Mitarbeiter sollen sich über die Alltagsaufgaben hinaus bewähren, z. B. Führungskräfte, die in eine andere Filiale gehen, um dort für ihre Managementtätigkeit vorbereitet zu werden.

Multiple-Management
Angehende Führungskräfte leiten z. B. für einen gewissen Zeitraum eine Filiale oder eine Abteilung. Sie bekommen alle Informationen, der Ausbilder bzw. die Ausbilderin berät. Er/sie greift nur dann ein, wenn sich die Lernenden vom Ziel entfernen.

Jobrotation
Wechsel des Arbeitsplatzes in regelmäßigen Abständen mit dem Ziel, dass alle Mitarbeiterinnen und Mitarbeiter an allen Stationen eingearbeitet sind. Das führt zu mehr Abwechslung für den Mitarbeiter und Flexibilität für den Dienstplanschreiber.

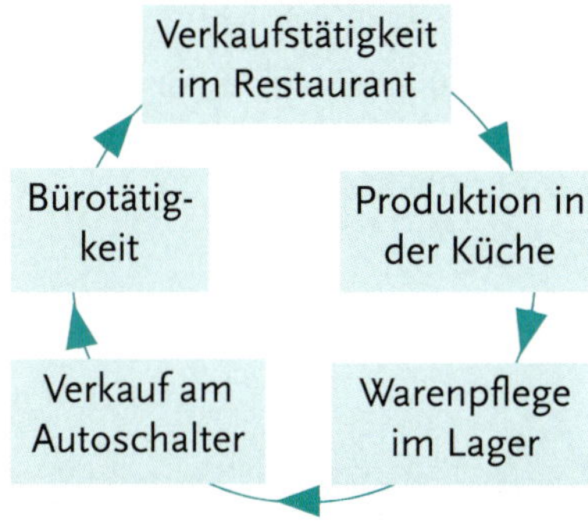

Jobrotation in einem systemgastronomischen Betrieb

Hans Jung schreibt im Buch Personalwirtschaft: „Organisationsentwicklung will Produktivität und Menschlichkeit miteinander in Einklang bringen." Das bedeutet, dass Organisationsentwicklung langfristige Entwicklungen und Veränderungen von Unternehmen und deren Mitarbeiterinnen und Mitarbeitern beschreibt.

4.2 Personalförderung

Sinn einer Personalförderung ist es, die Mitarbeiterinnen und Mitarbeiter in ihrer persönlichen Entwicklung im Unternehmen zu fördern. Diese Förderung bezieht sind insbesondere auf die Veränderungen am Arbeitsplatz, die Veränderungen der Position oder Arbeitsinhalte.

Zunächst sollte ein Mitarbeitergespräch geführt werden, in dem die Erwartungen und Möglichkeiten der Förderungen erörtert und Förderungsmaßnahmen vereinbart werden.

Förderungsmaßnahmen

Mentoring
- Wendet sich vor allem an neue Mitarbeiterinnen und Mitarbeiter.
- Ein Kollege/eine Kollegin oder der/die Vorgesetzte hilft dem neuen Mitarbeiter bzw. der neuen Mitarbeiterin, sich im Unternehmen zurechtzufinden.

Coaching
- Ein Coach sollte seine Mitarbeiterinnen und Mitarbeiter unterstützen und fördern, indem er Aufgaben an sie delegiert und ein ehrliches Feedback gibt.

Job Enlargement
- Zur Steigerung der Motivation bekommen die Mitarbeiterinnen und Mitarbeiter andere, aber qualitativ gleichwertige Aufgaben übertragen als bisher.

Job Enrichment
- Die übertragenen Aufgaben sind qualitativ höherwertig, das heißt mehr Verantwortung.
- Die Arbeit wird interessanter und der Mitarbeiter/die Mitarbeiterin kann sich weiterentwickeln.

Laufbahnplanung
- Betrachtet jeden einzelnen Mitarbeiter bzw. jede einzelne Mitarbeiterin und zeigt einen möglichen Weg der beruflichen Weiterentwicklung im Unternehmen auf.
- Kann motivierend, aber auch frustrierend wirken.

Ob die Organisationsentwicklung als Teil der Personalentwicklung gesehen wird, hängt von der Betrachtungsweise des Unternehmens ab. Betreffen Veränderungen im Unternehmen vor allem die Mitarbeiterinnen und Mitarbeiter, wie dies z. B. in Dienstleistungsunternehmen der Fall ist, dann ist die Organisationsentwicklung ein Bestandteil der Personalentwicklung.

Vergleichen Sie die Methoden der Personalförderung miteinander und diskutieren Sie Vor- und Nachteile. Welche Methoden würden Sie
a) als Mitarbeiter/in
b) als Führungskraft
bevorzugen?

Ein Arbeitsblatt zur Personalbeurteilung finden Sie unter www.trauner.at/systemgastronomie.aspx.

Die Leistungsbeurteilung dient zur Feststellung des Ist-Zustands.

Die Auswahl der Beurteilungskriterien hängt natürlich davon ab, ob es sich bei der Beurteilung um eine Führungskraft oder um Mitarbeiterinnen und Mitarbeiter handelt, die nur ausführende Tätigkeiten haben.

5 Personalbeurteilung

Die Gründe bzw. der Zeitpunkt für eine Personalbeurteilung sind vielfältig, z. B. nach Ablauf der Probezeit, bei Versetzung und Beförderung, nach Beendigung eines Projekts. Sie kann auf Wunsch des Mitarbeiters bzw. der Mitarbeiterin, vor allem natürlich auf Anfrage des/der Vorgesetzten erfolgen.
Die Ergebnisse der Personalbeurteilung helfen bei Entscheidungen über den Personaleinsatz und die Personalentwicklung sowie bei Fragen der Entlohnung (Gehaltserhöhung).

Bei der **Leistungsbeurteilung** werden das Arbeitsergebnis und das Arbeitsverhalten bewertet, es wird also Vergangenes beleuchtet.

Die **Potenzialbeurteilung** unterscheidet sich dadurch, dass sie sich stärker an der Zukunft orientiert. Sie hat zum Ziel, vorhandene geistige Fähigkeiten und Anlagen der Mitarbeiterinnen und Mitarbeiter zu erkennen, um daraus Rückschlüsse für das künftige Verhalten zu schließen.

Mögliche Beurteilungskriterien für Mitarbeiterinnen und Mitarbeiter in der Systemgastronomie

Fachkenntnisse
- Produkt- und Leistungsangebotskenntnisse
- Sprachkenntnisse
- Personengedächtnis
- allgemeine Kenntnisse über gastronomische Leistungen, Speisen, Getränke

Umgang mit den Gästen
- Freundlichkeit
- Diskretion, Taktgefühl
- Menschenkenntnis
- Einfühlungsvermögen
- Wertschätzung für die Gäste
- Fähigkeit, Wünsche der Gäste zu erahnen

Führungsverhalten
- setzt sich gegenüber Mitarbeiterinnen und Mitarbeitern durch
- behandelt Mitarbeiterinnen und Mitarbeiter mit Respekt
- kann Aufgaben delegieren
- kann Mitarbeiterinnen und Mitarbeiter kontrollieren
- kann motivieren
- kann bei der Arbeit anleiten

Umgang mit Mitarbeiterinnen und Mitarbeitern
- Teamfähigkeit
- Hilfsbereitschaft
- Mitteilungsbereitschaft
- Aufgeschlossenheit
- Toleranz

Arbeitsverhalten
- Pünktlichkeit, Zuverlässigkeit
- Ausdauer, Fleiß
- Einsatzbereitschaft, Lernwille
- Verantwortungsbereitschaft
- Belastbarkeit
- Selbstständigkeit
- Arbeitstempo, Arbeitsqualität

Persönliches Auftreten
- Erscheinungsbild (Berufskleidung, Frisur)
- Körperpflege (Pflege von Zähnen, Händen, Haut)
- Selbstbewusstsein
- sprachliches Ausdrucksvermögen
- Umgangsformen

geistige Anlagen
- Auffassungsgabe
- Logik
- Kreativität
- Gedächtnis

Es gibt anlassbezogene Beurteilungen und regelmäßige Beurteilungen.

Grundsätzlich sollten drei Regeln zur Auswahl von Beurteilungskriterien eingehalten werden:

1. Nur Kriterien verwenden, die für die angestrebten Tätigkeiten wichtig sind.
2. Die Kriterien dürfen sich nicht überschneiden.
3. Die Kriterien müssen eindeutig beschrieben sein, sodass verschiedene Beurteiler/innen innerhalb einer geringen Toleranz zu dem gleichen Urteil kommen können.

Nach der Bestimmung der Beurteilungskriterien legt das Unternehmen eine **Gewichtung der Kriterien** fest. Häufig werden die Mitarbeiterinnen und Mitarbeiter anhand von Erfüllungsprozenten eingestuft, z. B. beim Kriterium Belastbarkeit steht dann: Der Mitarbeiter/die Mitarbeiterin ist zu ☐ 100 %, ☐ 70 %, ☐ 50 %, ☐ 30 % belastbar.

Wird nicht gewichtet, ist das Ergebnis rein durch die Auswahl der Beurteilungskriterien bestimmt.

Diskutieren Sie anhand von fünf Beurteilungskriterien aus der Zusammenstellung von Seite 138 mögliche Gewichtungen!

Beurteilungsbogen					
Personalien					
Name					
Eintrittsdatum					
Geburtsdatum					
Abteilung					
Position					
Beurteilungszeitraum	von		bis		
Beurteilung	Sehr gut *Erwartungen werden übertroffen*	Gut *Überdurchschnittlich*	Befriedigend *Durchschnitt*	Nicht befriedigend *Mindestanforderung wird gerade erfüllt*	Nicht ausreichend *erfüllt die Anforderungen nicht*
Persönliches Verhalten					
Erscheinungsbild					
Zuverlässigkeit					
Auffassungsgabe					
Einsatzbereitschaft					
Verhalten bei Neuerungen					
Trägt zum Informationsfluss bei					
Arbeitsverhalten					
Selbstständigkeit					
Teamfähigkeit					
Umgang mit Gästen					
Denkt für den Betrieb					
Flexibilität					
Ausdauer					
Qualität der Arbeit					
Einsatzbereitschaft					
Zusammenfassende Gesamtbeurteilung					
Wie füllt der Mitarbeiter/die Mitarbeiterin die jetzige Position aus?					
Bemerkungen des/der Beurteilten					
Bei Probezeitbeurteilung: Übernahme?	Ja			Nein	
Datum	Unterschrift Beurteiler/in	Beurteilung durchbesprochen am		Unterschrift Beurteilter bzw. Beurteilte	

Beispiel einer ausgefüllten Checkliste
Für einen Mitarbeiter/eine Mitarbeiterin im Servicebereich eines Gastronomiebetriebes könnte beim Punkt Selbstständigkeit Folgendes stehen:

Selbstständigkeit	Sehr gut	Gut	Befriedigend	Nicht befriedigend	Nicht ausreichend
	Nutzt den Rahmen der eigenen Befugnisse auch bei schwierigen Aufgaben vorbildlich	Handelt im Rahmen der eigenen Befugnisse stets korrekt und sicher	Nutzt den Spielraum der übertragenen Befugnisse	Zeigt zu wenig Selbstständigkeit, benötigt oft Hilfe und Anleitung, Neigung zur Rückdelegation	Unselbstständig, versucht sich auch in Belanglosigkeiten abzusichern

5.1 Methoden der Personalbeurteilung

Beim **Einstufungsverfahren** wird eine Skala aufgestellt, und zwar verbal oder grafisch.

Beurteilungskriterium: Arbeitstempo

1	2	3	4	5	6	7
langsam						schnell

Beim **Rangordnungsverfahren** werden die Leistungen der einzelnen Mitarbeiterinnen und Mitarbeiter in Beziehung gesetzt. Die Rangordnung kann sowohl für einzelne Beurteilungskriterien aufgestellt werden als auch für die Gesamtbewertung.

Beurteilungskriterium: Toleranz

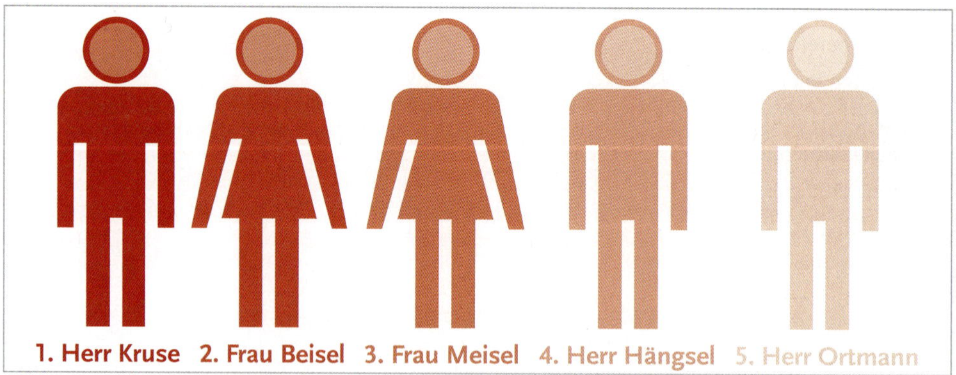

Herr Kruse belegt den ersten Platz und gilt als der toleranteste in dieser Beurteilung

Vorgabevergleichsverfahren

Wenn quantitative Ziele vorgegeben sind, die sich leicht nachprüfen lassen, dann kann man den zu Beurteilenden/die zu Beurteilende daran messen, zu wie viel Prozent er/sie das Ziel erreicht hat. Der Standardwert beträgt 100 %.

Kriterium	Arbeitstempo	Zuverlässigkeit	Teamfähigkeit	Logik
Zielerreichung	110 %	90 %	80 %	105 %

Werte über 100 % entsprechen einer Übererfüllung der Standardvorgabe. Werte unter 100 % einer Untererfüllung.

5.2 Fehlerquellen bei der Beurteilung

Wie jede Beurteilung wird auch die Mitarbeiterbeurteilung von Menschen durchgeführt, und Menschen können Fehler machen.

Wahrnehmungsfehler

Wahrnehmungsfehler sind geprägt durch Vorurteile, die aus einer falschen Wahrnehmung durch den Beurteilenden bzw. die Beurteilende erfolgen.

Beispiel
Ein Mitarbeiter/eine Mitarbeiterin geht in kurzen Abständen dreimal während der Arbeitszeit zu einem Arzttermin. Daraus wird gefolgert, dass er/sie immer während der Arbeitszeit zum Arzt geht. Er/sie gilt als unzuverlässig.
Dabei kann es aber natürlich sein, dass das vielleicht eine besondere, einmalige Situation war, die er/sie gar nicht beeinflussen konnte.

Weitere Fehler bei der Wahrnehmung können passieren. Man will nur das sehen, was einem selbst gefällt oder was seinen eigenen Vorstellungen entspricht.

Bewertungsfehler

Übernahmefehler
Es werden Daten aus einer vergangenen Beurteilung übernommen, ohne zu prüfen, ob sie zu diesem Zeitpunkt noch aktuell ist.

Sympathie/Antipathie-Effekt
Sympathie und Antipathie gegenüber dem/der zu Beurteilenden verfälschen das Ergebnis.

Halo-Effekt
Auch Überstrahlungseffekt oder Effekt des ersten Eindrucks; es wird von einem Anhaltspunkt auf andere Merkmale geschlossen.

Beispiel
Ein Mitarbeiter/eine Mitarbeiterin kommt öfter mal fünf Minuten zu spät, deshalb schätzt man ihn/sie grundsätzlich als unzuverlässig ein.

Nikolaus-Effekt
Die Beurteilung wird dadurch beeinflusst, dass die beurteilte Person und die beurteilende Person sich im Hinblick auf den Beurteilungszeitpunkt verändern.

Beispiel
Ein Mitarbeiter/eine Mitarbeiterin arbeitet nur im Beurteilungszeitraum – zum Nikolaustag – gut, sonst nicht.

Kontakt-Effekt
Je öfter der/die Vorgesetzte einen Mitarbeiter bzw. eine Mitarbeiterin sieht, umso besser beurteilt er ihn/sie. Das mag auch daran liegen, dass Menschen, die sich besser kennen, auch besser aufeinander eingehen können.

Bezugspersonen-Effekt
Es wird so beurteilt, wie ein Vorgesetzter/eine Vorgesetzte es auch macht. Oder man legt bei der Beurteilung besonderen Wert auf die Dinge, die für einen selbst wichtig sind.

⚠ Ziel einer guten Führungskraft sollte es sein, Bewertungsfehler möglichst zu vermeiden.

Einseitigkeits-Effekt
Wegen eines besonderen Ereignisses wird die Gesamtleistung positiv beurteilt.

Beispiel
Ein Mitarbeiter/eine Mitarbeiterin hat sich besonders bei einer Großveranstaltung eingebracht, deshalb bewertet man ihn/sie grundsätzlich positiv, dabei macht er/sie ansonsten nur das, was er/sie muss.

Hierarchie-Effekt
Ein Mitarbeiter/eine Mitarbeiterin, der bzw. die einen Rang höher steht, wird weniger kritisch beurteilt wie ein einfacher Mitarbeiter/eine einfache Mitarbeiterin. Beurteilen sollte man die Leistung am jeweiligen Arbeitsplatz, so kann man z. B. die Leistung eines Auszubildenden auch nicht mit der eines Gesellen vergleichen.

Kleber-Effekt
Mitarbeiter und Mitarbeiterinnen, die die gleiche Arbeit machen, werden schlechter beurteilt, allein weil sie lange nicht befördert wurden bzw. an alten Beurteilungen „kleben" bleiben.

Andorra-Phänomen
Ein Mitarbeiter bzw. eine Mitarbeiterin passt sich der Rolle an, die von ihm/ihr erwartet wird. Eine gute Meinung des/der Vorgesetzten über einen Mitarbeiter bzw. eine Mitarbeiterin erzeugt so eine gute Leistung und umgekehrt.

Berücksichtigung von Beurteilungskonsequenzen
Der/die Beurteilende scheut den Konflikt mit seinen/ihren Mitarbeiterinnen und Mitarbeitern, wenn er/sie diese schlecht beurteilt. Deshalb beurteilt er/sie besser, als die Leistung eigentlich wäre.

Extremleistungen faszinieren viele Menschen – doch ist es sinnvoll Extremes zu fordern?

Konstanzfehler

Konstanzfehler sind auf die Persönlichkeit des/der Beurteilenden zurückzuführen – einige Menschen beurteilen immer milder und einige strenger als andere.

- **Tendenz zur Milde:** keine negativen Aussagen, Beurteilung immer positiv, vermeidet Konflikte.
- **Tendenz zur Strenge:** Gute Leistungen werden für normal erachtet. Es wird strenger beurteilt, als es ein anderer machen würde. Der Beurteiler/die Beurteilerin stellt hohe Ansprüche an sich selbst und somit auch an andere.
- **Tendenz zur Mitte:** vermeidet Extremwerte, Beurteilung ausschließlich im Mittelfeld. Auch diese Tendenz vermeidet Streit.
- **Tendenz zu Extremwerten:** besonders gut oder besonders schlecht, mittlere Leistungen gibt es nicht.

5.3 Auswirkungen von Personalbeurteilungen

Sie beziehen sich auf die Beurteilten, das Unternehmen, die Führungskräfte etc.

Auswirkungen von Beurteilungen

Vorteile	Nachteile
■ Eine höhere Arbeitsproduktivität wird erzielt. ■ Ebenso eine gerechtere, leistungsabhängige Entlohnung. ■ Gezielte Anleitungen zur Leistungssteigerung werden gegeben. ■ Über- und Unterforderungen der Mitarbeiterinnen und Mitarbeiter werden deutlich. ■ Ein gezielterer Mitarbeitereinsatz wird erleichtert. ■ Führungskräfte sind genötigt, sich mit der Leistung ihrer Mitarbeiter und Mitarbeiterinnen auseinanderzusetzen.	■ Beurteilungen sind zeitaufwendig und bedeuten einen höheren Arbeitsaufwand für die Führungskräfte und somit höhere Kosten. ■ Falsche Beurteilungen können Schaden im Unternehmen verursachen. ■ Beurteilungssituationen sind immer Ausnahmesituationen und können Spannungen im Team erzeugen. ■ Teamarbeit kann durch die Konkurrenz der Mitarbeiterinnen und Mitarbeiter untereinander Schaden nehmen.

Was ist Ihre Meinung?

Das Beurteilungsgespräch – David gegen Goliath?
Wer sich im Beurteilungsgespräch nicht traut, persönliche Interessen bzw. die eigene Sicht der Dinge zum Thema zu machen, vermeidet den Konflikt zwar für den Moment, der Gegenstand der Meinungsverschiedenheit bleibt jedoch bestehen und bietet nicht selten langfristig Grund zum Ärger. Wie aber soll Ihr Chef/Ihre Chefin einen Missstand aus dem Weg räumen, wenn er/sie gar nicht weiß, dass dieser existiert?
Weicht also Ihre Einschätzung der Sachlage von der Ihres/Ihrer Vorgesetzten ab, ist es an Ihnen, dies im Gespräch zu thematisieren. Sagen Sie aber niemals: „Das sehen Sie völlig falsch!", sondern formulieren Sie eher „Aus meiner Sicht der Dinge stellt sich das Ganze etwas anders dar, und zwar ..."

5.4 Beurteilungsgespräch

Nach der Beurteilung sollte die Führungskraft mit dem Mitarbeiter bzw. der Mitarbeiterin ein Beurteilungsgespräch führen. Nur so kann man das Verhalten des Mitarbeiters/der Mitarbeiterin verändern oder ihn/sie in seiner/ihrer Arbeit bestärken.

Das Gespräch muss als Dialog geführt werden, und zwar unter Beachtung der allgemeinen Kommunikationsregeln eines Mitarbeitergesprächs.

5.5 Arbeitszeugnis

Nach dem Umfang unterscheidet man zwischen dem einfachen Arbeitszeugnis und dem qualifizierten Arbeitszeugnis.

Ein einfaches Arbeitszeugnis enthält:
- Name, Vorname, Titel
- Dauer des Beschäftigungsverhältnisses
- Art der Tätigkeit
- Firma, Ort, Datum, Unterschrift

Zusätzliche Angaben:
- Geburtsdatum,
- Geburtsort,
- typische Merkmale der Arbeitstätigkeit,
- Grund, warum der Mitarbeiter/die Mitarbeiterin das Unternehmen verlässt

Beispiel eines einfachen Arbeitszeugnisses:

Firma,
Anschrift

Ort, Datum

Frau Maria Meier, geboren am 3. 9. 1990 war vom 1. 1. 2015 bis zum 1. 4. 2015 als Servicemitarbeiterin bei uns beschäftigt.

Zu ihren Aufgaben gehörte das Verkaufen und Bedienen von Gästen. Frau Meier verlässt unser Unternehmen auf eigenen Wunsch, um eine Ausbildung zu beginnen. Wir wünschen ihr für die Zukunft alles Gute.

Eduard Feiler
(Restaurantleiter)

Jeder Mitarbeiter und jede Mitarbeiterin hat (auf Wunsch) einen rechtlichen Anspruch auf ein qualifiziertes Arbeitszeugnis. Dies gilt auch für Auszubildende (vgl. Berufsbildungsgesetz). Bei einfachen Tätigkeiten oder sehr kurzen Beschäftigungsverhältnissen ist allerdings das einfache Arbeitszeugnis üblich.

Das **qualifizierte Arbeitszeugnis** enthält zusätzliche Aussagen über die Führung und Leistung des Arbeitnehmers bzw. der Arbeitnehmerin. Er/sie muss über die gesamte Dauer der Beschäftigung beurteilt werden. Es sollten auch die individuellen Besonderheiten Berücksichtigung finden.

Folgende Inhalte sollte ein qualifiziertes Zeugnis enthalten:

- Firma, Adresse
- Überschrift (z. B. Zwischenzeugnis)
- Dauer der Beschäftigung
- Beschreibung der Tätigkeiten in chronologischer Reihenfolge
- Kenntnisse und Erfahrungen des Arbeitnehmers/der Arbeitnehmerin bezüglich seines/ihres Arbeitsplatzes
- Leistungsbeurteilung des Arbeitnehmers/der Arbeitnehmerin
- besuchte Fortbildungen, Qualifizierungsmaßnahmen
- Beurteilung des Führungsverhaltens
- Angabe über den Grund der Beendigung des Arbeitsverhältnisses
- Schlussformel mit dem Bedauern über das Ausscheiden, dem Dank für die Leistungen und besten Wünschen für die Zukunft
- Ausstellungsort, Datum, Unterschrift

Das Bundesarbeitsgericht hat seinen Sitz in Erfurt

Ein Zeugnis sollte grundsätzlich auf einem DIN-A4-Geschäftsbogen mit dem PC ordentlich und sauber geschrieben sein. Bei Rechtschreib- und Grammatikfehlern hat der/die Beurteilte das Recht eine Verbesserung zu verlangen.

Das Zeugnis muss der Wahrheit entsprechen, sorgfältig ausgestellt und gleichzeitig wohlwollend formuliert werden. Daraus ergibt sich häufig ein Problem. Aus diesem Grund hat sich eine „geheime Zeugnissprache" entwickelt, die aus bestimmten Wörtern und Wortkombinationen besteht, aus denen man eine besondere Bedeutung herauslesen kann.

Folgende Themen gehören grundsätzlich nicht in ein Arbeitszeugnis:

- Abmahnungen
- Straftaten, die mit der Arbeitstätigkeit nichts zu tun haben
- Verdacht auf strafbare Handlungen
- Gewerkschafts-, Partei- oder Betriebsratstätigkeiten
- Privater Alkoholkonsum (Ausnahme Alkoholkonsum während der Arbeit)
- Krankheiten (es sein denn, der Arbeitnehmer/die Arbeitnehmerin kann auf Grund von langen Fehlzeiten nicht beurteilt werden)
- Schwangerschaft
- Vorkommnisse aus dem Privatleben

Angenommen, Sie bekommen von einem Bewerber ein einfaches Zeugnis vorgelegt, das nur die Mindestangaben enthält. Eine zweite Bewerberin bringt ein Zeugnis mit zusätzlichen Informationen. Wie würden Sie reagieren? Was würden Sie denken?

Folgende Wörter („Killerwörter") sollten in Arbeitszeugnissen nicht verwendet werden:

- Probleme
- Mängel
- Fehler
- Schuld
- Schwierigkeiten
- Flüchtigkeitsfehler
- Wörter wie: leider, aber, trotz, trotzdem

Zeugnissprache

Formulierung im Arbeitszeugnis	Bedeutung
Wegen seiner/ihrer Pünktlichkeit war er/sie stets ein gutes Vorbild.	Seine/ihre Leistung war unterdurchschnittlich; er/sie war in jeder Hinsicht unbrauchbar.
Er/sie hat sich im Rahmen seiner/ihrer Fähigkeiten eingesetzt.	Er/sie hat getan, was er/sie konnte, das war aber nicht viel.
Wir schätzen ihn/sie als einen eifrigen Mitarbeiter/eine eifrige Mitarbeiterin, der/die die ihm/ihr gemäßen Aufgaben schnell und sicher bewältigte.	„Ihm/ihr gemäß" waren jedoch nur die anspruchslosen Aufgaben.
Durch seine Geselligkeit trug er/sie zur Verbesserung des Betriebsklimas bei.	Er neigte zu übertriebenem Alkoholgenuss.
Wir bestätigen gerne, dass Herr/Frau XY mit Fleiß, Ehrlichkeit und Pünktlichkeit an seine/ihre Aufgaben herangegangen ist.	Aber leider ohne jegliche fachliche Qualifikation.
Er/sie war tüchtig und wusste sich gut zu verkaufen.	Er/sie ist ein unangenehmer Mitarbeiter/eine unangenehme Mitarbeiterin.
Er/sie bewies für die Belange der Kolleginnen/Kollegen stets Einfühlungsvermögen.	Er/sie sucht sexuelle Kontakte bei Betriebsangehörigen.
Er/sie war immer mit Interesse bei der Sache.	Er/sie hat sich angestrengt, aber nichts geleistet.
Er/sie erledigte die ihm/ihr übertragenen Aufgaben mit Fleiß und war stets willens, sie termingerecht zu beenden.	Absolut unzureichende Leistung.
Er/sie verfügt über Fachwissen und zeigt ein gesundes Selbstvertrauen.	Geringes Fachwissen, das mit „großer Klappe" übertüncht werden soll.
Er/sie galt im Kollegenkreis als toleranter/tolerante Mitarbeiter/in.	Den Vorgesetzten gegenüber war sein/ihr Verhalten mangelhaft.
Wir haben ihn/sie als einsatzwillige und sehr bewegliche Person kennengelernt, der/die stets bemüht war, die ihm/ihr übertragenen Aufgaben zur vollsten Zufriedenheit in seinem/ihrem und im Interesse des Unternehmens zu lösen.	Umschreibung dafür, dass der Mitarbeiter/die Mitarbeiterin sehr geschickt den Arbeitgeber bestohlen hat.

Wie schon ausgeführt, haben also alle Arbeitnehmerinnen und Arbeitnehmer nach der deutschen Rechtsprechung das Recht auf ein Arbeitszeugnis, das einer bestimmten äußeren Form entspricht, einem standardisierten Aufbau folgt und wohlwollend formuliert ist. Daher bieten die Zeugnisse kaum einen individuellen Eindruck.

Folgende Möglichkeiten bringen aber eine Wertung in das Zeugnis:

- Ein Arbeitszeugnis sollte das Datum des letzten Arbeitstages enthalten, auch wenn es später ausgestellt wird. Liegt das Ausstellungsdatum länger als zwei Wochen hinter dem letzten Arbeitstag, so kann dies ein versteckter Hinweis auf Probleme am Arbeitsplatz oder mit den Vorgesetzten sein.
- Eine Bewertung kann durch das Weglassen von bestimmten Aussagen vorgenommen werden, z. B. bei fehlendem Hinweis auf Resultate und Erfolge bei der Arbeit.
- Die Beurteilung des Sozialverhaltens sollte in folgender Reihenfolge niedergeschrieben werden: Vorgesetzte – Kollegen – Kunden. Ist das nicht der Fall oder wird beispielsweise „ein hervorragendes Verhältnis zu Kollegen und Vorgesetzten" bescheinigt, dann kann dies ein Hinweis auf ein Fehlverhalten gegenüber dem/der Vorgesetzten sein.
- Formulierungen im Passiv können mangelndes selbstständiges Arbeiten und fehlende Eigeninitiative signalisieren.

Ein Zwischenzeugnis wird einem Mitarbeiter/einer Mitarbeiterin auf seinen/ihren Wunsch ausgestellt, ohne dass das Beschäftigungsverhältnis aufgelöst wird.
Gründe für ein Zwischenzeugnis sind z. B.:

- Vorgesetztenwechsel
- Versetzung
- Veränderungen im Unternehmen
- Ende der Probezeit
- Vorliegen eines anderen Angebots

Diese Übung finden Sie auch unter www.trauner.at/systemgastronomie.aspx.

Aufgabenstellung

- Lesen Sie die verschiedenen Zeugnistexte durch! Welche Schulnote (von 1 bis 5) würden Sie vergeben?

Zeugnistext	Schulnote
... mit ihrem/seinem Fleiß, ihren/seinen Leistungen und ihrer/seiner Führung waren wir in jeder Hinsicht zufrieden ...	
... mit ihrem/seinem Fleiß, ihren/seinen Leistungen und ihrer/seiner Führung waren wir in jeder Hinsicht sehr zufrieden ...	
... mit ihren/seinen Leistungen und ihrer/seiner Führung waren wir zufrieden ...	
... ihre/seine Leistungen und ihre/seine Führung waren befriedigend ...	
Wir bestätigen Herrn/Frau ___ ... dass er/sie vom ___ bis ___ bei uns als ___ beschäftigt war.	
... die übertragenen Arbeiten wurden zu unserer Zufriedenheit erledigt ...	
Er/Sie war stets bemüht gute Leistungen zu bringen.	
Die übertragenen Aufgaben wurden zu unserer vollsten Zufriedenheit erledigt.	
Er/Sie hat sich bemüht die übertragenen Aufgaben zu unserer Zufriedenheit zu erledigen	

Ein Programm zum Erstellen von Arbeitszeugnissen kann sehr hilfreich sein

Beurteilungskriterien

Ein Auszubildender sollte mit einem anderen Maßstab beurteilt werden als eine Führungskraft.

Beurteilungskriterien

Auszubildende/r	Führungskraft

■ Auffassungsgabe ■ Lernwilligkeit ■ Fleiß ■ Arbeitsverhalten ■ Ordnung ■ Pünktlichkeit ■ Einsatzbereitschaft ■ Initiative ■ Sozialverhalten	■ Führungseigenschaften ■ pädagogische Eigenschaften ■ Motivationsfähigkeit ■ Verhandlungsgeschick ■ Kontaktfähigkeit, Menschenkenntnis ■ Organisationsgabe, Kreativität ■ Entscheidungsfreudigkeit ■ Vorbildfunktion, Kooperationsfähigkeit ■ Fähigkeit zu analytischem Denken

Ein Musterarbeitszeugnis finden Sie unter www.trauner.at/systemgastronomie.aspx.

Aufgabenstellung

- Recherchieren Sie im Internet zu jedem der angeführten Beurteilungskriterien drei Standardformulierungen, und zwar je eine gute, eine mittelmäßige und eine schlechte Bewertung!

Kriterien	Gute Bewertung	Mittelmäßige Bewertung	Schlechte Bewertung
Fachwissen			Lückenhaft
Arbeitsbereitschaft			
Belastbarkeit			
Arbeitsweise		Zufriedenstellend	
Arbeitserfolg			
Aufgeschlossenheit	Besonders aufgeschlossen		

Diese Übung finden Sie auch unter www.trauner.at/systemgastronomie.aspx.

Die Formulierungen sind sehr ähnlich. Oft genügen ein paar Buchstaben zur Unterscheidung (vollsten Zufriedenheit – vollen Zufriedenheit).

Beurteilt werden die Arbeitsfähigkeit, die Arbeitsweise und der Arbeitserfolg.

Leistungsbeurteilung

Beurteilungsgrundlage ist immer die gesamte Dauer der Beschäftigung, wobei der Schwerpunkt sicherlich in der Entwicklung des Mitarbeiters/der Mitarbeiterin liegen sollte. Die Leistungsbeurteilung kann frei formuliert (in Worten) oder als tabellarische Benotung erfolgen.

Standardformulierungen, in Anlehnung an Zeugnisnoten

Sehr gut	Gut	Durchschnittlich	Mäßig	Mangelhaft	Ungenügend
■ Er/sie hat die ihm/ihr übertragenen Aufgaben stets zu unserer vollsten Zufriedenheit erledigt. ■ Seine/ihre Leistungen haben in jeder Hinsicht unsere volle Anerkennung gefunden. ■ Seine/ihre Leistungen waren stets sehr gut.	■ Er/sie hat die ihm/ihr übertragenen Aufgaben stets zu unserer vollen Zufriedenheit gelöst. ■ Seine/ihre Leistungen waren gut. ■ Er/sie hat unseren Erwartungen in jeder Hinsicht und in bester Weise entsprochen.	■ Er/sie hat die ihm/ihr übertragenen Aufgaben zu unserer vollen Zufriedenheit erledigt. ■ Seine/ihre Leistungen waren stets zufriedenstellend. ■ Sie/er hat unseren Erwartungen in jeder Hinsicht entsprochen.	■ Er/sie hat die ihm/ihr übertragenen Aufgaben stets zu unserer Zufriedenheit erledigt. ■ Er/sie hat zufriedenstellend gearbeitet. ■ Er/sie hat unseren Erwartungen entsprochen.	■ Er/sie hat die ihm/ihr übertragenen Aufgaben im Großen und Ganzen zu unserer Zufriedenheit erledigt. ■ Er/sie war bemüht, seine/ihre Fachkenntnisse zu erweitern. ■ Er/sie verfügt über entwicklungsfähige Grundkenntnisse.	■ Er/sie bemühte sich, die Leistungen zu erbringen, die wir an diesem Arbeitsplatz erwarten. ■ Er/sie erledigt die übertragenen Aufgaben mit Fleiß und war stets bestrebt diese termingerecht abzuliefern.

XY Gastro GmbH, Berlin

Berlin, 20. 8. 2015

Zeugnis

Frau Lisa Schacht, geb. am 12. 3. 1971, war vom 1. 1. 2011 bis zum 31. 7. 2015 in unserem Unternehmen als Teamleiterin tätig. Nach einer 4-monatigen Einarbeitungszeit in unserem System übernahm die gelernte Fachfrau für Systemgastronomie als Teamleiterin den Bereich Service in unserer Betriebsstelle in der Baumstraße 5.

Zu ihrem Aufgabenbereich gehörten neben der Erstellung der Dienstpläne vor allem die Betreuung der Auszubildenden, die Organisation des Serviceablaufs sowie Gästebetreuung und Beratung.

Sie zeigte sich als gewandte, intelligente Teamleiterin mit sehr guten Führungsqualitäten und einem besonderen pädagogischen Geschick im Umgang mit den ihr anvertrauten Auszubildenden.

Sie erledigte ihre Aufgaben stets zu unserer vollsten Zufriedenheit und mit vorbildlicher Gewissenhaftigkeit.

Frau Schacht verlässt das Unternehmen auf eigenen Wunsch aus privaten Gründen. Wir bedauern das Ausscheiden von Frau Schacht und wünschen ihr für die Zukunft alles Gute.

Karl-Heinz Lauterbach
(Restaurantleiter)

Bewerten Sie das Arbeitszeugnis!

Ziele erreicht?

KOMPETENZ-ERWERB

Diese Übungen finden Sie auch unter www.trauner.at/systemgastronomie.aspx.

1. Welche fünf Faktoren beeinflussen das Verhalten von Führungskräften?
2. Ein Zielbildungsprozess ist mehrstufig. Erläutern Sie die einzelnen Stufen dieses Prozesses.
3. Erklären Sie den Planungsvorgang als Teil des sogenannten Managementkreises.
4. Warum ist Kommunikation für die Zielbildung so wichtig?
5. Nennen Sie die Management-by-Prinzipien?
6. Erklären Sie den Begriff Motivation. Beschreiben Sie dabei auch kurz die Maslow'sche Bedürfnispyramide und ihre Interpretation von Hans Jung.
7. Was ist bei der Organisation einer Besprechung zu beachten?
8. Nennen Sie die Methoden der Personalbildung und beschreiben Sie zwei näher.
9. Welche Fehlerquellen können sich bei der Personalbeurteilung ergeben?
10. Füllen Sie aus! Um welche Führungstechnik handelt es sich?

Fallbeispiele	Führungstechnik
1. Ein Restaurantleiter/eine Restaurantleiterin vereinbart mit dem Franchisenehmer/der Franchisenehmerin die Realisation eines Jahresumsatzes von 3 Mio. Euro.	
2. Der Schichtleiter/die Schichtleiterin darf am Tag bis zu 50 Produkte umsonst an die Gäste abgeben, ohne den Restaurantleiter/die Restaurantleiterin zu fragen, z. B. als Entschuldigung für langes Warten.	
3. Ein Mitarbeiter/eine Mitarbeiterin bekommt den Auftrag, eine Kundenbefragung eigenständig durchzuführen, um die Zufriedenheit der Gäste festzustellen.	
4. Gemeinsam vereinbaren Restaurantleiter/in und Küchenchef/in folgende Ziele: ■ Senkung der Personalkosten um 10 %. ■ Senkung der Abfallmenge um 5 %. ■ Bessere Auslastung der neuen Küchengeräte.	
5. Ein Mitarbeiter/eine Mitarbeiterin bekommt eine Prämie von 50,– Euro für gute Leistungen.	
6. Schichtleiter/in und Servicepersonal vereinbaren, dass der Umgangston untereinander höflicher werden soll.	
7. Die Verweildauer der Gäste an der Autobahnraststätte „Holbenstädt" wird immer kürzer. Am Montag gibt es eine Diskussionsrunde zwischen den Gästen und den Mitarbeiterinnen und Mitarbeitern der Raststätte zu diesem Thema.	
8. Das Servicepersonal behandelt Gästebeschwerden selbstständig. Nur bei schwierigen Fällen wird der/die Vorgesetzte hinzugezogen.	
9. Die Mitarbeiter und Mitarbeiterinnen bei der „Fresh Salads Plus AG" erhalten regelmäßig die Möglichkeit zur Fortbildung. Dies wird gerne angenommen.	
10. Die Unternehmensleitung veröffentlicht die aktuellen Umsatz- und Gewinnzahlen in einer Fachzeitschrift.	

11. Erläutern Sie den Begriff „Nichtdirektive Gesprächsführung" anhand eines Beispiels.

12. Entwerfen Sie Beurteilungsbögen!

Sie arbeiten in einer systemgastronomischen Kette mit 135 Betrieben in Deutschland. Sie trägt den Namen „Fresh Salads Plus AG". Ihre Standorte sind in größeren Städten, zumeist in Innenstadtlage. Als Zielgruppe sprechen Sie die Mitarbeiterinnen und Mitarbeiter aus den vielen umliegenden Büros sowie Shopping-Touristen an.

In Ihrem Kernsortiment bieten Sie Ihren Gästen frische Salate mit verschiedenen Zugaben, wie gegrillte Austernpilze, warmes Grillgemüse, gegrillte Hühnerbrust, Rinderfilet und Ziegenkäse, an. Außerdem haben Sie täglich ein Sortiment von fünf verschiedenen Suppen, das wöchentlich wechselt. Die Speisen werden täglich frisch vor dem Gast zubereitet.

Weiters bieten Sie frisch gepresste Obst- und Gemüsesäfte, Mineralwässer sowie ein kleines exquisites Weinsortiment an.

Alle Speisen werden im Store selbst hergestellt, hierzu gibt es eine kleine Küche in jedem Betrieb.

Sie sind neu in der Personalabteilung der „Fresh Salads Plus AG". Demnächst stehen die jährlichen Mitarbeiterbeurteilungen an und Sie sollen für folgende Positionen Beurteilungsbögen entwerfen:

- Führungskräfte
- Servicepersonal
- Küchenpersonal
- Verwaltungsangestellte

13. Gruppenarbeit

Bilden Sie Gruppen. Erstellen Sie in Ihrer Gruppe je ein qualifiziertes Arbeitszeugnis mit schlechter, mittelmäßiger sowie guter Beurteilung für den Auszubildenden Paul Reising, der drei Jahre bei Ihnen gelernt hat.

Hängen Sie Ihre Zeugnisse an die Tafel und sehen Sie sich die Ergebnisse der anderen Gruppen an.

14. Finden Sie fünf „Killerwörter", die nicht in ein Arbeitszeugnis gehören!

J	H	G	I	A	H	O	**A**
V	O	Z	T	O	R	T	**B**
G	A	Z	U	N	R	D	**E**
L	E	I	D	E	R	L	**R**
B	S	A	L	G	A	U	V
G	N	H	U	R	G	H	G
L	E	I	Q	C	S	C	Z
F	G	F	O	P	X	S	F

Personalverwaltung

Jedes Unternehmen hat eine Vielzahl von Personaldaten, die irgendwie bewältigt werden müssen:

- Personenbezogene Daten betreffen jeden einzelnen Mitarbeiter bzw. jede einzelne Mitarbeiterin, z. B. Zeugnisse, Urlaubswünsche, Krankmeldungen, Fortbildungsbescheinigungen.
- Stellenbezogene Daten liefern Informationen über den eigentlichen Arbeitsplatz, z. B. das Anforderungsprofil.
- Entgeltbezogene Daten umfassen Tarifverträge, Lohngruppen, Lohnsteuerklassen der Mitarbeiterinnen und Mitarbeiter sowie Gehaltsvereinbarungen.
- Marktbezogene Daten sind Kennzahlen zum Unternehmenserfolg, z. B. Marktanteile, Rentabilität, Umsatzentwicklung.
- Interne Kennzahlensysteme liefern Informationen zur Produktivität und Wirtschaftlichkeit und enthalten Ergebnisse der Marktforschung.

Die Fülle der Daten erfordert eine Verarbeitung mit EDV

Meine Ziele

KOMPETENZ-ERWERB

Nach Bearbeitung dieses Kapitels kann ich

- sagen, welche Personaldaten zu verwalten sind;
- erläutern, was Personalinformationssysteme leisten;
- die Unterschiede zwischen Personalakte, Personalkartei und Personaldateien erklären und so die Möglichkeiten der Organisation von Personaldaten nennen und interpretieren.

Personalinformationssysteme

Ein Personalinformationssystem ist die vollständige Erfassung, Speicherung, Verwaltung, Sortierung und Auswertung von allen wichtigen Informationen über das Personal und die Arbeitsplätze.

Häufig ist das Personalinformationssystem ein Bestandteil eines Gesamtsystems. So sind z. B. Daten aus dem Verkauf und dem Einkauf mit den Personaldaten vernetzbar. Durch eine Vernetzung mit anderen Bestandteilen des Systems wird ein gegenseitiger elektronischer Datentransfer ermöglicht.

Ein Personalinformationssystem bietet die Möglichkeit Entscheidungen im Personalbereich objektiver und rationeller zu gestalten.

Organisation von Personaldaten

Es gibt mehrere Möglichkeiten zur Organisation von Personaldaten.

Personalakte

In einer Personalakte werden alle Unterlagen, die für die Person und das Arbeitsverhältnis von Bedeutung sind, gesammelt, geordnet und aufbewahrt.

Die Personalakte muss regelmäßig ergänzt werden. Überflüssige Unterlagen sollte sie jedoch nicht enthalten.

Vermeiden Sie die Speicherung derselben Daten an verschiedenen Stellen, z. B. die Aufzeichnung der Entgeltentwicklung in der Personalakte und zusätzlich in EDV-mäßiger Form, z. B. im Personalstammsatz. Die Speicherung an einer Stelle ist völlig ausreichend.

Personalakte sollten nur die wichtigsten Vorgänge enthalten. Diese müssen wiederum schnell auffindbar sein. Eine durchdachte Gliederung unterstützt die praktische Handhabung:

- gesetzliche Aufbewahrungsvorschriften,
- betrieblich notwendige Unterlagen,
- wünschenswerte Unterlagen.

Der Mitarbeiter bzw. die Mitarbeiterin darf Einsicht in seine/ihre Personalakte nehmen. Ein Mitglied des Betriebsrates kann hinzugezogen werden. Auf Wunsch des Mitarbeiters sind Erklärungen zum Inhalt der Personalakte dieser beizufügen (§ 83 BetrVG).

Gliederungsmöglichkeiten einer Personalakte

Kurze Gliederung	Ausführliche Gliederung	Häufig zu findende Gliederung
Gesetzliche Unterlagen (Arbeitserlaubnis, Bescheinigung nach Infektionsschutzgesetz etc.)	Bewerbungsbogen, Bewerbungsunterlagen	Persönliche Daten
Personalien, Bewerbungsunterlagen, Einstellungsunterlagen	Arbeits-, Anstellungs- oder Dienstvertrag	Vertragliche Vereinbarungen
Allgemeines	Steuerrelevante Unterlagen (z. B. Steuerkarte)	Tätigkeit
Arbeitsvertrag, Änderungen im Vertrag	Sozialversicherungsrelevante Unterlagen (z. B. Sozialversicherungsnachweisheft, Anmeldungen, Jahresmeldungen, Unterbrechungsmeldungen)	Bezüge

Beurteilungen, Zeugnisse	Zahlungsrelevante Unterlagen (z. B. Bankverbindungen, Vermögensbildungsverträge, Einbehaltungen, Abführungen)	Abwesenheit
Austritt	Leistungsbewertungen, Beurteilungen und Zwischenzeugnisse	Allgemeiner Schriftverkehr
	Aus- und Weiterbildungsunterlagen	
	Bescheinigungen	
	Sonstiges (beispielsweise Schwerbehindertenausweis, Mutterschutz, Wehrdienst, Zusatzversorgung, Urlaubs- und Fehlzeiten, persönlicher Schriftwechsel)	

Aufgrund des verfassungsrechtlich gewährleisteten Persönlichkeitsschutzes ist der Arbeitgeber/die Arbeitgeberin verpflichtet,

- die Personalakten der Arbeitnehmerinnen und Arbeitnehmer sorgfältig zu verwahren,
- bestimmte Informationen vertraulich zu behandeln und
- für die vertrauliche Behandlung durch die Sachbearbeiter/innen Sorge zu tragen.

Der Arbeitgeber bzw. die Arbeitgeberin muss den Kreis der mit den Personalakten befassten Mitarbeiterinnen und Mitarbeiter möglichst eng halten (BAG vom 15. 7. 1987, BB1987, S. 2300).

Personalkartei

In dieser befinden sich nur die wichtigsten Informationen in Stichworten. Meistens ist sie nach dem Stellenbesetzungsplan geordnet. Sie wird auch als das Handwerkszeug der Personalverwaltung bezeichnet. Die Personalkartei ist eine Karteikarte, entweder in Papierform oder sie wird als Datei in der elektronischen Datenverwaltung geführt.

Personaldateien

Die Personaldaten der Mitarbeiterinnen und Mitarbeiter werden zur Verarbeitung in Personaldateien abgespeichert. Die wichtigsten sind die Personalstammdatei, die Arbeitsplatzstammdatei und die Führungsdatei.

Die **Personalstammdatei** enthält alle erforderlichen Daten, die für die Personalaktivitäten nötig sind:

- Persönliche Daten, wie Name, Geschlecht, Alter, Adresse, Berufsausbildung,
- Firmeninterne Daten, wie Eintrittsdatum, persönliches Kürzel, Personalnummer, interne Telefonnummer,
- Daten zum Entgelt, wie Gehaltshöhe, Gehaltserhöhungen, Prämien, Überstundensatz,
- Zeitdaten, wie Betriebszugehörigkeit, Jubiläumsdaten, Krankheit, geschäftliche Abwesenheit.

Grundsätzlich sollte man zunächst überlegen, welche Informationen überhaupt relevant sind, denn alles zu speichern ohne Sinn führt nur zu Unübersichtlichkeit und unnützen Kosten.

Beachten Sie, dass auch in einem Personalinformationssystem (PIS) der Datenschutz gewährleistet sein muss.

Eine Möglichkeit die Übersichtlichkeit zu erhöhen, ist das Bilden von Kategorien, z. B. die Einteilung in Führungskräfte, Küchenpersonal, Servicepersonal.

Die **Arbeitsplatzstammdatei** beinhaltet alle Arbeitsplatzdaten, die für die Personalplanung, die Personalbeschaffung und die Personalbeurteilung nötig sind.

Es besteht keine Verbindung zur Personalstammdatei, somit kann jeder Arbeitsplatz jedem Mitarbeiter bzw. jeder Mitarbeiterin zugeordnet werden.

Übliche Datenelemente einer Arbeitsplatzstammdatei sind:
- Stellenbezogene Daten, z. B. Stellenbeschreibung
- Mitarbeiterbezogene Daten, z. B. interne oder externe Personalbeschaffung, notwendige Qualifikationen, Entlohnung, Anzahl der Mitarbeiterinnen und Mitarbeiter
- Beurteilungsdaten, z. B. zu erbringende Leistungen
- Kontrollmöglichkeiten, Beurteilungshäufigkeit

Die **Führungsdatei** gibt Auskunft über die Gesamtheit der Mitarbeiter- und Mitarbeiterinnengruppen. Diese Datei dient vor allem statistischen Zwecken und enthält Zeitreihendaten über Belegschaftszahlen, Fluktuation, Personalzugänge, Personalkosten sowie Ausbildungszahlen.

Ziele erreicht?

1. Warum ist eine Personalverwaltung sinnvoll?
2. Erklären Sie die Funktion von Personalinformationssystemen.
3. Welche Daten enthält eine Personalstammdatei?
4. Besteht eine Verbindung zwischen Arbeitsplatzstammdatei und Personalstammdatei?
5. Welche Datenelemente sind üblicherweise in einer Arbeitsplatzstammdatei enthalten?
6. Welche Gesetze sind im Zusammenhang mit der Personalakte zu beachten?
7. Wer darf Zugang zu den Personalakten haben?
8. Nach welcher Systematik gliedern Sie eine Personalakte?
9. **Fallbeispiel**

Sie absolvieren Ihre Ausbildung zum Fachmann bzw. zur Fachfrau für Systemgastronomie in einer Pizzakette. Während Ihrer Ausbildung sind Sie auch einige Zeit in der Personalabteilung tätig. Da das Unternehmen noch recht jung ist, beginnt man erst jetzt mit standardisierten Strukturen im Bereich Personal. Es wurde noch keine Formatvorlage für eine Personalkartei entwickelt.

Folgende Mitarbeiterinnen und Mitarbeiter sind im Unternehmen beschäftigt: Pizzafahrer, Küchenpersonal, Betriebsleiter, Pizzabäcker, stellvertretende Betriebsleiterin, Reinigungspersonal und Telefonisten. Es gibt jeweils Teilzeit-, Vollzeit- und 450-Euro-Kräfte.

Sie haben jetzt den Auftrag bekommen, eine Formatvorlage für eine Personalkartei zu entwickeln.

Personalfreisetzung

Ein Arbeitsverhältnis kann auf vielfältige Art enden:
- Ende eines befristeten Arbeitsvertrages.
- Erreichung des Rentenalters.
- Kündigung durch den Arbeitnehmer bzw. die Arbeitnehmerin.
- Schließung eines Aufhebungsvertrages.
- Kündigung durch den Arbeitgeber bzw. die Arbeitgeberin.
- Vertragsauflösung durch das Gericht.
- Tod des Arbeitnehmers/der Arbeitnehmerin.

Die Kündigung durch den Arbeitgeber/die Arbeitgeberin gehört dabei zu den schwierigsten Aufgaben in der Personalverantwortung. Bevor es jedoch zu einer Kündigung kommt, erfolgt meist eine Ermahnung und/oder Abmahnung.

Meine Ziele

Nach Bearbeitung dieses Kapitels kann ich
- den Unterschied zwischen Ermahnung und Abmahnung erklären;
- sagen, was ein Aufhebungsvertrag bzw. was eine Änderungskündigung ist;
- die Besonderheiten der Kündigung von Auszubildenden nennen;
- die gesetzlichen Grundlagen zur Kündigung von Arbeitnehmerinnen und Arbeitnehmern, vor allem das Kündigungsschutzgesetz (KSchG), interpretieren;
- die unterschiedlichen Bestimmungen zu den Kündigungsfristen zusammenfassen;
- die wesentlichen Elemente des Kündigungsschutzes und der sozial ungerechtfertigten Kündigung nennen.

1 Ermahnung und Abmahnung

Wussten Sie, dass der Arbeitgeber/die Arbeitgeberin in einer Abmahnung auch mehrere Fehlverhalten beanstanden kann?
Dann müssen allerdings alle beanstandeten Pflichtverstöße zutreffend sein. Ist dies bei nur einem Vorwurf nicht der Fall, wird die Abmahnung als ganze ungültig, auch wenn sie im Übrigen zutreffend ist.

1.1 Ermahnung

Eine Ermahnung rechtfertigt keine verhaltensbedingte Kündigung.

Die Ermahnung ist ein milderes Mittel als die Abmahnung. Hiermit will der Arbeitgeber/die Arbeitgeberin ein Fehlverhalten aufzeigen. Sie unterscheidet sich von der Abmahnung dadurch, dass sie dem Arbeitnehmer bzw. der Arbeitnehmerin keine Konsequenzen aus dem Fehlverhalten für den Bestand oder den Inhalt des Arbeitsverhältnisses in Aussicht stellt. Das heißt, die Warnfunktion fehlt, da eine Kündigung nicht angedroht wird.

Eine Ermahnung wählt der Arbeitgeber/die Arbeitgeberin, wenn die Pflichtverletzung nicht gravierend ist.

Der Schiedsrichter verwarnt den Spieler für sein unsportliches Verhalten bzw. einen Verstoß gegen die Spielregeln

1.2 Abmahnung

Die Abmahnung weist den Mitarbeiter/die Mitarbeiterin auf sein/ihr Fehlverhalten hin und fordert ihn/sie auf dieses zu ändern.

Dieser Hinweis wird in einer Abmahnung immer verbunden mit dem Hinweis auf arbeitsrechtliche Konsequenzen im Wiederholungsfall.

Die Inhalte einer Abmahnung sind:
- Genaue Schilderung des Fehlverhaltens
- Nennung der verletzten Pflichten
- Eindeutige Wertung des Fehlverhaltens als Vertragsverletzung
- Zeitpunkt
- Gewünschtes Verhalten in der Zukunft
- Androhung von Konsequenzen, wenn sich das Verhalten nicht ändert

Eine Abmahnung hat folgende Funktionen

Aufforderungs-/Dokumentationsfunktion	Erinnerungs-/Rügefunktion	Warnfunktion
Benennung des Vorfalls und Aufforderung das Fehlverhalten in Zukunft zu unterlassen	Der Arbeitnehmer/die Arbeitnehmerin soll an die Pflichten aus dem Arbeitsvertrag erinnert werden	Warnung vor Konsequenzen bei andauerndem Fehlverhalten

Die Abmahnung ist in der Regel eine notwendige Voraussetzung einer verhaltensbedingten ordentlichen Kündigung (§ 314 BGB).

Auch eine außerordentliche Kündigung, und zwar aus verhaltensbedingten Gründen, bedarf grundsätzlich einer vorherigen Abmahnung.

Nur bei besonders schweren Pflichtverstößen, wie z. B. bei Diebstahl oder Tätlichkeiten gegenüber dem Arbeitgeber bzw. der Arbeitgeberin, ist eine außerordentliche Kündigung ohne vorherige Abmahnung möglich.

Bei einer **arbeitsrechtlichen Abmahnung** darf eine Stellungnahme zur Personalakte gegeben werden. Der Arbeitnehmer/die Arbeitnehmerin kann alternativ oder zusätzlich Klage auf Entfernung der Abmahnung aus der Personalakte erheben, falls man die Abmahnung für unberechtigt hält.

Auch wenn man gar nichts unternimmt, muss der Arbeitgeber/die Arbeitgeberin bei einer späteren Kündigung im Kündigungsschutzverfahren immer noch nachweisen, dass die Abmahnung berechtigt war.

Will der Arbeitgeber aufgrund einer Abmahnung eine außerordentliche Kündigung aussprechen, so muss diese innerhalb von zwei Wochen nach der ersten Abmahnung erfolgen.

Eine Abmahnung darf auch als Ermahnung, Rüge, Verwarnung oder Verweis bezeichnet werden. Es müssen lediglich die drei Funktionen einer Abmahnung erfüllt sein.

2 Beendigung des Arbeitsverhältnisses

Das deutsche Arbeitsrecht versteht unter einer Kündigung die Beendigung eines Arbeitsverhältnisses entweder vom Arbeitnehmer bzw. der Arbeitnehmerin oder vom Arbeitgeber bzw. der Arbeitgeberin.
Es kann einen Aufhebungsvertrag geben, der die vertraglich vereinbarte Einigung über eine einvernehmliche Beendigung eines Arbeitsvertrages darstellt.

Der Aufhebungsvertrag muss von beiden Parteien eigenhändig unterschrieben werden. Grundsätzlich gilt Vertragsfreiheit, das heißt es können zum Beispiel Abfindungszahlungen vereinbart werden, müssen aber nicht.

Was ist eine Änderungskündigung?

Bei einer Änderungskündigung kündigt ein Arbeitgeber bzw. eine Arbeitgeberin einem Mitarbeiter/einer Mitarbeiterin, bietet ihm/ihr aber gleichzeitig ein neues Arbeitsverhältnis an.

Die Änderungskündigung wird angewendet, wenn der Arbeitgeber bzw. die Arbeitgeberin die Person zwar behalten möchte, aber aus den unterschiedlichsten Gründen zu anderen Bedingungen.

Auch bei der Änderungskündigung gilt das Kündigungsschutzgesetz:
- Beachten Sie die Fristen!
- Informieren Sie den Betriebsrat!

Aufgabenstellung

- Recherchieren Sie im Internet, z. B. auf www.gesetze-im-internet.de, die Bedingungen einer Änderungskündigung. Was passiert, wenn man eine Änderungskündigung nicht annimmt?

  Diskutieren Sie dieses Thema!

Beachten Sie, dass ein Betriebswechsel nach dem Ende der Probezeit nicht zulässig ist.

Es gibt zwei Formen der Kündigung, die ordentliche (fristgerechte) Kündigung und die außerordentliche (fristlose) Kündigung.

Das Bundesinstutut für Berufsausbildung (BiBB) beantwortet unter www.bibb.de/faq oft gestellte Fragen, z. B. Was verdiene ich als Azubi?

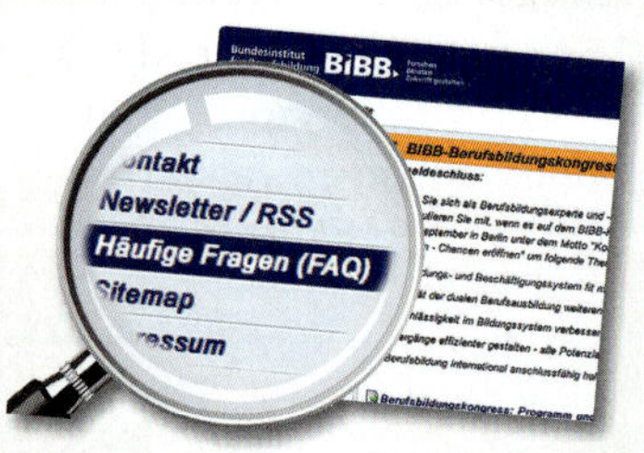

2.1 Kündigung von Auszubildenden

Während der Probezeit, das sind je nach Ausbildungsvertrag 1–4 Monate (§ 20 BBiG), können Auszubildende/r und Ausbilder/in jederzeit das Ausbildungsverhältnis ohne Angabe von Gründen und ohne Einhalten einer Kündigungsfrist beenden.

Nach der Probezeit kann das Berufsausbildungsverhältnis von Seiten des Arbeitgebers bzw. der Arbeitgeberin nur aus einem wichtigen Grund gekündigt werden. Eine Kündigungsfrist muss nicht eingehalten werden.

Bei minderjährigen Auszubildenden müssen die Eltern bzw. der gesetzliche Vertreter den Ausbildungsvertrag ebenfalls unterschreiben. Dies gilt auch für die Kündigung.

Ein Ausbildungsvertrag ist einem Arbeitsvertrag rechtlich nicht gleichgestellt. Würde es sich um einen Arbeitsvertrag handeln, dann wäre der Minderjährige für alle Rechtsgeschäfte, die in Zusammenhang mit der Arbeit stehen, unbeschränkt geschäftsfähig – vgl. § 113 BGB.

Wenn der/die Auszubildende die Ausbildung abbrechen möchte, dann kann er/sie dies nur unter Einhaltung der Kündigungsfrist von vier Wochen tun. Die Kündigung muss grundsätzlich schriftlich erfolgen und nach der Probezeit müssen Kündigungsgründe angegeben werden.

Mögliche Kündigungsgründe für das Abbrechen einer Ausbildung:

- Beginn einer anderen Ausbildung
- Beginn eines Studiums
- Bei Aufgabe der Berufsausbildung
- Aus wichtigem Grund kann auch der Auszubildende jederzeit fristlos kündigen, z.B. wenn die Ausbildung von Seiten des Arbeitgebers/der Arbeitgeberin mangelhaft durchgeführt wird oder Beschwerden bei der IHK nicht erfolgreich waren.

Für Gesetze werden sehr oft Abkürzungen verwendet:

KSchG = Kündigungsschutzgesetz
BGB = Bürgerliches Gesetzbuch
BBiG = Berufsbildungsgesetz

Eine Kündigung aus wichtigem Grund ist unwirksam, wenn die ihm zugrunde liegenden Tatsachen dem/der zur Kündigung Berechtigten länger als zwei Wochen bekannt sind.

Ist ein vorgesehenes Güteverfahren vor einer außergerichtlichen Stelle eingeleitet (z. B. IHK, BdS, DEHOGA), so wird bis zu dessen Beendigung der Lauf dieser Frist gehemmt.

2.2 Kündigung von Arbeitnehmerinnen und Arbeitnehmern

Die wesentlichen gesetzlichen Grundlage zum Thema Kündigung von Arbeitnehmerinnen und Arbeitnehmern finden Sie im BGB im § 620 ff. sowie im KSchG.

Arbeitet der Arbeitnehmer bzw. die Arbeitnehmerin nach dem Ablauf des Arbeitsvertrages mit Wissen des Arbeitgebers/der Arbeitgeberin weiter, so gilt das Arbeitsverhältnis auf unbestimmte Zeit als verlängert, sofern nicht unverzüglich widersprochen wird.

Möchte der Arbeitgeber/die Arbeitgeberin einen Mitarbeiter bzw. eine Mitarbeiterin mit befristetem Vertrag oder einen Auszubildenden/eine Auszubildende nach bestandener Prüfung nicht weiterbeschäftigen, so sollte der letzte Arbeitstag genau eingehalten werden, ansonsten gilt der Vertrag als unbefristet.

Aus einem wichtigen Grund kann von beiden Seiten der Arbeitsvertrag jederzeit ohne Einhaltung einer Kündigungsfrist (außerordentliche Kündigung) gelöst werden, wenn Tatsachen vorliegen, die eine Weiterführung des Arbeitsverhältnisses unmöglich machen.

Bei der Berechnung der Beschäftigungsdauer werden laut BGB Zeiten, die vor der Vollendung des 25. Lebensjahrs des Arbeitnehmers bzw. der Arbeitnehmerin liegen, nicht berücksichtigt (§ 622, Abs. 2). Recherchieren Sie dazu die neueste Entscheidung des Europäischen Gerichtshofs.

Kündigungsfristen ergeben sich aus

Arbeitsvertrag	Tarifvertrag	§ 622 BGB
	Auf das Arbeitsverhältnis anwendbarer Tarifvertrag.	

Die gesetzliche Regelung bildet die **Mindestkündigungsfrist,** d. h. der Arbeitsvertrag kann für den Mitarbeiter bzw. die Mitarbeiterin jederzeit günstigere Bedingungen enthalten. Es dürfen aber keine schlechteren Rahmenbedingungen gelten. Ausnahmen sind nur tarifvertragliche oder einzelvertragliche Änderungen.

Wussten Sie, dass die im BGB § 620f. festgeschriebenen Kündigungsfristen im Arbeitsvertrag nicht zu Ungunsten des Arbeitnehmers/der Arbeitnehmerin verändert werden dürfen?
Im Tarifvertrag hingegen darf in Bezug auf die Kündigungsfristen vom BGB abwichen werden.

In den ersten zwei Jahren der Beschäftigung kann eine Kündigung zum 15. oder zum Ende eines Kalendermonats erfolgen. Vgl. BGB § 622, Abs. 1.

Kündigung durch

den Arbeitnehmer/ die Arbeitnehmerin	den Arbeitgeber/ die Arbeitgeberin
■ Die Grundkündigungsfrist beträgt vier Wochen (28 Tage). ■ Im Arbeitsvertrag können längere Kündigungsfristen vereinbart werden, diese dürfen jedoch nicht länger sein als die Kündigungsfristen des Arbeitgebers.	■ Die Mindestkündigungsfrist bezieht sich auf die Dauer der Betriebszugehörigkeit: ▸ 2 Jahre: 1 Monat ▸ 5 Jahre: 2 Monate ▸ 8 Jahre: 3 Monate ▸ 10 Jahre: 4 Monate ▸ 12 Jahre: 5 Monate ▸ 15 Jahre: 6 Monate ▸ 20 Jahre: 7 Monate jeweils zum Ende des Kalendermonats

Bei Teilzeitbeschäftigung kann die Kündigungsfrist auf zwei Wochen reduziert sein.

Besonderer Kündigungsschutz gilt für folgende Personengruppen:

- Mitglieder des Betriebsrates oder der Jugend- und Auszubildendenvertretung – JAV (§ 15 KSchG, § 103 Betriebsverfassungsgesetz)
- Schwangere/Mütter während des Beschäftigungsverbots (siehe Mutterschutzgesetz)
- Elternteile in Elternzeit (§ 18 Bundeselterngeld-und Elternzeitgesetz)
- Auszubildende
- Schwerbehinderte (§ 85ff. neuntes Sozialgesetzbuch)

Die Probezeit kann mit bis zu sechs Monaten festgesetzt werden. Während dieser Zeit kann das Arbeitsverhältnis mit einer Frist von zwei Wochen gekündigt werden (BGB § 622, Abs. 3). Durch einen gültigen Tarifvertrag können die oben genannten Kündigungsfristen zu Ungunsten der Arbeitnehmer bzw. Arbeitnehmerinnen verändert werden.

Manche Branchen fordern hier mehr Flexibilität. So kann z. B. die Grundkündigungsfrist von vier Wochen verringert oder die Altersgrenzen verschoben werden (BGB § 622, Abs. 4).

Aufgabenstellung

- Sehen Sie sowohl im BdS-Tarifvertrag als auch im regionalen DEHOGA-Tarifvertrag nach, wie die aktuellen Regelungen sind. Vergleichen Sie die Erkenntnisse.

Absolvieren Sie Ihre Ausbildung in einem Unternehmen, das keine der beiden Tarifverträge anwendet? Es gibt sie immer mehr, z. B. in systemgastronomischen Bäckereien. Welcher Tarifvertrag wird bei Ihnen angewendet? Welche Kündigungsfristen wurden vereinbart?

Die Übung finden Sie auch unter www.trauner.at/systemgastronomie.aspx.

In einem Arbeitsvertrag können nur unter zwei Bedingungen Kündigungsfristen zu Ungunsten des Arbeitnehmers bzw. der Arbeitnehmerin verändert werden, und zwar wenn:

- ein Arbeitnehmer bzw. eine Arbeitnehmerin nur zur Aushilfe eingestellt war. Die Veränderung der Kündigungsfrist gilt nicht, wenn der Arbeitnehmer bzw. die Arbeitnehmerin länger als drei Monate beschäftigt war;
- der Arbeitgeber/die Arbeitgeberin i. d. R. nicht mehr als 20 Arbeitnehmer/innen (Auszubildende ausgenommen) beschäftigt und die Kündigungsfrist vier Wochen nicht unterschreitet.

Bei der Feststellung der Zahl der beschäftigten Arbeitnehmer und Arbeitnehmerinnen sind in Teilzeit arbeitende Personen mit einer regelmäßigen wöchentlichen Arbeitszeit von nicht mehr als 20 Stunden mit der Zahl 0,5 zu multiplizieren. Bei einer wöchentlichen Arbeitszeit von nicht mehr als 30 Stunden beträgt der Faktor 0,75.

Die Nichteinhaltung einer vertraglichen, tarifvertraglichen oder gesetzlichen Kündigungsfrist bei einer Kündigung durch den Arbeitgeber bzw. die Arbeitgeberin kann durch eine Klage beim Arbeitsgericht angefochten werden (vgl. Kündigungsschutzgesetz).

Eine einzelvertragliche Vereinbarung über eine längere Kündigungsfrist als der in den oben genannten Bedingungen, bleibt hiervon unberührt.

Bei einer sozial ungerechtfertigten Kündigung muss der Arbeitnehmer bzw. die Arbeitnehmerin innerhalb von drei Wochen nach Eingang der Kündigung eine Klage beim Arbeitsgericht einreichen (§ 4 Kündigungschutzgesetz).

2.3 Die sozial ungerechtfertigte Kündigung

Die Kündigung eines Arbeitnehmers bzw. einer Arbeitnehmerin (mindestens 6 Monate beschäftigt) seitens des Arbeitgebers/der Arbeitgeberin gilt als rechtsunwirksam, wenn sie sozial ungerechtfertigt ist. Das ist dann der Fall, wenn:

- die Kündigung gegen § 95 Betriebsverfassungsgesetz verstößt
- der Arbeitnehmer/die Arbeitnehmerin an einem anderen Arbeitsplatz in dem Betrieb oder in einem anderen Betrieb des Unternehmens weiterbeschäftigt werden kann und der Betriebsrat aus diesem Grund der Kündigung widersprochen hat
- es sich nicht um einen anerkannten Kündigungsgrund handelt; dieser kann betriebsbedingt, personenbedingt oder verhaltensbedingt sein.

Kündigung

Betriebsbedingte Kündigung	Personenbedingte Kündigung	Verhaltensbedingte Kündigung
Sie wird nur anerkannt, wenn sie als dringendes betriebliches Erfordernis gilt und nicht durch andere Maßnahmen vermieden werden kann, z. B. Abbau von Überstunden oder Einführung von Kurzarbeit (siehe § 19 KSchG)	Ob sie sozial gerechtfertigt ist, sollte grundsätzlich im Einzelfall unter Einbeziehung aller Umstände entschieden werden.	Ob sie sozial gerechtfertigt ist, sollte grundsätzlich im Einzelfall unter Einbeziehung aller Umstände entschieden werden.
Wird eine betriebsbedingte Kündigung ausgesprochen, z. B. weil durch technische Neuerungen ein Arbeitsplatz eingespart werden kann, so ist eine Sozialauswahl durchzuführen. Dabei sind folgende Kriterien heranzuziehen: ■ Lebensalter ■ Unterhaltspflichten ■ Schwerbehinderung ■ Dauer der Betriebszugehörigkeit 	Sie ist dann sozial gerechtfertigt, wenn sie durch Gründe bedingt ist, die in der Person des Arbeitnehmers/der Arbeitnehmerin liegen. Diese Voraussetzung ist nur dann erfüllt, wenn diese Person aufgrund der individuellen Eigenschaften und Fähigkeiten die Arbeitsleistung nicht mehr erbringen kann.	Sie ist dann sozial gerechtfertigt, wenn sie durch Gründe bedingt ist, die im Verhalten des Arbeitnehmers/der Arbeitnehmerin liegen. Dabei muss das Verhalten dieser Person die Interessen des Betriebes betreffen.
	Sie ist nur wirksam, wenn ■ der Mitarbeiter/die Mitarbeiterin nicht an einem anderen freien Arbeitsplatz im Betrieb beschäftigt werden kann, ■ durch die Weiterbeschäftigung dieser Person eine erhebliche Beeinträchtigung der betrieblichen und wirtschaftlichen Interessen des Arbeitgebers/der Arbeitgeberin besteht, ■ der Mitarbeiter bzw. die Mitarbeiterin auch in Zukunft nicht in der Lage sein wird seinen Arbeitsvertrag zu erfüllen. ■ Außerdem muss das Interesse des Arbeitnehmers/der Arbeitnehmerin weiterbeschäftigt zu werden zu dem Interesse des Arbeitgebers/der Arbeitgeberin an einer Kündigung gegeneinander abgewogen werden.	Voraussetzungen sind: ■ Verletzung der Pflichten aus dem Arbeitsvertrag ■ Wiederholungsgefahr ■ Abmahnung – der Arbeitgeber/die Arbeitgeberin muss das Verhalten rügen und für den Fall der Wiederholung eine Kündigung androhen ■ Außerdem muss das Interesse des Arbeitnehmers/der Arbeitnehmerin weiterbeschäftigt zu werden zu dem Interesse des Arbeitgebers/der Arbeitgeberin an einer Kündigung gegeneinander abgewogen werden.

Gründe für personenbedingte Kündigungen:

- Entzug der Fahrerlaubnis (z. B. bei einem Fahrer eines Pizzaservice)
- Entzug der Berufsausübungserlaubnis (z. B. bei Steuerberatern oder Rechtsanwälten im Betrieb)
- Drogen- bzw. Alkoholsucht
- abzuleistende Haftstrafe

Gründe für verhaltensbedingte Kündigungen:

- Arbeitsverweigerung
- Beleidigungen/ Bedrohungen
- Missbrauch von Stempeluhren
- Straftaten bei der Arbeit
- Wiederholtes Zuspätkommen nach Abmahnung
- Unerlaubte Ausübung einer Nebentätigkeit, sofern betriebliche Interessen gestört werden
- Eigenmächtiger Urlaubsantritt nach Abmahnung

Die Übung finden Sie auch unter www.trauner.at/systemgastronomie.aspx.

Für welche Betriebe gilt das Kündigungsschutzgesetz?
Ab dem 1. 1. 2004 wurde der Kündigungsschutz auch für Betriebe mit bis zu 10 Beschäftigten gelockert.

Die Paragrafen § 1–3, § 8–12 und § 14–16 des Kündigungsschutzgesetzes gelten seit diesem Zeitpunkt nicht mehr für Mitarbeiterinnen und Mitarbeiter, die nach dem 1. 1. 2004 eingestellt wurden. Dies ermöglicht Kleinbetrieben mehr Flexibilität.

Große Betriebe sind weiterhin verpflichtet, der Agentur für Arbeit Anzeige zu erstatten, wenn viele Mitarbeiter/innen auf einmal entlassen werden.

Anzahl der Mitarbeiter/innen		Beabsichtigte Entlassungen
20–60	→	5
60–500	→	10 % (nicht mehr als 25)
> 500	→	30

Möchte der Arbeitgeber/die Arbeitgeberin diese anzeigepflichtigen Entlassungen vornehmen, dann muss der Betriebsrat rechtzeitig und umfassend informiert werden (§ 17 Absatz 2 KSchG).

Für Saisonbetriebe gilt die Anzeigepflicht nicht. Sie können ihre Mitarbeiterinnen und Mitarbeiter am Saisonende entlassen, ohne dies bei der Agentur für Arbeit anzeigen zu müssen.

In der Gastronomie betrifft das vor allem Betriebe in Feriengebieten, z. B. Berghütten, die im Winter eingeschneit sind oder Hotels auf kleinen Inseln, die im Winter ihren Betrieb mangels Nachfrage einstellen.

Meist werden in Saisonbetrieben allerdings befristete Arbeitsverträge abgeschlossen.

Aufgabenstellung

- Lesen Sie im Kapitel rechtliche Grundlagen, wie der Kündigungsschutz für die Auszubildende aussieht und notieren Sie Ihre Ergebnisse!

Ziele erreicht?

KOMPETENZ-ERWERB

Diese Übungen finden Sie auch unter www.trauner.at/systemgastronomie.aspx.

1. Erklären Sie den Unterschied zwischen Ermahnung und Abmahnung.
2. Was ist ein Aufhebungsvertrag?
3. In welchem Fall wird eine Änderungskündigung durchgeführt?
4. Welche Besonderheiten gelten bei der Kündigung eines Azubis?
5. Wo findet man Informationen über die geltenden Kündigungsfristen?
6. Nennen Sie fünf Aspekte, aus denen eine Kündigung als sozial ungerechtfertigt anzusehen ist.
7. Sie haben in Ihrem Betrieb eine Auszubildende zur Fachfrau für Systemgastronomie. Leider ist sie nicht besonders strebsam. Sie kommt häufig zu spät und zeigt auch kein besonderes Interesse an ihrer Ausbildung. In der Schule ist sie extrem schlecht. Sie haben schon zwei Mal mit ihr gesprochen, aber gebessert hat sich nichts. Was können Sie tun? Erläutern Sie Ihre Vorgangsweise!
8. Sie wollen einen neuen Mitarbeiter einstellen. Sie arbeiten in einem tarifungebundenen, systemgastronomischen Unternehmen, in dem
   a) 8 Mitarbeiter und Mitarbeiterinnen,
   b) 10 Mitarbeiter und Mitarbeiterinnen
   c) 15 Mitarbeiter und Mitarbeiterinnen
   d) 100 Mitarbeiter und Mitarbeiterinnen

   beschäftigt sind. Welche Kündigungsfrist müssen Sie in den Fällen a bis d in dem neuen Arbeitsvertrag verankern?
9. In welchem der Fälle ist eine außerordentliche Kündigung gerechtfertigt? Kreuzen Sie an!
   - ☐ Eine Mitarbeiterin verrät die neue Produktidee an die Konkurrenz.
   - ☐ Ein Mitarbeiter hat sich über seinen Chef geärgert und postet auf Facebook: „Mein Chef ist voll blöd. Er will, dass ich abgelaufene Ware umdatiere".
   - ☐ Eine Mitarbeiterin kommt an ihrem ersten Arbeitstag zu spät.
   - ☐ Ein Mitarbeiter nimmt sich als Personalessen ein höherwertiges Produkt, als er angibt.
   - ☐ Eine Mitarbeiterin tritt ihren Urlaub eigenmächtig an.
10. Sie haben in Ihrem Betrieb 25 Beschäftigte. Die Geschäfte gehen schlecht und Sie müssen einen Mitarbeiter oder eine Mitarbeiterin entlassen. Welche Person sollte, unter Beachtung der sozialen Gerechtfertigung, zuerst gekündigt werden? Kreuzen Sie an!
    - ☐ Luise Müller, 60 Jahre alt, 30 Jahre im Betrieb.
    - ☐ Helmut Süss, 22 Jahre alt, 2 Jahre im Betrieb, ledig.
    - ☐ Lotte Meier, 30 Jahre alt, 1 Jahr im Betrieb, alleinerziehende Mutter von zwei Kindern mit 3 und 4 Jahren.
    - ☐ Susanne Molter, 34 Jahre alt, verheiratet, 3 Kinder. Susannes Mann betreibt ein gutgehendes Fliesengeschäft.
    - ☐ Heinz Walter, 28 Jahre alt, 5 Jahre im Betrieb, verheiratet, 2 Kinder, seine Frau ist Hausfrau.
11. Welcher Kündigungsgrund trifft zu? Ergänzen Sie die Antwort A, B oder C.
    (A) personenbedingt (B) verhaltensbedingt (C) betriebsbedingt

Beleidigung des Chefs	
Alkoholsucht	
Ein Mitarbeiter kommt montags öfter alkoholisiert zum Dienst.	
Der Pizzafahrerin wird der Führerschein abgenommen.	
Der Betrieb stellt von Full Service auf Self Service um und braucht daher weniger Mitarbeiterinnen und Mitarbeiter.	
Archim stempelt in der Frühstückspause nie aus.	

Arbeitsrechtliche Grundlagen

Beachten Sie die geltenden tarifrechtlichen Regelungen.
In Deutschland gibt es in der Systemgastronomie verschiedene Arbeitgeberverbände, z. B. den Bundesverband der Systemgastronomie **(BdS)** und den deutschen Hotel- und Gaststättenverband **(DEHOGA).** Diese führen mit der Gewerkschaft Nahrung – Genuss – Gaststätten (NGG) die Tarifverhandlungen.
Die Tarifverträge des DEHOGA gelten teilweise für einzelne Bundesländer oder Regionen, zum Teil auch für einzelne Betriebe.
www.bundesverband-systemgastronomie.de
www.dehoga-bundesverband.de
www.ngg.net
Die Arbeitnehmerschutzgesetze finden Sie u. a. auf
www.juris.de

Bei den Beziehungen zwischen Arbeitgeber bzw. Arbeitgeberin und Arbeitnehmer bzw. Arbeitnehmerin sind viele Rechtsvorschriften zu beachten. Nicht nur die Bestimmungen des BGB, sondern auch Gesetze zum Jugendarbeitsschutz, zum Mutterschutz und zum Behindertenschutz sind zu erfüllen.

Weitere arbeitsrechtliche Grundlagen sind in folgenden Gesetzen zu finden:
- Bundesurlaubsgesetz,
- Berufsbildungsgesetz,
- Betriebsverfassungsgesetz,
- Arbeitssicherheitsgesetz.

Tarifverträge und Betriebsvereinbarungen enthalten darüber hinaus besondere Bestimmungen.

KOMPETENZ-ERWERB

Meine Ziele

Nach Bearbeitung dieses Kapitels kann ich
- sagen, was ein Arbeitsvertrag ist und welche Haupt- und Nebenpflichten er für Arbeitnehmerinnen und Arbeitnehmer sowie für Arbeitgeberinnen und Arbeitgeber enthält;
- die wichtigsten Punkte zum gesetzlichen Urlaubsanspruch aus dem Bundesurlaubsgesetz nennen;
- erklären, warum es ein Jugendarbeitsschutzgesetz gibt, auf welche Altersgruppe es anzuwenden ist und welche Bestimmungen es v. a. zur Arbeitszeit enthält;
- eine kurze Zusammenfassung von Arbeitszeit- und Entgeltfortzahlungsgesetz machen;
- die Inhalte des Mutterschutzgesetzes interpretieren;
- die Grundelemente des Betriebsverfassungsgesetzes nennen.

1 Arbeitsvertrag

Der Arbeitsvertrag ist ein Dienstvertrag. Er enthält die Rahmenbedingungen für eine bestimmte unselbstständige Arbeitsleistung und bildet die rechtliche Grundlage zwischen Arbeitgeber/in und Arbeitnehmer/in. Ein Arbeitsvertrag enthält bzw. regelt die wechselseitigen Rechte und Pflichten der Vertragsparteien.

Der Arbeitsvertrag ist vom freien Dienstvertrag und von einem Werkvertrag abzugrenzen, da viele Sonderregelungen anzuwenden sind.

Grundsätzlich besteht bezüglich eines Arbeitsvertrags **Formfreiheit.** Bis spätestens einen Monat nach Abschluss sind jedoch die wichtigsten Inhalte dem Arbeitnehmer bzw. der Arbeitnehmerin in einer unterschriebenen Niederschrift auszuhändigen (Nachweisgesetz!).

Ist der Arbeitsvertrag **befristet,** muss zu seiner Gültigkeit die Vereinbarung über die Befristung schriftlich erfolgen.

Die Regeln des BGB sind anzuwenden

Für Punkte, die im Arbeitsvertrag nicht gesondert geregelt sind, gelten die gesetzlichen Vorgaben, z. B. aus dem Mutterschutzgesetz, dem Bundesurlaubsgesetz oder dem Tarifvertrag.

Arbeitnehmer/in

Hauptpflicht

Er bzw. sie verpflichtet sich zur Erbringung der vereinbarten Arbeitsleistungen. Diese Pflicht ist nicht auf andere Personen übertragbar.

Nebenpflichten

- Treuepflicht (§ 242 BGB)
- Verschwiegenheitspflicht zum Schutz von Geschäftsgeheimnissen
- Sorgfaltspflicht
- Arbeitsunfähigkeit und deren voraussichtliche Dauer müssen dem Arbeitgeber unverzüglich mitgeteilt werden. (§ 5 EFZG)

Arbeitgeber/in

Hauptpflicht

Er bzw. sie verpflichtet sich zur Zahlung der Vergütung für die vom Arbeitnehmer bzw. der Arbeitnehmerin geleisteten Arbeit. Diese Pflicht steht im Gegenseitigkeitsverhältnis zur Arbeitspflicht des Arbeitnehmers bzw. der Arbeitnehmerin. Die Höhe richtet sich nach dem Arbeitsvertrag, sofern nicht ein Tarifvertrag anwendbar ist.

Nebenpflichten

- Gleichbehandlungsgrundsatz: Arbeitnehmer/in muss tatsächlich beschäftigt werden und darf nicht gegenüber anderen Arbeitnehmerinnen und Arbeitnehmern benachteiligt werden
- Fürsorgepflicht (§ 242 BGB): kann sogar noch nach Beendigung des Arbeitsverhältnisses bestehen
- Schutz von Leben und Gesundheit des Arbeitnehmers/der Arbeitnehmerin (§ 617 und § 618 BGB)
- Sorgfaltspflicht bezüglich der korrekten Berechnung des Lohns und Abführung der beibehaltenen Steuer- und Versicherungsanteile
- allgemeine Auskunfts- und Hinweispflichten gegenüber dem Arbeitnehmer bzw. der Arbeitnehmerin

Tritt ein Arbeitnehmer/eine Arbeitnehmerin nicht zur Arbeit an, entfällt die Lohnzahlungspflicht.
Bei schuldhaftem Nichtantritt kann Schadenersatz gefordert werden.

Gemäß § 2 Abs. 1 Nachweisgesetz muss bei **geringfügig beschäftigten Arbeitnehmern bzw. Arbeitnehmerinnen** im Arbeitsvertrag der Hinweis stehen, dass er bzw. sie in der gesetzlichen Rentenversicherung die Stellung eines/einer versicherungspflichtigen Arbeitnehmers/Arbeitnehmerin erwerben kann, wenn er bzw. sie dem Arbeitgeber/der Arbeitgeberin erklärt, dass er bzw. sie auf die Versicherungsfreiheit verzichtet. Vgl. auch § 5 Abs. 2 Satz 2 SGB VI.

2 Bundesurlaubsgesetz (BUrlG)

Das Gesetz unterscheidet zwischen Erholungsurlaub und Freistellung von der Arbeitspflicht. Der Erholungsurlaub muss der Erholung des Arbeitnehmers bzw. der Arbeitnehmerin dienen, daher sind alle Nebenerwerbstätigkeiten (Aushilfejob oder Ähnliches) darauf abzustellen bzw. zu unterlassen. Die Freistellung erfolgt z. B. wegen einer Fortbildung.

Der gesetzliche Urlaubsanspruch von **mindestens 24 Werktagen** ist ein höchstpersönlicher Anspruch des Arbeitnehmers/der Arbeitnehmerin und kann weder vererbt, gepfändet noch übertragen werden. Er ist auch unabdingbar.

Zum Erholungsurlaub zählt – sofern erlaubterweise im Arbeitsvertrag nicht ausdrücklich anders geregelt – auch der gesetzliche Zusatzurlaub nach § 125 SGB IX sowie insbesondere auch der Urlaub, der aufgrund eines Einzelarbeitsvertrags oder des anzuwendenden Tarifvertrags über die Mindestregelungen des Bundesurlaubsgesetzes hinaus gewährt wird.

Mit Bestehen eines Arbeitsverhältnisses unter Berücksichtigung der Wartezeit entsteht ein Urlaubsanspruch, unabhängig von einer tatsächlichen Arbeitsleistung, siehe auch § 1, § 2 und § 4 BUrlG. Dies gilt für alle Arbeitnehmer, auch für geringfügig Beschäftigte.

Die Wartezeit berechnet sich mit dem Beginn des Arbeitsverhältnisses und beträgt sechs Monate. Die Wartezeit wird durch Krankheit, Streik o. Ä. nicht unterbrochen.

Ist die Wartezeit erfüllt, entsteht bei jedem folgenden Arbeitsjahr der volle Urlaubsanspruch ab dem 1. Januar jeden Jahres.

- Wer durch Eintritt in der zweiten Jahreshälfte die Wartezeit nicht erfüllen kann, erwirbt sofort einen Teilanspruch.
- Wer vor der Erfüllung oder nach der Erfüllung im ersten Halbjahr austritt, erwirbt einen nachgelagerten Teilanspruch (§ 5 BUrlG). Die Berechnung erfolgt mit einem Zwölftel für jeden vollen Monat des Arbeitsverhältnisses.

Beispiel:
Bei einer 5-Tage-Woche mit gesetzlichem Urlaubsanspruch von 24 Werktagen berechnet sich der Urlaub wie folgt:

$\frac{24 \text{ Werktage}}{6}$ x 5 Arbeitstage = **20 Arbeitstage Jahresurlaub**

Der Teilanspruch z. B. für ein Arbeitsverhältnis vom 1. Februar bis 15. Mai beträgt dann:

$\frac{20 \text{ Arbeitstage}}{12}$ x 3 Monate = 5 Arbeitstage. Der Mai wird nicht mitberechnet (kein voller Monat).

Beispiel für einen regelmäßig Teilzeitbeschäftigten (arbeitet 2 Tage in der Woche, Urlaubsanspruch jährlich 20 Arbeitstage):

$\frac{20 \text{ Arbeitstage}}{5}$ x 2 Arbeitstage = **8 Arbeitstage Jahresurlaub**

Bei unregelmäßiger Teilzeitbeschäftigung ist die Berechnung auf 260 (52 x 5) Jahresarbeitstage abzustellen.

Aufgabenstellung

- Berechnen Sie den gesetzlichen Urlaubsanspruch bei 200 Arbeitstagen im Jahr.

Diese Übung finden Sie auch unter www.trauner.at/systemgastronomie.aspx.

Die Festlegung der Urlaubszeit erfolgt durch den Arbeitgeber bzw. die Arbeitgeberin. Er/sie muss die Urlaubswünsche der Arbeitnehmerinnen und Arbeitnehmer berücksichtigen und den Urlaub zusammenhängend gewähren.

Ein zusammenhängender Urlaub von 10 Arbeitstagen muss stets eingehalten werden.

Ausnahmen sind durch betrieblich begründete Belange, wie z. B. unlösbare Personalengpässe oder plötzliche Änderung der Auftragslage, möglich.

Gemäß § 87 Abs. 1 Nr. 5 BetrVG hat der Betriebsrat ein Mitbestimmungsrecht bei der Aufstellung allgemeiner Urlaubsgrundsätze und des Urlaubsplans.

Werktage sind nicht zwingend Arbeitstage! Als **Werktage** gelten alle Kalendertage, die nicht Sonn- oder gesetzliche Feiertage sind (also Montag bis Samstag = 6 Tage), § 3 BurlG, Abs. 2. Spricht man von **Arbeitstagen,** beträgt die Berechnungsgrundlage 5 Tage.

Schwerbehinderte haben fünf zusätzliche Urlaubstage.

Für Jugendliche ist der Urlaub in § 19 Abs. 2 JArbSchG geregelt.
- unter 18 Jahre → 25 Werktage
- unter 17 Jahre → 27 Werktage
- unter 16 Jahre → 30 Werktage

Stichtag zur Berechnung ist der 1. Jänner des Kalenderjahres.

Eine Selbstbeurlaubung durch den Arbeitnehmer bzw. die Arbeitnehmerin ist stets unberechtigt und kann zur Kündigung führen.

§ 7 Abs. 1 Satz 1 BUrlG ist gemäß § 13 Abs. 1 Satz 1 BUrlG tariflich abänderbar. Das heißt, dass die Tarifvertragsparteien abweichende Grundsätze für die Urlaubsgewährung aufstellen können.

§ Gesetzliche Regelungen:

- Nach § 7 Abs. 3 Satz 4 BUrlG können Teilansprüche, die nach § 5 BUrlG erworben wurden, auf das ganze folgende Jahr übertragen werden.
- Anspruch auf Lohnfortzahlung bei Krankheit und für Feiertage siehe Entgeltfortzahlungsgesetz (EFZG) § 1 bis § 4.

⚠ Urlaubs**entgelt** ist Lohn, Urlaubs**geld** hingegen ist eine zusätzliche Zahlung, z. B. gemäß Tarifvertrag.

Eine Übertragung des Urlaubs auf das nächste Kalenderjahr kann nur erfolgen, wenn dringende betriebliche oder in der Person des Arbeitnehmers bzw. der Arbeitnehmerin liegende Gründe dies verlangen. Der Urlaub muss dann in den ersten drei Monaten des folgenden Kalenderjahrs gewährt und genommen werden, ansonsten verfällt er. Mit dieser Regelung soll die Ansammlung von Urlaubsansprüchen verhindert werden.

Die Regelung des Verfalls des Urlaubsanspruchs nach drei Monaten ist vom Europäischen Gerichtshof (EuGH) mit seiner Entscheidung vom 20. 1. 2009 zumindest für krankheitsbedingte Fälle nicht anerkannt worden.
Das bedeutet jedoch nicht, dass der § 7 BUrlG rechtswidrig ist, sondern er ist „europarechtlich" auszulegen.

Nach § 11 BUrlG ist das Urlaubsentgelt (= Lohnfortzahlung) vor Urlaubsantritt auszuzahlen. Bei unregelmäßigem Lohn erfolgt die Berechnung nach dem Durchschnitt der Entgeltbeträge der letzten 13 Wochen (Urlaubstage x durchschnittlicher Tageslohn). Ausnahmen sind nur durch gesonderte Regelungen im Tarifvertrag möglich.

Da das Bundesarbeitsgericht für die Berechnung des Urlaubsentgelts die Formel Zeitfaktor x Geldfaktor verwendet, werden die Überstundenzuschläge beim Geldfaktor nicht miteinbezogen, jedoch die Überstundenzeit beim Zeitfaktor schon.

Beispiel:
Mareike Jordan leistet durchschnittlich 8 Stunden reguläre Arbeitszeit und durchschnittlich 1 Überstunde pro Tag. Der Zeitfaktor beträgt somit 9 Stunden. Sie erhält 8,– € Stundenlohn und pro Überstunde einen 15 %igen Zuschlag (= 1,20 €).
Für die Urlaubszeit werden nur 8,– € und nicht 9,20 € pro Stunde angesetzt.

3 Jugendarbeitsschutzgesetz (JArbSchG)

Das Gesetz soll Kinder und Jugendliche vor Gefahren am Arbeitsplatz und vor Überforderung schützen. Es gilt für alle Beschäftigungen von Kindern und Jugendlichen im Bereich der Bundesrepublik.
Als Ausnahme gilt die Beschäftigung durch die Eltern (Personensorgeberechtigte) im Familienhaushalt. Das heißt, es handelt sich um Tätigkeiten, die nicht auf einen Erwerb ausgerichtet sind. Eine weitere Ausnahme sind geringfügige Hilfeleistungen, soweit sie gelegentlich (also unregelmäßig und nicht auf Dauer) aus Gefälligkeit oder aufgrund familienrechtlicher Vorschriften oder in Jugendhilfe- oder Behinderteneinrichtungen erfolgen.

Jugendliche/r im Sinne des Jugendarbeitsschutzgesetzes ist, wer 15, aber noch nicht 18 Jahre alt ist.

Prinzipiell ist die Beschäftigung von Kindern verboten.

Ausnahmen nach § 5 JArbSchG sind:

- Betriebspraktikum während der neunjährigen Vollzeitschulpflicht.
- Kinder über 13 Jahre mit Einwilligung der Personensorgeberechtigten mit leichten und für sie geeigneten Arbeiten bis 2 Stunden täglich (in der Landwirtschaft bis 3 Stunden täglich). Die Beschäftigung darf jedoch nicht zwischen 18.00 und 8.00 Uhr erfolgen, auch nicht vor oder während des Schulunterrichts.
- Während der Schulferien für höchstens vier Wochen im Kalenderjahr für Jugendliche, die die Vollzeitschulpflicht noch nicht erfüllt haben und für die deshalb die für Kinder geltenden Vorschriften anzuwenden sind.
- Nicht mehr vollzeitschulpflichtige Kinder für geeignete Tätigkeiten bis zu 7 Stunden täglich und 35 Stunden wöchentlich (§ 7 JArbSchG).
- Im Berufsausbildungsverhältnis stehende Jugendliche.

Dabei ist stets zu beachten:

- Die tägliche Arbeitszeit darf maximal 8 Stunden betragen (ohne Pausen, aber inklusive Berufsschule u. ä.). In Ausnahmefällen darf sie auch 8,5 Stunden ausmachen, und zwar wenn ein Arbeitstag kürzer war. Z. B. wenn am Dienstag statt 8 nur 7 Stunden gearbeitet wurde, dann darf am Mittwoch die Arbeitszeit 8,5 Stunden betragen.
- Die wöchentliche Arbeitszeit ist mit maximal 40 Stunden festgelegt.
- Die im Voraus festgesetzten Ruhepausen betragen 30 Minuten für 4,5 bis 6 tägliche Arbeitsstunden und 60 Minuten bei mehr als 6 Stunden täglicher Arbeitszeit. Eine Ruhepause ist eine Arbeitsunterbrechung von mindestens 15 Minuten. Nach 4,5 Stunden Arbeitszeit muss eine Pause gewährt werden.
- Die Schichtzeit (= Arbeitszeit inklusive Pausen) darf im Gaststättengewerbe maximal 11 Stunden betragen (§ 12 JArbSchG).
- Zwischen zwei Arbeitstagen muss eine Ruhezeit von 12 Stunden eingehalten werden (§ 13 JArbSchG).

Beachten Sie die unterschiedlichen Begriffsbestimmungen in den verschiedenen Gesetzesbüchern:

- Nach § 2 JArbSchG ist Kind, wer unter 15 Jahren ist und Jugendliche/Jugendlicher ab 15 bis 18 Jahren.
- Nach § 104 und § 106 BGB ist man unter 7 Jahren geschäftsunfähig. Von beschränkt geschäftsfähig spricht das Gesetz bei Personen zwischen 7 und 18 Jahren. Volljährig und somit voll geschäftsfähig ist man ab 18 Jahren.
- Nach § 1 Jugendschutzgesetz ist man Kind unter 14 Jahren und Jugendlicher zwischen 14 und 18 Jahren.
- Nach § 1 Jugendgerichtsgesetz ist man ab 14 Jahren strafmündig. Personen im Alter zwischen 14 und 18 Jahren werden als Jugendliche bezeichnet, im Alter zwischen 18 und 21 Jahren als Heranwachsende.

Diese Übungen finden Sie auch unter www.trauner.at/systemgastronomie.aspx.
Lesen Sie die Sonderregelungen in § 8 JArbSchG und notieren Sie die wichtigsten Punkte.

Bestimmungen zur Wochenendruhe sind in § 16, § 17 und § 18 zu finden.

Schlagen Sie auch die Bestimmungen zu den Beschäftigungsverboten nach (§ 21, § 22 und § 23).

Es besteht im Betrieb eine Aushangpflicht für das Jugendarbeitsschutzgesetz.

Die tägliche Arbeitszeit von Arbeitnehmerinnen und Arbeitnehmern beträgt 8 Stunden. Sie kann auf bis zu 10 Stunden nur verlängert werden, wenn innerhalb von 24 Wochen im Durchschnitt 8 Stunden täglich nicht überschritten werden.

4 Arbeitszeitgesetz (ArbZG)

Das Arbeitszeitgesetz gilt für alle Arbeitnehmerinnen und Arbeitnehmer über 18 Jahre, also für Angestellte, Arbeiter und Arbeiterinnen sowie Auszubildende. Arbeitszeit im Sinne des Gesetzes (§ 2 ArbZG) ist die Zeit von Beginn bis zum Ende der Arbeit ohne Ruhepausen.

Jedem Arbeitnehmer bzw. jeder Arbeitnehmerin sind Ruhepausen zu gewähren:

- bei einer Arbeitszeit von mehr als 6 Stunden bis zu 9 Stunden mindestens 30 Minuten
- bei einer Arbeitszeit von über 9 Stunden mindestens 45 Minuten
- die Ruhepausen können in mehrere Zeitabschnitte gegliedert sein, von jeweils mindestens 15 Minuten Dauer
- länger als 6 Stunden hintereinander (also ohne Pause) dürfen Arbeitnehmer bzw. Arbeitnehmerinnen nicht beschäftigt werden (§ 4 ArbZG)

Auch das Arbeitszeitgesetz muss im Betrieb ausgehängt werden.

Regelungen des Arbeitszeitgesetzes

§ 5 Abs. 1
Nach Beendigung der täglichen Arbeitszeit stehen dem Arbeitnehmer mindestens 11 Stunden Ruhezeit zu, bevor der nächste Arbeitstag beginnt.

§ 5 Abs. 2
In der Gastronomie und Hotellerie kann diese Ruhezeit auf 10 Stunden verkürzt werden, wenn diese durch Verlängerung einer anderen Ruhezeit auf mindestens 12 Stunden innerhalb von 4 Wochen ausgeglichen wird.

§ 2 Abs. 3 und 4
Als Nachtzeit gilt die Zeit von 23.00 bis 6.00 Uhr, in Bäckereien und Konditoreien von 22.00 bis 5.00 Uhr. Nachtarbeit ist grundsätzlich jede Arbeit, die mehr als zwei Stunden der Nachtzeit umfasst.

§ 6 und § 7
Für Berufe mit Bereitschaftsdienst oder Ähnlichem gibt es viele Ausnahmemöglichkeiten, die zum Teil tarifvertraglich geregelt werden können.

§ 9 und § 10
Grundsätzlich dürfen Arbeitnehmer und Arbeitnehmerinnen an Sonn- und Feiertagen nicht beschäftigt werden, allerdings gibt es hier natürlich Ausnahmen für viele Branchen, wie auch für die Gastronomie.

§ 11 und § 12
Den Arbeitnehmerinnen und Arbeitnehmern sind pro Jahr 15 beschäftigungsfreie Sonntage zu gewähren. Zudem müssen Personen, die an einem Sonn- oder Feiertag beschäftigt werden, einen Ersatzruhetag erhalten. Abweichende Regelungen in Tarifverträgen oder Dienstvereinbarungen sind möglich.

5 Entgeltfortzahlungsgesetz (EFZG)

Dieses Gesetz regelt die Zahlung des Arbeitsentgelts an gesetzlichen Feiertagen und im Krankheitsfall.
Für Arbeitszeit, die aufgrund eines gesetzlichen Feiertages ausfällt, weil z. B. der Betrieb am 1. Weihnachtsfeiertag geschlossen ist, ist dem Arbeitnehmer bzw. der Arbeitnehmerin das Entgelt zu zahlen, das er ohne den Arbeitsausfall gehabt hätte. Ein Anspruch auf Entgeltfortzahlung im Krankheitsfall ist erst nach vierwöchiger ununterbrochener Beschäftigung geltend zu machen.

Bei unverschuldeter Krankheit hat ein Arbeitnehmer bzw. eine Arbeitnehmerin sechs Wochen Anspruch auf Entgeltfortzahlung. Ist er/sie aufgrund derselben Krankheit erneut arbeitsunfähig, so bekommt er/sie weitere sechs Wochen Entgeltfortzahlung, aber nur wenn er/sie:

- vor der erneuten Arbeitsunfähigkeit mindestens sechs Monate nicht infolge derselben Krankheit arbeitsunfähig war oder
- seit Beginn der ersten Arbeitsunfähigkeit infolge derselben Krankheit eine Frist von 12 Monaten abgelaufen ist.

Weitere Erklärungen zum Entgeltfortzahlungsgesetz finden Sie unter www.trauner.at/systemgastronomie.aspx.

Nach dem Entgeltfortzahlungsgesetz wird das Arbeitsentgelt in Höhe der für den Mitarbeiter/die Mitarbeiterin maßgeblichen regelmäßigen Arbeitszeit zustehende Arbeitsentgelt gezahlt. Durch Tarifvertrag kann eine abweichende Regelung über die Höhe des fortzuzahlenden Arbeitsentgeltes festgelegt werden.

Verhalten des Arbeitnehmers/der Arbeitnehmerin bei Krankheit

Unverzüglich krankmelden (§5 Abs. 1 EFZG): Eine ärztliche Arbeitsunfähigkeitsbescheinigung ist bei einer Krankheit vorzulegen, die länger als drei Tage dauert oder früher, wenn ein Tarif- oder Arbeitsvertrag dies vorsieht; außerdem haben Arbeitnehmerinnen und Arbeitnehmer die Pflicht, unverzüglich die Fortdauer der Arbeitsunfähigkeit zu melden und eine ärztliche Folgebescheinigung vorzulegen. Zudem besteht die Pflicht zum „gesundheitsfördernden Verhalten". Wenn Sie beispielsweise wegen Rückenproblemen krankgeschrieben sind, müssen Sie zwar nicht im Bett liegen, aber Sie sollten auch nicht die Wohnung renovieren oder Ski fahren. Bei Verstößen riskieren Sie eine Abmahnung sowie den Verlust der Entgeltfortzahlung.

Aufgabenstellung

- Sehen Sie im Tarifvertrag für die Systemgastronomie (BdS/NGG = Nahrung, Genuss, Gaststätten) nach und suchen Sie die Regelungen zur Entgeltfortzahlung im Krankheitsfall.

Arbeitsplatz im Sinne des § 2 Arbeitsstättenverordnung (ArbStättV) ist die Beschäftigungsstelle einschließlich des betrieblichen Umfelds und der technischen Einrichtung. Auch Beleuchtung, Belüftung, Bodenbelag und Zugänge müssen dem Mutterschutz entsprechen.

Auch für das Mutterschutzgesetz gilt die innerbetriebliche Aushangpflicht!

Lesen Sie im § 6 Abs. 3, Satz 4 der Arbeitsstättenverordnung zum Thema Liegegelegenheit nach!

6 Mutterschutzgesetz (MuSchG)

Das Mutterschutzgesetz gilt für alle Frauen in einem Arbeitsverhältnis, also auch für Auszubildende, Praktikantinnen, für Probearbeitsverhältnisse u. Ä., jedoch nicht für berufliche Fortbildungs- und Umschulungsverhältnisse (BAG, Urteil vom 20. 2. 1975, 5 AZR 240/74).
Der Arbeitgeber bzw. die Arbeitgeberin hat bezüglich des Arbeitsplatzes und bei der Regelung der Beschäftigung die erforderlichen Maßnahmen zum Schutz von Leben und Gesundheit der werdenden und stillenden Mütter zu treffen.

Regelungen des Mutterschutzgesetzes

§ 3 Abs. 2 und § 6 Abs. 1
Es besteht ein generelles Beschäftigungsverbot **6 Wochen vor** und **8 Wochen nach** der Entbindung.

§ 2 Abs. 2
Bei überwiegend stehenden Tätigkeiten ist eine Sitzgelegenheit zum kurzen Ausruhen einzurichten. Bei ständig sitzenden Tätigkeiten ist Gelegenheit zu **kurzen** Arbeitsunterbrechungen zu geben.

§ 5 Abs. 1
Dem Arbeitgeber bzw. der Arbeitgeberin **soll** die Schwangerschaft und der voraussichtliche Entbindungstermin mitgeteilt werden. Diese/dieser hat danach unverzüglich Meldung an die Aufsichtsbehörde (meist Gewerbeaufsichtsamt) und an den Betriebsrat zu machen. Die Betriebsratmeldung kann die Schwangere ablehnen.

§ 9 Abs. 1, Satz 1
Kündigungsverbot während der Schwangerschaft und bis zum Ablauf von vier Monaten nach der Entbindung ab dem Zeitpunkt der Kenntnisnahme oder innerhalb von zwei Wochen nach Zugang einer Kündigung durch den Arbeitgeber bzw. die Arbeitgeberin.

§ 4
Keine gefährlichen Tätigkeiten für schwangere Frauen, ansonsten ist ein innerbetrieblicher Arbeitsplatzwechsel zu ermöglichen.

§ 11
Fortzahlung des Arbeitsentgelts:
- Das Entgelt berechnet sich nach dem Durchschnittsverdienst der letzten 13 Wochen oder der drei Monate vor Beginn des Monats, in dem die Schwangerschaft eingetreten ist.
- Der Anspruch auf Mutterschutzlohn **endet** mit dem Tag, an dem die Schutzfrist beginnt. Er endet auch dann, wenn die Frau arbeitsunfähig erkrankt. Mit diesem Zeitpunkt sind die Vorschriften über die **Entgeltfortzahlung** im Krankheitsfall anzuwenden.
- Anspruch auf Mutterschaftslohn besteht nicht, wenn die Schwangere arbeitsunfähig krank ist, auch wenn für denselben Zeitraum ein Beschäftigungsverbot besteht und die Sechs-Wochen-Frist für die Entgeltfortzahlung im Krankheitsfall abgelaufen ist (BAG, Urteil vom 22. 3. 1995, 5 AZR 874/93).
- Krankheitsbedingte Arbeitsunfähigkeit liegt auch bei einem zur Arbeitsunfähigkeit führenden **unregelmäßigen Schwangerschaftsverlauf** vor.

7 Betriebsverfassungsgesetz (BetrG)

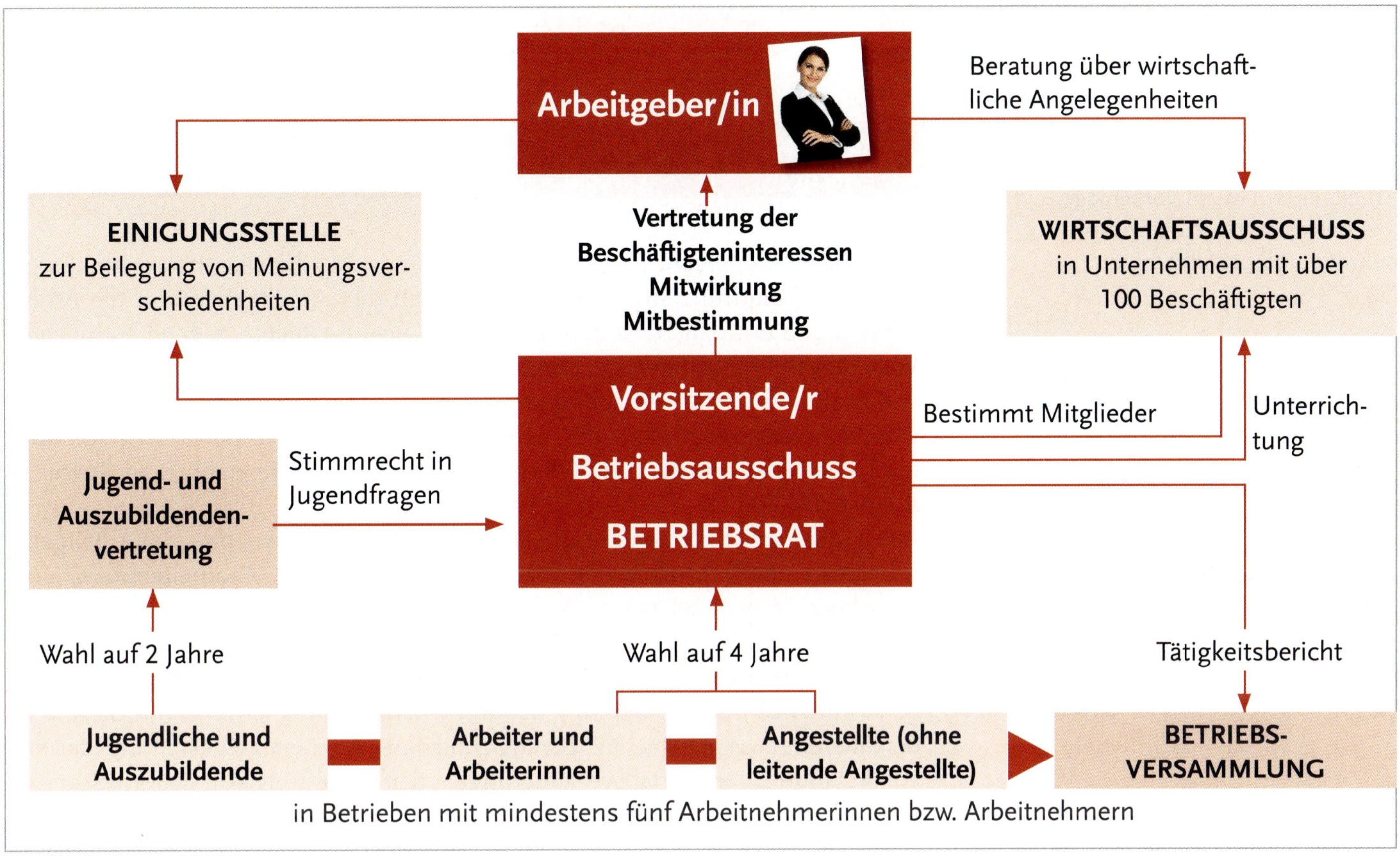

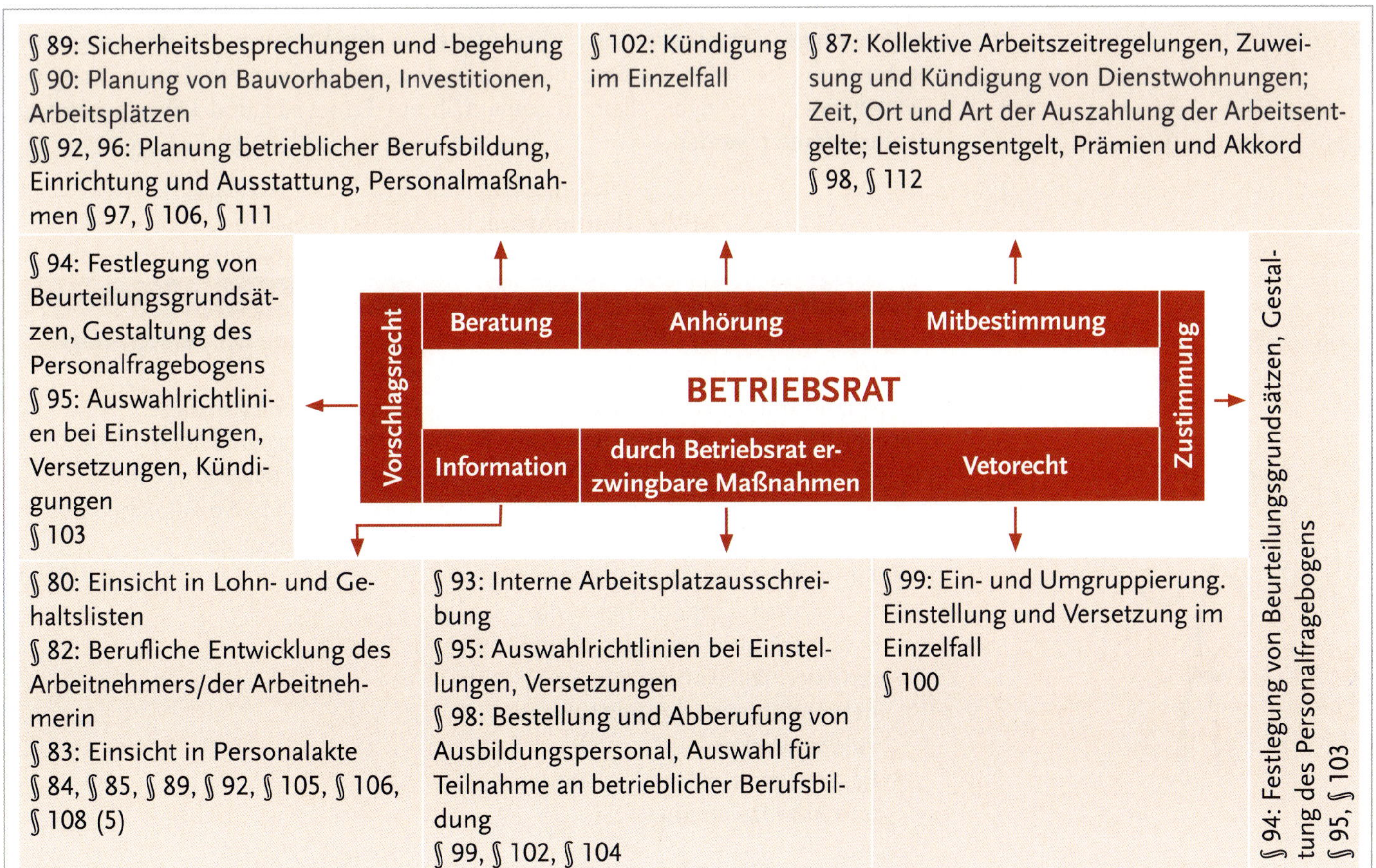

Recherchieren Sie die passenden Inhalte zu den weiteren angeführten Paragrafen!

Der Betriebsrat/die Betriebsrätin besitzt vielfältige Beteiligungsrechte, die er/sie in seiner/ihrer Arbeit im Betrieb einsetzen kann. So unterscheidet man nach ihrer Wirkung **Mitwirkungsrechte** (Informations-, Vorschlags-, Anhörungs- und Beratungsrechte) und **Mitbestimmungsrechte** (Initiativ- und Zustimmungsverweigerungsrechte).

Der Arbeitgeber bzw. die Arbeitgeberin muss Vorschläge des Betriebsrates zur Kenntnis nehmen und prüfen.

Informationsrecht	Vorschlagsrecht	Anhörungsrecht	Beratungsrecht

- Das **Informationsrecht** ist die schwächste Form der Beteiligungsrechte. Es gewährleistet die frühzeitige Information durch den Arbeitgeber bzw. die Arbeitgeberin und ermöglicht es dem Betriebsrat, weitere Rechte geltend zu machen. Vorschlags-, Anhörungs- und Beratungsrechte sind in ihrer Wirkung weitreichender, doch hier gibt es Abstufungen.
- Das **Vorschlagsrecht** kann der Betriebsrat beispielsweise bei der Personalplanung, bei der Förderung der Berufsbildung oder der Teilnahme an Weiterbildungsmaßnahmen geltend machen.
- **Anhörungsrechte** können Entscheidungen des Arbeitgebers bzw. der Arbeitgeberin blockieren. So muss er/sie vor der Kündigung eines Mitarbeiters bzw. einer Mitarbeiterin den Betriebsrat anhören (§102 BetrVG), ansonsten ist diese unwirksam.
- Im Falle von **Beratungsrechten** muss der Arbeitgeber/die Arbeitgeberin auf eigene Initiative hin die Meinung des Betriebsrates einholen, um mit diesem zu diskutieren. Dies geschieht z. B. hinsichtlich der Arbeitsplatzgestaltung, der Personalplanung, vor Betriebsveränderungen, der Einführung von neuen Techniken oder in Fragen der Berufsbildung.

Gleichberechtigt mitreden kann der Betriebsrat nur durch **Mitbestimmungsrechte.** Allerdings gibt es auch hier Abstufungen in der Wirkung. Bei der vollen Mitbestimmung bedürfen die Entscheidungen des Arbeitgebers der Zustimmung des Betriebsrates, sie liegen allein in seinem/ihrem Ermessen und können nicht gerichtlich ersetzt werden.

Mitbestimmungsrechte des Betriebsrates

Sozialer Bereich	Personeller Bereich
■ Betriebsordnung ■ Beginn und Ende der täglichen Arbeitszeit und der Pausen ■ Verteilung der Arbeitszeit auf die einzelnen Wochentage ■ Ausgestaltung und Verwaltung von Sozialeinrichtungen ■ Einführung und Anwendung von technischen Einrichtungen, die dazu bestimmt sind, das Verhalten oder die Leistung der Arbeitnehmerinnen und Arbeitnehmer zu überwachen ■ Regelungen zur Unfallverhütung und Arbeitssicherheit	■ Ausgestaltung der Personalfragebögen ■ Formulararbeitsverträge ■ Beurteilungsgrundsätze ■ Personelle Auswahlrichtlinien ■ Aufstellung von Sozialplänen bei Betriebsänderungen

Der Betriebsrat kann mit seinem **Initiativrecht** auch selber aktiv werden und Entscheidungen herbeiführen bzw. durchsetzen. Dies ist vor allem im sozialen Bereich möglich, z. B.

- beim Ausgleich nachteiliger Arbeitsplatzveränderungen,
- bei der Aufstellung von personellen Auswahlrichtlinien in größeren Betrieben,
- bei der Aufstellung eines Sozialplanes.

Bei den **Zustimmungsverweigerungsrechten** ist eine wirkliche Gleichberechtigung des Betriebsrates nur so weit möglich, dass der Betriebsrat Arbeitgeberentscheidungen blockieren kann. Bei Einstellungen, Ein- und Umgruppierungen oder Versetzung von Mitarbeiterinnen und Mitarbeitern kann der Arbeitgeber/die Arbeitgeberin bei Verweigerung der Zustimmung durch den Betriebsrat gezwungen sein, seine/ihre Entscheidung vor dem Arbeitsgericht durchsetzen zu müssen.

Rechte der Arbeitnehmer nach dem Allgemeinen Gleichbehandlungsgesetz (AGG)

Das allgemeine Gleichbehandlungsgesetz schützt Arbeitnehmerinnen/Arbeitnehmer gegenüber Arbeitgebern/Arbeitgeberinnen, die gegen das gesetzliche Diskriminierungsverbot verstoßen. Hier einige Punkte daraus:

- Benachteiligungen aus Gründen der Rasse, der ethnischen Herkunft, des Geschlechts, der Religion oder Weltanschauung, einer Behinderung, des Alters oder der sexuellen Identität sind in Bezug auf die Einstellung, den beruflichen Aufstieg, die Beschäftigungs- und Arbeitsbedingungen inklusive dem Entgelt sowie den Entlassungsbedingungen unzulässig. Arbeitnehmerinnen und Arbeitnehmer haben in diesen Fällen ein Beschwerderecht.
- Wenn ein Arbeitnehmer/eine Arbeitnehmerin am Arbeitsplatz sexuell belästigt wird und der Arbeitgeber/die Arbeitgeberin dies nicht unterbindet, hat der Arbeitnehmer bzw. die Arbeitnehmerin das Recht die Arbeit zu verweigern, und zwar bei andauernder Bezahlung.
- Bei einem Verstoß gegen das Benachteiligungsverbot ist der Arbeitgeber/die Arbeitgeberin verpflichtet, den hierdurch entstandenen Schaden zu ersetzen. Dies gilt allerdings nicht, wenn der Arbeitgeber/die Arbeitgeberin die Pflichtverletzung nicht zu vertreten hat. Wegen eines Schadens, der nicht Vermögensschaden ist, kann der Arbeitnehmer/die Arbeitnehmerin eine angemessene Entschädigung in Form von Geld verlangen.
- Die Tarifvertragsparteien, der Arbeitgeber, die Arbeitnehmer und der Betriebsrat sollen im Betrieb an der Umsetzung des § 1 AGG mitwirken. Betriebe, die einen Betriebsrat haben, können bei grobem Verstoß des Arbeitgebers gegen Vorschriften aus dem AGG und unter Voraussetzung von Antidiskriminierungsverbänden die dort genannten Rechte geltend machen.

Going international

The anti-discrimination law refers to the law on the right of people to be treated equally. Therefore people must be dealt with on an equal basis regardless of sex, age, race, ethnicity, nationality, sexual orientation, gender identity and religious and political opinions.

Weitere Inhalte des AGG finden Sie auf Seite 105.

Der Betriebsrat hat auch ein **Widerspruchsrecht** gegen eine ordentliche Kündigung. Diese bleibt zwar zunächst bestehen, aber der Mitarbeiter/die Mitarbeiterin kann gegen die Kündigung Klage einreichen. In diesem Fall muss der Arbeitgeber/die Arbeitgeberin die Gekündigte bzw. den Gekündigten bis zum rechtskräftigen Abschluss des Gerichtsverfahrens weiterbeschäftigen. Von dieser Pflicht kann der Arbeitgeber/die Arbeitgeberin nur auf Antrag unter bestimmten Voraussetzungen durch Gerichtsurteil entbunden werden.

Ein Verstoß des Arbeitgebers/der Arbeitgeberin gegen das Benachteiligungsverbot des § 7, Abs. 1 begründet jedoch keinen Anspruch auf Begründung eines Arbeits- oder Ausbildungsverhältnisses oder eines beruflichen Aufstiegs.

Ziele erreicht?

KOMPETENZ-ERWERB

Diese Übungen finden Sie auch unter www.trauner.at/systemgastronomie.aspx.

1. Kreuzen Sie an bzw. füllen Sie aus!

Wie lang ist die tägliche Freizeit für Jugendliche mindestens?

- [ ] 9 Stunden
- [ ] 10 Stunden
- [ ] 11 Stunden
- [ ] 12 Stunden

Wie lang darf die wöchentliche Arbeitszeit eines 16-jährigen Auszubildenden höchstens sein?

- [ ] 35 Stunden
- [ ] 38,5 Stunden
- [ ] 40 Stunden
- [ ] 45 Stunden

Norbert (22 Jahre) arbeitet heute bis 22.00 Uhr. Wann darf seine nächste Schicht frühestens anfangen?

Wie lange hat Horst (20 Jahre) Pause bei einem Arbeitstag von 9 Stunden?

- [ ] 30 Minuten
- [ ] 45 Minuten
- [ ] 60 Minuten
- [ ] 90 Minuten

Katja (13 Jahre) möchte im Restaurant Möller in der Spülküche aushelfen. Ist dies nach dem Jugendarbeitsschutzgesetz erlaubt?

- [ ] Nur 8 Stunden pro Tag
- [ ] Nur von Montag – Freitag
- [ ] Nur 5 Stunden pro Woche
- [ ] Nur mit Zustimmung der Eltern

Hilde (22 Jahre) arbeitet von 7.00 Uhr bis 13.00 Uhr und von 14.30 Uhr bis 18.00 Uhr. Wird das Arbeitszeitgesetz hier eingehalten?

- [ ] Ja
- [ ] Ja, wenn sie morgen eine halbe Stunde früher gehen darf
- [ ] Nein, sie arbeitet zu viel
- [ ] Nein, sie arbeitet zu wenig

Welche Arbeiten darf Susi (Azubi, Aushilfe, 16 Jahre) nicht ausführen?

- [ ] Putzen
- [ ] Akkordarbeit
- [ ] Verkaufen
- [ ] Arbeit unter Tage

Wann und wie lange gilt für eine junge Mutter nach der Geburt das Beschäftigungsverbot?

Welche der unteren Personengruppen genießen keinen besonderen Kündigungsschutz?

- [ ] Auszubildende
- [ ] Teilzeitmitarbeiter
- [ ] Teamchefs
- [ ] Schwerbehinderte

Das Jugendarbeitsschutzgesetz gilt für

- [ ] Paul (17 Jahre)
- [ ] Hauke (18 Jahre)
- [ ] Horst (50 Jahre)
- [ ] Willi (35 Jahre)

Bei welchen Personen gilt die Lohnfortzahlung?

- [ ] Otto krank
- [ ] Karl in der Reha
- [ ] Susi schwänzt
- [ ] Lotte ist zur Kur

Karl (Geburtstag 1. April, 16 Jahre alt) hat am 1. September dieses Jahres im Betrieb als Azubi angefangen. Wie viele Tage Urlaub stehen ihm für nächstes Jahr zu?

Susanne (17 Jahre) arbeitet heute von 10.00 Uhr bis 17.00 Uhr. Wie lange hat sie Pause?

Wie lang darf die tägliche Arbeitszeit eines 16-jährigen Auszubildenden im Normalfall sein?

- [ ] 6 Stunden
- [ ] 8 Stunden
- [ ] 9 Stunden
- [ ] 10 Stunden

2. Fallbeispiel: Beantworten Sie die Fragen!

Die derzeit 16-jährige Auszubildende Josephine Müller, geboren am 12. 12., ist im 1. Lehrjahr zur Fachfrau für Systemgastronomie. Sie arbeitet jeweils die ersten zwei Wochen im Monat von Mittwoch bis Sonntag von 15.00 bis 24.00 Uhr. Da hat sie zwei Pausen, und zwar von 19.00 bis 19.30 Uhr und von 22.00 bis 22.15 Uhr. In der dritten und vierten Woche eines Monats arbeitet Josephine immer Montag und Dienstag sowie Freitag bis Sonntag in der Zeit von 6.00 bis 14.15 Uhr. Da hat sie eine Pause, und zwar von 10.00 bis 10.30 Uhr. Ihre Pausen verbringt sie in einer Ecke in der Küche, während ihre Kolleginnen und Kollegen weiterarbeiten. In ihrem Ausbildungsvertrag wurden 24 Tage Urlaub pro Jahr festgelegt.

a) Welches Gesetz ist in Bezug auf Pausen, Arbeitszeit und Urlaub für Josephine anzuwenden?

b) Untersuchen Sie, ob die tägliche Arbeitszeit, die wöchentliche Arbeitszeit, die tägliche Freizeit und die Pausenregelungen diesem Gesetz entsprechen. Berechnen Sie dazu die Arbeits- und Pausenzeiten von Josephine und vergleichen Sie diese mit den Bestimmungen im Gesetz.

c) Untersuchen Sie, ob Josephines Arbeitgeber ihr genügend Urlaub gewährt. Begründen Sie Ihre Antworten mit den entsprechenden Gesetzesstellen!

3. Stimmt die Aussage? Kreuzen Sie Ja oder Nein an!

		ja	nein
a)	Jugendliche dürfen nur fünf Tage in der Woche beschäftigt werden.		
b)	Im Gaststättengewerbe dürfen Jugendliche bis 22.00 Uhr, in mehrschichtigen Betrieben bis 23.00 Uhr arbeiten.		
c)	Bei der Vermeidung von Wartezeiten (z. B. auf den Bus) dürfen Jugendliche ab 16 Jahren bis 23.30 Uhr arbeiten.		
d)	Der Jahresurlaubsanspruch für 17-jährige beträgt 30 Tage.		
e)	Zur Erholung haben Jugendliche das Recht auf 60 Minuten Pause bei einer Arbeitszeit von mehr als 6 Stunden.		
f)	Für den Berufsschulunterricht müssen die Jugendlichen von der Arbeit freigestellt werden.		
g)	Für die Teilnahme an Prüfungen müssen sich die Jugendlichen einen Urlaubstag nehmen.		
h)	Jugendliche dürfen nicht länger als acht Stunden täglich und 40 Stunden in der Woche arbeiten – dies gilt ausnahmslos.		

4. Was ist ein Arbeitsvertrag? Beschreiben Sie!

5. Nennen Sie die Hauptpflichten von Arbeitnehmern und Arbeitnehmerinnen sowie von Arbeitgebern und Arbeitgeberinnen, die in einem Arbeitsvertrag geregelt sind.

6. Was ist der Unterschied zwischen Erholungsurlaub und Freistellung von der Arbeitspflicht?

7. Wer legt die Urlaubszeit fest, der Arbeitgeber/die Arbeitgeberin oder der Arbeitnehmer/die Arbeitnehmerin?

8. Wie alt ist man, wenn man Jugendlicher ist?

9. Beschreiben Sie die Ruhepausenregelung nach dem Arbeitszeitgesetz.

10. Wie viele Wochen vor und nach der Entbindung gilt das Beschäftigungsverbot? In welchem Gesetz ist das geregelt?

11. Nennen Sie jeweils zwei Beispiele zum Vorschlagsrecht, zum Informationsrecht und zum Mitbestimmungsrecht des Betriebsrates.

Lohn- und Gehaltsabrechnung

Das **Entgelt,** also der Geldbetrag, den ein Arbeitgeber bzw. eine Arbeitgeberin einem Arbeitnehmer bzw. einer Arbeitnehmerin bezahlt, hat viele Namen.
Die Begriffe **Lohn, Gehalt, Salär** und **Vergütung** werden oft gleichbedeutend verwendet, obwohl historisch gesehen ein Unterschied gemacht wurde:

- Gehalt für einen Angestellten/eine Angestellte
- Lohn für einen Arbeiter/eine Arbeiterin

Zwecks Vereinfachung verwenden wir nur den Begriff Lohn.

Die Gehaltsabrechnung wird üblicherweise in der Lohn- und Gehaltsbuchhaltung erstellt. Sie gehört zur Finanzbuchhaltung, wobei sie in größeren Betrieben meist als Unterabteilung geführt wird.

Für jeden Mitarbeiter und jede Mitarbeiterin werden spezielle Buchungskonten angelegt. Von der Finanzbuchhaltung werden dann die Beträge gesammelt übernommen und eventuell nach Kriterien der Kostenrechnung geordnet. Der Finanzbuchhaltung dient das Lohnjournal als Beleg, auf dem die Einzeldaten verdichtet dargestellt sind.

Der Lohnbuchhaltung sollten alle persönlichen, lohnsteuerrechtlichen, sozialversicherungsrechtlichen und arbeitsvertraglichen Daten sowie die Bestandteile des Lohns für jeden Mitarbeiter sowie jede Mitarbeiterin vorliegen.

Die Lohnbuchhaltung wird heute über EDV-Programme erstellt und auch in kleinen Firmen meist nicht mehr handschriftlich geführt.

KOMPETENZ-ERWERB

Meine Ziele

Nach Bearbeitung dieses Kapitels kann ich

- das Prinzip der Lohnabrechnung erläutern;
- sagen, was Lohnnebenkosten sind;
- die unterschiedlichen Regelungen zu geringfügiger und kurzfristiger Beschäftigung nennen;
- einfache Lohnabrechnungen durchführen.

Nicht alle Teile des Bruttolohns bzw. der Bruttobezüge sind lohnsteuer- und sozialversicherungspflichtig.

Zurzeit sind von der Lohnsteuer- und der Sozialversicherungsabgabe befreit:

- Sonntagszuschläge bis 50 %.
- Feiertagszuschläge bis 125 % (Weihnachten und 1. Mai bis 150 %).
- Nachtarbeitszuschläge bis 25 %, für die Zeit von 20.00 bis 6.00 Uhr.
- 40 % für die Zeit zwischen 0.00 bis 4.00 Uhr, sofern die Arbeitszeit vor 0.00 Uhr begonnen hat.

Der Grundlohn darf jedoch für die Lohnsteuerbefreiung 50,-- € pro Stunde bzw. für die Sozialversicherungsbefreiung 25,-- € pro Stunde nicht übersteigen.

Brutto – Netto
Wie viel vom Bruttolohn tatsächlich in der Tasche bleibt, ist gar nicht so leicht zu berechnen.

Netto ist ein Teil von Brutto. Der Nettolohn ist also der Lohn, der nach Abzug von Steuern und Abgaben übrig bleibt.

Vom steuerpflichtigen Bruttolohn behält der Arbeitgeber bzw. die Arbeitgeberin

- die Lohnsteuer,
- die Kirchensteuer,
- den Solidaritätszuschlag ein.

Vom sozialversicherungspflichtigen Bruttolohn behält er/sie

- den Krankenversicherungsbeitrag,
- den Rentenversicherungsbeitrag,
- den Pflegeversicherungsbeitrag,
- den Arbeitslosenversicherungsbeitrag ein.

Die Steuern sind an das Finanzamt bis zum 10. des folgenden Monats zu überweisen und die Gesamtversicherungsbeiträge zusammen mit den Arbeitgeberanteilen sind an die Krankenkassen bis zum drittletzten Bankarbeitstag des laufenden Monats abzuführen.

Bis zum Fälligkeitstermin muss auch das ausgefüllte Formular „Lohnsteueranmeldung" beim Finanzamt vorliegen und bei den Krankenkassen der sogenannte „Beitragsnachweis" schon zwei Tage vor dem Fälligkeitstermin.

Aufgabenstellung

- Recherchieren Sie im Internet die Beitragssätze für die Sozialversicherung! Wie hoch ist der Arbeitgeberanteil?

Going international
Die englische Sprache unterscheidet nicht zwischen Lohn und Gehalt. Die Übersetzung für beide Begriffe ist salary.
Salary is a fixed amount of money paid to an employee by an employer in return for work.

Liegt die steuerliche Identifikationsnummer eines Arbeitnehmers bzw. einer Arbeitnehmerin nicht vor, muss die lohnsteuerliche Abrechnung über die Lohnsteuerklasse VI erfolgen. Recherchieren Sie im Internet die unterschiedlichen Lohnsteuerbeträge der Lohnsteuerklassen anhand einer Lohnsteuertabelle.

Mehrarbeitszuschläge sind steuer- und sozialversicherungspflichtig.

Die Kirchensteuer beträgt 9 % und der Solidaritätszuschlag 5,5 % von der Lohnsteuer. Ausnahmen sind die Bundesländer Bayern und Baden-Württemberg. Hier beträgt die Kirchensteuer nur 8 %, weil noch zusätzlich Kirchengeld erhoben wird.
Näheres entnehmen Sie den Gesetzen und Verwaltungsanweisungen der jeweiligen Bundesländer.

Die Übung finden Sie auch unter www.trauner.at/systemgastronomie.aspx.

Die Übermittlung der Daten muss per Datenverarbeitung (DV) vorgenommen werden.

Sachbezüge sind „geldwerter Vorteil" und somit fast immer steuerpflichtig.
Bei Ausgabe von Essensmarken ist der Besteuerungsbetrag abhängig vom Wert der Essensmarke und von dem Sachbezugswert. Beachten Sie bei Sachbezügen auch eventuell notwendige Umsatzsteuerbuchungen.

Beispiel einer Lohnabrechnung für Festangestellte nach DATEV siehe Seite 229.

Vermögenswirksame Leistungen (vwL) werden tarifvertraglich vorgeschrieben oder per Arbeitsvertrag vereinbart. Es sind dies Geldleistungen, die der Arbeitgeber/die Arbeitgeberin für den Arbeitnehmer/die Arbeitnehmerin (z. B. in Wertpapieren) anlegt. Sie sind ein Bestandteil des Lohns und gehören zu den steuerpflichtigen Einkünften. Der Arbeitgeber/die Arbeitgeberin überweist den Betrag direkt auf das vom Arbeitnehmer bzw. der Arbeitnehmerin benannte Anlagekonto. Je nach Vertrag kann der Arbeitnehmer/die Arbeitnehmerin selbst etwas hinzuzahlen.
Die vermögenswirksamen Leistungen werden vom Staat mit einer Arbeitnehmersparzulage gefördert, wobei der Staat Anlageformen vorgibt. In der Regel beträgt die Laufzeit der geförderten Anlageformen sieben Jahre.

Prinzip der Lohnabrechnung

Bruttolohn
Richtet sich nach dem Arbeitsvertrag.

+

Zuschläge
Nacht-, Feiertags-, Mehrarbeitszuschläge etc.

+

Sachbezüge
Verpflegung, Unterkunft, jeweils nach amtlichem Sachbezugswert, private PKW-Nutzung etc.

+

Sonstige Bezüge (z. B. vwL, AG-Anteil)
Gratifikationen etc. sind meist steuerpflichtig.

=

Gesamtbruttolohn
Bei der Berechnung der Abzüge ist zwischen steuer- und sozialversicherungspflichtigen bzw. sozialversicherungsfreien Bestandteilen zu unterscheiden.

–

Lohnsteuer
Wird nach unterschiedlichen **Steuerklassen** den amtlichen Tabellen entnommen.

–

Kirchensteuer
Wird von der Lohnsteuer berechnet, meist in den Lohnsteuertabellen enthalten.

–

Solidaritätszuschlag
Wird von der Lohnsteuer berechnet, meist in den Lohnsteuertabellen enthalten.

Meist wird hier die Summe der Steuerabzüge festgehalten.

–

Krankenversicherungsbeitrag
Arbeitnehmeranteil

–

Pflegeversicherungsbeitrag
Arbeitnehmeranteil

–

Rentenversicherungsbeitrag
Arbeitnehmeranteil

–

Arbeitslosenversicherungsbeitrag
Arbeitnehmeranteil

Meist wird hier die Summe der Sozialversicherungsabzüge festgehalten.

=

Nettolohn
Ist nicht zwingend der Auszahlungsbetrag.

–

Sachbezug

–

vermögenswirksame Leistungen (AN-Anteil)
Somit hat der Arbeitgeber/die Arbeitgeberin die Verpflegung kostenlos zur Verfügung gestellt, es wurden nur die gesetzlichen Abgaben einbehalten.

+

sonstige steuerfreie Bezüge
Bezüge, die kein Lohnbestandteil sind, z. B. Wäschegeld.

=

Auszahlungsbetrag

Lohnnebenkosten

Zu den Lohnnebenkosten (Personalzusatzkosten) zählen freiwillig gewährte Leistungen des Arbeitgebers/der Arbeitgeberin (z. B. betriebliche Altersversorgung), tariflich bestimmte und gesetzlich verpflichtende Leistungen.

Die wichtigsten gesetzlich verpflichtenden Leistungen sind:

- **für alle Betriebe:**
  - Arbeitgeberanteil zu den Sozialversicherungsbeiträgen (KV, PV, RV, AV und Berufsgenossenschaftsbeiträge),
  - Entgeltfortzahlungen.
- **für bestimmte Betriebe:**
  - Umlage 1 und Umlage 2; diese sind an die Krankenkassen zu zahlen. Dafür erhält der Arbeitgeber/die Arbeitgeberin bei gesetzlich verpflichtenden Lohnfortzahlungen, wie z. B. bei Krankheit (Umlage 1) und bei Mutterschaftsurlaub (Umlage 2) Ausgleichszahlungen von den Kassen.
  - Seit dem Jahr 2009 monatliche Umlage 3 (Insolvenzgeldumlage).

KV = Krankenversicherung
PV = Pflegeversicherung
RV = Rentenversicherung
AV = Arbeitslosenversicherung
AG = Arbeitgeber/in
AN = Arbeitnehmer/in

Lohnabrechnung für Aushilfen

Kriterien für geringfügig Beschäftigte und kurzfristig Beschäftigte

Geringfügige Beschäftigung

- Verdienst maximal 450,– € pro Monat; bei mehreren geringfügigen Beschäftigungen ist 450 die Gesamtsumme.
- Abrechnung nach Lohnsteuerkarte oder der Arbeitgeber/die Arbeitgeberin übernimmt die Abgabenschuld. Es werden 2 % pauschale Lohnsteuer, 15 % Rentenversicherung und 13 % Krankenversicherung fällig. Bei Pauschalierung Überweisung an die Knappschaft Bahn See.
- Sind vom Arbeitgeber keine pauschalen Rentenbeiträge zu entrichten und damit auch keine Krankenversicherungsbeiträge, fallen 20 % pauschale Lohnsteuer an, zuzüglich Solidaritätszuschlag und Kirchensteuer; Überweisung an das Finanzamt.
- Wird im Innenverhältnis die Übernahme der Steuerabgaben durch den Arbeitnehmer/die Arbeitnehmerin bestimmt, so erhöhen die Abgaben den Lohn. Wird dadurch die 450-Euro-Grenze überschritten, tritt die reguläre Abgabenpflicht ein.
- Einmalbezüge (Weihnachtsgeld etc.) werden auf die jährlichen Arbeitsmonate anteilig verteilt; die monatliche 450-Euro-Grenze darf für die Pauschalierung nicht überschritten werden.

Kurzfristige Beschäftigung

- Bei einer im Voraus vertraglich begrenzten Beschäftigung auf 2 Monate bzw. 50 Tage im Jahr.
- Keine Sozialversicherungspflicht, dafür pauschale Lohnsteuer von 25 %.
- Keine Arbeitsentgeltbeschränkung, außer die Beschäftigung wird berufsmäßig (z. B. Vertrag über mehrere Jahre) ausgeübt und überschreitet die 450-Euro-Grenze.
- Keine Beschränkung der wöchentlichen Arbeitszeit.
- Kann auch nach den Bestimmungen der geringfügigen Beschäftigung abgerechnet werden.

Der Arbeitgeber/die Arbeitgeberin muss beurteilen, ob ein Minijob vorliegt oder nicht. Er/sie muss die entsprechenden Unterlagen, wie z. B. die Meldung an die Knappschaft Bahn See, vorlegen (siehe www.minijob-zentrale.de).

Eine Besonderheit ist der Gruppenleistungslohn, der **Tronc.** Ein Berechnungsbeispiel finden Sie unter www.trauner.at/systemgastronomie.aspx.

Pauschalierung = eine pauschalierte Lohnsteuer wird nicht nach Lohnsteuerklassen berechnet, sondern nach einem gesetzlich vorgegebenen Prozentsatz. Pauschale Lohnsteuer wird bei der Einkommenssteuererklärung des Arbeitnehmers/der Arbeitnehmerin nicht berücksichtigt.
Die **pauschalen** Kirchensteuersätze sind in jedem Bundesland unterschiedlich.

Für bestimmte Beschäftigungen, wie z. B. ein Ausbildungsverhältnis, gelten alle diese Regelungen nicht.

Ziele erreicht?

KOMPETENZ-ERWERB

Diese Übungen finden Sie auch unter www.trauner.at/systemgastronomie.aspx.

1. Recherchieren Sie im Internet und füllen Sie die Tabellen aus!

a) Beitragssätze zu den Sozialversicherungen: im Jahr ____________________

Datum:	Arbeitnehmeranteil	Arbeitgeberanteil
Krankenversicherung		
Pflegeversicherung		
Arbeitslosenversicherung		
Rentenversicherung		

b) Lohnsteuerklassen inklusive einer kurzen Beschreibung:

Lohnsteuerklasse	Für wen gilt diese?
I	
II	
III	
IV	
V	
VI	

2. Berechnen Sie! Verwenden Sie die aktuellen Sozialversicherungsbeitragssätze!
Die Lösungen finden Sie unter www.trauner.at/systemgastronomie.aspx.

a) Paul Reising ist 30 Jahre alt und arbeitet seit dem 1. 1. bei der „Hot-Max-Gastronomie GmbH" in München. Er verdient 1.600,-- € brutto. Sein Arbeitgeber zahlt ihm 30,-- € vermögenswirksame Leistungen, er selbst spart denselben Betrag. Herr Reising ist Mitglied der evangelischen Kirche, verheiratet und hat zwei Kinder. Seine Frau verdient genauso viel wie er.

Sehen Sie in der aktuellen Lohnsteuertabelle nach und berechnen Sie den aktuellen Nettolohn von Paul Reising.

b) Luise Müller ist 23 Jahre alt, wohnt in Hamburg und verdient 2.200,-- € brutto. Sie bekommt keine vermögenswirksamen Leistungen. Luise ist ledig und hat ein Kind mit drei Jahren. Für die Unfallversicherung sind 6 % vom Bruttolohn zu berücksichtigen. Sie ist Mitglied der katholischen Kirche.

Wie viel Lohn bekommt Luise jeden Monat ausbezahlt? Wie viel kostet den Arbeitgeber/die Arbeitgeberin die Stelle von Luise im Monat bzw. im Jahr?

c) Die Managerin Christine Meierhof verdient im Monat 6.500,-- € brutto. Sie ist ledig und hat keine Kinder. Sie arbeitet in Frankfurt am Main. Frau Meierhof ist freiwillig in der gesetzlichen Krankenkasse versichert. Sie fährt einen Dienstwagen, der mit 250,-- € pro Monat in die Berechnung eingeht. Weiters hat sie im letzten Jahr 20.000,-- € an Prämien für besonders gute Geschäftsabschlüsse erhalten. Das Weihnachtsgeld beträgt 1,5 Monatsgehälter.

Berechnen Sie das Bruttojahreseinkommen von Frau Meierhof.

d) Otto Meier, 49 Jahre alt, ist verheiratet und hat zwei Kinder. Seine Frau ist Hausfrau. Er arbeitet bei Ihnen in der Crew im Leipziger Store und erhält 7,50 € pro Stunde. Er hat im letzten Monat 167 Stunden gearbeitet, davon waren 30 Stunden zwischen 20.00 und 6.00 Uhr. Ihr Unternehmen bezahlt hierfür 25 % Nachtzuschlag. 18 Stunden waren am Sonntag, wofür Sie einen Zuschlag von 50 % bezahlen.

Berechnen Sie den Brutto- und Nettolohn von Herrn Meier für den letzten Monat. Wie viel kostete Sie als Betrieb dieser Mitarbeiter im letzten Monat? Die Unfallversicherung bleibt unberücksichtigt!

III Steuerung und Kontrolle betrieblicher Leistungserstellung

Einfache Controllerberichte anfertigen und präsentieren? Wie kommt man so weit?

Nach Bearbeitung der Kapitel über die Ziele und die Aufgaben des Rechnungswesens sowie des Controllings werden Sie dazu in der Lage sein.

Die zu erlernenden Instrumente sind eine arbeitsplatzbezogene Belegbearbeitung, das Erkennen der Kostenstruktur eines Betriebes, das Anwenden bestimmter Verfahren zur Kostenkontrolle sowie die Auswertung betrieblicher Kennzahlen.

Dies alles führt schließlich zur Befähigung geeignete Controlling-Maßnahmen bzw. Maßnahmen zur Ertragssteigerung für einen Betrieb vorzuschlagen.

Ein Vorwort zur Buchführung von Wolf-Dieter Block

Vielleicht gehören Sie auch zu den Schülerinnen und Schülern, die von sich behaupten: „Buchführung verstehe ich nicht, kann ich nicht, werde ich nie lernen". Dazu kann ich nur sagen, Sie liegen falsch, denn Sie sind zur Buchführung bereits seit Jahren befähigt.
Sie glauben mir nicht? – Ich werde versuchen, dies mit einer Geschichte zu beweisen. Dazu müssen Sie aber mitspielen und sich an die Vorgaben halten.

Bevor Sie anfangen zu rechnen, lesen Sie zuerst alle Handelsbuchsätze und Fragen durch. Wenn Sie meinen, eine bessere oder einfachere Lösung als bisher gefunden zu haben, fangen Sie einfach immer wieder von vorne an. Wir haben keine Eile.

Beachten Sie folgende Vorgaben:
- Erstens: In diesem Kapitel zuerst Schritt 1 erfüllen und dann erst bei Schritt 2 weiterlesen. Wenn Sie vorher schon weiterblättern, ist der Beweis nicht möglich.
- Zweitens: Keinen Taschenrechner verwenden, sondern alles handschriftlich mit der herkömmlichen Methode berechnen (auch nicht als Kopfrechnung).
- Drittens: Bemühen Sie sich die Fragen zu beantworten, auch wenn es etwas Arbeit bedeutet.

Aufgabenstellung

- Rechnen Sie Schritt für Schritt!

Schritt 1

Die Geschichte spielt sich im Mittelalter ab. Ein Kaufmann hat alle seine Geschäfte einer Woche in Sätzen aufgeschrieben (so war das vor der Erfindung der Buchführung üblich).

Am Ende der Woche wollte der Kaufmann wissen:
- Wie viel Mehl er noch im Lager hat, aber nicht als Kilowert, sondern im Wert von Goldkörnern.
- Wie viel Mehl er jeweils im Wert von Goldkörnern verkauft hat.
- Wie viel Mehl er jeweils im Wert von Goldkörnern gekauft hat.
- Wie viel Honig er noch im Lager hat, aber auch hier im Wert von Goldkörnern.
- Wie viel Salz er noch im Lager hat, auch hier im Wert von Goldkörnern.
- Wie viel Goldkörner er für Reparaturen ausgegeben hat.
- Wie viel Honig und Salz er jeweils im Wert von Goldkörnern verkauft hat und wie viel er jeweils im Wert von Goldkörnern gekauft hat.
- Wie viel Goldkörner er ausgegeben hat.
- Wie viel Goldkörner er eingenommen hat.
- Wie viel Goldkörner er am Ende der Woche mehr hat als am Wochenbeginn.

Ihre Aufgabe ist es nun dem Kaufmann all seine Fragen schriftlich zu beantworten.

Hier die Sätze aus dem Handelsbuch des Kaufmanns:
- Mit 150 Goldkörnern (GK) angefangen,
- Mehl im Wert von 5 GK für 20 GK verkauft,
- Salz für 35 GK gekauft,
- Eselskarren richten lassen, 25 GK bezahlt,
- Vom Eselskarrenreparateur 5 GK gefordert und bekommen,
- Honig im Wert von 15 GK für 30 GK verkauft,
- Zuggeschirr für den Eselskarren richten lassen, 10 GK bezahlt,
- Honig und Salz im Wert von jeweils 10 GK gekauft,
- Mehl für 30 GK gekauft,
- Honig für 40 GK gekauft,
- Salz im Wert von 10 GK für 60 GK verkauft,
- Honig im Wert von 10 GK für 20 GK verkauft,
- Mehl im Wert von 15 GK für 60 GK verkauft,
- Mehl für 40 GK gekauft,
- Mehl für 60 GK gekauft,
- Honig und Salz im Wert von jeweils 5 GK für je 40 GK verkauft.

So, und nun beantworten Sie die Fragen, und wenn Sie fertig sind, gehen Sie zum Schritt 2.

Schritt 2

Ich vermute, Sie haben schon den ersten Schritt einer Buchführung erkannt und die Handelssätze z. B. für Mehl in eine Zeile geschrieben und abgehakt:

1. Frage: Mehl im Lager = 30 – 5 – 15 + 40 + 60 = 110 GK
2. Frage: Mehl verkauft = 5 + 15 = 20 GK

Somit haben Sie schon eine bestimmte Ordnung in die Sache gebracht. Dies ist auch die Aufgabe der Buchführung, nämlich Geschäftsfälle in eine Ordnung zu bringen.

Toll, Sie können ja schon etwas Buchführung.

Jedoch glaube ich, dass Sie viel intelligenter an die Sache rangegangen sind, da Sie erkannt haben, dass durch die Fragen immer wieder gleiche Arten von Rechnungen erfüllt werden müssen.

Sie haben bestimmt jetzt noch mal von vorne begonnen und alles in Tabellenform gebracht, dies entspricht ja auch der Art und Weise, wie wir früher schon gelernt haben, Zahlen zusammenzurechnen (Taschenrechner und Kopfrechnen sind ja verboten!).

Beispiel:

Mehl gekauft (Zugang)	Mehl verkauft (Abgang)
30	5
40	15
60	
= 130	= 20

Danach haben Sie bestimmt den Lagerinhalt so berechnet:
130 – 20 = 110

Mit dieser Methode haben Sie schnell die Fragen 1 bis 3 beantwortet.

Super, das ist schon ein Prinzip der Buchführung, nämlich Lagerzugänge und Lagerausgänge systematisch zu erfassen und durch die Differenz den Lagerbestand zu ermitteln.

Sogar die Kontenform, nämlich das sogenannte T-Konto haben Sie bereits eingeführt.

Das T-Konto ist eine Tabelle mit zwei Spalten.

Sollten Sie die Aufgaben noch nicht so gelöst haben, dann lesen Sie bitte noch mal alle Fragen und beantworten diese nun in Tabellenform.

Es ist wirklich kein Problem, wenn Sie die Aufgabe nur nach der Zeilenmethode gelöst haben, wichtig ist, dass Sie diese gelöst haben.

Gratuliere!

Aber Sie werden zugeben, dass die Tabellenform Zeit spart, also lösen Sie nun die Aufgabe in dieser Weise.

Dies alles, bevor Sie bei Schritt 3 weiterlesen.

Platz für Ihre Notizen:

Schritt 3

Nun haben Sie alles in Tabellenform gebracht. Vielleicht erst etwas durcheinander, aber dann haben Sie wahrscheinlich begonnen Ordnung hineinzubringen.

Ihr Hefteintrag sieht nun in etwa so aus (zur leichteren Erkennbarkeit habe ich Farben verwendet):

Mehl gekauft (Zugang)	Mehl verkauft (Abgang)
30	5
40	15
60	
Summe: 130	Summe: 20

Honig gekauft (Zugang)	Honig verkauft (Abgang)
40	10
10	15
	5
Summe: 50	Summe: 30

Salz gekauft (Zugang)	Salz verkauft (Abgang)
35	
10	5
Summe: 45	Summe: 20

Reparaturen Ausgabe	Reparaturen Rückzahlung
25	5
10	
Summe: 35	Summe: 5

Ausgaben	Einnahmen
30	20
40	60
35	30
25	60
40	5
10	20
60	40
10	40
10	
Summe: 260	Summe: 275

Sie haben es etwas anders gelöst? Auch gut.

Wichtig ist, dass Sie eine Lösung haben. Aber Sie werden zugeben, dass so die Übersicht sehr gut ist und man nun zu Schritt 4, der Beantwortung der Fragen, übergehen kann.

Platz für Ihre Notizen:

Schritt 4

Wie viel Mehl der Kaufmann noch im Lager hat, aber nicht als Kilowert, sondern im Wert von Goldkörnern:

Zugang – Abgang = 130 – 20 = 110

Wie viel Mehl er jeweils im Wert von Goldkörnern verkauft hat:

Abgang = 20

Wie viel Mehl er jeweils im Wert von Goldkörnern gekauft hat:

Zugang = 130

Wie viel Honig er noch im Lager hat, aber auch hier im Wert von Goldkörnern:

Zugang – Abgang = 50 – 30 = 20

Wie viel Salz er noch im Lager hat, auch hier im Wert von Goldkörnern:

Zugang – Abgang = 45 – 20 = 25

Wie viel Goldkörner er für Reparaturen ausgegeben hat:

Kosten – Gutschrift = 35 – 5 = 30

Wie viel Honig und Salz er jeweils im Wert von Goldkörnern verkauft und wie viel er jeweils im Wert von Goldkörnern gekauft hat:

Abgang Honig = 30;	Abgang Salz = 20
Zugang Honig = 50;	Zugang Salz = 45

Wie viel Goldkörner er ausgegeben hat:

Ausgaben = 260

(Ausgaben unter Berücksichtigung der Gutschrift = 255)

Wie viel Goldkörner er eingenommen hat:

Einnahmen = 275

(Einnahmen ohne Reparaturgutschrift = 270)

Wie viel Goldkörner er am Ende der Woche mehr hat als am Wochenbeginn:

Anfangsbestand	150 GK	(150)
+ Einnahmen	275 GK	(270)
– Ausgaben	260 GK	(255)
= Endbestand	**165 GK**	(165)

Der Kaufmann hat 165 – 150 = 15 GK mehr als am Wochenanfang.

Sie haben die Lösung, **super.**

Sie sehen also, dass Sie zur Buchführung **befähigt** sind, denn die Buchführung hat die Aufgabe darzustellen,
- woher das Geld kommt,
- was damit gemacht wurde und
- was damit erreicht worden ist.

So wie Sie dies gerade auch getan haben.

Moment, ich habe nicht versucht Ihnen zu beweisen, dass Sie bereits fit in Buchführung sind, sondern nur, dass Sie dazu **befähigt** sind.

Lernen Sie nun noch die im folgenden Kapitel aufgestellten Regeln der Buchführung und verbinden Sie diese Regeln mit Ihrer hier bewiesenen Befähigung! Danach sind Sie ein Könner/eine Könnerin in Buchführung.

Geschäftsbuchführung

Das sogenannte Rechnungswesen liefert eine Reihe von wichtigen Informationen. Daran beteiligt sind all jene Mitarbeiterinnen und Mitarbeiter, die Kostenrechnungen und Statistiken erstellen sowie über die Finanzlage des Unternehmens Bescheid wissen.

Die errechneten Daten und Kennzahlen erleichtern die Planung von Unternehmenszielen und helfen im Entscheidungsprozess, welche Maßnahmen zur Erreichung der Ziele anzusteuern sind.

Alle Geschäftsfälle werden in der Buchführung erfasst und dokumentiert. Damit kann die Vermögens- und Kapitalsituation des Unternehmens aufgezeigt werden.

Meine Ziele

Nach Bearbeitung dieses Kapitels kann ich

- die Bedeutung einer Bilanz erklären;
- grundlegende Buchungssätze erstellen;
- das Prinzip von Lohn- und Gehaltsbuchungen erläutern;
- ein Gewinn- und Verlustkonto erstellen und abschließen;
- ein Schlussbilanzkonto erstellen.

Exkurs

Inventar und Inventur

Jeder Kaufmann hat zu Beginn seines Handelsgewerbes sowie am Ende eines jeden Geschäftsjahres seine Grundstücke, seine Forderungen und Schulden, den Betrag seines Bargeldes und den Wert aller sonstigen Vermögensgegenstände in einem Verzeichnis darzustellen. Dieses Verzeichnis bezeichnet man als **Inventar.**

Vermögensgegenstände des Sachanlagevermögens sowie Roh-, Hilfs- und Betriebsstoffe können, wenn sie regelmäßig ersetzt werden und ihr Gesamtwert für das Unternehmen von nachrangiger Bedeutung ist, mit einer gleichbleibenden Menge und einem gleichbleibenden Wert angesetzt werden, sofern sich der Bestand/Wert nur gering verändert. Alle drei Jahre sollte jedoch auch bei diesen Werten eine körperliche Bestandsaufnahme stattfinden.

Grundsätzliches zum Thema finden Sie auch im Lernfeld „Warenwirtschaft" im Kapitel „Festlegung der Warenmenge" im Buch Systemgastronomie 2.

Gleichartige Vermögensgegenstände des Vorratsvermögens sowie andere gleichartige oder annähernd gleichwertige bewegliche Vermögensgegenstände und Schulden können jeweils zu einer Gruppe zusammengefasst und mit dem gewogenen Durchschnitt angesetzt werden.

Geringwertige Wirtschaftsgüter müssen nicht in das Inventar aufgenommen werden, wenn sie im selben Jahr in voller Höhe abgeschrieben oder auf einem besonderen Konto gebucht wurden bzw. nicht mehr als 150 € betragen.

Der Vorgang des Zählens, Wiegens und Messens zur Feststellung der Vermögenswerte wird als **Inventur** bezeichnet. Man zählt dabei in allen Lägern, in der Küche und im Restaurant, sämtliche Warenvorräte. Man zählt den Bestand an Bargeld in der Kasse sowie andere Vermögensarten, wie z. B. das Bankguthaben. Die Forderungen an die Gäste sowie Schulden bei Lieferanten werden namentlich aufgelistet. Die ermittelten Salden lässt man sich von den einzelnen Kunden bzw. Lieferanten bestätigen. Der Wert der Betriebs- und Geschäftsausstattung wird unter Berücksichtigung planmäßiger Abschreibungsbeträge am Bilanzstichtag aufgelistet **(Stichtagsinventur).** Die körperliche Bestandsaufnahme ist in einigen Unternehmen sehr zeitintensiv und manchmal nicht an einem Kalendertag, z. B. dem 31. Dezember, durchzuführen. Es ist daher auch gestattet, die Inventurarbeiten 10 Tage davor oder danach bei Fortführung oder Rückrechnung zum Bilanzstichtag durchzuführen.

Ziel der Inventur

Die Inventur ist ein wesentlicher Bestandteil der ordnungsgemäßen Buchführung und dient dem Schutz der Gläubiger. Durch die körperliche Bestandsaufnahme soll überprüft werden, ob die Sollbestände mit den Istbestände übereinstimmen. Treten Differenzen auf, so muss nach Ursachen geforscht werden, insofern hat die Inventur eine Kontrollfunktion gegenüber der Buchführung.

Sollbestand = ausgewiesener Bestand laut Warenwirtschaftssystem.
Istbestand = tatsächlicher Bestand.

Verfahren zur Vereinfachung der Inventur

Stichprobeninventur

Der Gesetzgeber sieht im Zuge der Vereinfachung unter bestimmten Umständen von einer vollständigen körperlichen Inventur ab und erlaubt anerkannte mathematisch-statistische Verfahren und Stichproben. So wird für einen Teil des Warenbestandes, der den größten Wert ausmacht, eine vollständige körperliche Bestandsaufnahme gemacht. Für den Warenbestand an geringwertigen Waren wird nur ein Teil des Lagers gezählt und dann ein Durchschnittswert angenommen. Beispiele für das Trockenlager: Spirituosen, Sirupe, Kaffee etc. werden gezählt, angebrochene Packungen mit Pappbechern, Portionspackungen für Salz, Ketchup etc. werden nur stichprobenartig gezählt (Stichprobeninventur § 241 HGB).

Permanente Inventur

Auf eine körperliche Bestandsaufnahme am Ende des Geschäftsjahres kann gänzlich verzichtet werden, wenn die Vermögensgegenstände nach Art und Menge permanent erfasst werden, und zwar in ständigen Inventuren über ein Warenwirtschaftssystem oder mithilfe von Lagerfachkarten.

Verlegte Inventur

Auch eine verlegte Inventur ist möglich, wenn für einen bestimmten Tag innerhalb von drei Monaten vor oder zwei Monaten nach dem Bilanzstichtag die Werte der Vermögensgegenstände durch permanente oder körperliche Inventur verzeichnet worden sind und sichergestellt ist, dass eine ordnungsgemäße Fortschreibung bzw. Rückrechnung zuverlässig ermittelt werden kann.

Inventar

Für die Form des Inventars gibt es keine gesetzlichen Vorschriften, eine übersichtliche und schnell lesbare Darstellung ist jedoch sinnvoll. Es wird das Begriffssystem der Bilanz übernommen, da das Inventar die Vorbereitung zur Erstellung einer Bilanz darstellt. Es besteht aus drei Teilen, dem Vermögen (Anlage- und Umlaufvermögen), den Schulden und dem Reinvermögen.

Beispiel für den Aufbau eines Inventars

Inventar zum 31. 12. 20.. Restaurant Burgerglück e. K, Lieselstraße 4, 37589 Töslingen	€	€
A Vermögen		
I. Anlagevermögen		
1. Restaurantgebäude Lieselstraße 4		2.280.000,00
2. Betriebs- und Geschäftsausstattung laut Einzelinventurliste 1		750.000,00
3. Fuhrpark		78.000,00
II. Umlaufvermögen		
1. Warenvorräte		
▪ Kühlware	8.500,00	
▪ TK-Ware	5.700,00	
▪ Getränke	7.380,00	
▪ Lebensmittel laut Einzelinventurliste 2	2.450,00	
▪ Zubereitete Speisen laut Einzelinventurliste	1.432,00	25.462,00
2. Hilfsstoffvorräte		
▪ Kohlensäure	680,00	
▪ Frittieröl	890,00	1.570,00
3. Betriebsstoffvorräte		
▪ Heizöl	1.8560,00	
▪ Propangas	680,00	19.240,00
4. Forderungen aus Lieferungen und Leistungen		
▪ 80. Geburtstag Lotte Müller	1.500,00	
▪ Weihnachtsfeier Kaufhaus AG	3.900,00	5.400,00
5. Kassenbestand		6.789,56
6. Bankguthaben		25.090,00
Summe des Vermögens (Rohvermögens)		3.191.551,56
B. Schulden		
1. Verbindlichkeiten gegenüber Kreditinstituten		
▪ Darlehen bei der Deutschen Bank		560.000,00
2. Verbindlichkeiten aus Lieferungen und Leistungen		
▪ Großhändler Walter	17.400,00	
▪ Weingut Schlossberg	23.870,00	41.270,00
3. Lieferdarlehen Schlossbrauerei OHG		89.000,00
Summe der Schulden		690.270,00
C. Ermittlung des Reinvermögens (Eigenkapitals)		
Summe des Vermögens		3.191.551,56
Summe der Schulden		–690.270,00
= Reinvermögen (Eigenkapital)		2.501.281,56

1 Bilanz

Die Bilanz ist eine Darstellung des Vermögens und der Schulden. Sie muss zumindest am Ende des Geschäftsjahres (z. B. am 31. 12.) von den Mitarbeiterinnen und Mitarbeitern der Geschäftsbuchführung erstellt werden und heißt dann Schlussbilanz. Die Darstellung erfolgt in zwei Spalten, der Aktivseite und der Passivseite.

Die Jahresschlussbilanz des alten Jahres ist zugleich die Jahresanfangsbilanz des neuen Geschäftsjahres.

Das Wort Bilanz leitet sich vom lateinischen Wort für Waage (= bilancia) ab.

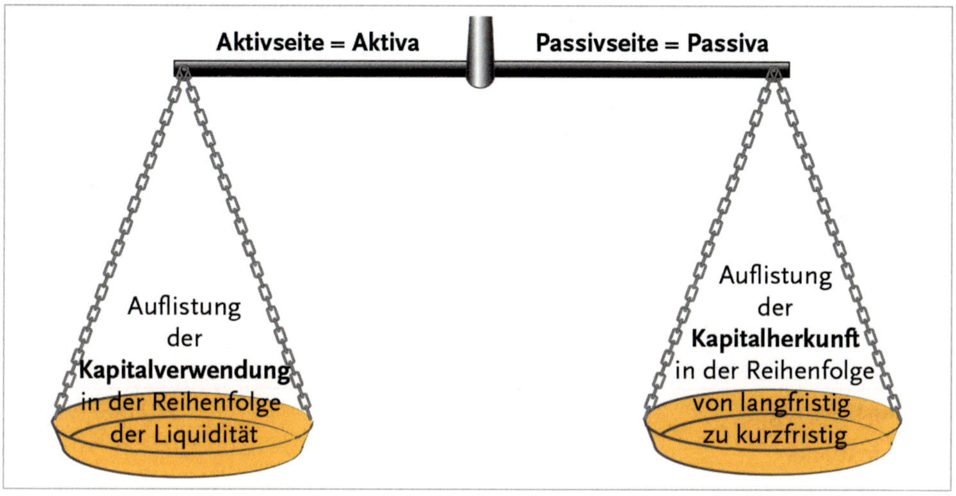

Bilanz

Aktivseite	Passivseite
■ Auf der Aktivseite wird angeführt, wie das Kapital verwendet wurde. ■ Es kann in Grundstücke, Gebäude, Maschinen oder Waren investiert worden sein. ■ Oder das Geld ist auf dem Bankkonto bzw. in der Kasse deponiert. ■ Da Grundstücke bzw. Gebäude nicht sofort in Bargeld umgesetzt werden können, stehen sie am Anfang der Aktivseite. ■ Die Bank steht am Ende, da das Geld sofort verfügbar ist.	■ Das Eigenkapital steht am Beginn der Passivseite, es bleibt am längsten in der Firma. ■ Dann folgen langfristige und kurzfristige Schulden. ■ Am Ende stehen die sogenannten Verbindlichkeiten, das sind Schulden bei Lieferanten, also Schulden, die sofort fällig sind.

Das Kapital kann vom Unternehmer bzw. der Unternehmerin selbst stammen und wird dann **Eigenkapital** genannt. Stammt es von Darlehensgebern, heißt es **Fremdkapital.**

Das Vermögen an Gebäuden, Maschinen etc. ändert sich nicht laufend, es heißt **Anlagevermögen.** Demgegenüber steht das **Umlaufvermögen,** also das Vermögen an Forderungen, Ware, Bank usw. Es verändert sich sehr häufig.

Wenn eine Firma Kapital erhält, muss dieses in irgendeiner Weise verwendet werden. Somit muss die Summe der Passivseite gleich der Summe der Aktivseite sein.
Aktiva = **Passiva** oder **Vermögen** = **Kapital**

Informieren Sie sich im Handelsgesetzbuch (HGB) über die gesetzlich vorgeschriebene Gliederung der Bilanz in den verschiedenen Gesellschaftsformen (GmbH, AG usw.).

Die Grundlage für eine Bilanz stellt die doppelte Buchführung dar. Ihr Prinzip geht auf die sogenannte Venezianische Methode zurück, die um 1494 erstmals in einem Buch des Franziskanermönchs Luca Pacioli auftauchte. Venedig war in dieser Zeit ein wichtiger Handelshafen und eine Drehscheibe für den Austausch von Waren aller Art.

Heute wie damals erfüllt die Bilanz drei Funktionen.

1. Dokumentation: Darstellung des Abschlusses der Buchführung des laufenden Geschäftsjahres.
2. Erfolgsermittlung: Aufzeigen über Gewinn bzw. Verlust der abzurechnenden Periode.
3. Information: für das Unternehmen selbst, aber auch für Dritte, z. B. Geschäftspartner, Banken (für die Kreditvergabe), Gläubiger, Finanzamt.

Vermögen
– Schulden
= **Eigenkapital**

(Beim Inventar wird es **Reinvermögen** genannt. Das Inventar ist gewissermaßen eine ausführliche, aber unübersichtliche Bilanz.)

Beispiel: Einfache verkürzte Bilanz

Aktiva		**Passiva**	
Anlagevermögen		**Eigenkapital**	320.000,-- €
Grundstücke	250.000,-- €	**Fremdkapital**	
Betriebs- und Geschäftsausstattung (BGA)	150.000,-- €	Fremdkapital langfristig (Darlehen)	100.000,-- €
Umlaufvermögen		Fremdkapital kurzfristig (Kredit)	20.000,-- €
Forderungen aus Lieferungen und Leistungen	20.000,-- €	**Verbindlichkeiten**	
Warenbestand	15.000,-- €	Verbindlichkeiten aus Lieferungen und Leistungen	8.000,-- €
Kasse	3.000,-- €		
Bank	10.000,-- €		
Bilanzsumme:	**448.000,-- €**	Bilanzsumme:	**448.000,-- €**

Langfristig = 3 bis 5 Jahre, auch länger
Kurzfristig = bis zu einem Jahr
Darlehen = **Kredit** = befristet zur Verfügung gestellter Geldwert, Rückzahlung meist zuzüglich Zinsen
Verbindlichkeiten = kurzfristige Schulden bei Lieferanten oder Geschäftspartnern

Jeder Geschäftsfall ändert die Bilanz.

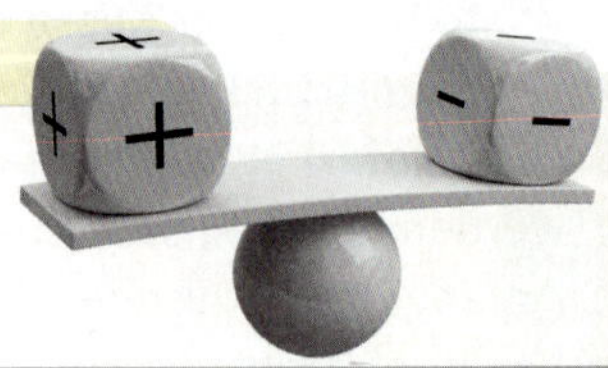

Beispiel 1: Es werden Waren gekauft und sofort bar bezahlt.
Folge: Der Warenbestand erhöht sich, der Kassenbestand verringert sich.
Es wurde nur auf der Aktivseite die Vermögensverwendung geändert, dies nennt man **Aktivtausch.**

Beispiel 2: Es werden Verbindlichkeiten in ein kurzfristiges Darlehen gewandelt.
Folge: Die Verbindlichkeiten verringern sich, das kurzfristige Fremdkapital erhöht sich.
Es wurde nur auf der Passivseite die Vermögensherkunft geändert, dies nennt man **Passivtausch.**

Beispiel 3: Es werden Waren auf Ziel gekauft.
Folge: Der Warenbestand erhöht sich, die Verbindlichkeiten erhöhen sich.
Es wurde durch einen Lieferantenkredit zusätzliches Kapital in das Unternehmen genommen und zum Warenkauf verwendet. Somit erhöht sich die Bilanzsumme auf beiden Bilanzseiten. Eine derartige Erhöhung der Bilanzsumme nennt man **Aktiv-Passiv-Mehrung** (Bilanzverlängerung).

Beispiel 4: Es werden Verbindlichkeiten per Banküberweisung bezahlt.
Folge: Das Bankguthaben verringert sich, die Verbindlichkeiten verringern sich.
Es haben sich sowohl die Aktiv- als auch die Passivseite verringert, man spricht von einer **Aktiv-Passiv-Minderung** (Bilanzverkürzung).

Da täglich viele Geschäftsfälle die Bilanz ändern, wäre es umständlich, dauernd die Bilanz neu zu schreiben. Die Geschäftsfälle werden daher auf Konten gebucht, aus den Kontenergebnissen wird am Jahresende die Bilanz erstellt.

Warum gibt es keine einseitige Passivmehrung oder Aktivmehrung?

Ein Arbeitsblatt zu Bilanzveränderungen finden Sie unter www.trauner.at/systemgastronomie.aspx.

2 Die Konten

Heutzutage erfolgt die Buchführung über EDV-Programme. Diese Programme haben als logische Grundlage das herkömmliche System und daher betrachten wir die Konten so, wie sie früher geführt wurden bzw. wie sie in kleinen Firmen vielleicht noch heute geführt werden.

Ein Konto sieht aus wie ein T, die linke Seite wird SOLL genannt, die rechte Seite HABEN.

SOLL (S)	Betriebs- und Geschäftsausstattung (0400)	HABEN (H)

Zur Übersichtlichkeit werden die Konten in Klassen eingeteilt:

Aktivkonten | **Passivkonten** | **Ertragskonten** | **Aufwandskonten** | **Abschlusskonten**

Je nach Branche gibt es eine detailliertere Einteilung in weitere Gruppen.

Man spricht von einem **Kontenrahmen,** der die Konten in **Kontenklassen** und Kontengruppen einteilt.

Da die Kontennamen meist sehr lang sind, werden anstelle von Wörtern Zahlen verwendet. Durch die Verwendung von **Kontennummern** wird die Buchhaltung strukturiert und übersichtlich. Außerdem ist damit eine EDV-Verarbeitung möglich.

Die Darstellung der Kontenklassen mit ihren Kontennummern nennt man **Kontenplan**. Der Kontenrahmen ist brancheneinheitlich, der Kontenplan hingegen betriebsabhängig.

Aufbau einer Kontennummer, z. B. Konto 1111

- 1 = Kontenklasse Umlaufvermögen
- 100 = Kontengruppe Vorräte
- 10 = Konto Lebensmittel
- 1 = Unterkonto Skontoerträge

Statt den Wörtern „Skontoerträge – Vorräte – Lebensmittel" verwendet man die Nummer 1111

Weil stets zwei Konten angesprochen werden, spricht man von der **doppelten Buchführung.** Sie hat drei Merkmale:

- Jede Sollbuchung hat eine summengleiche Habenbuchung, d. h. die Geldsumme der Sollbuchungen entspricht der Geldsumme der Habenbuchungen.
- Der Betriebsgewinn kann über das Konto **GuV** oder über **Vermögensvergleich** ermittelt werden.
- Es bestehen Bestandskonten und Kapitalkonten (Erfolgs- und Privatkonten).

Auch wenn durch einen Geschäftsfall mehrere Konten berührt werden, muss die Regel „Wert aller Sollbuchungen = Wert aller Habenbuchungen" stets eingehalten werden.

Weiter Übungsaufgaben finden Sie unter www.trauner.at/systemgastronomie.aspx.

2.1 Buchungssatz

Wie im Kapitel Bilanz ausgeführt, müssen beide Bilanzseiten wertmäßig gleich sein. Daraus ergibt sich der logische Schluss, dass einer SOLL-Buchung stets eine HABEN-Buchung in gleicher Höhe folgen muss.

Jede Buchung benötigt eine Gegenbuchung in gleicher Höhe.

Beispiel
Wir heben von der Bank 500,-- € Wechselgeld ab.

- Somit muss eine Buchung das Bankguthaben verringern.
- Da wir dieses Wechselgeld aber nicht aus dem Betriebsvermögen entfernen können, muss irgendeine Buchung erfolgen, die den Bestand, hier Kassenbestand, erhöht.
- Bei welchem Konto im SOLL und bei welchem im HABEN gebucht werden muss, erklären die später folgenden Regeln.
- Der Buchungssatz lautet stets **SOLL an HABEN,** d. h. das Konto, auf dem im SOLL gebucht wird, muss zuerst genannt werden.
- In unserem Beispiel lautet der Buchungssatz **Kasse an Bank 500,-- €.**

Darstellung mit T-Konten

SOLL (S)	Kasse (1600)		HABEN (H)
Anfangsbestand	3.000,--		
Zugang	500,--		

SOLL (S)	Bank (1800)		HABEN (H)
Anfangsbestand	10.000,--	Abgang	500,--

Buchungssatz schematisch dargestellt

	SOLL	HABEN
Kasse	500,--	
an Bank		500,--

Beispiel
Wir bezahlen 300,-- € Verbindlichkeiten mit 100,-- € Bargeld und einer Banküberweisung von 200,-- €.

Es werden drei Konten berührt:

- Kasse
- Bank
- Verbindlichkeiten

Folge: Die Bank hat sich um 200,-- €, die Kasse um 100,-- € und die Verbindlichkeiten um 300,-- € verringert.

Statt zweier Buchungssätze verwendet man den **zusammengesetzten Buchungssatz,** er lautet: Verbindlichkeiten 300,-- **an** Bank 200,--, **an** Kasse 100,--

Buchungssatz schematisch dargestellt

	SOLL	HABEN
Verbindlichkeiten	300,--	
an Bank		200,--
an Kasse		100,--

Darstellung mit T-Konten

S	Verbindlichkeiten		H
Abgang	300,--	Anfang	8.000,--

S	Bank		H
Anfang	10.000,--	Abgang	200,--

S	Kasse		H
Anfang	300,--	Abgang	100,--

Am Jahresende oder bei Notwendigkeit werden die Konten abgeschlossen, indem ein Endbestand errechnet wird. Diesen Endbestand nennt man **Saldo.**

Der Saldoeintrag ist bereits eine Buchung und benötigt daher ein Gegenkonto und die Gegenbuchung, z. B. auf dem Schlussbilanzkonto.

Beispiel

S	Kasse		H
Anfangsbestand	3.000,--	Abgang	100,--
Zugang	200,--	Saldo	3.100,--
Kontosumme	3.200,--		3.200,--

← Leere Zeilen im Konto werden durch die sogenannte Buchhalternase entwertet.

Kontensumme im SOLL = Kontensumme im HABEN

Ist die Kontensumme im Schlussbilanzkonto auf beiden Seiten gleich, wurde korrekt gebucht. Sofern nicht, liegt ein Buchungsfehler vor.

Um diesen Fehler zu finden, müssen alle Buchungen nachgeprüft werden. Da im Laufe des Jahres sehr viele Buchungen anfallen, ist das Auffinden von Fehlern nur möglich, wenn wir zur jeweiligen Buchung die Gegenbuchung kennen. Daher sind die Wörter Zugang, Abgang und Saldo nur gedacht und durch die Nummern der Gegenbuchungskonten ersetzt.

Erinnern Sie sich? Blättern Sie zurück zum Vorwort der Buchführung!

Anfangsbestand
+ Zugänge
– Abgänge
= Saldo (Endbestand)

4300 = Konto Umsatzerlöse
1100 = Konto Warenvorräte
9900 = Schlussbilanzkonto

Beispiel

S	Kasse (1600)		H
Anfangsbestand	3.000,--	1100	100,--
4300	200,--	9900	3.100,--
Kontosumme	3.200,--		3.200,--

Zur Eröffnung der Buchführung werden die Werte der Anfangsbilanz als Anfangsbestände in die jeweiligen Konten übertragen, die Aktivseite in die Aktivkonten und die Passivseite in die Passivkonten. Diese Übertragung ist keine Buchung und daher fällt auch keine Gegenbuchung an.

2.2 Regeln

Aktivkonten sind:
- Betriebs- und Geschäftsausstattung
- Forderungen
- Warenbestand
- Kasse
- Bank

Passivkonten sind:
- Eigenkapital
- Darlehen
- Verbindlichkeiten
- Rückstellungen

Die **Aktivkonten** werden auch als Bestandskonten bezeichnet, da die **Aktivseite der Bilanz** sich in ihnen darstellt. Man bucht den Anfangsbestand und die Zugänge im SOLL, die Abgänge und den Endbestand im HABEN.

S	Aktivkonten H
Anfangsbestand	Abgänge
Zugänge	Endbestand (Saldo)

Die **Passivkonten** werden auch als Schuldkonten bezeichnet, da die **Passivseite der Bilanz** sich in ihnen darstellt. Man bucht den Anfangsbestand und die Zugänge im HABEN, die Abgänge und den Endbestand im SOLL.

S	Passivkonten H
Abgänge	Anfangsbestand
Endbestand (Saldo)	Zugänge

Warum steht das Eigenkapital auf dem Passivkonto?

____

____

____

____

____

Das Tonband wird von rechts nach links zurückgespult. Das heißt **aktiv** sein. Dabei wird die Spule links immer dicker, da sie an Bandmenge zunimmt, also Zugang beim Aktivkonto.

Sie sind **passiv** und hören nur zu, während das Tonband abgespielt wird. Dabei wird die Spule rechts immer dicker, da sie an Bandmenge zunimmt, also Zugang beim Passivkonto.

Manchmal werden die Passivkonten auch als Bestandskonten bezeichnet, und zwar im Sinne von „Bestand der Schulden“.

Die Aktiv- und Passivkonten, auch Bilanzkonten genannt, werden über das Schlussbilanzkonto abgeschlossen, d. h. die Gegenbuchung zum Saldo erfolgt auf dem Schlussbilanzkonto.

- Die Salden der Aktivkonten kommen in die SOLL-Seite und die Salden der Passivkonten in die HABEN-Seite des **Schlussbilanzkontos.**
- Die Werte des Schlussbilanzkontos (SBK) werden seitengleich in die Bilanz übertragen.
- Also die HABEN-Seite der SBK in die Passivseite der Bilanz und die SOLL-Seite der SBK in die Aktivseite der Bilanz.
- Die Übertragung ist **keine** Buchung und daher benötigt man auch **keine** Gegenbuchung.

Da es bei Beständen keinen negativen Wert geben kann, steht der **Saldo** bei den Aktivkonten stets im HABEN und bei den Passivkonten stets im SOLL.

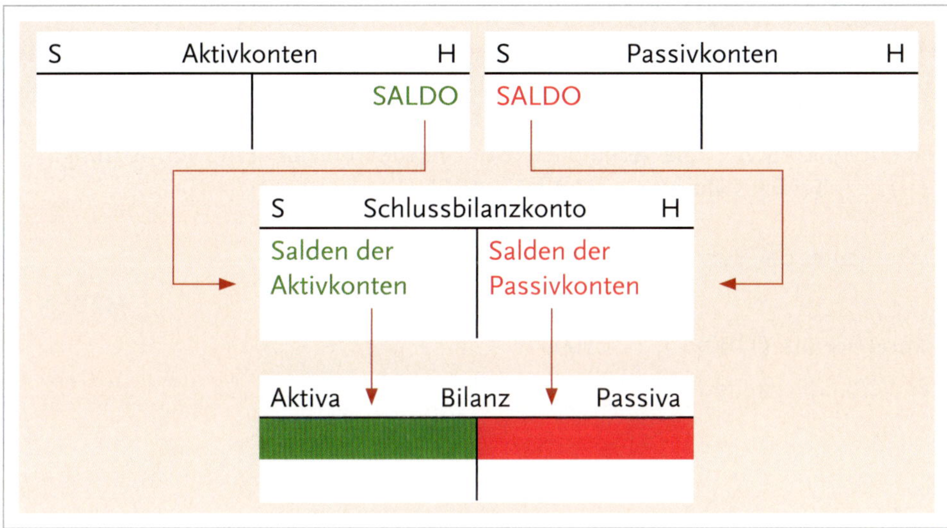

Aufgabenstellungen

1. Erarbeiten Sie in Gruppenarbeit die fünf Gedankenschritte in chronologischer Reihenfolge, die notwendig sind, um einen Buchungssatz zu bilden.

2. Führen Sie das Konto Kasse und schließen Sie dieses nach Buchung der unteren Geschäftsfälle ab!
   Anfangsbestand 350,00 €
   - Ein Gast bezahlt bar die Rechnung für ein Geschäftsessen 132,00 €
   - Wir bezahlen einen Lieferanten in bar 258,00 €
   - Wir holen Wechselgeld vom Bankkonto und legen es in die Kasse 300,00 €

3. Bilden Sie zu den unteren Geschäftsfällen die Buchungssätze
   a) Wir bezahlen unseren Lebensmittellieferanten per Banküberweisung 480,00 €
   b) Wir kaufen neue Stühle und Tische für die Lobby: 1.800,00 €
   c) Das Unternehmen Reifenfrei zahlt die Rechnung für die Weihnachtsfeier per Überweisung 4.500,00 €
   d) Wir zahlen die Tilgungsrate für unseren Bankkredit per Überweisung 2.400,00 €
   e) Wir heben Geld vom Bankkonto ab und legen es in die Kasse: 230,00 €

Die Übung finden Sie auch unter www.trauner.at/systemgastronomie.aspx.

Verkürztes Beispiel
Die Steuer bleibt unberücksichtigt: eine Privatperson betreibt kein Gewerbe, daher brutto = netto
Die Anfangsbilanz weist einen Warenvorrat von 1.000,-- € und Verbindlichkeiten aus Lieferungen und Leistungen von 2.000,-- € aus. Wir kaufen von einer Privatperson Ware für 1.500,-- € auf Ziel und schließen danach die Konten ab.

auf Ziel = Ware jetzt, Bezahlung später, es sind Verbindlichkeiten.

Das Konto Warenvorräte wird im SOLL mit 1.000,-- € eröffnet.
Das Konto Verbindlichkeiten wird im HABEN mit 2.000,-- € eröffnet.

Kontonummern und ihre genauen Bezeichnungen finden Sie im Kontenplan am Ende des Buches sowie unter www.trauner.at/systemgastronomie.aspx.

S	Warenvorräte (1100)	H
Anfangsbestand	1.000,--	

S	Verbindlichkeiten (3300)	H
	Anfangsbestand	2.000,--

Der Bestand der Waren vermehrt sich. Eine Vermehrung (Zugang) bei Aktivkonten erfolgt im SOLL. Die Verbindlichkeiten vermehren sich. Eine Vermehrung (Zugang) bei Passivkonten erfolgt im HABEN.

Daher lautet der Buchungssatz für den Warenkauf:

	SOLL	HABEN
Warenvorräte (1100)	1.500,--	
an Verbindlichkeiten (3300)		1.500,--

WV = Warenvorräte (Kontonummer 1100)

VLL = Verbindlichkeiten aus Lieferungen und Leistungen (Kontonummer 3300)

SBK = Schlussbilanzkonto (Kontonummer 9900)

Buchung:

S	WV (1100)	H
Anfangsbestand	1.000,--	
3300	1.500,--	

S	VLL (3300)	H
	Anfangsbestand	2.000,--
	1100	1.500,--

Warenvorräte an Verbindlichkeiten

Die Konten sind abzuschließen, indem man jeweils den Saldo bildet und die Gegenbuchung im Schlussbilanzkonto (9990) einträgt.

Der Saldo des Kontos Warenvorräte steht im HABEN und wird somit auf der SOLL-Seite des Schlussbilanzkontos eingetragen.

Der Saldo des Kontos Verbindlichkeiten steht im SOLL und wird somit auf der HABEN-Seite des Schlussbilanzkontos eingetragen.

Die Buchungssätze für den Kontenabschluss, schematisch dargestellt, lauten:

	SOLL	HABEN
SBK (9900)	2.500,--	
an Warenvorräte (1100)		2.500,--

	SOLL	HABEN
Verbindlichkeiten (3300)	3.500,--	
an SBK (9900)		3.500,--

In der Praxis wird jede Buchung mit einer Buchungsnummer versehen und im Hauptbuch mit Datum festgehalten.

Datum	Buchungs-Nummer	Konto SOLL	Konto HABEN

Die Buchung erfolgt so

S	WV (1100)		H
Anfangsbestand	1.000,--	~~Saldo~~ 9990	2.500,--
3300	1.500,--		
Kontosumme	2.500,--	Kontosumme	2.500,--

S	VLL (3300)		H
~~Saldo~~ 9990	3.500,--	Anfangsbestand	2.000,--
		1100	1.500,--
Kontosumme	3.500,--	Kontosumme	3.500,--

S	SBK 9900		H
1100	2.500,--	3300	3.500,--

Da dieses Beispiel nur ein Auszug der Buchhaltung ist und somit noch nicht alle Konten der Buchführung abgeschlossen sind, können die SOLL-Seite und die HABEN-Seite des Schlussbilanzkontos noch nicht übereinstimmen.

Nach Abschluss aller Konten wird das Schlussbilanzkonto dann seitengleich in die Bilanz übertragen. Hier ist also der Wert der Warenvorräte in die Aktivseite und der Wert der Verbindlichkeiten in die Passivseite der Bilanz einzutragen.

Unvollständige Bilanz

Bilanz	
Aktiva	Passiva
Warenbestand 2.500,--	Verbindlichkeiten 3.500,--

Der **Erfolg** eines Unternehmens errechnet sich aus der Differenz von Ertrag und Aufwand (Kosten). Daher bezeichnet man die Aufwands- und Ertragskonten auch als Erfolgskonten.

Auf die **Aufwandskonten** werden die Kosten im **SOLL** gebucht, die Erträge werden auf den **Ertragskonten** im **HABEN** gebucht.

S	Aufwandskonten H
Zugänge	

Sie müssen wissen:
Ertrag
– Aufwand
Erfolg
Der Unternehmenserfolg ist der Gewinn, den das Unternehmen erwirtschaftet hat.

Beispiele für Aufwandskonten sind:
- Löhne
- Instandhaltung (gemeint sind Kosten für Instandhaltung)
- Warenkosten
- Telefonkosten
- Mietkosten (Pacht)
- Abschreibungen auf Anlagevermögen (AfA)

S Ertragskonten	H
	Zugänge

Beispiele für Ertragskonten sind:
- Getränkeumsätze
- Umsatz Merchandise (Handelsware)
- Speisenumsätze
- Erlöse aus Vermietungen (Bankettsaal, Lagerhalle)

Einen Anfangsbestand gibt es bei den Erfolgskonten nicht, Abgänge sind normalerweise nicht üblich. Sollten doch Abgänge bei den Erfolgskonten entstehen, sind

Übungsaufgaben finden Sie unter www.trauner.at/systemgastronomie.aspx.

dies Gutschriften, die aber meist zwecks besserer Übersicht auf Unterkonten gebucht werden.

Beispiel für Aufwandskonten
Wir **zahlen** Portokosten von 10,-- € in bar.

Folge: Das Aufwandskonto Portokosten (6530) vermehrt sich, Zugang im SOLL. Das Aktivkonto Kasse (1600) verringert sich, Abgang im HABEN.

Der Buchungssatz lautet: Portokosten an Kasse 10,-- €

	SOLL	HABEN
Aufwandskonto Portokosten (6530)	10,--	
an Aktivkonto Kasse (1600)		10,--

Buchung auf den T-Konten

S	Portokosten (6530)		H
1600	10,--		

S	Kasse (1600)		H
Anfangsbestand	3.000,--	6530	10,--

Beispiel für Ertragskonten
Wir **verkaufen** Getränke im Wert von 100,-- € netto in bar.

Die 19 % Umsatzsteuer lassen wir im Moment noch außer Acht.

Folge: Das Ertragskonto Getränkeumsätze (4330) vermehrt sich, Zugang im HABEN. Das Aktivkonto Kasse (1600) vermehrt sich, Zugang im SOLL.

Der Buchungssatz lautet: Kasse an Getränkeumsatz 100,-- €

Auf die laufenden Buchungsnummern verzichten wir im Moment.

	SOLL	HABEN
Aktivkonto Kasse (1600)	100,--	
an Ertragskonto Getränkeumsatz (4330)		100,--

Buchung auf den T-Konten

S	Kasse (1600)		H
4330	100,--		

S	Getränkeumsatz (4330)		H
		1600	100,--

Gegenkontonummer

S	Kasse (1600)		H
4330	100,--		

S	Getränkeumsatz (4330)		H
		1600	100,--

Gegenkontonummer

Der **Abschluss** der Erfolgskonten (Aufwands-, Ertragskonten) erfolgt über das **Gewinn- und Verlustkonto** (9800). Das heißt, für die Salden der Aufwandskonten erfolgt die Gegenbuchung auf der SOLL-Seite des Gewinn- und Verlustkontos (GuV), für die Salden der Ertragskonten erfolgt die Gegenbuchung auf der HABEN-Seite des Gewinn- und Verlustkontos.

Schematische Darstellung des Buchungssatzes für das Beispiel Portokosten

	SOLL	HABEN
GuV (9800)	10,--	
an Aufwandskonto Portokosten (6530)		10,--

Schematische Darstellung des Buchungssatzes für das Beispiel Getränkeumsatz

	SOLL	HABEN
Ertragskonto Getränkeumsätze (4330)	100,--	
an GuV (9800)		100,--

Buchung auf den T-Konten

S	Portokosten (6530)		H
1600	10,--	~~Saldo~~ 9800	10,--
Kontosumme	10,--	Kontosumme	10,--

S	Getränkeumsätze (4330)		H
~~Saldo~~ 9800	100,--	1600	100,--
Kontosumme	100,--	Kontosumme	100,--

S	GuV (9800)		H
6530 ~~Portokosten~~	10,--	4330 ~~Getränkeumsatz~~	100,--

Das Wort SALDO denken wir uns nur und schreiben die Nummer des Gegenkontos, hier 9800 für das GuV-Konto, hin.

Saldieren wir das Gewinn- und Verlustkonto, wird der Erfolg oder Misserfolg des Jahres sichtbar.

Saldieren = den Saldo ermitteln = das Konto abschließen.

Ist die Summe der Erträge größer als die Kosten/Aufwände, liegt ein Gewinn vor und der Saldo steht im SOLL.

Ist die Summe der Erträge kleiner als die Kosten/Aufwände, liegt ein Verlust vor und der Saldo steht im HABEN.

Zahlenbeispiele

	200,--	Erträge
–	100,--	Kosten/Aufwand
=	100,--	Gewinn

	200,--	Erträge
–	300,--	Kosten/Aufwand
= –	100,--	Verlust

Übungsaufgaben finden Sie unter www.trauner.at/systemgastronomie.aspx.

Da ein Gewinn das Eigenkapital vermehrt und ein Verlust das Eigenkapital verringert, erfolgt die Gegenbuchung im Konto **Eigenkapital.**

Beachten Sie, dass das Konto Eigenkapital ein Passivkonto ist und es sich im HABEN vermehrt (Zugang) bzw. im SOLL verringert (Abgang).

Achtung Falle!
Haben Sie erkannt, dass die Begriffe SOLL und HABEN **NICHT** den Begriffen Zugang oder Abgang entsprechen? Also buchen Sie immer nach den Regeln!
Vgl. Sie auch das Beispiel „zusammengesetzter Buchungssatz“ auf Seite 195!

Diskutieren Sie mit Ihren Mitschülerinnen und Mitschülern was passiert, wenn durch einen Verlust das Eigenkapital negativ wird! Vgl. Sie dazu § 268 HGB.

Überprüfen Sie Ihr Wissen!

1. Wie ist eine Bilanz aufgebaut?
2. Welche Unterschiede bestehen zwischen Aktiv- und Passivkonten, Ertrags- und Aufwandskonten sowie Abschlusskonten? Überlegen Sie dies auch an einem konkreten Beispiel!
3. Bilden Sie die Buchungssätze zu folgendem Beispiel: Wir begleichen eine Lieferschuld in Höhe von 3.750,-- € per Bankscheck.

Buchungssatz für Gewinn: GuV an Eigenkapital

T-Konten Darstellung

S	GuV (9800)	H
~~Eigenkapital~~ 2000	SALDO = Gewinn	

S	Eigenkapital (2000)	H
	~~GuV~~ 9800	GEWINN

Buchungssatz für Verlust: Eigenkapital an GuV

T-Konten Darstellung

S	GuV (9800)	H
	~~Eigenkapital~~ 2000	SALDO = Verlust

S	Eigenkapital (2000)	H
~~GuV~~ 9800	VERLUST	

Das Konto Eigenkapital wird über das Schlussbilanzkonto abgeschlossen und danach kann der Übertrag in die Bilanz erfolgen.

Beachten Sie: **KEINE** Buchung **OHNE** Beleg!

Buchungssatz und -datum müssen auf den Belegen vermerkt werden. Man nennt dies kontieren. Als Arbeitshilfe versieht man den Beleg mit einem sogenannten Kontierungsstempel.

Beispiel:

Buchungsdatum:		Buchungsnummer:	
SOLL		HABEN	
Kontennummer	Betrag	Kontennummer	Betrag

Bevor Sie weiterlernen, wiederholen und festigen Sie Ihr Wissen über die vorherigen Kapitel. Glauben Sie, es ist als Grundlage für die weiteren Lernerfolge absolute Voraussetzung!

3 Weitere Buchungen und Besonderheiten

Nachdem Sie die Grundzüge der Buchführung „verinnerlicht" haben, sind Sie bereit für Besonderheiten der Buchführung. Die bisherige Darstellung erfolgte schematisch und reduziert, damit ein Grundverständnis aufgebaut werden konnte. Nun ist volle Konzentration gefordert für weitere in der Praxis notwendige Buchungen.

3.1 Umsatzsteuer und Vorsteuer

Die Umsatzsteuer besteuert den Mehrwert eines Produktes. Sie wird daher umgangssprachlich auch Mehrwertsteuer genannt.

Der Mehrwert eines Produktes entsteht durch seine Bearbeitung. Es werden:
- geistige Arbeit,
- Arbeitskraft,
- Energie,
- Zutaten u. Ä.

durch die Bearbeitung im Produkt gebunden und der Wert dadurch erhöht. Diese Werterhöhung wird vom Staat besteuert.

Beispiel
Ein rohes Steak wird gebraten. Für den Bratvorgang wird Energie verbraucht und Arbeitskraft eingesetzt. Beides muss vom Unternehmer bezahlt werden. Somit wird das Steak nicht zum Einkaufspreis der Rohware verkauft, sondern zu einem höheren Preis, der die Kosten deckt und zusätzlich einen Gewinn erzielt. Die **Differenz** vom Einkaufspreis zum Verkaufspreis wird **besteuert.**

Die Umsatzsteuer ist eine Verkehrssteuer, da sie nicht nur beim Verbrauch eines Produktes, sondern bereits beim Warenverkehr (Handel) anfällt. Sie ist eine indirekte Steuer, da der **Endverbraucher** (Steuerträger) sie bezahlt, aber der Unternehmer (Steuerschuldner) diese mit dem Verkaufspreis einzieht und an das Finanzamt weiterleitet.

Da der Lieferant bereits einen Mehrwert in die Ware steckt (Verpackungs-, Lieferkosten etc.), berechnet er dem bestellenden Unternehmer eine Umsatzsteuer und führt sie an das Finanzamt ab. Der Unternehmer ist aber kein Endverbraucher und so darf er die bereits vorgeleistete Umsatzsteuer vom Betrag, den der Endverbraucher zahlt, abziehen. Dieser abzuziehende Betrag wird **Vorsteuer** genannt.

⚠ In der Hotellerie und der Gastronomie werden für alle Dienstleistungen (Speisen, Getränke, etc.) 19 % Umsatzsteuer berechnet.
Ausnahmen sind Übernachtungen sowie Speisen **außer** Haus, **ohne** Bereitstellung von Verzehrhilfen (wie Besteck und Personal); hier sind 7 % zu verrechnen. Dies gilt jedoch nicht für Luxusspeisen (z. B. Kaviar, Hummer).
Liefert ein Cateringunternehmen dem Gast Geschirr, Besteck und/oder Servicepersonal nach Hause, so ist diese Leistung mit 19 % zu versteuern. Liefert ein Cateringunternehmen nur das Essen (ohne Service) dann sind 7 % zu berechnen.
Nebenleistungen teilen das Schicksal der Hauptleistung in Bezug auf den Umsatzsteuersatz. In Zweifelsfällen wird die Dienstleistung als Hauptleistung gesehen.
Besonderheiten zu weiteren Ausnahmen der Besteuerung (z. B. bei Milch, Wasser, Druckerzeugnissen) empfehlen wir im Internet zu recherchieren, unter: http://www.gesetze-im-internet.de

Bruttopreis (Inklusivpreis) = inklusiv, also mit Umsatzsteuer.
Nettopreis = exklusiv, also ohne Umsatzsteuer.

In €	Unternehmer zahlt an Lieferanten	Unternehmer erzielt Mehrwert von	Endverbraucher zahlt
Nettopreis	1,00	2,00	3,00
Umsatzsteuer 19 %	0,19	0,38	0,57
Bruttopreis	1,19	2,38	3,57
Steuerlast	0,19	0,38	0,57
	↓	↓	↓
	0,19 +	0,38 =	0,57
	↓	↓	↓
	VORSTEUER (wird vom Lieferanten abgeführt)	Muss Unternehmer abführen = Zahllast	Erhält das Finanzamt an Umsatzsteuer

Der Unternehmer kassiert vom Endverbraucher 0,57 € Umsatzsteuer und führt 0,38 € an das Finanzamt ab, da er die fehlenden 0,19 € bereits an den Lieferanten gezahlt hat und der Lieferant diese 0,19 € abführt.

Umsatzsteuermeldung und Zahlung müssen bis zum 10. des Folgemonats beim Finanzamt eingehen. Ausnahmen bestehen bei der sogenannten 1/12-Vorauszahlung.

Es gilt also
Umsatzsteuer – Vorsteuer = Zahllast

Bei allen Geschäftsfällen mit Bruttopreis muss nun die Steuer und der Nettowert auf unterschiedlichen Konten gebucht werden.

- Die Vorsteuer auf dem Aktivkonto Vorsteuer.
- Die Umsatzsteuer auf dem Passivkonto Umsatzsteuer.
- Der Nettowert auf dem entsprechenden Bilanz- oder Erfolgskonto.

Suchen Sie im Internet das Formular zur Meldung der Umsatzsteuer, z. B. auf der Homepage Ihres Finanzamtes.

Die Gegenbuchung erfolgt hierbei immer mit dem Bruttowert.

Nur eine korrekte Rechnung erlaubt den Vorsteuerabzug.

Beispiel
Wir **kaufen** Ware zum Bruttopreis von 119,-- € und zahlen bar.

Nebenrechnung
$\frac{119 \times 19}{\mathbf{119}} = 19$

	SOLL	HABEN
Warenvorräte (1100)	100,--	
an Vorsteuer (1400)	19,-	
an Kasse (1600)		119,--

T-Konten Darstellung

S	Warenvorräte (1100)	H
Kasse (1600)	100,--	

S	Vorsteuer (1400)	H
Kasse (1600)	19,--	

S	Kasse (1600)	H
		Warenvorräte (1100) UND Vorsteuer (1400) 119,--

Beispiel
Wir **verkaufen** Ware zum Bruttopreis von 357,-- € und kassieren bar.

Nebenrechnung
$\frac{357 \times 19}{119} = 57$

	SOLL	HABEN
Kasse (1600)	357,--	
an Erträge (4300)		300,--
an Umsatzsteuer (3800)		57,--

Darstellung in T-Konten

S	Kasse (1600)		H
Ertäge (4300) UND Umsatzsteuer (3800)	375,--		

S	Erträge (4300)		H
		Kasse (1600)	300.--

S	Umsatzsteuer (3800)		H
		Kasse (1100)	57,--

Für jeden Steuersatz werden sowohl getrennte Vorsteuer- als auch Umsatzsteuerkonten angelegt.

Abschluss Vorsteuerkonto und Berechnung der Zahllast

Das Vorsteuerkonto wird immer über das Umsatzsteuerkonto abgeschlossen. Danach wird das Umsatzsteuerkonto saldiert und der Betrag an das Finanzamt überwiesen.

Abschluss Vorsteuerkonto

	SOLL	HABEN
Umsatzsteuer (3800)	19,--	
an Vorsteuer (1400)		19,--

T-Konten für den Abschluss Vorsteuerkonto

S	Vorsteuer (1400)		H
Kasse (1600)	19,--	~~Saldo~~ Umsatzsteuer (3800)	19,--

S	Umsatzsteuer (3800)		H
Vorsteuer (1400)	19,--	Kasse (1600)	57,--

Buchungssatz für die Ermittlung von Zahllast und Überweisung

	SOLL	HABEN
Umsatzsteuer (3800) ~~(Saldo)~~	38,--	
an Bank (1800)		38,--

Bilden Sie Buchungssätze!

1. Wir bezahlen die Reinigung der Vorhänge in bar, das sind 175,-- € plus 19 % USt.
2. Wir kaufen Lebensmittel von unserem Großhändler auf Ziel um 3.000,-- € plus 7 % USt.

Die Lösungen finden Sie unter www.trauner.at/systemgastronomie.aspx.

Das Wort SALDO denken wir uns, und schreiben die Nummer oder den Namen des Gegenkontos.
In der Praxis wird nur die Nummer geschrieben.

Weitere Übungsaufgaben zur Umsatzsteuerzahllast finden Sie unter www.trauner.at/systemgastronomie.aspx.

	Summe Umsatzsteuer	57,--
–	Summe Vorsteuer	19,--
=	Zahllast	38,--

T-Konten für die Ermittlung von Zahllast und Überweisung

S	Umsatzsteuer (3800)		H
Vorsteuer (1400)	19,--	Kasse (1600)	57,--
~~Saldo~~	38,--		
Bank (1800)			

S	Bank (1800)		H
Anfangsbestand	5.000,--	Umsatzsteuer (3800)	38,--

Bei **Kapitalgesellschaften** gibt es **KEINE** Privatentnahmen von Geldern, sondern nur Darlehen mit entsprechendem Vertrag. Bei Nutzungen, Warenentnahme u. Ä. müssen Erlöse gebucht werden.
Bei **Personengesellschaften** sind Privatentnahmen möglich, sie sollten jedoch für jeden Gesellschafter einzeln auf entsprechenden Unterkonten gebucht werden. Als Beleg wird für die Buchung ein sogenannter „Eigenbeleg" erstellt, also eine Art Rechnung oder Quittung.

3.2 Das Privatkonto

Ein Unternehmer kann aus seinem Betrieb Kapital entnehmen (= Entnahme) oder hineingeben (= Einlage).

Kapital ist hier nicht zwingend mit Geld gleichzusetzen. Einlagen sind meist Geld oder bestimmte Dinge der Betriebs- und Geschäftausstattung (Kfz o. Ä.). Als Entnahme kommen sowohl Geld, Dienstleistungen, Nutzungen, Geschäftsausstattung, Waren, Erzeugnisse u. Ä. infrage.

Bei Privatentnahmen ist stets die Umsatzsteuerpflicht und die Bewertung zum Entnahmezeitpunkt zu beachten.

Beispiel
Ein Einzelunternehmer entnimmt dem Betrieb eine Flasche Champagner im Wert von 30,-- € netto.

Buchungssatz für die Warenentnahme

	SOLL	HABEN
Privatentnahmen (2012)	35,70	
an Warenvorräte (1100)		30,--
an Umsatzsteuer (3800)		5,70

Buchungssatz für den Abschluss Konto Privatentnahmen

	SOLL	HABEN
Konto Privat (2010)	35,70	
an Privatentnahmen (2012) ~~(Saldo)~~		35,70

Buchungssatz für den Abschluss Konto Privat

	SOLL	HABEN
Eigenkapital (2000)	35,70	
an Konto Privat (2010) ~~(Saldo)~~		35,70

Die 35,70 € für die private Warenentnahme inklusive Umsatzsteuer stehen auf der SOLL-Seite des Kontos Eigenkapital.

Kapitalgesellschaften sind eigenständige Rechtssubjekte und daher Eigentümer der Wirtschaftsgüter. Die Anteilsinhaber (Gesellschafter) sind nur Eigentümer der Anteile und sind daher wie jeder Fremde zu behandeln.

Unterkonten werden meist über ihre Hauptkonten abgeschlossen.
Unterkonten siehe Kontenplan.

Da das Konto Eigenkapital ein Passivkonto ist, stehen die Abgänge im SOLL und somit verringert sich das Eigenkapital. Dies ist auch richtig, da wir einen Wert aus dem Betrieb für private Zwecke entnommen haben. Das Konto Eigenkapital wird nun saldiert und über das Schlussbilanzkonto (SBK) abgeschlossen.

Aufgabenstellung

- Erstellen Sie für die drei Buchungssätze von Seite 206 die T-Konten.

S	H

S	H

S	H

Diese Übungen finden Sie auch unter www.trauner.at/systemgastronomie.aspx.

Analog verläuft die Buchung bei Einlagen.

Beispiel
Ein Einzelunternehmer tätigt eine Privateinlage von 3000,-- € in bar.

Aufgabenstellung

- Erstellen Sie die Buchungssätze für eine Kapitaleinlage von 3.000,-- € in bar und schließen Sie die Konten ab!

	SOLL	HABEN

	SOLL	HABEN

	SOLL	HABEN

Zeichnen Sie die Linien für die Soll- und Haben-Buchungen farbig ein!

Diese Übungen finden Sie auch unter www.trauner.at/systemgastronomie.aspx.

T-Konten mit Abschluss der Privatkonten

S	Kasse (1600)		H
2011	3.000,--		

S	Privateinlage (2011)		H
~~Saldo~~ 2010	3.000,--	1600	3.000,--

S	Privat (2010)		H
~~Saldo~~ 2000	3.000,--	2011	3.000,--

S	Eigenkapital (2000)		H
		2010	3.000,--

Es ist viel zu umständlich nach jeder Privateinlage oder Privatentnahme die Privatkonten abzuschließen. Daher wird dies in der Praxis einmal am Jahresende getan.

Die 3.000,-- € Privateinlage **(nicht** umsatzsteuerpflichtig) stehen auf der HABEN-Seite des Kontos Eigenkapital. Da das Konto Eigenkapital ein Passivkonto ist, stehen die Zugänge im HABEN und somit vermehrt sich das Eigenkapital. Dies ist auch richtig, da wir Privatgeld in das Unternehmen gesteckt haben. Das Konto Eigenkapital wird nun saldiert und über das Schlussbilanzkonto abgeschlossen.

T-Konten für den Jahresabschluss gemäß der Beispiele

S	Privateinlage (2011)		H
~~Saldo~~ 2010	3.000,--	1600	3.000,--

S	Privatentnahme (2012)		H
1100	37,50	~~Saldo~~ 2010	37,50
3800			

S	Privat (2010)		H
2012	37,50	2011	3.000,--
~~Saldo~~ 2000	2.962,50		

S	Eigenkapital (2000)		H
		Anfangsbestand	5.000,--
		2010	2.962,50

In der Praxis ist, vorausgesetzt der Überblick bleibt erhalten, auch eine Buchung von den Einlage- und Entnahmekonten direkt zum Eigenkapital denkbar.

Aufgabenstellung

- Schließen Sie die Konten Privateinlage, Privatentnahme, Privat und Eigenkapital aus dem oberen Beispiel ab!

3.3 Skonti

Es sind zwei Geschäftsfälle zu unterscheiden:

- Entweder wir **nutzen** den Skonto, d. h. unser Lieferant gewährt uns Skonto bei Zahlung innerhalb einer vorgegebenen Zeit.
- Oder wir **gewähren** den Skonto, d. h. unser Gast nutzt den von uns eingeräumten Skonto.

Die Skontobuchung kann mit der Netto- oder Bruttomethode erfolgen. Bei der Nettomethode wird die Steuer sofort bereinigt. Bei der Bruttomethode wird sie erst am Ende des Monats gebucht, dies ist jedoch meist nicht mehr üblich.

Beispiel: Wir nutzen den Skonto.
Wir kaufen Ware zu 238,-- € inklusive 19 % Umsatzsteuer. Der Lieferant gewährt uns 2 % Skonto bei Zahlung innerhalb von 10 Tagen, was wir auch in Anspruch nehmen.

Buchungssatz für die Buchung Rechnungserhalt

	SOLL	HABEN
Warenvorräte (1100)	200,--	
Vorsteuer (1400)	38,--	
an Verbindlichkeiten aus LuL (3300)		238,--

LuL = Lieferungen und Leistungen.

Buchungssatz für die Buchung nach der Nettomethode (= Vorsteuer sofort bereinigt) bei Bezahlung der Rechnung

	SOLL	HABEN
Verbindlichkeiten (3300)	238,--	
an Bank (1800)		233,24
an Skontoerträge (1101)		4,--
an Vorsteuer (1400)		0,76

Es verringert sich der Warenwert, die Vorsteuer muss korrigiert werden:

$$\text{Nettopreis} = \frac{238 \times 100}{119} = 200$$

$$\text{Skonto} = \frac{200 \times 2}{100} = 4$$

Zu bezahlen
$= (200 - 4) \times 1{,}19 = 233{,}24$

$$\text{Vorsteuerkorrektur} = \frac{4 \times 19}{100} = 0{,}76$$

Buchungssatz für die Buchung Abschluss Skontoerträge

	SOLL	HABEN
Skontoerträge (1101)	4,--	
an Warenvorräte (1100)		4,--

Aufgabenstellung

- Wir bezahlen eine Lieferantenrechnung für Kaffee um 980,-- €. Der Lieferant bietet uns 3 % Skonto bei Überweisung innerhalb von 10 Tagen nach Erhalt der Ware.

  Erstellen Sie hierfür die Buchungssätze nach der Nettomethode!

⚠ Beim Anlagevermögen ist eine direkte Skontobuchung auf dem Anlagenkonto zwingend.

Ein Gast hat 1.813,-- € für eine Veranstaltung in Ihrem Haus überwiesen. Sie hatten 2 % Skonto gewährt.

a) Berechnen Sie den Rechnungsbetrag.
b) Erstellen Sie hierfür die Buchungssätze nach der Nettomethode!

Beispiel: Wir gewähren den Skonto.
Ein Gast hat bei uns gefeiert und bekommt die Rechnung über 1.190,-- € brutto zugeschickt. Wir gewähren 3 % Skonto, die der Gast nutzt.

Buchungssatz für die Buchung Rechnungsausgang

	SOLL	HABEN
Forderungen (1200)	1.190,--	
an Umsatzerlöse (4300)		1.000,--
an Umsatzsteuer (3800)		190,--

Buchungssatz für die Buchung nach der Nettomethode (= Umsatzsteuer sofort bereinigt) – Gast zahlt Rechnung

	SOLL	HABEN
Bank (1800)	1.154,30	
Skontoaufwand (4302)	30,--	
Umsatzsteuer (3800)	5,70	
an Forderungen (1200)		1.190,--

In diesem Fall verringert sich der Umsatz und somit muss die Umsatzsteuer korrigiert werden.

Buchen Sie beide Fälle in T-Konten!

Buchungssatz für die Buchung Abschluss Skontoaufwände

	SOLL	HABEN
Umsatzerlöse (4300)	30,--	
an Skontoaufwand (4302)		30,--

In der maschinellen Buchhaltung, wie z. B. bei DATEV, werden die Skontokonten üblicherweise nicht über die Hauptkonten, sondern über das GuV-Konto abgeschlossen. Dies ergibt jedoch dasselbe Ergebnis wie die dargestellte Methode.

3.4 Boni

Der Bonus (pl. Boni) ist ein nachträglicher Preisnachlass, der an bestimmte Voraussetzungen gebunden ist, z. B. Abnahme einer bestimmten Menge im Jahr, und wird somit erst bei den Abschlussbuchungen erfasst.

Bei der Buchung ist zu unterscheiden zwischen: Wir **erhalten** Boni (es entstehen Forderungen) und wir **gewähren** Boni (es entstehen Verbindlichkeiten).

Sofern durch die Boni eine Korrektur auf den Konten Vorsteuer bzw. Umsatzsteuer erfolgt, ist ein Beleg vom bzw. für den Geschäftspartner zwingend erforderlich.

Rabatt ist eine sofortige Minderung des Preises, d. h. der Rechnungsbetrag ist bereits gekürzt. Rabatte werden nicht extra gebucht, sondern sind mit der Buchung des Rechnungsbetrages bereits erfasst. **Naturalrabatte** (= Erhöhung der Warenmenge ohne zusätzliche Berechnung) werden in der Finanzbuchhaltung auch nicht gebucht; im Warenwirtschaftssystem schon, da sonst unbekannte Bestandsdifferenzen auftauchen.

Erhaltene Boni

Beispiel zum Fall erhaltene Boni.
Nachdem wir übers Jahr bei unserem Lieferanten Ware im Wert von 15.000,-- € gekauft haben, erhalten wir folgenden Bonusbescheid. (siehe gegenüberliegende Seite):

Mustermann GmbH
Musterstraße 1
1111 Musterstadt

Musterstadt, 28. 12. 20..
Rechnungsnummer: 1122-110

Firma
Systemo
Systemstraße 5
1111 Musterstadt

Gutschrift

Gemäß unserer Vertragsbedingungen erhalten Sie für Wareneinkauf vom 01. 01. 20.. bis 28. 12. 20.. folgende Boni

Warenbezeichnung	Nettobetrag	7 % USt.	19 % USt.	Bruttobetrag
Lebensmittel	500,-- €	35,-- €		535,-- €
Getränke	800,-- €		152,-- €	952,-- €
Summen	1.300,-- €	35,-- €	152,-- €	1.487,-- €

Den Betrag überweisen wir auf Ihr Konto!

K. Mustermann

Ust-IDNr. 223-14
Amtsgericht Musterstadt HRB 999,
Geschäftsführer Karl Mustermann

Steuernummer: 122-34567

Bankverbindung: Sparhaus Musterstadt BLZ: 12380099 Kontonr.: 1234567

1. Stellen Sie die Bonibuchungen in T-Konten dar.
2. Forschen Sie im Internet nach den umsatzsteuerlichen Auswirkungen bei freiwillig gewährten und bei vertraglich festgelegten Boni. Vgl. Sie § 17, Abs. 1, Satz 8, Umsatzsteuergesetz.
3. Überprüfen Sie, ob alle gesetzlich verpflichtenden Angaben in der Gutschrift/Rechnung enthalten sind und notieren Sie den Unterschied zu Kleinbetragsrechnungen bis 150,-- € brutto. Siehe dazu § 14 ff Umsatzsteuergesetz und § 33 ff Umsatzsteuer-Durchführungsverordnung.

Gutschriften sind auch Rückerstattungen von Zahlungen, z. B. für zurückgegebene Waren oder für Reklamationen und werden auf entsprechenden Konten analog den Boni gebucht.
Anzahlungen sind auf einem gesonderten Konto zu verbuchen, noch nicht auf Forderungen. Die anteilige Steuer ist jedoch sofort zu buchen.

Versicherungen legen den Gutschriften gerne sofort einen Verrechnungsscheck bei. Dann ist statt des Kontos „Forderungen" das Konto „Erhaltene Bankschecks" anzusprechen.

Buchungssatz für die Buchung Gutschrifteingang

	SOLL	HABEN
Forderungen (1200)	1.487,--	
an Erhaltene Boni (1102)		1.300,--
an Vorsteuer (1400)		**187,--**

Bei der hier verwendeten Nettomethode wurde die Vorsteuer um gesamt 187,-- € korrigiert. In der Praxis könnte die Vorsteuerkorrektur aus Gründen der Übersichtlichkeit getrennt auf den Konten Vorsteuer 7 % und Vorsteuer 19 % erfolgen. Ebenso könnte der Bonus getrennt nach Getränken und Lebensmitteln auf entsprechenden Bonikonten gebucht werden.

Buchungssatz für die Buchung Geldeingang auf Bank

	SOLL	HABEN
Bank (1800)	1.487,--	
an Forderungen (1200)		1.487,--

Buchungssatz für die Buchung Abschluss Bonikonto

	SOLL	HABEN
Erhaltene Boni (1102)	1.300,--	
an Warenvorräte (1100)		1.300,--

Wie bereits bei dem Kapitel Skonto erwähnt, kann auch ein Abschluss der Bonikonten über das Gewinn- und Verlustkonto erfolgen.

Gewährte Boni werden auf dem Konto Erlösschmälerungen gebucht.
Anzahlungen sind auf einem gesonderten Konto zu verbuchen, noch **nicht** auf Erlösschmälerungen. Die anteilige Steuer ist jedoch sofort zu buchen.

Gewährte Boni

Beispiel zum Fall gewährte Boni
Wir gewähren einem Stammgast einen Bonus von 400,-- € zuzüglich 19 % MwSt. und senden ihm die Gutschrift zu.

Buchungssatz für die Buchung Gutschriftausgang

	SOLL	HABEN
Forderungen (1200)	400,--	
an Erhaltene Boni (1102)	76,--	
an Vorsteuer (1400)		476,--

Erarbeiten Sie die Buchungsregeln für Unterkonten!

Da wir das Geld noch nicht überwiesen haben, sind wir unserem Gast etwas schuldig, wir haben also Verbindlichkeiten ihm gegenüber.

Das Konto Erlösschmälerungen ist ein Unterkonto des Kontos Umsatzerlöse.

Buchungssatz für die Buchung Gutschriftüberweisung

	SOLL	HABEN
Verbindlichkeiten (3300)	476,--	
an Bank (1800)		476,--

Übungsaufgaben finden Sie unter www.trauner.at/systemgastronomie.aspx.

Buchungssatz für die Buchung Kontoabschluss Erlösschmälerungen

	SOLL	HABEN
Umsatzerlöse (4300)	400,--	
an Erlösschmälerungen (4301)		400,--

3.5 Warenkosten

Warenkosten entstehen erst durch den Verbrauch von Waren, sei es durch Verarbeitung und Verkauf oder durch Bruch, Diebstahl u. Ä.

Die Inventur ermittelt durch Zählen, Wiegen und Messen den Warenbestand zum Jahresabschluss. Der Anfangsbestand ist bekannt (Schlussbilanz des Vorjahres) und die Zugänge sind bekannt durch die Verbuchung der Eingangsrechnungen.

Somit ergibt sich der Warenverbrauch durch folgende Rechnung:

Anfangsbestand
+ Zugänge in €
– Inventur in €
= Verbrauch (Warenkosten) in €

Buchhalterisch wird diese Verbrauchsrechnung ermittelt indem wir buchen:

- SBK an Warenvorräte.
- Dann ermitteln wir den Fehlbetrag auf dem Konto Warenvorräte und buchen Warenkosten an Warenvorräte.

Beispiel

Wir ermitteln durch die Inventur einen Warenbestand von 5.000,-- €.
Anfangsbestand und Zugänge wurden bereits gebucht.

1. Schritt: Buchung des Warenendbestandes (Inventur)

S	Warenvorräte (1100)		H
Anfangsbestand	3.000,--	Fehlbetrag	????
Alle Zugänge	45.000,--	SBK	5.000,--
Kontosumme	48.000,--	Kontosumme	48.000,--

Kontosumme wird auf der HABENseite nur korrekt durch den richtigen Fehlbetrag.

S	SBK (9900)		H
1100	5.000,--		
Inventurbetrag			

2. Schritt: Buchung der Warenkosten

S	Warenvorräte (1100)		H
Anfangsbestand	3.000,--	5000	43.000,--
Alle Zugänge	45.000,--	SBK	5.000,--
Kontosumme	48.000,--	Kontosumme	48.000,--

S	Warenkosten (5000)		H
1100	43.000,--		

Jetzt stimmt die Kontosumme.

Nebenrechnung
3.000 Anfangsbestand
+ 45.000 Einkäufe
– 5.000 Inventur
= 43.000 Verbrauch (Kosten)

3.6 Abschreibungen auf Anlagevermögen (AfA)

Durch die Benutzung von **beweglichen** Anlagegegenständen (Maschinen, Geräten, Kfz usw.) verlieren diese an Wert. Diese Wertminderung bzw. dieser Werteverzehr muss als Aufwand (Kosten) gebucht werden. Sinn der Abschreibung ist es, nach Ausscheiden des Anlagegutes liquide Mittel für eine Neuanschaffung zu haben.

AfA = Absetzung für Abnutzung.

Zusätzlich zu den Konten des Anlagevermögens muss ein Anlagespiegel erstellt werden.
Anlagen müssen dem Betrieb mindestens ein Jahr zur Verfügung stehen.

Forschen Sie im Internet!

1. Welche Abschreibungsart ist in der Finanzbuchhaltung und welche nach Handelsgesetzbuch zurzeit erlaubt?
2. Welche Besonderheiten sind bei der Abschreibung von immateriellen Anlagevermögen zu beachten?
3. Welche Besonderheiten sind bei Abschreibungen auf unbewegliche Anlagevermögen (z. B. Grundstücke) zu beachten?

Man unterscheidet zwischen planmäßiger und außerplanmäßiger sowie zwischen linearer, degressiver und leistungsbezogener Abschreibung.

In der Geschäftsbuchführung (Finanzbuchhaltung) ist für Käufe ab dem Jahr 2011 nur die **lineare** Abschreibung **monatsgenau** erlaubt.

Des Weiteren müssen die gesetzlich vorgeschriebenen Bewertungsgrundsätze berücksichtigt werden.

Die Höhe der **planmäßigen linearen** Abschreibung berechnet sich aus Anschaffungswert und Nutzungsdauer. Die betriebsgewöhnliche Nutzungsdauer ist in den offiziellen AfA-Tabellen festgelegt. Gibt es eine gesonderte Branchentabelle, ist diese zu verwenden.

Prinzipielle Berechnung der linearen Abschreibung

$$\text{AfA} = \frac{\text{Anschaffungswert (AW)}}{\text{Nutzungsdauer (ND)}}$$

Anschaffungskosten = Hauptkosten + Nebenkosten

Nebenkosten sind alle Kosten, die der Anschaffung einzeln zuzuordnen sind, bis der betriebsbereite Zustand erreicht ist. NICHT jedoch Zinsen.

Berechnung der monatlichen linearen Abschreibung

$$\text{Monatliche AfA} = \frac{\text{Anschaffungswert (AW)}}{\text{Nutzungsjahre x 12}}$$

Berechnung der jährlichen linearen Abschreibung nach Monaten

$$\text{Jährliche AfA nach Monaten} = \frac{\text{Anschaffungswert (AW)}}{\text{Nutzungsjahre x 12}} \text{ x Nutzungsmonate}$$

Bei den Nutzungsmonaten darf aufgerundet werden, z. B. bei einer Anschaffung am 10. März 2011 beträgt die Nutzungsdauer für das Jahr 2011 (aufgerundet März bis Dezember) 10 Monate.

Beispiel für Berechnung der AfA

Wir kaufen am 10. März 2011 eine Geschirrspülmaschine für 8.000,-- € netto und zahlen für Installation 400,-- € netto. Die Nutzungsdauer beträgt laut AfA-Tabelle 7 Jahre.

Anschaffungskosten = 8.000,-- € + 400,-- € = 8.400,-- €

$$\text{AfA pro Monat} = \frac{8.400,\text{-- €}}{7 \text{ x } 12} = \frac{8.400,\text{-- €}}{84} = 100,\text{-- €}$$

Erstellen Sie mit Ihrem Tabellenkalkulationsprogramm einen AfA-Rechner, sodass jede Variante einer linearen Abschreibungsberechnung automatisch erstellt wird.

Jahr	AfA-Berechnung	Abschreibung in EUR	Kumulierte AfA in EUR	Restbuchwert in EUR
2011	100,-- € x 10	1.000,--	1.000,--	7.400,--
2012	100,-- € x 12	1.200,--	2.200,--	6.200,--
2013	100,-- € x 12	1.200,--	3.400,--	5.000,--
2014	100,-- € x 12	1.200,--	4.600,--	3.800,--
2015	100,-- € x 12	1.200,--	5.800,--	2.600,--
2016	100,-- € x 12	1.200,--	7.000,--	1.400,--
2017	100,-- € x 12	1.200,--	8.200,--	200,--
2018	100,-- € x 2	200,--	8.400,--	0,--

Eine Aufgabe zur Berechnung der Abschreibung finden Sie unter www.trauner.at/systemgastronomie.aspx.

Wie wird gebucht?
Wir buchen die AfA (Kosten) auf dem Aufwandskonto „Abschreibungen auf Anlagevermögen" (6420) im SOLL (Zugang) und auf dem Gegenkonto im HABEN (Abgang). Das Gegenkonto ist ein entsprechendes Aktivkonto des Anlagevermögens, wie z. B. BGA (0400).

Prinzipieller Buchungssatz
Aufwandskonto AfA (6420) an Aktivkonto Anlagevermögen

Buchungssatz für das Jahr 2011 gemäß dem Beispiel AfA-Berechnung

	SOLL	HABEN
Abschreibungen auf Anlagevermögen (6420)	1.000,--	
an Betriebs- und Geschäftsausstattung (0400)		1.000,--

Die Geschirrspülmaschine steht jetzt nur noch mit dem Wert von 7.400,-- € (Restbuchwert) in der Jahresschlussbilanz 2011.

Der Gewinn 2011 wurde durch die Aufwandsbuchung um 1.000,-- € geschmälert. Analog werden alle weiteren Jahre gebucht und jeweils der Gewinn der weiteren Jahre geschmälert.

Da diesen Aufwandsbuchungen keine Ausgaben gegenüberstehen, verbleiben die liquiden Mittel im Unternehmen und können für eine Neuanschaffung genutzt werden.

Geringwertige Wirtschaftsgüter (GWG)

Seit dem Jahr 2008 ist die Abschreibung geringwertiger Wirtschaftsgüter neu geregelt. Ein GWG ist definiert als ein abnutzbares, bewegliches Wirtschaftsgut des Anlagevermögens, das zu einer selbstständigen Nutzung fähig ist.

Man unterscheidet zwei Klassen von geringwertigen Wirtschaftsgütern:

- Anschaffungskosten bis 150,-- € netto. Hier **muss** eine sofortige Abschreibung erfolgen, indem der Kauf auf dem Kostenkonto und dem Zahlungskonto gebucht wird, also in voller Höhe als Betriebsausgabe. Diese Kosten müssen nicht im Anlageverzeichnis erfasst werden (Gesetzesstand Oktober 2008).

Beispiel
Wir kaufen bar ein Telefon für 100,-- € netto.

Buchungssatz

	SOLL	HABEN
Kleingeräte/Werkzeuge (6480)	100,--	
Vorsteuer (1400)	19,--	
an Kasse (1600)		119,-

- Anschaffungskosten von 150,01 € bis 1.000,-- € netto. Hier werden die Anschaffungskosten auf dem Anlagevermögenskonto „GWG über 150,-- bis 1.000,-- €" (0600) erfasst. Die Summe aller Wirtschaftsgüter, die auf diesem Konto im Laufe des Jahres erfasst wurden, werden linear auf fünf Jahre abgeschrieben, ohne Berücksichtigung der monatsgenauen Abschreibung.

Manchmal wird der Abschreibungsbetrag im letzten Abschreibungsjahr um einen Euro verringert. Dieser Euro bleibt dann als Erinnerungswert in der Bilanz bis das Anlagegut aus der Firma ausscheidet.

Bei der Methode der indirekten Abschreibung wird nicht auf dem Anlagenkonto gegengebucht. sondern auf dem Passivkonto Wertberichtigungen.
Beachten Sie dazu auch § 268 HGB.

Erstellen Sie die T-Konten für folgende Geschäftsfälle gemäß dem Beispiel AfA-Berechnung:

- Kauf der Maschine auf Ziel
- Kontenabschlüsse 2011
- Abschreibung 2015

Im privaten Bereich bleibt es bei der herkömmlichen 410-Euro-Regelung, also bei einer sofortigen Abschreibung. Wirtschaftsgüter ab 1.000,01 € werden „normal" abgeschrieben.

Diskutieren Sie mit ihren Mitschülerinnen und Mitschülern, wie die Nutzung von Skonti die Abschreibung beeinflussen kann. Verwenden Sie folgende Beispiele: Der Händler gewährt 2 % Skonto bei Gerätekauf brutto von

- 179,10 €
- 1.191,20 €
- 1.214,99 €

Forschen Sie im Internet über die Bedeutung des Investitionsabzugbetrages für die Abschreibungen. Vgl. Sie § 7 EStG.

Ein Anlagespiegel (Bestandsverzeichnis) muss enthalten:

- Bezeichnung des Wirtschaftsgutes
- Anschaffungsdatum
- Anschaffungskosten
- Umbuchungen, Zubuchungen, Abschreibungen
- Wert am Bilanzstichtag
- Abgangsdatum

Bei Kapitalgesellschaften zusätzlich:

- Abschreibungsmethode
- Abschreibungsbetrag
- kumulierte AfA

Im Bilanzanhang Angaben über die Bewertungsmethode.

Eine Übungsaufgabe finden Sie unter www.trauner.at/systemgastronomie.aspx.

Das Anschaffungsdatum spielt also keine Rolle, solange die Anschaffung im laufenden Wirtschaftsjahr erfolgte. Die jährliche Abschreibung erfolgt über das Konto „Abschreibung Sammelposten GWG" (6421). Bei einem früheren Ausscheiden des GWG bleibt dieses trotzdem bis zum Ende der 5 Jahre im Sammelposten. Für jedes neue Geschäftsjahr ist ein neuer Sammelposten anzulegen.

Beispiel
Wir kaufen bar am

- 12. 02. 2011 einen Bürostuhl für 238,-- € brutto
- 20. 08. 2011 einen Kleincomputer für 952,-- € brutto
- 23. 12. 2011 eine Schneidemaschine für 1.190,-- € brutto

Zum jeweiligen Datum buchen wir

S	GWG (0600)		H
1600	200,--		
1600	800,--		
1600	1.000,--		

S	Vorsteuer (1400)		H
1600	38,--		
1600	152,--		
1600	190,--		

S	Kasse (1600)		H
		0600 u. 1400	238,--
		0600 u. 1400	952,--
		0600 u. 1400	1.190,--

$$\text{Jährliche AfA} = \frac{200 + 800 + 1.000}{5} = \frac{2.000}{5} = 400,\text{-- €}$$

Folgende Beträge sind abzuschreiben:

- Im Jahr 2011 = 400,-- €
- Im Jahr 2012 = 400,-- €
- Im Jahr 2013 = 400,-- €
- Im Jahr 2014 = 400,-- €
- Im Jahr 2015 = 400,-- €

Summe = 2.000,-- €

Am Ende des Jahres 2015 sind alle geringwertigen Wirtschaftsgüter aus dem Jahre 2011 abgeschrieben.

Buchungssatz für die jährliche Abschreibung

	SOLL	HABEN
Abschreibung Sammelposten GWG (6421)	400,--	
an GWG über 150,-- bis 1.000,-- € (0600)		400,--

Das Konto „Abschreibung Sammelposten GWG" (6421) wird über das GuV-Konto (9800) abgeschlossen und das Konto „GWG über 150,-- bis 1.000,-- €" (0600) über das Konto SBK (9900).

T-Konten für die jährliche Abschreibung

S	GWG über 150,-- bis 1.000,-- € (0600)		H
1600	200,--	6421	400,--
1600	800,--		
1600	1.000,--		

S	Abschreibung Sammelposten GWG (6421)		H
0600	400,--		

Die Möglichkeit der Gewinnsteuerung durch degressive Abschreibung finden Sie unter www.trauner.at/systemgastronomie.aspx.

Exkurs

Je nach Menge der anfallenden unbaren Ausgangs- und Eingangsrechnungen wird man die Debitoren- und Kreditorenbuchhaltung mit Kontokorrentbuch (Nebenbuch) führen oder sie in Form der Offene-Posten-Buchhaltung durchführen.

Debitor = Schuldner; wir haben Forderungen.
Kreditor = Gläubiger; wir haben Verbindlichkeiten.
Grundbuch = zeitliche Ordnung der Geschäftsfälle; im Hauptbuch (sachliche Ordnung der Geschäftsfälle) wird jede Buchung mit einer Buchungsnummer versehen.

Buchen mit Kontokorrentbuch

Es werden die Forderungen auf dem allgemeinen Sachkonto „Forderungen aus Lieferung und Leistung" und dem Konto „Erträge" wie bereits bekannt gebucht. Zusätzlich wird die Forderung auf einem namentlichen Debitorenkonto (z. B. „Forderungen an XY") eingetragen.

Diese Eintragung ist keine Buchung, sondern nur eine „Auflistung" der Forderungen, die wir an den Kunden XY haben. Man nennt dies ein Personenkonto, das nebenbei geführt wird. Es wird daher auch Nebenbuchhaltung/Nebenbuch genannt.

Man könnte auch für jeden Geschäftspartner ein Unterkonto des Hauptkontos „Forderungen" erstellen, aber dabei müssten alle Personenkonten saldiert werden, um die gesamten Forderungen zu kennen. Dies ist aber sehr umständlich.

Zahlt der Schuldner, wird dies wie bekannt gebucht und wieder zusätzlich auf dem Personenkonto eingetragen. Durch dieses Verfahren kann jederzeit schnell festgestellt werden, wie viel Herr XY uns noch schuldet und wir wissen auch, welche Forderungen insgesamt noch ausstehen.

Offene-Posten-Buchhaltung

Dazu benötigen wir je zwei Ausfertigungen der Ausgangsrechnungen.
Eine wird in zeitlicher Folge im Ordner „Grundbuch" abgelegt. Am Tagesende werden die Ausgangsrechnungen summiert und die Summe, wie bekannt, verbucht (Forderungen an Erträge und Umsatzsteuer).

Die zweite Rechnungsausfertigung kommt – alphabetisch nach Kundenname sortiert – in den Ordner „Unbeglichene Rechnungen". Jede Zahlung wird auf der Rechnung vermerkt und, wie bekannt, verbucht (Bank an Forderungen).

Ist die Rechnung komplett bezahlt, wird sie wieder nach Alphabet in den Ordner „Beglichene Rechnungen" gelegt. Da nun alle bezahlten bzw. offenen Rechnungen eines Kunden hintereinander liegen, kann die Höhe unserer Forderungen schnell errechnet werden. Somit können das Grundbuch, das Wareneingangs- und Warenausgangsbuch und das Kontokorrentbuch (Personenkontenbuch/Geschäftsfreundebuch) durch eine geordnete und übersichtliche Belegablage gemäß den Grundsätzen ordnungsmäßiger Buchführung ersetzt werden.

Bei maschineller Buchführung spricht man das Personenkonto an und die entsprechenden Buchungen erfolgen automatisch.

In der Kreditorenbuchhaltung wird analog zur Debitorenbuchhaltung verfahren.

3.7 Aktive und passive Rechnungsabgrenzung

Im Geschäftsleben sind Aufwandszahlungen und Ertragseingänge häufig im Voraus zu tätigen. Damit der Erfolg der Periode (Jahr) nicht verfälscht wird, muss eine Abgrenzung erfolgen.

Beachten Sie jedoch, dass Abgrenzungen nur gemacht werden dürfen, wenn die Zeit **bestimmt** ist. Erfolgen Zahlungen auf unbestimmte Zeit, darf es keine Abgrenzung geben.

Die Versicherungssteuer darf **NICHT** als Vorsteuer gebucht werden, sondern der gesamte Betrag wird als Aufwand (Kosten) gebucht.

Aktive Rechnungsabgrenzung (ARA)

Zahlt ein Unternehmer im laufenden Jahr eine Rechnung über Leistungen, die das alte und das neue Jahr betreffen, muss er am Jahresende die aktive Rechnungsabgrenzung durchführen.

Diese Abgrenzung bewirkt, dass der Betrag, der dem neuen Jahr zuzurechnen ist, nicht in das GuV-Konto eingeht, sondern durch das Aktivkonto „Aktive Rechnungsabgrenzung" (1900) in das neue Jahr transferiert wird.

Eine Vorsteuer darf NICHT abgegrenzt werden.
In Einzelfällen gibt es handels- und steuerrechtliche Ausnahmen (§ 5 EstG und § 250 HGB) für nicht abziehbare Vorsteuern.

Beispiel
Ein Unternehmer zahlt per Überweisung am 10. September 2014 eine Versicherungsrechnung über 1.200,-- € für den **Zeitraum 1. September 2014 bis 31. August 2015.**

Lösung 1. Schritt: Zahlung der Versicherungskosten

Buchungssatz

	SOLL	**HABEN**
Versicherungsaufwand (6440)	1.200,--	
an Bank (1800)		1.200,--

Lösung 2. Schritt: Berechnung der Abgrenzung

Zeitpfeil

Sept 14	Okt 14	Nov 14	Dez 14	Jan 15	Feb 15	Mrz 15	Apr 15	Mai 15	Jun 15	Jul 15	Aug 15
400,--				800,--							

Nebenrechnung
$\frac{1.200}{12}$ = 100,-- pro Monat

Es müssen also 800,-- € über das Konto „Aktive Rechnungsabgrenzung" (1900) abgegrenzt, d. h. in das neue Jahr gebracht werden, damit der Gewinn im alten Jahr nicht verfälscht wird.

Lösung 3. Schritt: Buchung der Abgrenzung

Buchungssatz

	SOLL	**HABEN**
Aktive Rechnungsabgrenzung (1900)	800,--	
an Versicherungsaufwand (6440)		800,--

Gewinn und Verlust **müssen** immer periodengerecht ermittelt werden.

Lösung Schritt 4: Jahresabschlussbuchungen

Darstellung in T-Konten

S	Versicherungsaufwand (6440)		H
1800	1.200,--	1900	800,--
		~~Saldo~~ 9800	400,--

S	ARA (1900)		H
6440	800,--	~~Saldo~~ 9000	800,--

S	GuV (9800)		H
6400	400,--		

S	SBK (9900)		H
1900	800,--		

Wie beabsichtigt, steht im GuV-Konto nur der Aufwand (Kosten) von 400,-- € für das Jahr 2014 und im SBK die 800,-- € für das Jahr 2015, die somit über die Bilanz ins neue Jahr einfließen.

Lösung 5. Schritt: Buchungen im neuen Jahr

Wir eröffnen das Konto „Aktive Rechnungsabgrenzung (ARA)" (1900) mit dem Anfangsbestand von 800,-- € und lösen die Position im ARA-Konto dann auf, indem wir den Versicherungsaufwand für das neue Jahr buchen. Wir buchen also im neuen Jahr erfolgswirksam.

Darstellung in T-Konten

S	ARA (1900)		H
Anfangs-bestand	800,--	6440	800,--

S	Versicherungsaufwand (6440)		H
1900	800,--		

Nun fließen die **800,-- €** im neuen Jahr beim Abschluss des Aufwandskontos „Versicherungsaufwand" in das GuV-Konto ein, wie es Pflicht ist.

Verbinden Sie die zusammengehörigen SOLL-HABEN-Buchungen mit farbigen Linien und vermerken Sie die Reihenfolge der Buchungen.

Notieren Sie den Buchungssatz!

Passive Rechnungsabgrenzung (PRA)

Erhält ein Unternehmer im laufenden Jahr eine Zahlung für von ihm erbrachte Leistungen, die das alte und neue Jahr betreffen, muss er am Jahresende die passive Rechnungsabgrenzung durchführen. Diese Abgrenzung bewirkt, dass der Betrag, der dem neuen Jahr zuzurechnen ist, nicht in das GuV-Konto eingeht, sondern durch das Passivkonto „Passive Rechnungsabgrenzung" (3900) in das neue Jahr transferiert wird.

Beispiel
Ein Unternehmer vermietet Lagerhallen und erhält per Überweisung am 10. September 2014 eine Zahlung über 2.856,-- € brutto für den **Zeitraum 1. September 2014 bis 31. August 2015.**

Ertrag und Aufwand müssen immer periodengerecht gebucht werden.

Die Umsatzsteuer muss im alten Jahr komplett gebucht werden, also keine Abgrenzung.

Lösung 1. Schritt: Eingang der Zahlung

Buchungssatz

	SOLL	HABEN
Bank (1800)	2.856,--	
an Erlöse Vermietungen (4350)		2.400,--
an Umsatzsteuer 19 % (3805)		456,--

Lösung 2. Schritt: Berechnung der Abgrenzung

Zeitpfeil

Sept 14	Okt 14	Nov 14	Dez 14	Jan 15	Feb 15	Mrz 15	Apr 15	Mai 15	Jun 15	Jul 15	Aug 15
800,--				1.600,--							

Nebenrechnung
$\frac{2.400}{12} = 200,\text{--}$ pro Monat

Es müssen also 1.600,-- € über das Konto „Passive Rechnungsabgrenzung" (3900) abgegrenzt werden, d. h. in das **neue Jahr** gebracht werden, damit der Gewinn im alten Jahr nicht verfälscht wird.

Lösung 3. Schritt: Buchung der Abgrenzung

Buchungssatz

	SOLL	HABEN
Erlöse Vermietungen (4350)	1.600,--	
an Passive Rechnungsabgrenzung (3900)		1.600,--

Lösung Schritt 4: Jahresabschlussbuchungen

Verbinden Sie die zusammengehörigen SOLL-HABEN-Buchungen mit farbigen Linien und vermerken Sie die Reihenfolge der Buchungen.

Darstellung in T-Konten

S Erlöse Vermietungen (4350) H

S		H	
3900	1.600,--	1800	2.400,--
~~Saldo~~ 9800	800,--		

S PRA (3900) H

S		H	
~~Saldo~~ 9900	1.600,--	4350	1.600,--

S GuV (9800) H

S		H	
		4350	800,--

S SBK (9900) H

S		H	
		3900	1.600,--

Wie beabsichtigt, steht im GuV-Konto nur der Erlös von 800,-- € für das Jahr 2014 und im SBK die 1.600,-- € für das Jahr 2015, die somit über die Bilanz ins neue Jahr einfließen.

Lösung 5. Schritt: Buchungen im neuen Jahr

Wir eröffnen das Konto „Passive Rechnungsabgrenzung (PRA)“ (3900) mit dem Anfangsbestand von 1.600,-- € und lösen die Position im PRA-Konto dann auf, indem wir den Erlös für das neue Jahr buchen.

Darstellung in T-Konten

S	PRA (3900)		H
4350	1.600,--	Anfangsbestand	1.600,--

S	Erlöse Vermietungen (4350)		H
		3900	1.600,--

Notieren Sie den Buchungssatz!

Nun fließen die **1.600,-- €** im neuen Jahr beim Abschluss des Kontos „Erlöse Vermietungen“ in die GuV-Rechnung ein, wie es Pflicht ist.

3.8 Buchungen zu besonderen Geschäftsfällen

Zurzeit ändern sich die Steuergesetze häufig, daher ist bei den folgenden Geschäftsfällen stets im Internet zu recherchieren, inwieweit es neue Bestimmungen gibt, z. B. unter www. juris.de.

Das Kassenbuch kann auch elektronisch geführt werden. Achten Sie jedoch darauf, dass die Schnittstellen zu in anderen Bereichen betrieblich genutzter Software kompatibel sind.

Kassenbuch

Bargeschäfte müssen mit entsprechenden Belegen im Kassenbuch geführt werden. Täglich ist ein Kassenbericht zu erstellen. Sollten Kassendifferenzen auftauchen, sind diese möglichst sofort zu klären.

Sollte eine Klärung nicht möglich sein, wird

- bei Manko (Kassenfehlbetrag) der Betrag hineingelegt und gebucht: Kasse AN Privateinlage,
- bei Kassenüberschuss (z. B. durch Tipp) wird der Betrag entnommen. Dies ist steuerrechtlich nicht ganz in Ordnung, eigentlich müsste der Betrag als „sonstige Einnahmen“ verbucht werden.

Tipp = Trinkgeld.

Manchmal erhält der Kassenführer bzw. die Kassenführerin ein sogenanntes Mankogeld, um kleine Differenzen ausgleichen zu können.

Kassenbericht = Berechnung der Tageseinnahmen nach Kassensturz:

Kassenendbestand des Tages
\+ Tagesausgaben
– Endbestand Vortag
– Einlagen (z. B. zusätzliches Wechselgeld)
= Tageslosung (Tagesbareinnahmen)

Die Vorgänge werden im Kassenbuch, falls möglich, als Sammelbuchungen auf dem Kassenkonto und den entsprechenden Gegenkonten verbucht.

Zu beachten ist, dass die Finanzbehörde bei häufigeren Kassendifferenzen eine ordnungsmäßige Kassenbuchführung aberkennen kann und dann Schätzungen der Erträge vornimmt.

Die **Tageslosung muss** mit den registrierten Tageseinnahmen der Kasse zuzüglich eventueller sonstiger Bareinnahmen **übereinstimmen.** Eine Einzelaufzeichnung der Bareinnahmen ist in der Gastronomie nicht verpflichtend. Ein Nachweis über den Tagesendsummenbon genügt.
Ausnahme: Einzelbareinnahme über 15.000,-- €; hier muss Name und Anschrift des Kunden angegeben werden.

Eine Entnahme aus der Kasse für nicht betriebliche Zwecke durch den Arbeitnehmer ist immer ein Straftatbestand.

Beispiel für ein Kassenbuch

Kassenbuch	Monat: Jan. 20..		Betrieb: ……..			Seite 01			
Datum	Einnahmen		Ausgaben		Bestand		Beleg-Nr.	Steuersatz	Bemerkung
	€	ct	€	ct	€	ct			
01. 01. 20..					200	50			Übertrag
	220	--			420	50		19 %	Einnahme
02. 01. 20..			10	50			01	7 %	LM Kaufhaus
			50	--			02	19 %	Reinigung
	500	80			860	80		19 %	Einnahme
usw.									
31. 01. 20..	400	--			1.260	80		19 %	Einnahme
Summen	1.120	80	60	50					
Anfangs-/ Endbestand	200	50	1.260	80					
Endsumme	1.321	30	1.321	30	Stimmen beide Endsummen überein, ist das Kassenbuch korrekt abgeschlossen.				
Datum:		Unterschrift:							

Am Monatsende wird – wie dargestellt – der Monat abgeschlossen, eventuelle Leerzeilen entwertet und für das nächste Monat ein neues Blatt begonnen.

Bei handschriftlicher Buchführung geht das Original an die Buchhaltung und die Durchschrift bleibt im Kassenbuch.

Leergut und Pfand

Man unterscheidet zwischen Mehrwegflaschen und Einwegverpackungen.

Pfand ist kein Kaufpreis, sondern ein Anreiz zur Rückgabe. Die Leergutrückgabe ist Pflicht.

Bei **Mehrwegflaschen** ist zu beachten, dass durch das Pfandgeld die Flasche nicht in das Eigentum des Käufers übergeht. Das Pfandgeld darf daher nicht als Warenkosten gebucht werden. Pfandeinnahmen und -zahlungen sind als Betriebseinnahmen bzw. -ausgaben zu buchen.

Brauerei liefert (Rechnung), der Gastronom bucht:
Aufwand Pfand und Vorsteuer an Bank

Brauerei holt ab (Gutschrift), der Gastronom bucht:
Bank an Erträge Pfand und Umsatzsteuer

Bezüglich der Steuerbuchungen können verschiedene Erleichterungen beim Finanzamt beantragt werden.
Vgl. Sie R 149, Abs. 8 UStR.

Analog wird gebucht, wenn der Gastronom Flaschenpfand bei seinen Gästen erhebt, jedoch statt „Bank" wahrscheinlich „Kasse".

Sofern nicht gegen die Verpackungsverordnung verstoßen wird, kann in bestimmten Fällen (wenn kein Weiterverkauf und keine Pfandrückholung stattfindet) eine Buchung als Warenkosten zulässig sein.

Durch die Verpflichtung der Rückgabe des Pfandes sind am Jahresende entsprechende Rückstellungen beim Pfandempfänger zu buchen: Erträge Pfand an Rückstellungen für ungewisse Verbindlichkeit aus Pfandrückzahlung

Einwegverpackungen, also Dosen und Einwegflaschen gehen in das Eigentum des Käufers über. Die Pfanderhebung und -rückgabe ist auf jeder Handelsstufe Pflicht. Die Buchungssätze unterscheiden sich nicht von den Buchungen für Pfand bei Mehrweggebinden. Die Umsatzsteuerkorrektur erfolgt gemäß § 17 Abs. 2, Nr. 3 UStG.

Bankauszug

Die Bank bucht die Geldbestände aus ihrer Sicht und daher werden **Guthaben** der Kunden bei der Buchhaltung der Bank als Verbindlichkeiten im **HABEN** gebucht. Die **Schulden** der Kunden werden jedoch als Forderungen im **SOLL** gebucht.

Beispiel
Der Bankkunde hat ein Guthaben von 1.000,-- €, bezahlt VLL durch Überweisung von 500,-- € und zahlt 2.000,-- € Tageslosung ein. Die Bank verrechnet Kontoführungsgebühren von 30,-- €

Verkürzte Darstellung der **Buchhaltung des Kunden** bei Erhalt des Bankauszugs (Gegenkonten zum Teil weggelassen):

S	Bank (1800)		H
Anfangsbestand	1.000,--	VLL	500,--
Kasse	2.000,--	7100	30,--

S	Kosten des Geldverkehrs (7100)		H
1800	30,--		

Der **Kontoauszug,** den die Bank zuschickt, sieht z. B. wie folgt aus (die farbige Darstellung dient lediglich der Übersicht, ein Kontoauszug ist normalerweise nur in schwarzer Schrift):

Kontoauszug Datum: 04. 01. 20..		KontoNr. 111111	AuszugNr: 1	Blatt: 1
Buchdatum	Wertstellung	Buchungsinformation	SOLL	HABEN
03. 01. 20..	02. 01. 20..	Überweisung an XY	500,--	
03. 01. 20..	02. 01. 20..	Einzahlung		2.000,--
03. 01. 20..	03. 01. 20..	Kontogebühren	30,--	
Alter Kontostand Euro				**1.000,--**
Zahlungseingänge				**2.000,--**
Zahlungsausgänge			**530,--**	
Neuer Kontostand				**2.470,--**

Seit 1. Februar 2014 müssen sämtliche Überweisungen und Lastschriften nach dem SEPA-Verfahren durchgeführt werden.

SEPA
Single Euro Payments Area
Einheitlicher Euro-Zahlungsverkehrsraum

SEPA ist eine Reaktion auf den einheitlichen Euro-Zahlungsverkehrsraum, und so wurden europaweit einheitliche Verfahren für den bargeldlosen Zahlungsverkehr eingeführt. Dies betrifft Überweisungen ebenso wie Lastschriften.

Bankspesen wie Kontoführungsgebühren, Überweisungsgebühren etc. werden auf **Aufwandskonten** gebucht.
Disagio (Damnum) nennt man den Unterschiedsbetrag zwischen Darlehensauszahlung und Darlehensrückzahlung.
Die steuerrechtlich korrekte Abschreibung ist gemäß den unterschiedlichen Fällen nach § 250 HGB und nach § 11 EstG vorzunehmen.

Ein Beispiel für einen Überweisungsträger finden Sie unter www.trauner.at/systemgastronomie.aspx.

Manche Banken bevorzugen diese Form:

Kontoauszug Datum: 04. 01. 20..		KontoNr. 111111	AuszugNr: 1	Blatt: 1
Buchdatum	Wertstellung	Buchungsinformation		
03. 01. 20..	02. 01. 20..	Überweisung an XY	500,--	–
03. 01. 20..	02. 01. 20..	Einzahlung	2.000,--	+
03. 01. 20..	03. 01. 20..	Kontogebühren	30,--	–
Alter Kontostand Euro			**1.000,--**	+
Zahlungseingänge			**2.000,--**	+
Zahlungsausgänge			**530,--**	–
Neuer Kontostand			**2.470,--**	+

Verkostungen und übliche geringe Aufmerksamkeiten (z. B. Kaffee bei einem Gespräch) sind keine Bewirtungen, sondern **Werbekosten** in Höhe der Selbstkosten.
Bewirtung ist stets eine Einladung, vorrangig zum Verzehr von Speisen und Getränken.
Weitere damit verbundene Kosten (z. B. Tipp, Musik) dürfen in keinem Missverhältnis zu den Verzehrkosten stehen.

Bewirtungsbeleg

Um nachweisbare Bewirtungen als Aufwand buchen zu können, sind zwei Praxisfälle zu unterscheiden:

Fall 1

Der **betriebliche** Anlass der Bewirtung ist **geschäftlich** (= Einladung von Geschäftsfreunden). Es können **70 %** der angemessenen Nettokosten als Bewirtungsaufwand gebucht werden. Die enthaltene Umsatzsteuer jedoch kann zu 100 % als Vorsteuer gebucht werden. Die verbleibenden 30 % Nettokosten werden auf dem Konto „nicht abziehbare Bewirtungskosten" gebucht. Diese nicht abziehbaren Kosten werden außerbilanziell verrechnet.

Beispiel

Ein Geschäftspartner übernachtet anlässlich eines Geschäftsabschlusses im Hotel. Wir übernehmen die Kosten. Die Rechnung des Hotels lautet:

Übernachtung	86,-- €
Frühstück	14,-- €
Nettosumme	100,-- €
Zuzügl. 19 % Umsatzsteuer	2,66 €
Zuzügl. 7 % Umsatzsteuer	6,02 €
Gesamtbetrag	108,68 €

Als Bewirtungskosten zählt nur das Frühstück, die Übernachtungskosten sind anderer betrieblicher Aufwand.

Nebenrechnung

$\frac{14 \times 70}{100} = 9,80$

Übernachtung:
7 % Umsatzsteuer
Frühstück:
19 % Umsatzsteuer

Wir buchen:

	SOLL	HABEN
Übernachtungskosten	86,--	
Bewirtungskosten	9,80	
Nicht abziehbare Bewirtungskosten	4,20	
Vorsteuer 19 %	2,66	
Vorsteuer 7 %	6,02	
an Verbindlichkeiten		**108,68**

Fall 2

Der **außergewöhnliche betriebliche** Anlass ist **rein betrieblich** (= Einladung nur von eigenen Arbeitnehmerinnen und Arbeitnehmern). Es können **100 %** der angemessenen Kosten als Bewirtungsaufwand gebucht werden. Eventuell ist zusätzlich beim Arbeitnehmer/bei der Arbeitnehmerin ein lohnsteuerpflichtiger Sachbezug im Lohnkonto zu erfassen.

Beispiel

Anlässlich eines Betriebsausfluges entstehen Kosten für Bewirtung von 1.190,-- € brutto.

Wir buchen:

	SOLL	HABEN
Bewirtungskosten	1.000,--	
Vorsteuer	190,--	
an Verbindlichkeiten		1.190,--

Einige steuerrechtliche Besonderheiten

- Der Nachweis der betrieblichen Veranlassung ist zu erbringen, der konkrete Anlass auf dem Beleg zu vermerken.
- Die bewirteten Personen, inklusiv Unternehmer/in, sind namentlich anzugeben. Ausnahme: Ist die Namensfeststellung nicht zumutbar, genügt die Angabe der Personenanzahl.
- Der Beleg muss ein maschinell erstellter Registrierkassenbeleg sein. (Ausnahme: spätere, unbare Zahlung; hier genügt die Rechnung).
- Alle Angaben und der Beleg müssen zusammengefügt sein.
- Die Belege sind gesondert und **laufend** zu verbuchen, sowie gesondert und geordnet aufzubewahren.
- Trinkgelder (Tipp) o. Ä. kann handschriftlich hinzugefügt werden, ist jedoch vom Empfänger zu quittieren. **Kein Vorsteuerabzug** für Trinkgeld o. Ä. möglich (70 %- oder 100 %-Regel beachten!).
- Der Verzehr ist in handelsüblichen Bezeichnungen anzuführen. Die Bezeichnung „Speisen und Getränke“ allein wird nicht anerkannt. Angaben wie „Menu 1“, „Tagesgericht“ o. Ä. sind zulässig.
- Alle Angaben, die für eine ordnungsgemäße Rechnung notwendig sind, müssen vorhanden sein (Datum, Rechnungsnummer, Steuernummer der Gaststätte usw.). Auch ordnungsgemäße Kleinbetragsrechnungen werden anerkannt.

Zu beachten bei Hotelrechnung und Bewirtungsbeleg!

Lässt ein Gast seine Restaurantrechnung auf das Zimmer buchen und diese wird ihm/ihr bei der Abreise auf der Hotelrechnung angeheftet berechnet, ist dem Gast die Möglichkeit einer doppelten Vorsteuerbuchung zu nehmen. Dies geschieht durch Entwerten des Restaurantbelegs mit der Aufschrift „keine Rechnung“.
Oder es ist in der Hotelrechnung deutlich zu machen, dass es sich um eine Auslage handelt. Das heißt in der Umsatzsteuer auf der Hotelrechnung darf die Restaurantumsatzsteuer nicht enthalten sein. Ansonsten haftet das Hotel für den Steuerausfall gegenüber dem Finanzamt.

So sind z. B. wöchentliche Besprechungen mit den Abteilungsleitern beim Mittagessen nicht außergewöhnlich und somit der Verzehr auch nicht als Bewirtungskosten abzusetzen.

Notieren Sie aus einem Bewirtungsbeleg, der in Ihrem Ausbildungsbetrieb verwendet wird, alle Angaben, die für einen ordnungsgemäßen Bewirtungsbeleg notwendig sind.

Die Lohn- und Gehaltsabrechnung gehört zur Finanzbuchhaltung. Als Abrechnung im Personalbereich haben wir die Inhalte an das Kapitel Personalwesen angehängt, siehe Seite 178 ff.

4 Lohn- und Gehaltsbuchungen

Je nach Betriebsgröße und den anfallenden Lohnbestandteilen sind entsprechende Konten und Unterkonten einzurichten. Mindestens notwendig sind:

- *die* **Aufwandskonten:** *Löhne und Gehälter (6010), Geringfügig Beschäftigte (6040), Gesetzliche soziale Aufwendungen (6080) und Sonstige Personalaufwendungen (6060),*
- *die* **Verbindlichkeitskonten:** *Verbindlichkeiten aus Lohn und Gehalt (3720), Verbindlichkeiten aus Lohn- und Kirchensteuer (3730), Verbindlichkeiten im Rahmen der sozialen Sicherheit (3740).*

Bei Außenprüfungen der Finanzämter bzw. Kassen werden Sachbezüge besonders genau begutachtet, daher sind Unterkonten dazu empfehlenswert.

Bei den Lohnbuchungen gibt es zwei Buchungsverfahren, die Nettomethode und die Bruttomethode.

Nettomethode

Bei diesem Buchungsverfahren wird direkt in zwei Schritten gebucht:

1. Aufwand an Verbindlichkeiten
   (für den Auszahlungsbetrag auch Aufwand an Zahlungskonto möglich)
2. Verbindlichkeiten an Zahlungskonto (Bank)

Die Sätze für die Sozialversicherungsbeiträge ändern sich jährlich.

Einfaches Beispiel

Der Betrieb hat einen Arbeitnehmer (Lohnsteuerklasse I) und muss verbuchen:

Bruttolohn 1.550,-- €
Auszahlungsbetrag 1.067,-- €
Lohn-, Kirchensteuer und Solidaritätszuschlag 159,-- €
Versicherungsbeiträge Arbeitnehmer (AN) 324,-- €
Versicherungsbeiträge Arbeitgeber (AG) 306,-- €

Buchungssätze

Schritt 1: Buchung der Aufwände und Verbindlichkeiten

	SOLL	HABEN
Aufwand Löhne und Gehälter (6010)	1.550,--	
Gesetzliche soziale Aufwendungen (6080)	306,--	
an Verbindlichkeiten Lohn und Gehalt (3720)		1.067,--
an Verbindlichkeiten Lohn- und Kirchensteuer (3730)		159,--
an Verbindlichkeiten im Rahmen der sozialen Sicherheit (3740)		630,--

Nebenrechnung
324 + 306 = 630

Schritt 2: Buchung der Zahlungen

	SOLL	HABEN
Verbindlichkeiten Lohn und Gehalt (3720)	1.067,--	
Verbindlichkeiten Lohn- und Kirchensteuer (3730)	159,--	
Verbindlichkeiten im Rahmen der sozialen Sicherheit (3740)	630,--	
an Bank (1800)		1.856,--

Stellen Sie alle Buchungen der Nettomethode in T-Konten-Form dar.

Bruttomethode

Man bucht über ein Interimskonto (Zwischenkonto), das sogenannte **„Lohnverrechnungskonto“.** Dadurch entsteht eine bessere Übersicht und es erleichtert die Kontenabstimmung.

Die Buchung erfolgt in drei Schritten:
1. Aufwand an Lohnverrechnungskonto
2. Lohnverrechnungskonto an Verbindlichkeiten
3. Verbindlichkeiten an Zahlungskonto (Bank)

Nach korrekter Buchung muss sich das Verrechnungskonto aufgelöst haben.

Die Bruttomethode ist dann empfehlenswert, wenn die Abrechnung für mehrere Arbeitnehmerinnen und Arbeitnehmer durchzuführen ist. Sie wird in der Praxis häufig eingesetzt, vor allem bei EDV-gestützten Lohnabrechnungen.

Einfaches Beispiel

Der Betrieb hat zwei Mitarbeiter/innen mit LSt-Klasse I und muss verbuchen:

	Mitarbeiter 1	Mitarbeiter 2
Bruttolohn	2.000,-- €	2.500,-- €
Auszahlungsbetrag	1.292,-- €	1.529,-- €
Lohnsteuer (inkl. KiSt+Solz)	290,-- €	449,-- €
Versicherungsbeiträge AN	418,-- €	522,-- €
Versicherungsbeiträge AG	395,-- €	493,-- €

LSt = Lohnsteuer
KiSt = Kirchensteuer
Solz = Solidaritätszuschlag
AN = Arbeitnehmer
AG = Arbeitgeber

Für jeden Mitarbeiter bzw. jede Mitarbeiterin legen wir ein Unterkonto „Aufwand Lohn und Gehalt“ (6010) an und zwar

Mitarbeiter 1 = Aufwand Lohn und Gehalt (6011)
Mitarbeiter 2 = Aufwand Lohn und Gehalt (6012)

Buchungssätze

Schritt 1: Buchungen Aufwand und Verrechnungskonto

	SOLL	HABEN
Aufwand Lohn und Gehalt (6011)	2.000,--	
Aufwand Lohn und Gehalt (6012)	2.500,--	
Gesetzliche soziale Aufwendungen (6080)	888,--	
an Lohnverrechnungskonto (9999)		5.388,--

Nebenrechnung
395 + 493 = 888

Schritt 2: Buchung der Verbindlichkeiten

	SOLL	HABEN
Lohnverrechnungskonto (9999)	5.388,--	
an Verbindlichkeiten Lohn und Gehalt (3720)		2.821,--
an Verbindlichkeiten Lohn- und Kirchensteuer (3730)		739,--
an Verbindlichkeiten im Rahmen der sozialen Sicherheit (3740)		1.828,--

Nebenrechnungen
1.292 + 1.529 = 2.821
290 + 449 = 739
418 + 522 + 395 + 493 = 1.828

In der Praxis erfolgen Schritt 1 und Schritt 2 **nicht** als Sammelbuchung, sondern in Einzelschritten.

Das Prinzip der Lohnabrechnung kennen Sie schon von Seite 180. Führen Sie jetzt die Buchung zu obigem Beispiel durch.

6080 = Gesetzliche soziale Aufwendungen

3720 = Verbindlichkeiten Löhne

3730 = Verbindlichkeiten Lohnsteuer

3740 = Verbindlichkeiten soziale Sicherheit

Das ausgedruckte Lohnjournal sieht dann verkürzt etwa so aus:

Kontonummer	SOLL	HABEN	Summe	Summe	Kostenstelle
6011	2.000,00				
6012	2.500,00				
			4.500,00		
6080	395,00				
6080	493,00				
			888,00		
3720		1.292,00			
3720		1.529,00			
				2.821,00	
3730		290,00			
3730		449,00			
				739,00	
3740		418,00			
3740		395,00			
3740		522,00			
3740		493,00			
				1.828,00	
Summen	5.388,00	5.388,00	5.388,00	5.388,00	

Da SOLL und HABEN in der Summe gleich sind, ist das Verrechnungskonto fehlerfrei aufgelöst.

Schritt 3: Zahlung der Verbindlichkeiten

	SOLL	HABEN
Verbindlichkeiten Lohn und Gehalt (3720)	2.821,--	
Verbindlichkeiten Lohn- und Kirchensteuer (3730)	739,--	
Verbindlichkeiten im Rahmen der sozialen Sicherheit (3740)	1.828,--	
an Bank (1800)		5.388,--

Die Übernahme in die Finanzbuchhaltung kann nun als Sammelbuchung oder auf Kostenstellen aufgeteilt erfolgen.

Formulare für behördliche Meldungen (z. B. Lohnsteuermeldung) finden Sie auf der Homepage des jeweiligen Landesfinanzamtes.
Interessante Durchführungsbestimmungen zu den Steuergesetzen finden Sie z. B. unter www. juris.de.

Aufgabenstellung

- Sie haben in Ihrem Betrieb in Baden-Württemberg zwei weitere Mitarbeiter eingestellt. Mitarbeiter 3 erhält einen Bruttolohn von 1.950,00 €. Er zahlt 195,58 € Lohnsteuer. Mitarbeiter 4 erhält einen Bruttolohn von 2.850,00 €. Er zahlt 415 € Lohnsteuer. Beide sind unter 23 Jahre alt und haben keine Kinder.
  a) Erstellen Sie die Lohnabrechnung für beide Mitarbeiter. Ermitteln Sie zunächst den Solidaritätsbeitrag und die Kirchensteuer von der Lohnsteuer. Ermitteln Sie jetzt die Arbeitnehmerbeiträge zur Sozialversicherung. Ermitteln Sie nun den Auszahlungsbetrag. Ermitteln Sie die Arbeitgeberanteile der Sozialversicherung.
  b) Erstellen Sie nun die entsprechenden Buchungssätze hierzu, wie auf der Vorderseite erklärt, und ergänzen Sie das Lohnjournal aus dem Download!

Ein Lohnberechnungsschema mit den aktuellen Sozialversicherungsbeitragssätzen als Hilfestellung zum Ausdrucken sowie das Lohnjournal zur nebenstehenden Aufgabe finden Sie unter www.trauner.at/systemgastronomie.aspx.

Beispiel einer Lohnabrechnung für Festangestellte nach DATEV

Abrechnung der Brutto-Netto-Bezüge in EUR für März 20.. 31. 03. 20.. Blatt: 1

Pers.-Nr.	Abt.-Nr.	Geb.-Dat.	Eintritt	Austritt	St.-Kl.	Kinderfreibetrag	St.Tg	Freibetr. jährl.	Freibetr. monatl.	PGRS	Konfession
04116	000	290952	010102		5					101	rk/ev

Versicherungs.-Nr.	KK-Nr	Krankenkassenname	KK %	AN-Typ	KV	RV	AV	GV	UM	PV	BGRS	SV-Tg	Anz.-U
15290952M525	001	AOK München	15,5	1	1	1	1	0	2	1	1211		

Systemo
München

Pers.-Nr. 04116

Frau
Mustermann
Musterstr. 1
55667 Musterstadt

Statistische Werte:

Anw.-Tg	Anw.-Std.	Bez.-Std.	Url.-Std.	SV-AG-Anteil mtl
				238,72
Krh-Tg	Krh.-Std.	Zeitlohn.-Std.	Url.-Anspruch	SV-AG-Anteil kum
				716,16
Fehl.-Tg	Fehl-Std.	Über-Std.	mtl.gen. Urlaub	
Std.-Lohn 1	Std.-Lohn 2		gen. Url. gesamt	
Durchschnitt			Resturlaub	

Lohnart	Bezeichnung	bez.Menge*)	Faktor	%-Zuschlag	St*)	SV*)	GB*)	Betrag
001	Lohn				L	L	J	1.207,72
	Sonntagszuschläge 100 %							193,50
	Nachtzuschläge 15 %							138,04
	Überstunden-Zuschl. 25 %							8,70
Steuer/Sozialversicherung:								Gesamtbrutto 1.547,96

*)	Steuer-Brutto	Lohnsteuer	Kirchensteuer	Solz			Steuerrechtl. Abzüge
L	1.216,42	263,41	21,07	14,48			298,96
*)	KV/PV-Brutto	RV/AV-Brutto	KV-Beitrag	PV-Beitrag	RV-Beitrag	AV-Beitrag	SV-rechtl.Abzüge
L	1.216,42	1.216,42	99,75	14,90	121,03	17,03	252,71

Verdienstbescheinigung:		Nr.	Netto-Bezüge/Netto-Abzüge		Netto-Verdienst 996,29
Gesamt-Brutto	Steuer-Brutto				
4.643,88	3.649,26				
Lohnsteuer	Kirchensteuer				
790,23	63,21				
Solz	Steuerfreie Bezüge				
43,44	994,62				
SV-Brutto	RV-Beitrag				
3.649,26	363,09				
KV-Beitrag	PV-Beitrag				
299,25	44,70	Bank:	Bank Musterstadt		
AV-Beitrag	VWL-gesamt				Auszahlungsbetrag
51,09		BLZ:	70020200	**EUR**	**996,29**
Pfändung	Direktversicherung				
		Kto.-Nr.	9876543		

*) A = Abfindung, E = Einmalbezug, J = Gesamt-Brutto, L = laufender Bezug, N = Nachberechnung, S = sonstiger Bezug, P = Pauschalierung, K = Korrektur

5 Grundsätze ordnungsmäßiger Buchführung

Lt. § 238, Abs. 1, Satz 2 HGB muss die Buchführung so beschaffen sein, dass sie einem sachverständigen Dritten einen Überblick über die Geschäftsfälle und über die Lage des Unternehmens vermitteln kann.

Die Buchhaltung verbucht gemäß den Grundsätzen der ordnungsgemäßen Buchführung (GoB) alle Geschäftsfälle auf entsprechenden Konten. Aus den Konten wird das Gewinn- und Verlustkonto bzw. das Schlussbilanzkonto erstellt. Das Schlussbilanzkonto wird in die Schlussbilanz übertragen. Die Bilanz stellt somit das Vermögen und die Schulden dar.

Die Buchführung ist eine Dokumentation und muss bestimmten gesetzlichen Vorgaben folgen.

Belegarten:

- Fremdbeleg (Rechnung etc.)
- Eigenbeleg (Privatentnahme etc.)
- Eingangsbeleg oder Ausgangsbeleg
- Einzel- oder Sammelbeleg

Folgendes ist stets zu beachten:

- Keine Buchung ohne Beleg. Belege sind zu kontieren (Buchungssatz).
- Belege zeitnah im Grundbuch (zeitliche Gliederung) erfassen.
- Sachlich im Hauptbuch gliedern.
- Die Buchung muss verständlich, geordnet, richtig, zeitnah und vollständig sein.
- Änderungen müssen erkennbar sein, d. h., keine Radierungen vornehmen.
- Die Buchhaltung ist in einer lebendigen Sprache auszuführen.
- Kreditgeschäfte müssen nachvollziehbar sein.
- Daten auf Datenträgern müssen in angemessener Zeit lesbar sein.

Notieren Sie für jeden Grundsatz ein praktisches Beispiel!

Vgl. Sie auch §§ 252–256 HGB____

Beim Jahresabschluss sind folgende Grundsätze einzuhalten:

- Grundsatz der Wahrheit in Inhalt und Wert.
- Grundsatz der Klarheit, d. h., die Bilanz tief genug gliedern.
- Grundsatz der Vollständigkeit, d. h., alle Vermögens- und Schuldwerte ungekürzt aufzeichnen.
- Grundsatz der Periodenabgrenzung.
- Das Realisationsprinzip durchführen, d. h., Erträge erst periodengerecht ausweisen, wenn diese erfolgt sind.
- Das Imparitätsprinzip durchführen, d. h., negative Erträge bereits vor dem Eintreten berücksichtigen, sofern dies erkannt werden kann. Man spricht auch vom Prinzip der Unternehmensfortführung (going concern).
- Grundsatz der Stetigkeit, d. h., aus Gründen der Vergleichbarkeit werden die vorhergehenden Bewertungsmethoden beibehalten, Änderungen sind zu begründen und darzustellen.
- Grundsatz der Vorsicht, d. h., bei der Bewertung von Vermögensgegenständen kaufmännisch vernünftig vorgehen.
- Grundsatz der Berücksichtigung wertaufhellender Tatsachen, d. h., alle vorhersehbaren Verluste sind zu berücksichtigen, auch wenn diese erst nach dem Abschlussstichtag, aber vor der Abschlussaufstellung bekannt werden.

Ziele erreicht?

KOMPETENZ-ERWERB

Ein leeres Lohnabrechnungsformular und eine leere Kassenbuchseite finden Sie unter www.trauner.at/systemgastronomie.aspx.

1. Erklären Sie die Begriffe Aktiva, Passiva, Anlagevermögen, Umlaufvermögen, Eigenkapital und Verbindlichkeiten.
2. Erläutern Sie die Merkmale der doppelten Buchführung.
3. Was sind Aktivkonten, was sind Passivkonten? Geben Sie Beispiele!
4. Erklären Sie den Unterschied zwischen Ertrags- und Aufwandskonten. Geben Sie auch Beispiele.
5. Was ist ein GuV-Konto?
6. Was besteuert die Umsatzsteuer? Welche Umsatzsteuersätze werden für welche Dienstleistungen verrechnet?
7. Was ist eine Vorsteuer?
8. Erläutern Sie die Begriffe Skonti und Boni.
9. Warum wird eine AfA verbucht? Wie berechnet sie sich?
10. Wofür stehen die Abkürzungen GWG, ARA, PRA und GoB? Erklären Sie die Begriffe!
11. Warum muss ein Kassenbuch geführt werden? Was wird aufgeschrieben?
12. Wie werden Bewirtungsbelege gebucht?
13. Welche steuerlichen Besonderheiten müssen Sie bei Bewirtungsbelegen beachten?
14. Sie bekommen 120 Kisten Coca Cola in 0,33 Gastro-Glasmehrwegflaschen geliefert. Ein Kasten mit 24 Flaschen kostet 14,27 €, zuzüglich 5,10 € Pfand, inkl. Mehrwertsteuer. Stellen Sie den Buchungssatz auf!
15. Erläutern Sie die Brutto- und die Nettomethode bei den Lohnbuchungen!
16. **Komplexe Aufgabe**

    Eröffnen Sie die Bestandskonten, buchen Sie die Geschäftsfälle, schließen Sie die Konten ab und erstellen Sie eine Schlussbilanz.

Eröffnungsbilanz

Aktiva		Passiva	
Anlagevermögen		**Eigenkapital**	320.000,-- €
Grundstücke	245.000,-- €	**Fremdkapital**	
Betriebs- und Geschäftsausstattung (BGA)	160.000,-- €	Fremdkapital langfristig (Darlehen)	100.000,-- €
Umlaufvermögen		Fremdkapital kurzfristig (Kredit)	20.000,-- €
Forderungen aus Lieferungen und Leistungen	10.000,-- €	**Verbindlichkeiten**	
Warenbestand	10.000,-- €	Verbindlichkeiten aus Lieferungen und Leistungen	3.000,-- €
Kasse	3.000,-- €		
Bank	15.000,-- €	Rückstellungen	2.000,-- €
Aktive Rechnungsabgrenzung	5.000,-- €	Passive Rechnungsabgrenzung	3.000,-- €
Bilanzsumme:	**448.000,-- €**	Bilanzsumme:	**448.000,-- €**

Geschäftsfälle:

Führen Sie das Kassenbuch ab dem bzw. für den 31. 12. mit einer neuen Seite weiter, schließen Sie es ab und verbuchen Sie die Einträge!

- Für die Zeit zwischen dem 1. Januar und 30. Dezember müssen laut Kassenbuch noch als Sammelbuchung verbucht werden:
  - Einnahmen (Erlöse) brutto 12.500,-- € (19 % Ust).
  - Sonstige Ausgaben (Kosten) brutto 14.000,-- € (19 % Ust).
- Am 31. 12. fallen nachfolgende Geschäftsfälle an:
  - Wir kaufen Lebensmittel im Wert von 238,-- € brutto.
  - Wir tätigen im Hause Einnahmen in Höhe von 59,50 € brutto.
  - Wir verkaufen Speisen außer Haus für 333,20 € brutto.
  - Wir verkaufen Getränke außer Haus für 71,40 € brutto.
  - Wir kaufen Büromaterial für 19,04 € brutto.
  - Wir kaufen Briefmarken für 30,-- €.
  - Wir zahlen 1.000,-- € auf unser Geschäftskonto ein.

Erstellen Sie die Lohnabrechnungen, überweisen Sie die Zahlungen an die Mitarbeiterinnen und Mitarbeiter, an die Sozialversicherung und an das Finanzamt. Buchen Sie alle Geschäftsfälle, Umlagen fallen nicht an.

	Herr A	Frau B
Lohnsteuerklasse	3; keine Kinder	5; Kinder ja, aber nicht auf der Lohnsteuerkarte
Vertragliches Einkommen brutto	1.839,-- €	1.854,-- €
Überstundenzuschlag	24,-- €	keinen
Nachtzuschlag	50,-- €	70,-- €
Sachbezug	keinen	18,-- €

- Es werden privat Getränke im Wert von 50,-- € netto entnommen.
- Überweisen Sie vom Privatkonto auf das Firmenkonto 1.500,-- €.
- Überweisen Sie Verbindlichkeiten in Höhe von 1.600,-- €.
- Am 15. 02. wird eine Maschine für 5.200,-- €, zuzüglich Frachtkosten von 200,-- € und Umsatzsteuer, auf Ziel gekauft; Nutzungsdauer 6 Jahre, lineare AfA.
- Ein Kunde überweist 5.000,-- € von unseren Forderungen.
- Lösen Sie die ARA (Versicherungen) und die PRA (Mieteinnahmen) auf.
- Gewerbliche Mieteinnahmen für den Zeitraum von August bis Juli in Höhe von 2.400,-- € netto.
- Versicherungsprämien für den Zeitraum September bis März in Höhe von 1.400,-- € werden bezahlt.
- Buchen Sie ARA und PRA.
- Es werden Getränke im Wert von 1.800,-- € netto gekauft. Der Betrag wird sofort nach Rechnungserhalt unter Abzug von 2 % Skonto überwiesen.
- Wir stellen unserem Kunden eine Rechnung für eine Veranstaltung in unserem Haus über 35.700,-- € brutto. Der Kunde überweist unter Abzug von 3 % Skonto.
- Von unseren Forderungen (Bankettrechnung) müssen wir 300,-- € netto gutschreiben.
- Überweisen Sie die Zahllast an das Finanzamt.
- Die Wareninventur am 31. 12. beträgt 1.200,-- €.
- Die AfA auf die alte Betriebs- und Geschäftsausstattung beträgt 16.000,-- €.

Weitere Übungen zu Buchungssätzen finden Sie auch unter www.trauner.at/systemgastronomie.aspx.

Kosten- und Leistungsrechnung

Das Ziel eines Betriebes ist es, Gewinne zu erwirtschaften. Dazu müssen die Leistungen größer sein als die Kosten. Um dies steuern zu können, werden in der Kosten- und Leistungsrechnung (KLR) die Zahlen der Geschäftsbuchhaltung aufbereitet, strukturiert, analysiert und verarbeitet.

Auch wenn es keine direkten Gesetze gibt, die eine zwingende Ordnung vorschreiben, sollte die Kosten- und Leistungsrechnung wie die Geschäftsbuchhaltung straff organisiert sein. Vor allem die Dokumentation ist sowohl aus Gründen der betrieblichen Entscheidungsfindung als auch hinsichtlich ihrer eventuellen Bedeutung bei einer Steuerprüfung von großer Bedeutung.

Von Maximalprinzip spricht man, wenn mit einem vorgegebenen Mitteleinsatz ein möglichst hoher Erfolg erreicht wird.

Von Minimalprinzip spricht man, wenn ein vorgegebener Erfolg mit einem möglichst geringen Mitteleinsatz erreicht wird.

Meine Ziele

KOMPETENZ-ERWERB

Nach Bearbeitung dieses Kapitels kann ich

- den Unterschied zwischen sachlicher und zeitlicher Abgrenzung nennen;
- einen Betriebsabrechnungsbogen führen;
- Preise kalkulieren;
- den kurzfristigen Betriebserfolg darstellen.

Preisuntergrenze = der niedrigste Preis, der verlangt werden muss, ohne in die Verlustzone zu kommen.

In der Kostenrechnung unterscheidet man zwischen Teilkostenrechnung und Vollkostenrechnung. Während die Teilkostenrechnung sich nur mit einem bestimmten Teil der Kosten befasst und somit nur für kurzfristige Preisuntergrenzen angewandt wird (siehe Kapitel Gewinnsteuerung, Seite 262 ff.), befasst sich die Vollkostenrechnung mit allen Kosten und ist somit für die Berechnung langfristiger Preisuntergrenzen einzusetzen.

Going international
Tax = Steuer, Gebühr, Abgabe
Benefit = Ertrag
Cost = Aufwand

Die **Vollkostenrechnung** geht für die Preiskalkulation von zwei einfachen Aussagen aus:

1.)

	Wareneinsatz (Materialkosten)
+	Gemeinkosten (direkte + indirekte)
=	Selbstkosten (Gesamtkosten)

2.)

	Nettoumsatz (Leistungen)
–	Selbstkosten (Gesamtkosten)
=	Gewinn (Erfolg)

	Leistungen (betriebliche Erträge)
–	Kosten (betriebliche Aufwände)
=	Betriebserfolg (Gewinn)

	Neutrale Erträge
–	Neutrale Aufwände
=	Neutraler Erfolg (Gewinn)

	Erträge
–	Aufwände
=	Unternehmenserfolg (Gewinn)

Diese einfachen Aussagen werden in Betrieben mit mehreren Produkten bzw. Produktgruppen mithilfe der sachlichen und zeitlichen Abgrenzung sowie mit der Aufteilung auf Kostenstellen spezifiziert.

1 Sachliche und zeitliche Abgrenzung

Da die zeitliche Abgrenzung bereits in der Finanzbuchhaltung vollzogen wird, braucht diese nur noch übernommen werden.
Die sachliche Abgrenzung erfolgt jedoch in der Kosten- und Leistungsrechnung durch Einteilung in betriebliche Kosten und Leistungen sowie in neutrale Aufwände und Erträge.

Beachten Sie die verschiedenen Begriffe!

- Einen betrieblichen Werteverzehr nennt man Kosten.
- Einen Werteverzehr, der nicht betrieblich, sondern durch die anderen Geschäfte des Unternehmens bedingt oder periodenfremd oder außerordentlich ist, nennt man neutraler Aufwand.
- Einen betrieblichen Wertezugang nennt man Leistung.
- Einen Wertezugang, der nicht betrieblich, sondern durch die anderen Geschäfte des Unternehmens bedingt bzw. periodenfremd oder außerordentlich ist, nennt man neutraler Ertrag.

Ein Unternehmen wird für einen bestimmten Betriebszweck gegründet, z. B. ein Restaurant für das Herstellen und Verkaufen von Speisen und Getränken, ein Hotel für das Vermieten von Zimmern.

Neben diesem Betrieb kann das Unternehmen aber auch andere Geschäfte betreiben, z. B. Lagerhallen vermieten. Diese Geschäfte können zu einem höheren Gewinn oder zu einem Verlust des Unternehmens beitragen, daher interessiert es den Unternehmer bzw. die Unternehmerin, ob seine/ihre betriebliche Tätigkeit allein erfolgreich ist, oder ob der Betrieb die anderen Geschäfte tragen muss, da diese Verlust einfahren.

Diese sachliche Abgrenzung erfolgt am besten in Tabellen. Mit entsprechenden EDV-Programmen ist dies kein zusätzlicher Aufwand.

Verkürztes Beispiel zu einem Gastronomiebetrieb

	Erträge laut Buchhaltung	Aufwände laut Buchhaltung	Neutrale Erträge	Neutrale Aufwände	Betriebliche Leistungen	Betriebliche Kosten
Restaurant Umsätze	1.000.000,--				1.000.000,--	
Warenkosten Speisen		133.800,--				133.800,--
Warenkosten Getränke		102.200,--				102.200,--
Warenkosten Handelswaren		64.000,--				64.000,--
Personalkosten Küche		80.000,--				80.000,--
Sonstige Personalkosten		90.000,--				90.000,--
Energiekosten		30.000,--				30.000,--
Mietkosten		120.000,--				120.000,--
Sonstige Betriebskosten		180.000,--				180.000,--
Zinserträge	8.000,--		8.000,--			
Mieteinnahmen Lagerhalle	12.000,--		12.000,--			
Instandhaltung Lagerhalle		3.000,--		3.000,--		
Abschreibungen auf Anlagevermögen		17.000,--				17.000,--
Unternehmenserfolg	200.000,--					
Neutraler Erfolg			17.000,--			
Betrieblicher Erfolg					183.000,--	

Die betrieblichen Kosten und Leistungen des laufenden Jahres sind nun durch die sachliche Abgrenzung dargestellt. Da diese Aufstellung für die Preiskalkulation der kommenden Periode (Jahr) verwendet wird, fügt man noch Korrekturspalten hinzu. In diesen Spalten trägt man Mehrungen oder Minderungen, die vorhersehbar sind, ein und man erhält den betrieblichen Erfolg der vorausgeplanten Periode.

Ein ausführlicheres Beispiel mit Hinzunahme von **kalkulatorischen Kosten** finden Sie auf Seite 261 ff.

Verkürztes Beispiel zur Kostenplanung

	Buchhaltung Alte Periode		Neutraler Erfolg Alte Periode		Rechnerische Korrekturen		KLR Zukünftige Periode	
	Erträge	Aufwände	Erträge	Aufwände	plus	minus	Betriebliche Leistungen	Betriebliche Kosten
Restaurant Umsätze	1.000.000,--						1.000.000,--	
Warenkosten Speisen		133.800,--						133.800,--
Warenkosten Getränke		102.200,--						102.200,--
Warenkosten Handelswaren		64.000,--						64.000,--
Personalkosten Küche		80.000,--						80.000,--
Sonstige Personalkosten		90.000,--						90.000,--
Energiekosten		30.000,--						30.000,--
Mietkosten		120.000,--						120.000,--
Sonstige Betriebskosten		180.000,--			5.000,--			185.000,--
Zinserträge	8.000,--		8.000,--					
Mieteinnahmen Lagerhalle	12.000,--		12.000,--					
Instandhaltung Lagerhalle		3.000,--		3.000,--				
Abschreibungen auf Anlagevermögen		17.000,--				2.000,--		15.000,--
Unternehmenserfolg	200.000,--							
Neutraler Erfolg			17.000,--					
Betrieblicher Erfolg für geplante Periode							180.000,--	

Aufgrund steigender Betriebskosten würde bei sonst gleichen Voraussetzungen wie in der vorherigen Periode nur ein Betriebserfolg von 180.000,-- € erwirtschaftet werden; also 3.000,-- € weniger.

Nun weiß man, dass entweder die Kosten gesenkt oder höhere Umsätze getätigt werden müssen. Die Umsatzerhöhung kann durch Anpassen der Verkaufspreise oder durch verstärktes Marketing bei gleichbleibenden vorausgeplanten Kosten erfolgen.

Betriebsabrechnungsbogen (BAB)

Der Betriebsabrechnungsbogen erfasst die Kosten der einzelnen betrieblichen Kostenstellen. Unter Kostenstelle versteht man den Ort (Abteilung, Produktionsstätte), an dem Kosten entstehen.

Aus der Tabelle der sachlichen und zeitlichen Abgrenzung werden alle betrieblichen Kosten aus der Spalte KLR in den BAB übernommen und verursachungsgerecht auf die Kostenstellen verteilt.

Ausnahme: Die Warenkosten werden (bei uns) nicht in den BAB übernommen. Die Einzelkosten werden verursachungsgerecht der Kostenstelle direkt zugeordnet, die Gemeinkosten über Verteilerschlüssel indirekt den betroffenen Kostenstellen zugerechnet.

Da die allgemeine Kostenstelle (z. B. Verwaltung) nichts Verkäufliches produziert, kann sie ihre Kosten nicht erwirtschaften. Somit werden ihre Kosten auf die anderen Kostenstellen nach einem vorgegebenen Verteilerschlüssel weiterverteilt.

Auch die Nebenkostenstelle (z. B. Restaurant) kann ihre Kosten nicht erwirtschaften, daher werden auch diese in einem weiteren Schritt auf die verbleibenden Hauptkostenstellen (z. B. Speisen, Getränke, Handelswaren) verteilt (umgelegt).

Die Endsumme der jeweiligen Hauptkostenstelle (Kostenstellensumme) ist die Basis für die Berechnung des Aufschlagsatzes der Preiskalkulation je Kostenstelle.

Definieren Sie die Begriffe Einzelkosten und Gemeinkosten und nennen Sie Beispiele!

Ein Verteilerschlüssel stellt ein Verhältnis dar, nach dem verteilt wird. Er wird pro Kostenart (kaufmännisch sinnvoll) von der Geschäftsleitung festgelegt, z. B. nach

- Quadratmeter
- Umsatz
- Verbrauchmessung

Verteilungsrechnen:
Man berechnet die Größe von einem Anteil, indem man den zu verteilenden Betrag durch die Summe aller Anteile teilt.

$$\frac{90.000}{(1+2+3+2+1)} = 10.000$$

Jetzt berechnet man bei jeder Kostenstelle die Summe ihrer vorgesehenen Anteile.

Verkürzte Darstellung des BAB

Kostenarten	EUR gesamt	Verteiler-schlüssel	Allgemeine Kostenstelle	Neben-kostenstelle	Hauptkostenstellen		
					Speisen	Getränke	Handels-ware
Personalkosten Küche	80.000,--	direkt			80.000,--		
Sonstige Personalkosten	90.000,--	1:2:3:2:1	10.000,--	20.000,--	30.000,--	20.000,--	10.000,--
Energiekosten	30.000,--	1:1:2:1:1	5.000,--	5.000,--	10.000,--	5.000,--	5.000,--
Mietkosten	120.000,--	1:2:4:3:2	10.000,--	20.000,--	40.000,--	30.000,--	20.000,--
Sonstige Betriebskosten	185.000,--	1:2:3:2:2	18.500,--	37.000,--	55.500,--	37.000,--	37.000,--
AfA	15.000,--	1:2:3:2:2	1.500,--	3.000,--	4.500,--	3.000,--	3.000,--
Summe	520.000,--		45.000,--	85.000,--	220.000,--	95.000,--	75.000,--
Umlage		1:2:1:1		9.000,--	18.000,--	9.000,--	9.000,--
Summe				94.000,--	238.000,--	104.000,--	84.000,--
Umlage		3:1:1			56.400,--	18.800,--	18.800,--
Hauptkostenstellen-summe					294.400,--	122.800,--	102.800,--

Nun wissen wir, dass die Hauptkostenstelle „Speisen" die Gemeinkosten von 294.400,-- € erwirtschaften muss, die Kostenstelle „Getränke" 122.800,-- € und die Kostenstelle „Handelswaren" 102.800,-- €. Zusammen ergibt dies Gemeinkosten von 520.000,-- €.

Nebenrechnungen zum BAB:

$$\frac{45.000}{(1+2+1+1)} = 9.000$$

$$\frac{94.000}{(3+1+1)} = 18.800$$

Für die Preiskalkulation benötigt man die Aufschlagsätze für die Produkte (Speisen, Getränke, Handelswaren). Diese berechnet man aus den Angaben der Kosten- und Leistungsrechnung (KLR) und des Betriebsabrechnungsbogens (BAB).

⚠ Aufschlagsatz = Zuschlagsatz

Da die Gemeinkosten auf die Wareneinsatzkosten aufgeschlagen werden, wird folgender allgemeingültiger Dreisatz gebildet:

Warenkosten = 100 %
Gemeinkosten = x %

Daraus folgt die Formel:

$$\text{Gemeinkostenaufschlagsatz in Prozent} = \frac{\text{Gemeinkosten in Euro aus BAB}}{\text{Warenkosten in Euro aus KLR}} \times 100$$

Warenkosten
\+ Gemeinkosten
= Selbstkosten (Gesamtkosten)

Um konkurrenzfähig zu sein, wird am besten für jede Hauptkostenstelle ein Gemeinkostenaufschlagsatz berechnet.

Da der Gewinn auf die Selbstkosten aufgeschlagen wird, kann folgender Dreisatz gebildet werden:

Selbstkosten = 100 %
Gewinn = x %

Daraus folgt die Formel:

$$\text{Gewinnaufschlagsatz in Prozent} = \frac{\text{Gewinn in Euro aus KLR}}{\text{Selbstkosten in Euro aus KLR}} \times 100$$

Selbstkosten
\+ Gewinn
= Kalkulierter Preis

Berechnungsbeispiel mit Zahlen (siehe KLR und BAB):

Gemeinkostenaufschlagsatz in Prozent für **Speisenkalkulation**

$$= \frac{294.400}{133.800} \times 100 = 220{,}029\ \% \rightarrow 220{,}03\ \% \rightarrow 220\ \%$$

Gemeinkostenaufschlagsatz in Prozent für **Getränkekalkulation**

$$= \frac{122.800}{102.200} \times 100 = 120{,}156\ \% \rightarrow 120{,}16\ \% \rightarrow 120\ \%$$

Gemeinkostenaufschlagsatz in Prozent für **Handelswarenkalkulation**

$$= \frac{102.800}{64.000} \times 100 = 160{,}625\ \% \rightarrow 160{,}63\ \% \rightarrow 161\ \%$$

⚠ Ein Gewinnaufschlagsatz wird üblicherweise gesamtbetrieblich errechnet.

Gewinnaufschlagsatz in Prozent für alle Kalkulationen

$$= \frac{180.000}{820.000} \times 100 = 21{,}951\ \% \rightarrow 21{,}95\ \% \rightarrow 22\ \%$$

Unsere Geschäftsleitung hat sich entschlossen, den Gewinn des Vorjahres von 183.000,-- € NICHT über Preiserhöhungen zu erwirtschaften.

2 Preiskalkulation

Je nach Branche gibt es verschiedenste Schemata zur Verkaufspreiskalkulation. Prinzipiell wird zwischen Vollkostenrechnung und einer Teilkostenrechnung unterschieden. Die Vollkostenrechnung integriert alle Kosten in die Kalkulation.

Daraus ergeben sich für die Gastronomie und Hotellerie nachfolgende Kalkulationsschemata.

2.1 Summarische Zuschlagskalkulation

Bei der Zuschlagskalkulation werden die Zuschläge in einzelnen Schritten prozentual dem jeweiligen Grundwert (100 %) aufgeschlagen. Nachfolgendes Schema berechnet den Bruttoverkaufspreis für ein Produkt mit einem Wareneinsatz von einem Euro. Die Aufschlagssätze stammen aus dem BAB von Seite 240.

Nebenrechnung:
100 % ≙ 1,-- €
220 % ≙ x €
$\frac{220 \times 1}{100} = 2,20$

	WE	Wareneinsatz pro Produkt	100 %				1,-- €
+	GK	Gemeinkostenzuschlag	220 %				2,20 €
=	SK	Selbstkosten	320 %	100 %			3,20 €
+	G	Gewinnzuschlag		22 %			0,70 €
=	KP	Kalkulierter Preis		122 %	100 %		3,90 €
+	B	Bedienungsgeld			15 %		0,59 €
=	NVP	Nettoverkaufspreis			115 %	100 %	4,49 €
+	USt	Umsatzsteuer				19 %	0,85 €
=	BVP	Bruttoverkaufspreis/Inklusivpreis				119 %	5,34 €

Schema für die Rückrechnung

Nebenrechnung:
119 % ≙ 5,34 €
19 % ≙ x €
$\frac{19 \times 5,34}{119} = 0,85$

	WE	Wareneinsatz pro Produkt	100 %				1,-- €
+	GK	Gemeinkostenzuschlag	220 %				2,20 €
=	SK	Selbstkosten	320 %	100 %			3,20 €
+	G	Gewinnzuschlag		22 %			0,70 €
=	KP	Kalkulierter Preis		122 %	100 %		3,90 €
+	B	Bedienungsgeld			15 %		0,59 €
=	NVP	Nettoverkaufspreis			115 %	100 %	4,49 €
+	USt	Umsatzsteuer				19 %	0,85 €
=	BVP	Bruttoverkaufspreis/Inklusivpreis				119 %	5,34 €

Aufgaben zur Zuschlagskalkulation finden Sie unter www.trauner.at/systemgastronomie.aspx.

Wird vom Bruttoverkaufspreis rückwärts zum Wareneinsatz gerechnet, muss der erhöhte Grundwert angesetzt werden.

Exkurs

Bei der **Differenzkalkulation** sind der Wareneinsatz und der Bruttoverkaufspreis durch den Markt vorgegeben. Man errechnet den Gewinn (Differenz), um zu sehen, ob das Produkt in die Angebotspalette aufgenommen werden kann. Es ist also eine Mischung von Vorwärts- und Rückwärtskalkulation.

Beispiel:
Der Wareneinsatz muss 1,05 € und der Bruttoverkaufspreis darf höchstens 4,80 € betragen. Die Zuschlagssätze sind dem vorherigen Beispiel entnommen.

Schema	Schritte vorwärts	Euro-beträge	Differenz	Euro-beträge	2. Schritt rückwärts	1. Schritt rückwärts
WE	100 %	1,05				
+ GK	220 %	2,31				
= SK		3,36				
+ G	?		?			
= KP				3,50		
+ B				0,53	15 %	
= NVP				4,03	115 %	
+ USt				0,77		19 %
= BVP				4,80		119 %

Die Differenz zwischen 3,36 und 3,50 beträgt **0,14 €** und ist der **Gewinn.**
Der **Gewinnaufschlagsatz** beträgt somit nur noch **4,17 %.**

Erläuterungen zu den Rechenregeln, zum Prozentrechnen und zum Dreisatz finden Sie unter www.trauner.at/systemgastronomie.aspx.

Nebenrechnung
SK 3,36 = 100 %
G 0,14 × % →

$\frac{0{,}14 \times 100}{3{,}36} = 4{,}166 \rightarrow 4{,}17$

Mängel der Zuschlagskalkulation:

- Sie bezieht sich auf Kostenwerte vergangener Perioden bzw. auf geschätzte Kostenveränderungen sowie auf die Annahme, dass die Umsätze (Leistungen) zumindest konstant bleiben. Deshalb muss eine laufende Überprüfung der Kosten und Leistungen – am besten monatlich – erfolgen.
- Durch den summarischen Gemeinkostenaufschlag erhalten Produkte mit hohen Warenkosten automatisch einen hohen Verkaufspreis, obwohl es nicht zwingend ist, dass teure Warenkosten einen höheren Gemeinkostenanteil haben müssen.

Beispiel
Mit den Aufschlagsätzen aus dem obigen Beispiel beträgt für ein Gulasch mit Wareneinsatz von 2,-- € der Bruttoverkaufspreis 10,68 € und für ein Steak mit Wareneinsatz von 3,-- € der Bruttoverkaufspreis 16,02 €. Obwohl die zeitlichen Personaleinsätze und damit die Personalkosten für das Steak geringer sind als für das Gulasch, wird dies bei der summarischen Zuschlagskalkulation nicht berücksichtigt. Die Primecost-Kalkulation, siehe Seite 241 ff., versucht diesen Mangel zu beseitigen.

Überprüfen Sie die Verkaufspreise mit dem Schema!

Aufgabenstellung

Die Lösungen finden Sie unter www.trauner.at/systemgastronomie.aspx.

- Berechnen Sie!
  a) Ein weiteres Gericht wird mit 0,90 € Wareneinsatz erstellt. Berechnen Sie den Bruttoverkaufspreis bei einem Verzehr außer Haus und bei einem Verzehr im Restaurant! Verwenden Sie die Aufschlagsätze aus dem BAB von Seite 240.
  b) Auf Ihrer Karte bieten Sie die Limonade „Orangi“ an, und zwar zum Bruttoverkaufspreis von 3,90 € für 0,3 Liter. Welchen Wareneinsatz dürfen Sie dann höchstens haben?

Da in der Systemgastronomie meist ohne umsatzbeteiligtes Personal gearbeitet wird, sondern nach stundenweiser Bezahlung, entfällt der Schritt „Bedienungsgeld" im Kalkulationsschema. Unter dieser Bedingung ist der kalkulierte Preis gleich dem Nettoverkaufspreis, KP = NVP.

Verwenden Sie die Kalkulationsfaktoren zur schnellen Berechnung der Bruttoverkaufspreise folgender Produkte:

- Ein Liter Cola hat einen Einkaufspreis von 0,90 €. Berechnen Sie die Preise für 0,3, 0,4 und 0,5 Liter im offenen Ausschank.
- Der Wareneinsatz für Kaffee beträgt pro Tasse 0,13 €.
- Ein Schokoriegel kostet im Einkauf 0,34 €.
- Ein Kaugummi kostet im Einkauf 0,20 €.
- Für eine Portion Pommes Frites rechnet man 180 Gramm Rohprodukt (10 kg Kartoffeln kosten 9,99 €).
- Ein Salat besteht aus 150 Gramm Salatmischung (Wareneinsatz: 1,99 €/500 g), 100 Gramm Hähnchenfleisch gebraten (12,00 €/kg) und 30 Gramm Salatdressing (0,98 €/500 ml).

Nehmen Sie diese Zahlen zum Anlass und arbeiten Sie Vor- und Nachteile der Kalkulation mit dem Kalkulationsfaktor heraus!
Die Lösungen finden Sie unter www.trauner.at/systemgastronomie.aspx.

2.2 Kalkulationsfaktor und Kalkulationsaufschlag

Nachdem für alle Hauptkostenstellen die Gemeinkostenaufschlagsätze und der Gewinnaufschlagsatz bekannt sind, können die Verkaufspreise für alle Produkte berechnet werden. Da es jedoch viel Arbeit bedeutet, für jedes Produkt jeweils das gesamte Zuschlagskalkulationsschema durchzurechnen, wird für eine schnellere Berechnung der jeweilige Kalkulationsfaktor oder der jeweilige Kalkulationsaufschlag verwendet.

Kalkulationsfaktor (KF)

Die Berechnung des Kalkulationsfaktors erfolgt in zwei Schritten:

- Man berechnet für jede Hauptkostenstelle für einen Warenwert von 1,-- € den Bruttoverkaufspreis.
- Man setzt die Ergebnisse in die Formel ein:

$$\text{Kalkulationsfaktor} = \frac{\text{Bruttoverkaufspreis}}{\text{Wareneinsatz}}$$

Beispiel

	Aufschlag Speisen	Eurowert Speisen	Aufschlag Getränke	Eurowert Getränke	Aufschlag Handelsw.	Eurowert Handelsw.
WE		1,--		1,--		1,--
+ GK	220 %	2,20	120 %	1,20	161 %	1,61
= SK		3,20		2,20		2,61
+ G	22 %	0,70	22 %	0,48	22 %	0,57
= KP		3,90		2,68		3,18
+ B	15 %	0,59	15 %	0,40	15 %	0,48
= NVP		4,49		3,08		3,66
+ USt	19 %	0,85	19 %	0,59	19 %	0,70
= BVP		5,34		3,67		4,36

	Speisen	KF Speisen	Getränke	KF Getränke	Handelsw.	KF Handelsw.
$\frac{\text{BVP}}{\text{WE}}$	$\frac{5{,}34}{1}$	= 5,34	$\frac{3{,}67}{1}$	= 3,67	$\frac{4{,}36}{1}$	= 4,36

Nachdem nun die Kalkulationsfaktoren (KF) bekannt sind, werden die Wareneinsätze (WE) der verschiedenen Produkte mit dem jeweiligen Kalkulationsfaktor multipliziert.

Formel für eine schnelle Preisberechnung
Bruttoverkaufspreis = Wareneinsatz x Kalkulationsfaktor (BVP = WE x KF)

Beispiel

	WE	x	KF	=	BVP
Speisen	2,50	x	5,34	=	**13,35**
Getränke	1,80	x	3,67	=	**6,61**
Handelswaren	0,90	x	4,36	=	**3,92**

Kalkulationsaufschlag (KA)

Der Kalkulationsaufschlag wird in Prozenten dargestellt. Die Berechnung des Kalkulationsaufschlags erfolgt ebenso in zwei Schritten:

- Man berechnet für jede Hauptkostenstelle für einen Warenwert von 1,-- € den Bruttoverkaufspreis.
- Man setzt die Ergebnisse in die Formel ein.

$$\textbf{Kalkulationsaufschlag} \text{ in Prozent} = \frac{\text{Bruttoverkaufspreis} - \text{Wareneinsatz}}{\text{Wareneinsatz}} \times 100$$

Beispiel

1. Schritt: siehe Kalkulationsfaktor
2. Schritt: Einsetzen in die Formel

	Speisen	KA Speisen	Getränke	KA Getränke
$\frac{(BVP - WE) \times 100}{WE}$	$\frac{(5{,}34 - 1) \times 100}{1}$	= **434 %**	$\frac{(3{,}67 - 1) \times 100}{1}$	= **267 %**

Nachdem nun die Kalkulationsaufschläge (KA) bekannt sind, werden die Bruttoverkaufspreise der verschiedenen Produkte mit folgendem Schema berechnet:

Beispiel

	KA Speisen	Eurowert Speisen	KA Getränke	Eurowert Getränke
WE	100 %	**2,50**	100 %	**1,80**
+ KA	434 %	**+ 10,85**	267 %	**+ 4,81**
= BVP		**= 13,35**		**= 6,61**

Arbeitsaufgaben zum Kalkulationsfaktor und zum Kalkulationsaufschlag finden Sie unter www.trauner.at/systemgastronomie.aspx.

	Wareneinsatz
+	Kalkulationsaufschlag
=	Bruttoverkaufspreis

Nebenrechnungen

$$\frac{2{,}50 \times 434}{100} = 10{,}85$$

$$\frac{1{,}80 \times 267}{100} = 4{,}81$$

2.3 Primecost-Kalkulation

Die Primecost-Kalkulation rechnet die Personaleinzelkosten nicht über die Gemeinkosten, sondern direkt nach Entstehung dazu. Dadurch ändern sich das Kalkulationsschema sowie der Gemeinkostenzuschlagsatz aus der Zuschlagskalkulation wie folgt:

	WE	Wareneinsatz pro Produkt
+	**PEK $_p$**	Personaleinzelkosten $_{\text{pro Produkt}}$
=	**PC**	Primecost
+	**GK**	Gemeinkostenzuschlag $_{\text{prime}}$
=	**SK**	Selbstkosten
+	**G**	Gewinnzuschlag
=	**KP**	Kalkulierter Preis
+	**B**	Bedienungsgeld
=	**NVP**	Nettoverkaufspreis
+	**USt**	Umsatzsteuer
=	**BVP**	Bruttoverkaufspreis

Die Primecost-Kalkualtion ist der sogenannten Verrechnungskalkulation ähnlich.

Da wir die **Personaleinzelkosten** dem Produkt **direkt** zurechnen, müssen sie aus den **Gemeinkosten des BAB** herausgenommen werden. Sonst würden sie doppelt berechnet.

Auszug aus dem BAB, geändert für Primecost:

Kostenarten	Speisen
Personalkosten Küche	~~80.000,--~~
Sonstige Personalkosten	30.000,--
Energiekosten	10.000,--
Mietkosten	40.000,--
Sonstige Betriebskosten	55.500,--
AfA	4.500,--
Summe	220.000,--
	18.000,--
Summe	238.000,--
	56.400,--
Hauptkostenstellensumme	~~294.400,--~~ 214.400,--

Der Dreisatz für den Gemeinkostenaufschlagsatz lautet:

Primecost (PC) = 100 % (Beachten Sie: PC ist definiert als WE + PEK)
Gemeinkosten = x % (ohne Personaleinzelkosten)

$$\rightarrow \frac{GK}{PC} \times 100$$

Werden nun alle Bedingungen in einem Schritt umgesetzt, heißt die neue Formel für den Gemeinkostenaufschlagsatz in der Primecost-Kalkulation:

$$\text{Gemeinkostenaufschlagsatz}_{\text{primecost}} \text{ in Prozent} =$$

$$= \frac{\text{Gemeinkosten in € aus BAB – Personaleinzelkosten aus BAB}}{\text{Wareneinsatz in € aus KLR + Personaleinzelkosten aus BAB}} \times 100$$

Beispiel mit den Werten zu Speisen aus dem BAB

$$\text{Gemeinkostenzuschlagsatz}_{\text{primecost}} \text{ in \%} = \frac{294.400 - 80.000}{133.800 + 80.000} \times 100 =$$

$$\frac{214.400}{213.800} \times 100 = 100{,}28\ \%$$

Nun werden noch die **Personaleinzelkosten pro Produkt (PEK_P)** benötigt.

Formel

$$\mathbf{PEK_P} = \frac{\text{Stundenkostensatz x Arbeitszeit pro Produkt}}{60\ [\text{min}]}$$

Wobei der Stundenkostensatz sich aus dem Quotienten von **Personaleinzelkosten** und **produktiven** Stunden ergibt:

$$\text{Stundenkostensatz} = \frac{\textbf{Personaleinzelkosten} \text{ aus BAB}}{\textbf{produktive} \text{ Stunden}}$$

Die produktiven Stunden werden dem Dienstplan entnommen, es sind die tatsächlichen Anwesenheitsstunden der entsprechenden Mitarbeiter. Wobei der Nutzungsgrad dieser Stunden nicht 100 % beträgt, da Mitarbeiter auch Stunden arbeiten, in denen sie sich nicht mit dem Produkt befassen, z. B. Reinigungsarbeiten. Diese können noch abgezogen werden.

Produktive Stunden können auch aus den arbeitsvertraglich festgelegten Stunden abzüglich Freitage, Urlaubstage, Krankheitstage etc. berechnet werden oder der Zeiterfassung (Stechuhr) entnommen werden.

Beispiel
Die Anwesenheit des Mitarbeiters/der Mitarbeiterin beträgt täglich 8 Stunden, davon sind 6 Stunden Arbeit in der Produktion und 2 Stunden Reinigungsarbeiten.

$$\text{Nutzungsgrad} = \frac{6 \times 100}{8} = 75\ \%$$

Nebenrechnung
1.920 x 75 % = 1.440

Bei einer jährlichen Arbeitszeit von 1 920 Stunden sind also nur 1 440 Stunden produktive Stunden.

Die Arbeitszeit pro Produkt kann mit der Stoppuhr erfasst werden oder man teilt die für ein Produkt verwendeten produktiven Stunden durch die Gesamtanzahl der entsprechenden Produkte:

Arbeitszeit pro Produkt in Minuten = $\frac{\textbf{produktive Stunden} \times 60\ [min]}{\textbf{Anzahl der Produkte}}$

Beispiel
Ein Mitarbeiter hat in 6 Stunden 180 Stück eines Produktes hergestellt.
Arbeitszeit pro Produkt in Minuten = $\frac{6 \times 60\ [min]}{180}$ = 2 Minuten

Komplettes Beispiel für die Primecost-Kalkulation

Angaben:
Wareneinsatz 1,-- €
Gemeinkosten aus BAB 294.400,-- €
inklusive 80.000,-- € Personaleinzelkosten
Wareneinsatz laut KLR 133.800,-- €
Anwesenheitsstunden laut Dienstplan 7 680
Nutzungsgrad 75 %
Anzahl der produzierten Gerichte 172 800
Gewinnaufschlagsatz 22 %
Bedienungsaufschlagsatz 15 %
Umsatzsteuersatz 19 %

Bei der Primecost-Kalkulation lauten die Formeln für den Kalkulationsfaktor (KF) und den Kalkulationsaufschlag (KA):

KF = $\frac{BVP}{PC}$ und dann PC x KF

da der PEK_p bei den Produkten variieren kann.

Für den Kalkulationsaufschlag gilt dies analog.

Nebenrechnungen

$Gemeinkostenaufschlagsatz_{prime} = \frac{294.400 - 80.000}{133.800 + 80.000} \times 100 = 100{,}28 \rightarrow 100\ \%$

Produktive Stunden = 7 680 x 75 % = 5 760

Stundenkostensatz = $\frac{80.000,\text{-- €}}{5\,760}$ = 13,8888 → 13,89 €

Arbeitszeit pro Gericht = $\frac{5\,760 \times 60\ [min]}{172\,800}$ = 2 Minuten

PEK_p = $\frac{13{,}89\ € \times 2\ [min]}{60\ [min]} = 0{,}463 \rightarrow 0{,}46\ €$

Einsetzen in das Schema

	WE		1,-- €
+	PEK_p		0,46 €
=	PC		1,46 €
+	GK_{prime}	100 %	1,46 €
=	SK		2,92 €
+	G	22 %	0,64 €
=	KP		3,56 €
+	B	15 %	0,53 €
=	NVP		4,09 €
+	USt	19 %	0,78 €
=	BVP		4,87 €

Übungsaufgaben zur Primecost-Kalkulation finden Sie unter www.trauner.at/systemgastronomie.aspx.

Mit diesem Preis ist man wesentlich konkurrenzfähiger und deckt auch die Gemeinkosten, sofern die entsprechende Anzahl Produkte verkauft wird. Dabei muss aber bedacht werden, dass von den Personaleinzelkosten nur soviel erwirtschaftet werden, wie durch die Produktion der verkauften Menge entstanden ist.

Beispiel
Wir verkaufen 115 000 Stück eines Produktes zu 4,87 € brutto.
Es entstehen Personaleinzelkosten von 115 000 x 2 Minuten = 230 000 Minuten geteilt durch 60 ist gleich 3 833,33 Stunden mal Stundenkostensatz von 13,98 € ergibt Personaleinzelkosten von **53.590,-- €.**

Nebenrechnung
$$\frac{115\,000 \times 2 \times 13{,}98}{60} = 53.589{,}998$$

Rechnen wir vom Erlös zum Überschuss

	Erlöse	115 000 x 4,87	>	560.050,-- €
–	Umsatzsteuer	$\frac{560.050 \times 19}{119}$	–	89.419,75 €
–	Bedienungsgeld	$\frac{470.630{,}25 \times 15}{115}$	–	61.386,55 €
–	Gemeinkosten	laut BAB	–	214.400,-- €
–	Warenkosten	115 000 x 1	–	115.000,-- €
=	Zwischensumme		=	79.843,70 €
–	PEK	laut Beispiel	–	**53.590,-- €**
=	Überschuss			26.253,70 €

Da die Gemeinkosten laut BAB bereits jetzt gedeckt sind, kann der Überschuss als Gewinn verwendet oder zur Deckung der noch offenen Personaleinzelkosten des BAB eingesetzt werden. Letzteres wäre sinnvoller.

Weitere Kalkulationsmethoden, wie die Äquivalenzziffernkalkulation, das Target-Costing und die Kalkulation mit Prozesskosten finden Sie unter www.trauner.at/systemgastronomie.aspx.

2.4 Der Wareneinsatz

Nachdem nun die Verrechnung der Gemeinkosten, Personalkosten usw. bekannt ist, ist die Bestimmung der Warenkosten zu klären. Bei Fertigprodukten (Convenience Food) ist dies einfach, da der Einstandspreis meist den Warenkosten entspricht. Etwas komplexer sieht es bei Produkten aus, die nach einer Rezeptur hergestellt werden. Hierfür benötigt man ein Produktkalkulationsblatt.

Obwohl die Berechnung der Warenkosten heute über ein Warenwirtschaftsprogramm in der EDV erfolgt, soll an einem herkömmlichen Beispiel die Funktion dargestellt werden.

In der Systemgastronomie wird häufig mit modernen Kalkulationsmethoden, z. B. Target-Costing, gearbeitet.

Beispiel
Die Warenkosten für eine Portion Schweinekotelett, natur, mit glacierten Möhren und Bratkartoffeln werden für die Verkaufspreiskalkulation benötigt.

Produktkalkulationsblatt:					
Schweinekotelett mit Möhren und Bratkartoffeln					
	Warenbezeichnung	Menge für 10 Portionen in kg	Einstandspreis pro kg	Betrag für 10 Portionen	Total
Schweinekotelett	Schweinekotelett	1,70	11,00 €	18,70 €	
	Öl	0,08	3,20 €	0,26 €	
	Gewürze, Mehl			0,30 €	
	Weißwein	0,10	3,80 €	0,38 €	
	Kalbsjus	0,30	2,00 €	0,60 €	
					20,24 €
Möhren	Möhren	2,00	2,20 €	4,40 €	
	Butter	0,10	8,80 €	0,88 €	
	Brühe	0,20	0,90 €	0,18 €	
	Gewürze, Kräuter			0,20 €	
					5,66 €
Bratkartoffeln	Kartoffeln	2,50	1,10 €	2,75 €	
	Bratfett	0,08	3,20 €	0,26 €	
	Gewürze			0,05 €	
	Butter	0,05	8,80 €	0,44 €	
					3,50 €
Summe gesamt für 10 Portionen					29,40 €
Warenkosten pro Portion					2,94 €

Wenn die EDV versagt, muss man sich zu helfen wissen ...

Diskutieren Sie die verschiedenen Möglichkeiten den Wareneinsatz zu senken!

Muss die Rohware im Betrieb noch küchenfertig hergerichtet werden, fallen also Abfälle, Abschnitte (Parüren), Bratverluste etc. an, dann wird von der benötigten servierfertigen Menge zur notwendigen Einkaufsmenge hochgerechnet. Man nennt dies **Rechnen mit verringertem Grundwert.**

Beispiel
Wir benötigen 160 Gramm servierfertigen Braten. Es fallen 16 % Vorbereitungsverlust (Parüren) und 23,81 % Brat- und Portionierverlust an.
Wir rechnen:

- Vom servierfertigen zum vorbereiteten Fleisch

$$76{,}19\ \% \mathrel{\widehat{=}} 0{,}160$$
$$100\ \% \mathrel{\widehat{=}} x \rightarrow x = \frac{0{,}160 \times 100}{76{,}19} = 0{,}210$$

- Dann vom vorbereiteten Fleisch zur zu kaufenden Rohware

$$84\ \% \mathrel{\widehat{=}} 0{,}210$$
$$100\ \% \mathrel{\widehat{=}} x \rightarrow x = \frac{0{,}210 \times 100}{84} = 0{,}250$$

Es müssen also pro Portion 0,250 kg rohes Fleisch gekauft werden.

Nebenrechnungen
100 – 23,81 = 76,19
100 – 16 = 84

Ziele erreicht?

KOMPETENZ-ERWERB

Diese Rechenaufgaben finden Sie unter www.trauner.at/systemgastronomie.aspx.

1. Berechnen Sie jeweils die benötigte Menge und die gebräuchliche Bestellmenge der Rohware für olgende Produkte!

	Fleisch in kg	Gemüse in 4 kg Packungen	Bier in 0,5 hl Fässern	Schnaps in 0,75-l-Flaschen
Benötigte servierfertige Menge	50 Portionen à 0,180 kg	100 Portionen à 0,250 kg	195 Gläser à 0,5 l	37 Gläser à 4 cl
Putzverlust	10 %	13 %		
Bratverlust	20 %			
Portionierverlust	3 %	2 %	3 %	2,5 %
= benötigte Menge				
= Bestellmenge				

2. Berechnen Sie die verkaufsfähigen Portionen!

	Fleisch in kg	Gemüse in 4 kg Packungen	Bier in 0,5 hl Fässern	Schnaps in 0,75 l Flaschen
Einkauf	18	5	4	3
Putzverlust	15 %	13 %		
Bratverlust	20 %			
Ausschankverlust			2,8 %	2 %
Portionsgröße	0,160 kg	0,130 kg	0,5 l	2 cl
Verkaufsfähige Portionen				

3. Berechnen Sie den jeweiligen Bruttoverkaufspreis mit der Zuschlagskalkulation für die unterschiedlichen Wareneinsätze!

	Speisen		Getränke	
Kostenstellensumme (Gemeinkosten)		210.000,-- €		180.000,-- €
Warenkosten lt. KLR		70.000,-- €		45.000,-- €
Gewinnaufschlagsatz		16 %		16 %
Bedienungsaufschlag		15 %		15 %
Wareneinsatz jeweils	1,20 €	3,30 €	0,90 €	1,40 €
Bruttoverkaufspreis außer Haus				
Bruttoverkaufspreis im Haus				

4. Berechnen Sie den jeweiligen Bruttoverkaufspreis mit der Primecost-Kalkulation für die unterschiedlichen Wareneinsätze!

	Speisen		Getränke	
Kostenstellensumme inklusiv PEK		220.000,-- €		170.000,-- €
Warenkosten lt. KLR		60.000,-- €		40.000,-- €
Gewinnaufschlagsatz		16 %		16 %
Bedienungsaufschlag		15 %		15 %
Wareneinsatz jeweils	1,20 €	3,30 €	0,90 €	1,40 €
Personaleinzelkosten lt. BAB		40.000,-- €		30.000,-- €
Produktive Stunden		3 200		4 000
Anzahl Produkte für Zeitberechnung		128 000		200 000
Bruttoverkaufspreis außer Haus				
Bruttoverkaufspreis im Haus				

Grundzüge des Controllings

Die Aufgabe des Controllings darf **nicht im Sinne von Kontrolle** bzw. Überwachung verstanden werden, sondern als rechtzeitiges Aufzeigen von bedenklichen Soll-Ist-Abweichungen und der daraus resultierenden Beratung zu Gegenmaßnahmen.

Das Controlling betrachtet, beobachtet und analysiert außerbetriebliche und innerbetriebliche Faktoren, die Einfluss auf eventuelle Abweichungen haben bzw. haben könnten.

Das Controlling verwendet statistische Werte, um Erfolgs- und Finanzkennzahlen zu berechnen. Auch das Entwerfen von Kennzahlensystemen ist Teil ihres Aufgabenbereichs. Mithilfe der Deckungsbeitragsrechnung und der Break-even-Analyse soll eine effektive Gewinnsteuerung vorgenommen werden. Die Ergebnisse werden häufig grafisch dargestellt.

Das englische Wort „to control" bedeutet steuern bzw. lenken.

Meine Ziele

KOMPETENZ-ERWERB

Nach Bearbeitung dieses Kapitels kann ich
- sagen, warum eine Betriebsstatistik sinnvoll ist;
- Mittelwerte, operative Kennzahlen, Erfolgskennzahlen, Finanz- bzw. Bilanzkennzahlen sowie Break-even-Werte berechnen;
- eine Ergebnisrechnung erstellen;
- die Möglichkeiten der Gewinnsteuerung, insbesondere die Deckungsbeitragsrechnung erläutern;
- die Begriffe „Return on Investment" und „Cashflow" erklären und die Bedeutung dieser Kennzahlen präsentieren;
- nach einer Auswertung der errechneten Kennzahlen Controlling-Maßnahmen vorschlagen.

1 Kennzahlen für die Betriebsstatistik

Ein gutes Tabellenkalkulationsprogramm hilft bei Berechnungen und Darstellungen.

Die Betriebsstatistik verdichtet vielfältiges Zahlenmaterial aus den einzelnen Sachgebieten (Umsatz, Personal, Finanzen, Lager etc.) zu Informationen und stellt diese in verschiedensten Formen dar (Grafiken, Kennzahlen, Tabellen etc.). Diese Informationen helfen der Geschäftsleitung strategische und operative Entscheidungen zu finden.

Einige ausgesuchte Sachgebiete der Statistik werden im weiteren Verlauf vorgestellt und deren wichtigste Inhalte vermittelt.

1.1 Durchschnittswerte (Mittelwerte)

Ein einzelnes Ergebnis bzw. Ereignis hat meist keine allgemeingültige Aussagekraft, sondern erst der Durchschnitt mehrerer Werte. Eine einzelne Beschwerde, z. B. über zu scharfes Essen, ist ein rein subjektives Empfinden eines einzelnen Gastes, viele Beschwerden haben schon eher einen objektiven Hintergrund.

Die erfassten Daten werden von der Statistik mit einem Zeitbezug als Mittelwert, als Kennzahl oder Ähnlichem dargestellt.

Beispiel:
In den vergangenen drei Monaten wurden die Beschwerden erfasst. Dabei interessiert es uns, welche Kosten für die Beschwerdebearbeitung angefallen sind.

Monat	Anzahl Beschwerden	Kosten pro Beschwerde	Gesamtsumme Kosten
Januar	18	2,10 €	37,80 €
Februar	15	2,50 €	37,50 €
März	24	1,80 €	43,20 €
Summen	**57**		**118,50 €**

Auswertung
Einfaches arithmetisches Mittel (= durchschnittliche Anzahl) der **Beschwerden** pro Monat im Quartal.

$$\frac{\text{Summe der Teile}}{\text{Anzahl der Teile}} \text{ oder anders benannt } \frac{\text{Summe der Reihe}}{\text{Anzahl der Reihenmitglieder}} \quad \frac{18 + 15 + 24}{3} = 19$$

Im 1. Quartal sind durchschnittlich 19 Beschwerden pro Monat eingegangen.

Einfaches arithmetisches Mittel der **Kosten** (= durchschnittliche Kosten) pro Beschwerde im Quartal.

$$\frac{\text{Summe der Teile}}{\text{Anzahl der Teile}} \rightarrow \frac{2{,}10 + 2{,}50 + 1{,}80}{3} = 2{,}13\ €$$

Im 1. Quartal kostete eine Beschwerde durchschnittlich 2,13 €.

Da die Anzahl der Beschwerden und die Kosten pro Beschwerde in den Monaten unterschiedlich sind, ergibt das gewogene arithmetische Mittel eine genauere Durchschnittsangabe. Daher sollte bei solchen Sachverhalten immer die Formel für das gewogene arithmetische Mittel verwendet werden.

Gewogenes arithmetisches Mittel der Kosten (= durchschnittliche Kosten) pro Beschwerde im Quartal.

$$\frac{\text{Gesamtsumme der Reihe}}{\text{Gesamtanzahl der Reihe}} \rightarrow \frac{118{,}50}{57} = 2{,}0789 \rightarrow 2{,}08\ €$$

Im 1. Quartal kostete eine Beschwerde durchschnittlich 2,08 €.

Will man Extremwerte etwas weniger stark in den Durchschnitt einfließen lassen, so wird das **geometrische Mittel** errechnet.

Bei der Berechnung des geometrischen Mittels wird der extrem hohe Wert von 24 Beschwerden im März relativiert, da er wohl eine Ausnahme ist (durchschnittlich 18,64 Beschwerden). Die Berechnung finden Sie unter www.trauner.at/systemgastronomie.aspx.

1.2 Trend

Für die Planungen oder für Entscheidungen sind Angaben zum Trend oft hilfreich, sofern man sich bewusst ist, dass niemand die Zukunft zu 100 Prozent voraussagen kann. Mithilfe der **Zeitreihenanalyse** berechnet man die grundlegende Richtung von Merkmalsentwicklungen und stellt dies grafisch dar.

Grafische Darstellungen zu den Merkmalsentwicklungen mit konstantem, steigendem und fallendem Verlauf finden Sie unter www.trauner.at/systemgastronomie.aspx.

Die Merkmalsentwicklungen können verschiedene Verläufe haben. Je nach Umsatzentwicklung ist der Verlauf konstant, steigend, fallend oder mit „Ausschlägen".

Als Trend bezeichnet man Ereignisse bzw. Ergebnisse im Hinblick auf ihre zukünftige Entwicklung. Dabei geht man davon aus, dass bestimmte Gesetzmäßigkeiten der Vergangenheit auch in Zukunft vorliegen werden.

Verlauf mit Ausschlägen

Eine Gerade, die an allen Punkten mit geringstmöglichem Abstand zu diesen verläuft, nennt man Trendlinie. Die Verlängerung der Trendlinie ist der Trend für zukünftige Ergebnisse bzw. Ereignisse. Natürlich nur dann, wenn die Gesetzmäßigkeiten sich nicht ändern. Die Berechnung der Punkte für die Gerade kann u. a. durch die Methode der Oberdurchschnitte oder durch die Methode der gleitenden Durchschnitte erfolgen.

Darstellung für die **Punkte der Geraden** (Trendlinie) mit der Methode der Oberdurchschnitte:

Punkt 1: $\frac{\text{Umsatz 2005 + Umsatz 2006 + Umsatz 2007}}{3}$ = arithmetisches Mittel

Punkt 2: $\frac{\text{Umsatz 2008 + Umsatz 2009 + Umsatz 2010}}{3}$ = arithmetisches Mittel

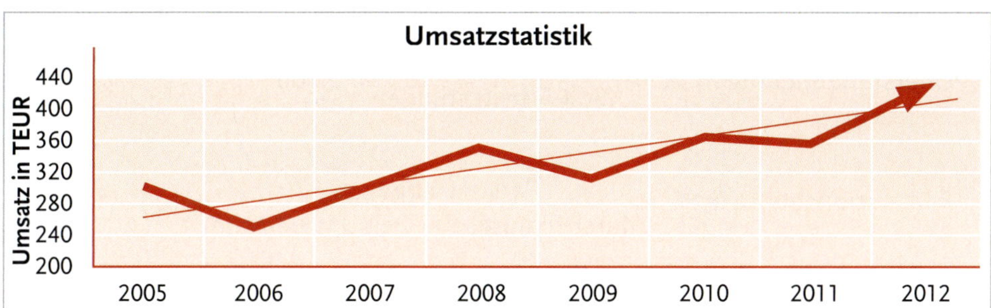

Die Berechnung der Punkte für die Gerade durch die Methode der gleitenden Durchschnitte ergibt einen genaueren Verlauf der Trendlinie.
Berechnung und grafische Darstellung finden Sie unter www.trauner.at/systemgastronomie.aspx.

1.3 Operative Kennzahlen

Operativ = unternehmend, verfahrend, ausführend.

Strategisch, von Strategie = höhere Kriegskunst; hier im Sinne von grundsätzlicher langfristiger Ausrichtung des Unternehmens.

Kennzahlen stellen quantitativ erfassbare Sachverhalte in konzentrierter Form dar. Sie können als Prozentwert, als Faktor oder als Einheit (Stück u. Ä.) dargestellt werden.

In der operativen Ebene geht es, im Gegensatz zur strategischen Ebene, um die konkrete Umsetzung der Ziele, also um das Tagesgeschäft im Restaurant.

Die Formeln ergeben sich aus einem Dreisatz bzw. aus einem Verhältnis (Beziehung) oder aus einer Gliederung (Teil eines Ganzen). Sie werden als Entscheidungshilfe in vielen Situationen oder bei verschiedenen Tätigkeiten benötigt; z. B. bei der Dienstplanerstellung die Umsatzprognose bzw. Gästeanzahlvorschau.

Die vielen benötigten Einzelwerte entnimmt man den verschiedenen EDV-Programmen bzw. -Systemen, z. B. aus der Kellnerkasse oder aus dem Warenwirtschaftsprogramm.

Die Zahlenbeispiele beziehen sich auf folgende Vorgaben:
Betriebliche Ruhetage (12), Betriebsferien in Tagen (14), Gästeanzahl pro Jahr (160.000), Sitzplätze Restaurant (120), verkaufte Speisen pro Jahr (81.360), Jahresumsatz (1.920.000), Mitarbeiter/innen (36)

Die Kennzahlen geben Durchschnittswerte an.

Kennzahl	Formel	Zahlenbeispiel	Ergebnis
Umsatz pro Öffnungstag	$\frac{\text{Jahresumsatz}}{\text{Öffnungstage im Jahr}}$	$\frac{1.920.000}{339}$	= 5.663,72 €
Umsatz pro Sitzplatz (Jahreswert)	$\frac{\text{Jahresumsatz}}{\text{Sitzplätze}}$	$\frac{1.920.000}{120}$	= 16.000,-- €
Umsatz pro Sitzplatz (Tageswert)	$\frac{\text{Jahresumsatz}}{\text{Sitzplätze x Öffnungstage}}$	$\frac{1.920.000}{120 \times 339}$	= 47,1976 € (*)
Jahresumsatz pro Mitarbeiter/in (Mitarbeiterproduktivität)	$\frac{\text{Jahresumsatz}}{\text{Mitarbeiteranzahl}}$	$\frac{1.920.000}{36}$	= 53.333,33 €
Umsatz pro Gast	$\frac{\text{Jahresumsatz}}{\text{Gästeanzahl}}$	$\frac{1.920.000}{160.000}$	= 12,-- €
Gäste pro Sitzplatz (Tageswert)	$\frac{\text{Gästeanzahl}}{\text{Sitzplätze x Öffnungstage}}$	$\frac{160.000}{120 \times 339}$	= 3,933
Speisen pro Sitzplatz (Umschlag pro Tag)	$\frac{\text{Anzahl Speisen}}{\text{Sitzplätze x Öffnungstage}}$	$\frac{81.360}{120 \times 339}$	= 2

Beachten Sie, dass Auszubildende, Trainees und ähnliches Personal nur zu 50 % mitgezählt werden. Eine Übung dazu finden Sie unter www.trauner.at/systemgastronomie.aspx.

Bei Statistikwerten lässt man häufig auch unübliche (*) Kommastellen stehen, um Trends erkennen zu können.

Öffnungstage = 365 – 12 – 14 = 339

$$\text{Produktivität} = \frac{\text{Output}}{\text{Input}}$$

Die Mitarbeiterproduktivität lässt sich auch mit festgelegten Leistungsstandards messen.

Personalkennzahlen

$$\text{Krankheitsausfallquote in \%} = \frac{\text{Krankheitsausfall [Std./Tage]}}{\text{Soll-Arbeitszeit [Std./Tage]}} \times 100$$

$$\text{Überstundenquote in \%} = \frac{\text{Zahl der Überstunden}}{\text{Soll-Arbeitsstunden}} \times 100$$

$$\text{Fluktuationsquote in \%} = \frac{\text{Personalabgänge}}{\text{durchschnittlicher Personalbestand}} \times 100$$

Die Kennzahlen als Säulen-, Balken- und Tortendiagramm dargestellt, finden Sie unter www.trauner.at/systemgastronomie.aspx.

1.4 Erfolgskennzahlen

Die Erfolgskennzahlen befassen sich mit der Rentabilität, Wirtschaftlichkeit und bestimmten Finanzerfolgen. Sie basieren immer auf Werten der Gewinn- und Verlustrechnung und häufig noch zusätzlichen anderen Werten, z. B. aus der Bilanz. Sind es Verhältniszahlen, so steht der Erfolg (Gewinn) üblicherweise über dem Bruchstrich.

Kennzahlen zur **Rentabilität** stellen immer das Verhältnis von Erfolgsgrößen zum eingesetzten Kapital in Prozent dar:

$$\text{Rentabilität} = \frac{\text{Erfolgsgröße}}{\text{eingesetztes Kapital}} \times 100$$

Die Wirtschaftlichkeit stellt immer das Verhältnis von Handlungsergebnis und Mitteleinsatz dar:

$$\text{Wirtschaftlichkeit} = \frac{\text{Handlungsergebnis}}{\text{Mitteleinsatz}}$$

Unterschied zwischen **Rentabilität, Wirtschaftlichkeit** und **Produktivität** an einem Beispiel: Mit **2** Maschinen, die zusammen **600,-- €** gekostet haben, wurden **10** Stücke produziert.

$$\text{Produktivität} = \frac{\text{Output } \mathbf{10}}{\text{Input } \mathbf{2}} = 5$$ also hat jede Maschine 5 Stück produziert

Von diesen 10 Stücken konnte wegen Mängel nur 1 Stück verkauft werden.

$$\text{Wirtschaftlichkeit} = \frac{\text{Handlungsergebnis } \mathbf{1}}{\text{Mitteleinsatz } \mathbf{2}} = 0{,}5$$ also sehr schlecht

Dieses eine verkaufte Stück hat jedoch einen Gewinn von **60,-- €** erbracht.

$$\text{Rentabilität} = \frac{\text{Erfolgsgröße } \mathbf{60}}{\text{eingesetztes Kapital } \mathbf{600}} \times 100 = 10\,\%$$ also 60,-- € der Maschinenkosten wurden verdient.

Rentabilität = Einträglichkeit; rentieren heißt sich lohnen.

Handlungsergebnis ist nicht zwingend gleich Gewinn (Erfolgsgröße).
Der Mitteleinsatz muss nicht zwingend einen Bezug zum Kapital haben.
Ergibt die Berechnung der Wirtschaftlichkeit eine Zahl, die kleiner als eins ist, ist das schlecht.
Das HGB bezeichnet den Gewinn als Jahresüberschuss und den Verlust als Jahresfehlbetrag.

In der Gastronomie werden Handlungsergebnis und Output meist gleich als Leistung betrachtet sowie der Mitteleinsatz als Kosten. Die Formel kann daher auch lauten:

$$\text{Wirtschaftlichkeit} = \frac{\text{Leistung}}{\text{Kosten}}$$

Häufig verwendete Erfolgskennzahlen

Kennzahl	Formel
Umsatzrentabilität	$= \frac{\text{Betriebsergebnis}}{\text{Umsatz (netto)}} \times 100$
Eigenkapitalrentabilität (EKR)	$= \frac{\text{Jahresüberschuss}}{\text{Eigenkapital (aus Eröffnungsbilanz)}} \times 100$

Da sich der Gewinn und die damit verbundene Eigenkapitalmehrung während des laufenden Jahres entwickeln, wird manchmal auch folgende Formel verwendet:

Kennzahl	Formel
Durchschnittliche Eigenkapitalrentabilität	$= \frac{\text{Jahresüberschuss}}{\text{durchschnittliches Eigenkapital}} \times 100$
Gesamtkapitalrentabilität (GKR)	$= \frac{\text{Jahresüberschuss + Fremdkapitalzinsen}}{\text{Gesamtkapital}} \times 100$

Hier sagt die Kennzahl EKR aus, um wie viel Prozent sich das Eigenkapital verzinst hat. Würde man das Eigenkapital aus der Schlussbilanz einsetzen, ist die Aussage: Das Eigenkapital besteht zu x Prozent aus dem Gewinn.

$$\text{Durchschnittliches Eigenkapital} = \frac{\text{Anfangskapital + Endkapital}}{2}$$

Energiegewinnung durch Windenergie und Solarenergie

1.5 Umweltkennzahlen im Restaurant

Bei Veranstaltungen ist die Gästeanzahl üblicherweise höher als im Alltagsgeschäft. Somit sollte die dadurch entstehende stärkere Umweltbelastung beim Umweltmanagement berücksichtigt werden.

Der höhere Ressourcenverbrauch und die größere Abfallbelastung können durch Kennzahlen beobachtet werden. Bei Bedarf sind dann Gegenmaßnahmen zu ergreifen.

Energiekennzahlen
Energieverbrauch gesamt = absolut in Kilowattstunden (KWh)

$$\text{Spezifischer Energieverbrauch} = \frac{\text{Gesamtenergieverbrauch}}{\text{produzierte Menge}}$$

$$\text{Energieträgeranteil} = \frac{\text{Verbrauch pro Energieträger in KWh}}{\text{Gesamtenergieverbrauch in KWh}}$$

Wasserkennzahlen
Wasserverbrauch gesamt = absolut in Kubikmeter

$$\text{Spezifischer Wasserverbrauch} = \frac{\text{Gesamtwasserverbrauch}}{\text{produzierte Menge}}$$

Abwasserkennzahlen
Abwassermenge gesamt = absolut in Kubikmeter

Abfallkennzahlen
Abfall zur Entsorgung = absolut in Tonnen (t)

Abfall zur Verwertung = verwertete Abfälle in Tonnen (t)

Abfall zur Beseitigung = nicht verwertete Abfälle in Tonnen (t)

Für Verpackungsmaterial gelten die Formeln analog!

Der Wasserverbrauch wird in Kubikmeter (m^3) angegeben

Aufgabenstellung

- **Berechnen Sie!**

a) Welche Geräte haben Sie in Ihrem Betrieb im Produktionsbereich, die Energie benötigen (z. B. Fritteuse, Grill, Spülmaschine)? Erstellen Sie dazu eine Übersicht. Erfragen Sie den Gesamtenergieverbrauch und den Energieverbrauch der einzelnen Geräte in KWh. Berechnen Sie nun für jedes Gerät den Energieträgeranteil. Informieren Sie sich im Internet über den Energieverbrauch vergleichbarer neuer Geräte. Sind Ihre Geräte energiesparend?

b) Ein Mixer mit einer Leistung von 1 400 Watt ist täglich 4 Stunden und 12 Minuten in Betrieb. Errechnen Sie den Energieverbrauch und die Kosten, wenn 1 KWh 0,19 € kostet.

c) Das Nachrüsten von 6 WC-Spülkästen kostet pro Kasten 32,40 €. Danach entsteht eine Wassereinsparung pro Kasten pro Spülung von 5 Litern. Rechnen Sie mit einer tägliche Benutzung pro Kasten von 18 Mal und einem Wasserpreis von 6,04 € pro m^3. Nach wie vielen Tagen hat sich die Nachrüstung gelohnt?

1.6 Finanz- bzw. Bilanzkennzahlen

Da für ihre Berechnung Werte aus der Bilanz genommen werden, unterscheidet man zwischen einseitigen (vertikalen) und zweiseitigen (horizontalen) Bilanzkennzahlen.

Die vertikalen Kennzahlen benötigen für ihre Berechnung nur Werte aus einer Bilanzseite, die horizontalen aus beiden Bilanzseiten, Aktiva und Passiva.

Ob die Kennzahlen monatlich, quartalsmäßig oder jährlich neu berechnet werden, hängt von der Häufigkeit der Änderungen der Buchhaltungszahlen ab.

Die Aussagekraft einer Kennzahl wird erst deutlich, wenn deren Analyse einen Bezug zu vergleichbaren Branchenkennzahlen oder Vergangenheitswerten erhält. Informationsmaterial bezieht man am besten von den Industrie- und Handelskammern, vom Zentralhandelsregister, aus Fachzeitschriften oder der eigenen Vorjahresbilanz.

Erläuterungen zur Bedeutung der Kennzahlen und die goldene Bilanz- und Finanzierungsregel finden Sie unter www.trauner.at/systemgastronomie.aspx.

Bilanzkennzahl	einseitig (vertikal)	Formel
Vermögensstruktur (Aktivseite)	Anlagevermögensanteil	$\frac{\text{Anlagevermögen x 100}}{\text{Gesamtvermögen}}$
	Umlaufvermögensanteil	$\frac{\text{Umlaufvermögen x 100}}{\text{Gesamtvermögen}}$
Kapitalstruktur (Passivseite)	Eigenkapitalanteil	$\frac{\text{Eigenkapital x 100}}{\text{Gesamtvermögen}}$
	Fremdkapitalanteil	$\frac{\text{Fremdkapital x 100}}{\text{Gesamtvermögen}}$
	Verschuldungsgrad	$\frac{\text{Fremdkapital x 100}}{\text{Eigenkapital}}$

Bilanzkennzahl	zweiseitig (horizontal)	Formel
Finanzierungsverhältnis (Investierung)	Anlagendeckung	$\frac{\text{Eigenkapital x 100}}{\text{Anlagevermögen}}$
Liquidität (Zahlungsfähigkeit)	Liquidität **1. Grades** (Barliquidität = sofort flüssig = Bank + Kasse)	$\frac{\text{sofort flüssige Mittel x 100}}{\text{kurzfristiges Fremdkapital}}$
	Liquidität **2. Grades** (Bank + Kasse + kurzfristige Forderungen)	$\frac{\text{kurzfristiges Umlaufvermögen x 100}}{\text{kurzfristiges Fremdkapital}}$
	Liquidität **3. Grades** (Bank + Kasse + kurzfristige Forderungen + Vorräte)	$\frac{\text{Umlaufvermögen x 100}}{\text{kurzfristiges Fremdkapital}}$ **sollte dauerhaft mindestens 100 % sein**

1.7 Ergebnisrechnung

Neben den Kennzahlen benötigt das Controlling auch eine Ergebnisrechnung für Betriebsbereiche, Betriebe und Unternehmen.

Zur besseren Übersicht und schnelleren Ergebnisrechnung werden die Daten aus dem Gewinn- und Verlustkonto bzw. aus der Kostenplanung in Ergebnisschemata übernommen.

Aus der Ergebnisrechnung können Werte für die Erfolgskennzahlen entnommen werden.

Wareneinsatzquote = $\frac{\text{Wareneinsatz} \times 100}{\text{Umsatz}}$

Umsatzrentabilität = $\frac{180.000 \times 100}{1.000.000} = 18\ \%$

Ein Beispiel zur betriebswirtschaftlichen Auswertung nach DATEV finden Sie unter www.trauner.at/systemgastronomie.aspx.

Bereichsergebnis

			Zahlenbeispiel für Speisen
	Bereichsumsatz		530.000,-- €
–	Warenkosten	–	133.800,-- €
=	Rohgewinn	=	396.200,-- €
–	Personaleinzelkosten	–	80.000,-- €
–	Gemeinkosten	–	214.400,-- €
=	Bereichsergebnis		101.800,-- €

Betriebsergebnis

			Zahlenbeispiel
	Bereichsumsätze		1.000.000,-- €
–	Warenkosten	–	300.000,-- €
=	Rohgewinn	=	700.000,-- €
–	Personaleinzelkosten	–	80.000,-- €
–	Gemeinkosten	–	440.000,-- €
=	Betriebsergebnis	=	180.000,-- €

Unternehmensergebnis

			Zahlenbeispiel
	Bereichsumsätze		1.000.000,-- €
–	Warenkosten		300.000,-- €
=	Rohgewinn		700.000,-- €
–	Personalkosten		170.000,-- €
–	sonstige betriebsbedingte Kosten	Energiekosten Steuern Versicherungen Kfz-Kosten Rechtskosten Bürobedarf usw.	210.000,-- €
=	**Betriebsergebnis I**		320.000,-- €
–	Kosten anlagebedingt		120.000,-- €
–	Abschreibungen		17.000,-- €
–	Zinsen		0,-- €
=	**Betriebsergebnis II**		183.000,-- €
+	Neutrale Erträge		20.000,-- €
–	Neutrale Aufwendungen		3.000,-- €
=	**Unternehmenserfolg**		200.000,-- €
+	Kalkulatorische Abschreibungen		
–	Kalkulatorische Zinsen		
–	Kalkulatorische Kosten		
=	**Betriebserfolg**		183.000,-- €

In den meisten Betrieben werden diese Schemata automatisch mit einem Buchhaltungsprogramm in Form einer betriebswirtschaftlichen Auswertung erstellt.

- Ein großer Vorteil dieser Auswertung ist, dass die verschiedenen Posten in ein Verhältnis zu bestimmten Gesamtwerten gesetzt werden, z. B. die Warenkosten zum Umsatz, die Personalkosten zu den Gesamtkosten.
- Die Ergebnisse sind in Prozent angegeben und der Vergleich mit früheren Perioden ist gut möglich.
- Die Auswertung wird meist monatlich erstellt, zusätzlich erfolgt eine Kumulation zu Jahreswerten.
- Sollten die Ist-Werte von den Soll-Werten abweichen, muss über mögliche Korrekturmaßnahmen nachgedacht werden. Dazu werden die Abweichungen analysiert, um zu erkennen, wodurch sie entstehen bzw. entstanden sind.
- Instrumente dieser Analyse für den Bereich Gewinnsteuerung, der auch den Kostenbereich und die Kalkulation einbezieht, sind u. a. die Deckungsbeitragsrechnung (siehe Seite 256) und die Break-even-Analyse (siehe Seite 257).

Unternehmen streben stets eine Maximierung des Gewinns an. Dies bedeutet, dass eine entsprechende Steuerung vorgenommen werden muss.

2 Kostenkontrolle

Da die Gastronomie und Hotellerie üblicherweise kein Ein-Produkt-Unternehmen ist und vor allem meistens mehr produziert, als sie verkaufen kann, darf nicht nur die Vollkostenrechnung, sondern muss auch die Teilkostenrechnung zum Einsatz kommen.

Betriebe haben selten eine durchgehende Vollauslastung. Es muss daher versucht werden, die Auslastungslücken zu füllen.

Für die Teilkostenrechnung sind die Kosten in die beiden Gruppen variable Kosten und Fixkosten zu teilen.

Kosten

Variable Kosten	Fixkosten
Von der verkauften Menge **abhängig,** also je mehr verkauft wird, desto höher sind sie.	Von der verkauften Menge nicht **abhängig,** sie entstehen also auch ohne Verkauf.
Beispiele: Wareneinsatzkosten und bei der Primecost-Kalkulation die Personaleinzelkosten. Verpackungskosten zählen häufig zu den Wareneinsatzkosten.	Beispiele: Energiekosten, Raumkosten, Versicherungskosten.
Beim Braten verbraucht man für ein Schnitzel eine bestimmte Menge Energie. Für zwei Schnitzel aber eben nicht die doppelte Menge Energie, denn man kann sie in eine Pfanne geben und somit verbraucht man vielleicht nur die 1,5-fache Menge Energie. Dies jeweils zu berücksichtigen wäre viel zu aufwendig. Daher werden in der Gastronomie üblicherweise nur die Warenkosten und die Personaleinzelkosten als variable Kosten betrachtet.	Ab Öffnung des Restaurants muss das Licht eingeschaltet werden, auch wenn keine Gäste da sind. Es entstehen also Energiekosten, obwohl kein Verkauf stattfindet. Jedoch kann der absolute Eurobetrag beeinflusst werden, da in der Zeit ohne Gäste eventuell im hinteren Gästeraum das Licht abgeschaltet werden kann.

In der Gastronomie sind die variablen Kosten auf die Wareneinsatz- und die Personaleinzelkosten beschränkt, da die Differenzierung anderer Kosten viel zu aufwendig wäre und es somit mehr finanzielle Nachteile als Vorteile für die Kalkulation bringen würde.

Achten Sie bei den Fixkosten auf den Unterschied und verwechseln Sie nicht **Entstehung** und **absoluten Eurobetrag.** Der absolute Eurobetrag kann beeinflusst werden, die Entstehung der Fixkosten aber nicht.

Grafische Darstellung der Deckungsbeitragsrechnung

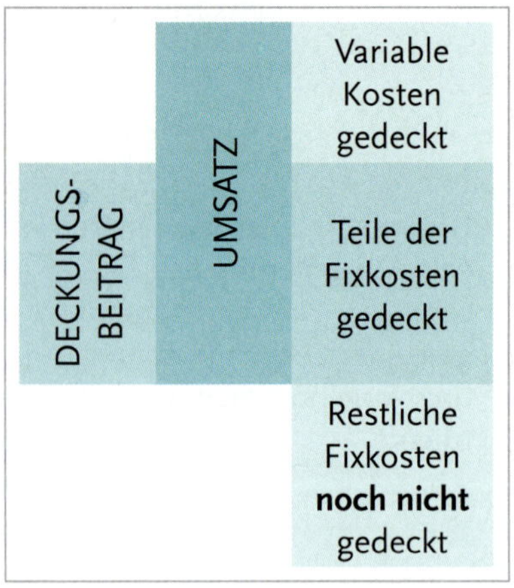

Wir erhöhen den Umsatz (Erlös), und damit auch den Deckungsbeitrag. Es wird somit der restliche Teil der Fixkosten abgedeckt, jeder weitergehende Teil der Erlöse ist Gewinn.

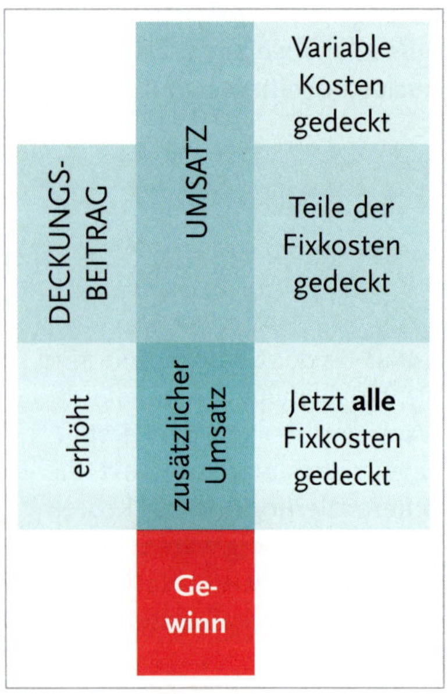

2.1 Deckungsbeitragsrechnung

Die Deckungsbeitragsrechnung betrachtet den Fixkostenanteil, der gedeckt werden muss. Es gibt die einstufige und mehrstufige Deckungsbeitragsrechnung.

Die einstufige Deckungsbeitragsrechnung trennt nur in variable und fixe Kosten. Die mehrstufige unterteilt den Fixkostenblock in verschiedene Teile, gemäß ihrer Verursachung.

Der Deckungsbeitrag soll die Fixkosten decken. Die variablen Kosten sind bereits aus dem Deckungsbeitrag herausgerechnet.

Man unterscheidet zwischen dem (gesamten) Deckungsbeitrag und dem Deckungsbeitrag pro Stück.

Deckungsbeitrag **(DB)** = Erlöse – variable Kosten

Deckungsbeitrag pro Stück **(db)** = Stückerlös – variable Stückkosten

manchmal auch

$$\text{Deckungsbeitrag pro Stück } \mathbf{(db)} = \frac{\text{(gesamter) Deckungsbeitrag}}{\text{Anzahl der Stücke}}$$

Jeder einzelne Deckungsbeitrag deckt einen Teil der Fixkosten, genügend viele Deckungsbeiträge decken alle Fixkosten.

Die Deckungsbeitragsrechnung wird häufig rückwärtsgerichtet (retrograd) vorgenommen, um zu sehen, ob Gewinn erwirtschaftet wurde. Dazu verwendet man folgendes Schema:

				Zahlenbeispiel
	Erlöse (netto)			530.000,-- €
–	Variable Kosten (K_V)		–	133.800,-- €
=	Deckungsbeitrag (DB)		=	396.200,-- €
–	Fixkosten (K_F)		–	294.400,-- €
=	Gewinn bzw. Verlust	Gewinn	=	101.800,-- €

Bei der Rückwärtsrechnung für einzelne Produkte verwendet man folgendes Schema:

				Zahlenbeispiel
	Erlöse (netto) pro Stück			5,50 €
–	Variable Kosten pro Stück (kv)		–	2,-- €
=	Deckungsbeitrag pro Stück (db)		=	3,50 €
–	Gemeinkosten	220 % von kv	–	4,40 €
=	Überschuss bzw. Unterdeckung	Unterdeckung	=	0,90 €

Vor dem Betrag von 0,90 € wurde das Minuszeichen weggelassen, da der Begriff Unterdeckung bereits die Bedeutung minus hat und zweimal minus wäre ja wieder plus.

Unterdeckung ≙ negatives Betriebsergebnis

Nun könnte man das Produkt aus dem Restaurantangebot herausnehmen, da man ja keinen Verlust machen möchte.

Da aber das Produkt einen Deckungsbeitrag von 3,50 € liefert und somit einen Teil der Fixkosten deckt, sollte man es verkaufen, bevor gar kein Umsatz gemacht wird. Jedoch nur kurzfristig, denn die Fixkosten als Ganzes müssen langfristig gedeckt werden.

Mit dieser Überlegung bzw. Entscheidung kann der Gewinn gesteuert werden, denn sobald alle Fixkosten gedeckt sind, wirft jedes weitere verkaufte Produkt Gewinn in Höhe des Deckungsbeitrages ab. Aufschluss darüber, ab wann die Gewinnzone erreicht wird, gibt eine Break-even-Analyse.

2.2 Break-even-Analyse

Der Break-even-Point ist der Punkt, an dem der Umsatz den Kosten entspricht. Diese Aussage gilt aber nur genau an diesem Punkt, denn hier entspricht die Summe aller variablen Kosten und aller Fixkosten dem Nettoumsatz.

- Der Break-even-Point ist somit Schnittstelle zwischen den Erlösen und den Gesamtkosten.
- Wird dieser Punkt überschritten, so ist jeder Deckungsbeitrag pro verkauftem Produkt reiner Gewinn.
- Wird der Punkt nicht erreicht, bedeutet dies Verlust.
- Die Break-even-Menge ist die Anzahl der Produkte, die verkauft werden muss, um den Break-even-Point zu erreichen.

$$\text{Break-even-Menge} = \frac{\text{Fixkosten}}{\text{Deckungsbeitrag pro Stück}}$$

Going international
Break-even bzw. Break-even-Point = Gewinnschwelle, Nutzenschwelle, Deckungspunkt

Gängige Abkürzungen
BEP = Break-even-Point, manchmal auch Break-even-Punkt
BEM = Break-even-Menge

Beispiel mit den Zahlen aus der retrograden Deckungsbeitragsrechnung

$$\text{Break-even-Menge} = \frac{294.400}{3,50} = 84\,114,285 \rightarrow 84\,115 \text{ Stück}$$

Gegenprobe:

	Umsatz	84 115 x 5,50 =	462.632,50 €
–	Wareneinsatz	84 115 x 2,-- =	168.230,-- €
–	Fixkosten		294.400,-- €
=			2,50 € (= Rundungsdifferenz)

Nebenrechnung
NVP – kv = db
5,50 – 2,-- = 3,50

Man sieht also, bei 84 115 verkauften Produkten sind die variablen Kosten (Warenkosten) und die Fixkosten gedeckt. Wegen der aufgerundeten Stückmenge sind sogar noch 2,50 € übrig.
Da nun die Fixkosten gedeckt sind, entsteht bei jedem weiteren Verkauf ein Gewinn von 3,50 € pro Stück.

Verkaufen wir noch 18 509 weitere Stück, bleibt Gewinn übrig.

	Umsatz	101.799,50 €	(18 509 x 5,50)
–	Warenkosten	37.018,-- €	(18 509 x 2,--)
=	Gewinn	64.781,50 €	+ 2,50 € aus der Rundungsdifferenz

von oben, ergibt dies einen Gewinn von 64.784,-- €

Wie viel Euro darf in diesem Beispiel nach Erreichen des Break-even-Point der absolut niedrigste Nettoverkaufspreis betragen, sodass kein Gewinn und kein Verlust entsteht?

Nebenrechnung: korrekter Preis

	2,00	WE	
+	4,40	GK	220 %
=	6,40	SK	
+	1,41	G	22 %
=	7,81	KP = NVP	

Obwohl jedes Stück 0,90 € Verlust ergibt, hat man durch die große verkaufte Menge doch einen Gewinn gemacht. Aber der Gewinn wird nicht den in der Kosten- und Leistungsrechnung berechneten Betrag erreichen. Daher darf man das Gericht nur kurzfristig zu diesem Preis anbieten, da sonst die Kosten- und Gewinnrechnung nicht aufgeht.

⚠ Kurzfristige Preisuntergrenze ≙ variable Kosten
Langfristige Preisuntergrenze ≙ variable Kosten + Fixkosten

Ein Vorteil dieser Gewinnsteuerung könnte neben der Fixkostendeckung darin bestehen, dass durch den günstigen Preis neue Gäste gewonnen wurden. Ob jedoch solch hohe Verkaufszahlen realistisch sind, muss jeder Betrieb für sich entscheiden.

Betrachten wir den Unterschied zwischen einem korrekt kalkulierten Preis und dem unterkalkulierten Preis, erhalten wir folgende Ergebnisse.

Unterschiedliche Kalkulation

Korrekte Kalkulation				Unterkalkulation		
db	7,81 – 2,00	=	5,81 €	5,50 – 2,00	=	3,50 €
BEM	294 400 : 5,81	=	50 672 Stk.	294 400 : 3,50	=	84 115 Stk.
Retrograde Deckungsbeitragsrechnung				Retrograde Deckungsbeitragsrechnung		
Erlöse	50.672 x 7,81	=	395.748,32	84.115 x 5,50	=	462.632,50
– WE	50.672 x 2,00	–	101.344,00	84.115 x 2,00	–	168.230,00
= DB		=	294.404,32		=	294.402,50
– K_F		–	294.400,00		–	294.400,00
=		=	4,32		=	2,50
Zusätzlicher Verkauf			17 521 Stk	Zusätzlicher Verkauf		29 085 Stk.
Erlöse	17.521 x 7,81	=	136.839,01	29.085 x 5,50	=	159.967,50
– WE	17.521 x 2,00	–	35.042,00	29.085 x 2,00	–	58.170,00
= G		=	101.797,01		=	101.797,50
Um den Gewinn zu erreichen, muss gesamt verkauft werden.						
50 672 + 17 521		=	**68 193**	84 115 + 29 085	=	113 200
Das sind **pro Tag**						
68 193 : 365		=	**187 Stück**	113 200 : 365		**311 Stück**

⚠ Die Frage ist, ob der Betrieb die Kapazität hat, um täglich 311 Stück zu produzieren.

Ob ein Mehrverkauf von 124 Stück pro Tag realistisch ist, muss die Geschäftsleitung entscheiden. Wahrscheinlich wird man den unterkalkulierten Preis nur kurzfristig halten können. Langfristig muss auf den korrekten Preis übergegangen werden, um alle Kosten und den gewünschten Gewinn zu erwirtschaften.

Es ist natürlich auch möglich, nach einer gewissen Zeit das Produkt aus dem Programm zu nehmen und durch ein anderes korrekt kalkuliertes Produkt im Preissegment von 5,50 € zu ersetzen.

Will man wissen, wie viel Stück man verkaufen muss, um den Gewinn zu realisieren, kann dies schnell mit folgender Formel berechnet werden:

$$\text{Break-even-Menge für Gewinn} = \frac{\text{Fixkosten + gewünschter Gewinn}}{\text{Deckungsbeitrag pro Stück}}$$

Zahlenbeispiel

$$\text{Break-even-Menge für Gewinn} = \frac{294.400 + 101.800}{3,50} = 113\,200 \text{ Stück}$$

Den Break-even-Umsatz, also der Umsatz, der alle Kosten deckt ohne Gewinn zu beinhalten, erhält man durch das Produkt von Break-even-Menge und Nettoverkaufspreis (z. B. 84 115 x 5,50 = 462.632,50,-- €) oder mithilfe der Formel:

$$\text{Break-even-Umsatz} = \frac{\text{Fixkosten}}{\text{Deckungsbeitragsfaktor}}$$

Berechnung des Deckungsbeitragsfaktors

$$\text{Deckungsbeitragsfaktor} = \frac{\text{Stückerlös netto} - \text{variable Stückkosten}}{\text{Stückerlös (netto)}} = \frac{\text{Deckungsbeitrag pro Stück}}{\text{Stückerlös (netto)}}$$

oder

$$\text{Deckungsbeitragsfaktor} = \frac{100\,\% - \text{variable Kosten in }\%}{100\,\%}$$

Zahlenbeispiele

$$\text{Deckungsbeitragsfaktor} = \frac{5{,}50 - 2{,}0}{5{,}50} = \frac{3{,}50}{5{,}50} = 0{,}636364$$

oder

$$\text{Deckungsbeitragsfaktor} = \frac{100\,\% - 36{,}3636\,\%}{100\,\%} = \frac{63{,}63634\,\%}{100\,\%} = 0{,}6363634$$

$$\text{Break-even-Umsatz} = \frac{294.400\ €}{0{,}63634} = 462.645{,}75\ €$$ (Rundungsdifferenzen!)

Nun kann die Geschäftsleitung entscheiden, ob der Break-even-Umsatz erreicht werden kann und das Produkt verkauft wird oder ob es abgesetzt wird.

Es wären pro Tag 1.267,50 € Umsatz zu tätigen, das bedeutet, mindestens 231 Stück pro Tag zu verkaufen.

Break-even-Analyse grafisch (kein genauer Maßstab)
Die grafische Darstellung der Summe von variablen Kosten und Fixkosten (= Gesamtkosten) wird durch Parallelverschiebung der variablen Kosten auf die Höhe der Fixkosten erstellt.

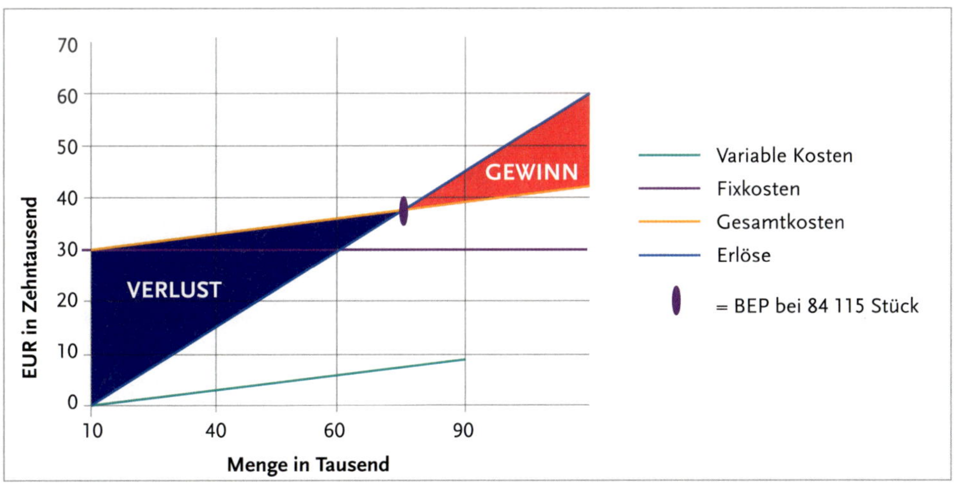

Mit der Break-even-Analyse können u. a. folgende Fragen geklärt werden:
- Haben Absatzschwankungen eine Auswirkung auf den Gewinn und wenn ja, welche?
- Bei welcher Auslastungslücke beginnt die Verlustzone?
- Wann drohen Cashflow-Verluste?
- Wie verändert sich die Rentabilität bei Änderungen der Kostenstruktur (z. B. höhere Lohnkosten)?
- Um wie viel muss für bestimmte Mehrkosten mehr umgesetzt werden?
- Wie hoch dürfen die variablen Kosten werden, ohne dass der Verkaufspreis geändert werden muss?

Beim Deckungsbeitragsfaktor mindestens vier Kommastellen stehen lassen!

Eine weitere mögliche Berechnung des Deckungsbeitragsfaktors:

$$\frac{\text{Erlöse} - \text{variable Kosten}}{\text{Erlöse}}$$

Variable Kosten in % =
Wareneinsatzquote =

$$\frac{\text{Wareneinsatz} \times 100}{\text{Erlöse}}$$

Nebenrechnung
$$\frac{2 \times 100}{5{,}50} = 36{,}36364\,\%\ k_v$$

Nebenrechnung
462.645,75 : 365 : 5,50 = 231

Die mathematische Herleitung der Gleichung für die Break-even-Menge finden Sie unter www.trauner.at/systemgastronomie.aspx.

2.3 Return on Investment (ROI) und Cashflow

Bei der Analyse von Ergebnissen helfen dem Controller bzw. der Controllerin Kennzahlensysteme, die ihn/sie befähigen, Aussagen zu treffen.

Eine Kennzahl muss eine ganz spezifische Aussage vermitteln, die Handlungen auslöst! Kennzahlen, auf die keine Reaktionen oder Steuerungen erfolgen bzw. erfolgen können, sind Datenmüll. Datenmüll verschwendet Zeit, Geld und Arbeitskraft.

Der **Return on Investment (ROI)** ergibt sich letztendlich aus zwei Kennzahlen und lässt Rückschlüsse über Einflussgrößen zu und somit darüber, welche Steuerungsmaßnahme z. B. eine Verbesserung der betrieblichen Rentabilität bewirkt.

Er drückt das Verhältnis zwischen Betriebserfolg und Kapital aus, also wie gut oder wie schlecht man mit dem Kapital gewirtschaftet hat. Verändern wir Werte auf dem Weg zum ROI verändert sich auch das Verhältnis von Betriebserfolg und Kapital.

Die Ableitung der Formel finden Sie unter www.trauner.at/systemgastronomie.aspx.

$$ROI = \frac{\text{Betriebsergebnis}}{\text{investiertes Kapital}}$$

GuV = Gewinn- und Verlustrechnung.

Der **Cashflow** ist das Ergebnis einer Kapitalflussrechnung. Informationen über Zahlungsströme geben die Bilanz und die GuV nur zum Teil, da z. B. Forderungen über den Umsatz in den Gewinn eingehen. Das Geld ist aber noch nicht im Unternehmen und kann somit für Kreditrückzahlungen nicht eingesetzt werden.

Operativer Cashflow = stellt die laufende Geschäftstätigkeit dar; der Investitions- und der Finanzierungscashflow sind nicht berücksichtigt.

Um prinzipiell zu verstehen, wie Kapitalflussrechnungen aufgebaut sind, wird hier der operative Cashflow dargestellt.

Einfache Formel: Cashflow = Betriebsergebnis + Abschreibungen

In Wirklichkeit müsste die Kapitalflussrechnung jedoch so aussehen:

	Kapitalfluss		Zahlenbeispiel
	Betriebsergebnis		4.000,-- €
+	Abschreibungen	+	500,-- €
+	Sonstige zahlungsunwirksame Aufwendungen	+	100,-- €
+	Zunahme Rückstellungen	+	300,-- €
–	Zunahme Warenbestände und Forderungen	–	2.500,-- €
+	Zunahme Verbindlichkeiten	+	200,-- €
=	**Cashflow**		**2.600,-- €**

Durch die Kapitalflussrechnungen sieht man, wie das Unternehmen Finanzmittel erwirtschaftet, erhält und verwendet.

Obwohl das Betriebsergebnis 4.000,-- € beträgt, stehen nur 2.600,-- € zur Verfügung, um z. B. einen Bankkredit zu bedienen oder für die weiteren operativen Geschäfte.

Der Zahlungserfolg beträgt also nur zirka zwei Drittel des GuV-Erfolges. Dies ist durch hohe Forderungen und Warenbestände bedingt. Sollten die Warenbestände nicht umgesetzt oder die Forderungen nicht eingetrieben werden können, kann dies zu Liquiditätsproblemen führen.

2.4 Kalkulatorische Kosten

Kalkulatorische Kosten dürfen nicht in der Geschäftsbuchführung verbucht werden, sondern werden nur in der betriebsinternen Kosten- und Leistungsrechnung berücksichtigt. Damit fließen sie in die Preiskalkulation ein – daher auch der Name „kalkulatorisch".

Es entstehen höhere Verkaufspreise und in Folge evtl. ein erhöhter Gewinn.

Kalkulatorische Kosten sind:

- **Kalkulatorische Abschreibungen:** In der steuerlichen Finanzbuchhaltung wird bewegliches Anlagevermögen nach der gesetzlich vorgeschriebenen Nutzungsdauer abgeschrieben. Verkürzt sich die Nutzungsdauer aufgrund betrieblicher Belastung, wird der Unterschiedsbetrag zwischen den Kosten der gesetzlichen Abschreibung und den Kosten der betrieblichen Abschreibung in der Kosten- und Leistungsrechnung angesetzt. Dieser Betrag fließt somit als Kostenerhöhung in die Kalkulation ein.
- **Kalkulatorische Zinsen** auf im Betrieb gebundenes Kapital, also auch auf das Eigenkapital: Da das Kapital im Betrieb benötigt wird, kann es nicht für alternative Zinsgewinne verwendet, z. B. in Wertpapiere angelegt werden.
- **Kalkulatorische Wagnisse:** Nicht allgemeine Risiken, wie z. B. ein Konjunkturrückgang, sondern spezielle betriebliche Risiken, wie Warenbestandsschwund durch Diebstahl, Forderungsausfälle usw. werden berücksichtigt und mit einer Kostenkorrektur in die Kosten- und Leistungsrechnung übernommen.
- **Kalkulatorische Miete:** Für betrieblich notwendige Räume fallen Mietkosten an. Werden aber private Räume dem Betrieb zur Verfügung gestellt, fließen die ortsüblichen Mietkosten als kalkulatorische Kosten in die Kosten- und Leistungsrechnung ein.
- **Kalkulatorischer Unternehmerlohn:** Arbeiten Unternehmer und Unternehmerinnen einer Personengesellschaft im Betrieb mit, dürfen sie nicht auf der Lohnliste stehen. Für sie wird ein kalkulatorischer Lohn angesetzt.

Das Controlling kann durch eine realistische Festsetzung der Höhe der kalkulatorischen Kosten die Gewinne steuern.

Gesellschaften erstellen meist eine Handelsbilanz nach dem Handelsgesetzbuch und mit dieser als Grundlage wird mithilfe einer Überleitungsrechnung der Steuerbilanzgewinn dargestellt (§ 60, Abs. 2, EStDV).

Kostenplanung mit kalkulatorischen Kosten

	Buchhaltung alte Periode		Neutrale alte Periode		Rechnerische Korrekturen		KLR zukünftige Periode	
	Erträge	Aufwände	Erträge	Aufwände	plus	minus	Betriebliche Leistungen	Betriebliche Kosten
Restaurant Umsätze	1.000.000,--						1.000.000,--	
Warenkosten Speisen		133.800,--						133.800,--
Warenkosten Getränke		102.200,--						102.200,--
Warenkosten Handelswaren		64.000,--						64.000,--
Personalkosten Küche		80.000,--						80.000,--
Sonstige Personalkosten		90.000,--						90.000,--
Energiekosten		30.000,--						30.000,--
Mietkosten		120.000,--						120.000,--
Sonstige Betriebskosten		180.000,--			5.000,-			185.000,--
Zinserträge	8.000,--		8.000,--					
Mieteinnahmen Lagerhalle	12.000,--		12.000,--					

Instandhaltung Lagerhalle		3.000,--		3.000,--				
Abschreibungen auf Anlagevermögen		17.000,--				2.000,--		15.000,--
Kalkulatorische Wagniskosten		hier verboten*			3.000,--			3.000,--
Kalkulatorischer Unternehmerlohn		hier verboten*			24.000,-			24.000,--
Unternehmenserfolg Vorjahr	200.000,--							
Neutraler Erfolg Vorjahr			17.000,--					
Betrieblicher Erfolg für geplante Periode							153.000,--	
Differenz zum Vorjahr							– 30.000,--	

* verboten, weil z. B. ein Anlagegut bereits voll abgeschrieben sein wird

Besprechen Sie mit Ihren Mitschülerinnen und Mitschülern, nach welchen Kriterien der Controller die Verteilerschlüssel der kalkulatorischen Kosten festgelegt haben könnte.

Der betriebliche Gewinn hat sich erheblich verringert. Dies muss durch eine überarbeitete Preiskalkulation korrigiert werden, da eine entsprechend hohe Kosteneinsparung oder Umsatzerhöhung wahrscheinlich nicht zu realisieren sein wird.

BAB mit kalkulatorischen Kosten

Kostenarten	EUR gesamt	Verteilerschlüssel	Allgemeine Kostenstelle	Nebenkostenstelle	Hauptkostenstellen		
					Speisen	Getränke	Handelsware
Personalkosten Küche	80.000,--	direkt			80.000,--		
Sonstige Personalkosten	90.000,--	1:2:3:2:1	10.000,--	20.000,--	30.000,--	20.000,--	10.000,--
Energiekosten	30.000,--	1:1:2:1:1	5.000,--	5.000,--	10.000,--	5.000,--	5.000,--
Mietkosten	120.000,--	1:2:4:3:2	10.000,--	20.000,--	40.000,--	30.000,--	20.000,--
Sonstige Betriebskosten	185.000,--	1:2:3:2:2	18.500,--	37.000,--	55.500,--	37.000,--	37.000,--
AfA	15.000,--	1:2:3:2:2	1.500,--	3.000,--	4.500,--	3.000,--	3.000,--
Kalkulatorische Wagniskosten	3.000,--	0:0:2:1:0			2.000,--	1.000,--	
Kalkulatorischer Unternehmerlohn	24.000,--	4:1:1:1:1	12.000,--	3.000,--	3.000,--	3.000,--	3.000,--
Summe	547.000,--		57.000,--	88.000,--	225.000,--	99.000,--	78.000,--
Umlage		1:2:1:1		11.400,--	22.800,--	11.400,--	11.400,--
Summe				99.400,--	247.800,--	110.400,--	89.400,--
Umlage		3:1:1			59.640,--	19.880,--	19.880,--
Hauptkostenstellensumme					307.440,--	130.280,--	109.280,--

Jetzt verändern sich natürlich die Aufschlagsätze für die Kalkulation.

Beispiel für den veränderten Gemeinkostenaufschlagsatz Speisen:

$$\text{Gemeinkostenaufschlagsatz} = \frac{307.440 \times 100}{133.800} = 229{,}775\ \% \rightarrow 229{,}8\ \%$$

Berechnen Sie mit dem Beispiel aus dem Buch auf Seite 236 den neuen Verkaufspreis!

Ergebnisse unter Berücksichtigung der kalkulatorischen Kosten und der Kostenplanung

Bereichsergebnis

			Zahlenbeispiel für Speisen
	Bereichsumsatz		530.000,-- €
–	Warenkosten	–	133.800,-- €
=	Rohgewinn	=	396.200,-- €
–	Personaleinzelkosten	–	80.000,-- €
–	Gemeinkosten	–	227.440,-- €
=	Bereichsergebnis		88.760,-- €

Betriebsergebnis

			Zahlenbeispiel
	Bereichsumsätze		1.000.000,-- €
–	Warenkosten	–	300.000,-- €
=	Rohgewinn	=	700.000,-- €
–	Personaleinzelkosten	–	80.000,-- €
–	Gemeinkosten	–	467.000,-- €
=	Betriebsergebnis	=	153.000,-- €

Unternehmensergebnis

			Zahlenbeispiel
	Bereichsumsätze		1.000.000,-- €
–	Warenkosten	–	300.000,-- €
=	Rohgewinn	=	700.000,-- €
–	Personalkosten	–	170.000,-- €
–	sonstige betriebsbedingte Kosten: Energiekosten, Steuern, Versicherungen, Kfz-Kosten, Rechtskosten, Bürobedarf usw.	–	215.000,-- €
=	**Betriebsergebnis I**		315.000,-- €
–	Kosten anlagebedingt	–	120.000,-- €
–	Abschreibungen	–	15.000,-- €
–	Zinsen		0,-- €
=	**Betriebsergebnis II**		180.000,-- €
+	Neutrale Erträge	+	20.000,-- €
–	Neutrale Aufwendungen	–	3.000,-- €
=	**Unternehmenserfolg**		197.000,-- €
–	Kalkulatorische Abschreibungen		
–	Kalkulatorische Zinsen		
–	Kalkulatorische Kosten	–	27.000,-- €
=	**Betriebserfolg**		153.000,-- €

Beachten Sie:

betriebsfremder Aufwand
+ periodenfremder Aufwand
+ außerordentlicher Aufwand
= neutraler Aufwand

Gilt analog für Erträge.

neutrale Erträge
– neutrale Aufwände
= neutraler Erfolg

Nebenrechnungen
24.000 + 3.000 = 27.000
180.000 – 27.000 = 153.000

3 Controllerberichte und Präsentation

Welche Kennzahlen es für die Betriebsstatistik gibt, weiß ich und die Methoden der Kostenkontrolle habe ich verstanden. Doch wie erstelle ich nun einen sinnvollen Bericht?

Aus den Kennzahlen sollen Rückschlüsse auf die Arbeit in der Vergangenheit gezogen und Prognosen für das zukünftige Arbeiten im Restaurant erstellt werden. Die Steuerung eines systemgastronomischen Unternehmens durch das Controlling erfolgt hauptsächlich nach Plan mit Ist- und Soll-Werten.

Das Ziel eines Controllerberichtes ist die Darstellung und Analyse der im Controlling erstellten Kennzahlen und der daraus gewonnenen Erkenntnisse inklusive Abweichungen.

Typische Instrumente im operativen Controlling eines Restaurants sind:
- Soll-Ist-Vergleiche
- Umsätze verschiedener Standorte, Wochentage, Jahreszeiten etc.
- Kostenübersichten
- Abfallquote im Store- oder Zeitvergleich
- Krankenstände der Mitarbeiterinnen und Mitarbeiter im Verlauf der Jahreszeiten oder in unterschiedlichen Restaurants
- Produktivität zu verschiedenen Zeiten
- Verkaufsstatistiken einzelner Produkte oder Produktgruppen

Dies gilt es im Controllerbericht übersichtlich, strukturiert und standardisiert darzustellen. Für die Darstellung der Zahlen und Fakten bieten sich Tabellen und Diagramme an.

3.1 Tabellen

Eine Tabelle ist eine Zusammenstellung von Zahlen und Texten, für die sie einen Ordnungsrahmen darstellt. Die Inhalte werden übersichtlich in Spalten und Zeilen gegliedert. Die erste Zeile ist die Kopfzeile, in dieser stehen die Bezeichnungen für die Spalten. Die erste Spalte ist die Vorspalte, in dieser findet man die Bezeichnungen für die Zeilen. Tabellen helfen oft den Inhalt eines Textes zu ordnen und zu unterstützen.

In einer Tabelle sollte nur Datenmaterial dargestellt werden, das einen inhaltlichen Zusammenhang hat.

Allgemeiner Aufbau einer Tabelle

	Spaltenbereich	
Zeilenbereich	Datenbereich	Ergebnisbereich
	Ergebnisbereich	

Die einzelnen Bereiche sollten möglichst durch eine Formatierung unterstützt werden.

Tipps für die Gestaltung einer Tabelle
- Gehen Sie nach dem Motto vor: „Weniger ist manchmal mehr!“
- Verwenden Sie in einem Bericht immer die gleiche Schriftart, Schriftgröße, die gleichen Bezeichnungen und Gestaltungselemente.
- Setzen Sie in Tabellen Farbe sparsam und möglichst mit System ein. Sie soll die Darstellung unterstützen, aber nicht vom Thema ablenken.
- Sollen die Controllerberichte kopierfähig sein, dann sollte man sich mit schwarz/weiß begnügen.

Vorsicht vor Zahlen auf einem farbigen Hintergrund als Basis für eine Beamerpräsentation. Das ist oft schlecht zu lesen, besonders bei lichtschwachen Beamern oder Lichteinfall.

- Seien Sie bei der Beschriftung der Spalten kreativ, besonders wenn wenig Platz ist. In diesem Fall eignen sich im 45-Grad-Winkel angeordnete Kopfzeilen.
- Eine Tabelle sollte nur die nötigen Informationen enthalten und nicht zu groß sein, ansonsten ist sie schnell verwirrend. Ist es aus Gründen der Vollständigkeit nötig, die Tabelle mit relativ vielen Daten auszustatten, dann können wesentliche Werte durch Fettdruck hervorgehoben werden. Sind es definitiv zu viele Daten für eine Seite, dann gilt: Besser zwei Tabellen als eine Tabelle über zwei Seiten.
- Achten Sie darauf, dass die Werte in einer vergleichbaren Einheit dargestellt werden, z. B. Umsätze verschiedener Restaurants in derselben Währung und für den gleichen Zeitablauf. Bei Vergleich von Tagesumsätzen sollten Sie die unterschiedlichen Öffnungszeiten der einzelnen Stores beachten.
- Zur besseren Lesbarkeit können die Tabellenzeilen mit abwechselnden Farben gestaltet werden.

Eine eigenständige Systematik bei der Formatierung unterstützt den Wiedererkennungswert und ist im Sinne von **Corporate Controlling Design** sinnvoll. Die Adressaten können die Informationen besser aufnehmen und haben somit eine bessere Übersicht. Zudem fördert es das Selbstmarketing.

Beispiel

Umsätze 2015: Berg Systemgastronomie GmbH in Tsd. €

Store Nr.	Mai	Juni	Juli	Aug	Sept	Okt	Nov
1	100	120	130	90	100	110	80
2	180	111	110	80	130	140	120
3	124	128	80	80	120	130	160
4	150	160	170	70	75	60	40
5	160	155	150	145	140	135	130
6	75	80	85	90	95	100	105
7	60	70	80	120	90	80	70
8	100	90	80	70	60	140	150

Zur besseren Übersicht der Datenwerte müssen alle Zahlen, die zur Analyse eines Sachverhaltes dienen, in einer Tabelle dargestellt werden. Einzelne Zahlen, die keinen thematischen Zusammenhang haben, gehören nicht in dieselbe Tabelle.

Aufgabenstellung

1. Worauf sollten Sie bei der grafischen Erstellung von Tabellen achten?
2. Folgende Kennzahlen sollen in Ihrem Controllerbericht dargestellt werden: Gesamtumsätze der letzten Wochen, Umsätze pro Öffnungstag der letzten Wochen, Umsätze pro Sitzplatz aus dem vergangenen Jahr, Speisenverkauf pro Sitzplatz der vergangenen Wochen, Eigenkapitalrentabilität, Wirtschaftlichkeit. Welche Zahlen würden Sie aus Gründen der Übersichtlichkeit gemeinsam in einer Tabelle darstellen?

3.2 Diagramme

Diagramme sind grafisch dargestellte Zahlenwerte. Dadurch können inhaltliche Aussagen schneller aufgenommen werden, Entwicklungsprozesse werden deutlicher und verschiedene Sachverhalte und Entwicklungstendenzen sind auf einen Blick vergleichbar.

Die Datenbasis für ein Diagramm bilden absolute Werte, relative Werte (Prozente) oder Indexwerte. Bei Indexwerten wird der Wert eines bestimmten Basisjahres gleich 100 gesetzt, alle übrigen Werte werden zum Wert dieses Basisjahres ins Verhältnis gesetzt und in Prozenten des Basisjahrwertes angegeben.

Diagramme

Vorteile
- Vereinfachte, anschauliche und übersichtliche Darstellung
- Zentrale Aussagen springen direkt ins Auge
- Mehrere Sachverhalte können parallel erfasst werden
- Größenvergleiche und Entwicklungen sind schnell zu erkennen
- Sind visuell ansprechender, die Verwendung von Farbe unterstützt dies

Nachteile
- Die Zahlenwerte sind oft nicht genau ablesbar, es sei denn, sie sind angegeben
- Die Zahlen können durch unterschiedliche Diagramme leicht manipulativ dargestellt werden
- Eine geschickte Darstellung kann die Meinung des Betrachters/der Betrachterin in erheblichem Maße beeinflussen

Man unterscheidet Linien-, Kreis-, Balken- und Säulendiagramme.

Liniendiagramme

Bei einem Liniendiagramm können Datenreihen sehr anschaulich miteinander verglichen werden. Meist ist auch die Darstellung mehrerer Datenreihen übersichtlich.

Liniendiagramme sollten nur verwendet werden, wenn dies ausdrücklich gewünscht wird. Sie sind dann sinnvoll, wenn die (waagrechte) Rubrikenachse für einen zeitlichen oder einen anderen größenmäßigen Verlauf steht. In allen Fällen, in denen die Rubrikenachse rein qualitative Merkmale enthält, ist ein Liniendiagramm unangebracht.

Beispiel

Übersichtliches Liniendiagramm

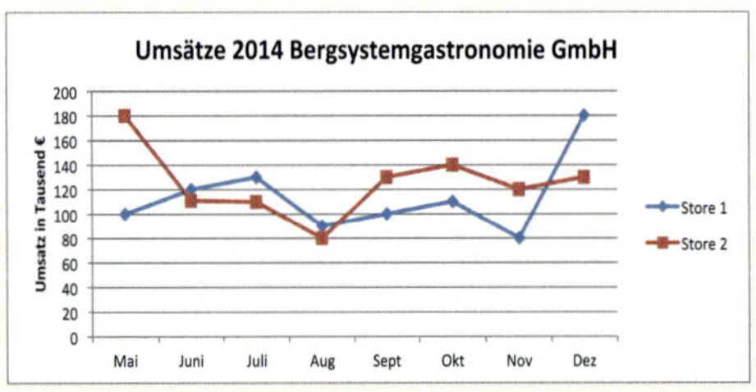

Unübersichtliches Liniendiagramm

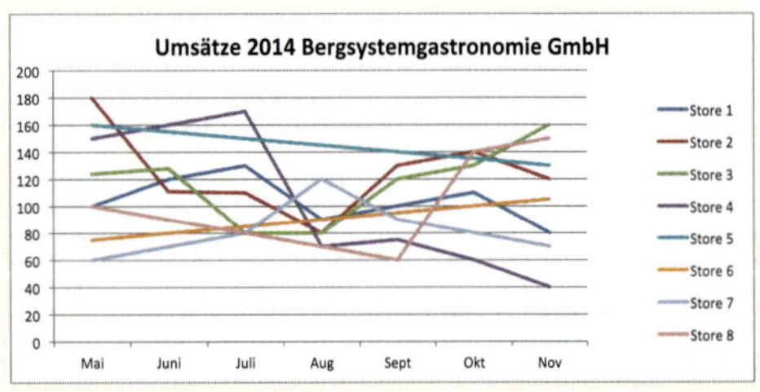

Vorteile von Liniendiagrammen:
- Gute Darstellung von absoluten Werten und Indexwerten.
- Eignung für viele Daten aus ununterbrochenen Datenreihen (z. B. Umsätze verschiedener Restaurants im Zeitablauf).
- Entwicklungen können gut dargestellt werden (Veränderungen des Umsatzes oder der Krankenstände im Zeitablauf).
- Mehrere umfangreiche miteinander zu vergleichende fortlaufende Datenreihen können übersichtlich visualisiert werden.
- Es lassen sich viel mehr Daten unterbringen als in Balken- oder Säulendiagrammen.

Beachten Sie!
- Unterbrechungen in den eingezeichneten Kurven deuten an, dass die Ausgangsdaten Lücken aufweisen.
- Liegt der Beginn der y-Achse nicht bei Null, müssen die in den Kurven ablesbaren Zu- und Abnahmen sehr sorgfältig betrachtet werden. Möglicherweise sind sie deutlich geringer, als das Diagramm es auf den ersten Blick suggeriert.

Nachteile von Liniendiagrammen:
- Einzelne Datenpunkte fallen nicht so ins Auge wie bei einem Säulen- oder Balkendiagramm.

- Bei Liniendiagrammen werden Daten zwischen den einzelnen Datenpunkten durch eine Linie geschlossen, das bedeutet, es werden Daten verwendet, die in der zugrunde liegenden Tabelle gar nicht vorhanden sind.

Liniendiagramme eignen sich nicht für die Darstellung der prozentualen Zusammensetzung von Gesamtmengen, hier bietet sich ein Kreisdiagramm an.

Kreisdiagramme

Kreisdiagramme zeigen grundsätzlich nur Anteile eines Ganzen auf. Sie eignen sich, um beispielsweise den Umsatz eines Restaurants am Gesamtumsatz darzustellen oder die Wareneinsatzquote eines Produktes zu veranschaulichen. Um dann die unterschiedlichen absoluten Werte darzustellen, können die Kreise verschieden groß sein.

Als gestalterisches Element bietet sich eine Hervorhebung einzelner Kreissegmente an.

Beispiel

Die Umsatzanteile einzelner Restaurants am Gesamtumsatz. Da der Umsatz im Jahr 2014 gestiegen ist, wird das Kreisdiagramm größer dargestellt. Die gesamte Steigerung fällt sofort ins Auge.

Balken- und Säulendiagramme

Sie sind gut für die Darstellung weniger Datenreihen geeignet sowie für Daten unterbrochener bzw. unvollständiger Zeitreihen und für Einzeldaten, die miteinander verglichen werden sollen.

Niemand nimmt an, dass aus der Höhe zweier nebeneinander stehender Säulen auf irgendeinen Wert zwischen diesen beiden Säulen zu schließen ist. Sie stellen nur die Daten dar, die in der zugrunde liegenden Tabelle vorhanden sind.

Diagramme

Balkendiagramm

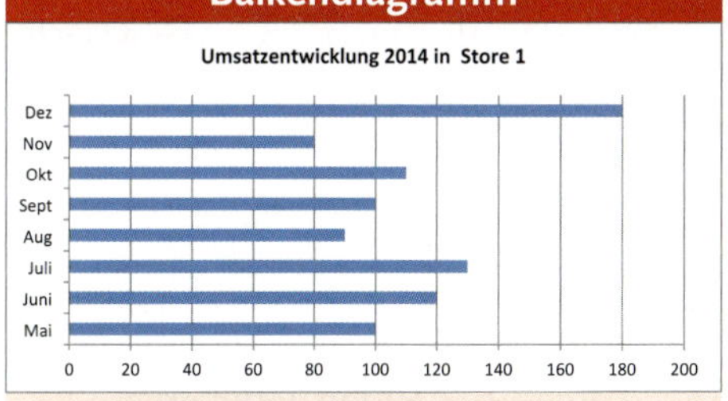

- Bei Balkendiagrammen ist die Rubrikenachse senkrecht und die Größenachse waagerecht angeordnet.

Säulendiagramm

- Bei Säulendiagrammen wird die waagerechte Achse oft als Zeitachse verwendet.
- Die Daten werden als diskrete, voneinander unabhängige Elemente erlebt.

Bei gestapelten Säulen kann man den absoluten Umsatz nicht ablesen, es sei denn, man druckt die Werte hinein.

Darstellung mehrerer Datenreihen

Säulen nebeneinander

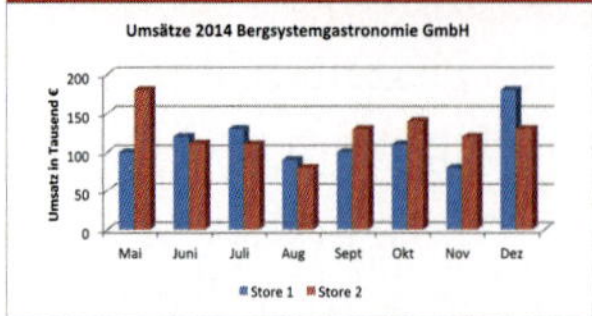

Dieses Säulendiagramm ist nur übersichtlich, so lange nicht zu viele Datenreihen nebeneinander stehen. Vier bis fünf sind noch möglich, mehr besser nicht.

Säulen hintereinander

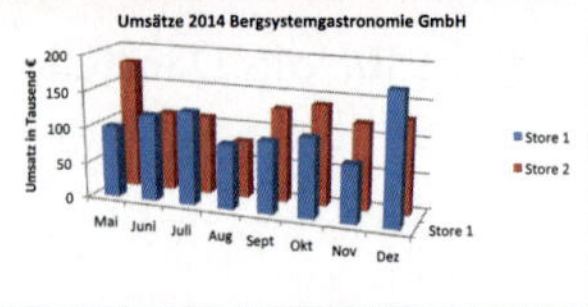

Diese Darstellung ist recht anschaulich, aber die absoluten Zahlen sind nicht besonders gut zu erkennen. Wenn mehr als zwei Säulen hintereinander dargestellt werden, wird es unübersichtlich.

Säulen gestapelt

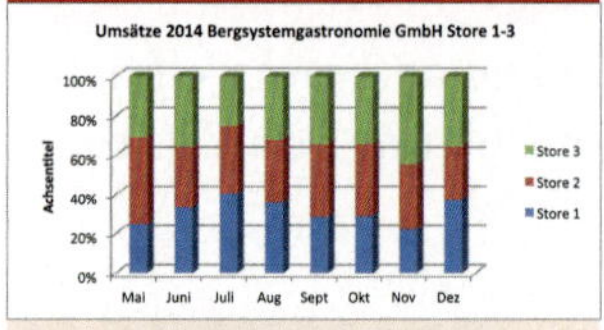

In gestapelten Säulendiagrammen werden Prozentwerte dargestellt. Hier addieren sich die Umsätze der drei Stores in einer Säule zu 100 %. Die Aussagekraft ist ähnlich einem Kreisdiagramm.

Grundsätzlich lassen sich alle Daten, die in einem Säulendiagramm dargestellt werden, auch in einem Balkendiagramm veranschaulichen. Allerdings sollte man darauf verzichten, Daten, bei denen die Rubrikenachse für eine zeitliche Abfolge steht, in ein Balkendiagramm umzusetzen. Der Betrachter erwartet zeitliche Abläufe in der waagerechten Achse. Das Balkendiagramm ist für jene Fälle, in denen die Rubriken qualitative Merkmale aufweisen, sehr gut geeignet. Dies bietet sich schon allein aufgrund der häufig sehr langen Rubrikenbezeichnungen bei qualitativen Merkmalen an. Bei qualitativen Rubriken ist es sinnvoll, die Rubriken nach einem Kriterium zu ordnen. Wenn die Rubriken selbst keine bestimmte Ordnung nahelegen, sollte nach Größen sortiert werden.

Auswertung von Säulen und Balkendiagrammen
Beginnt die Y-Achse nicht bei Null, müssen Unterschiede zwischen den Säulenhöhen besonders kritisch betrachtet werden. Die Unterschiede sind unter Umständen deutlich geringer, als es das Diagramm auf den ersten Blick suggeriert.

Ergebnisse der Gästebefragung zur Servicequalität

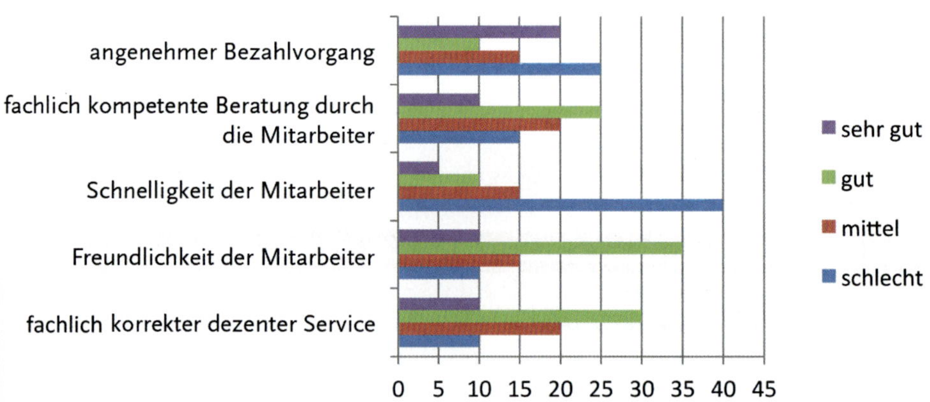

Fazit

- Diagramme müssen überschaubarer sein als die zugehörigen Tabellen.
- Durch unsinnige Überladung eines Diagramms mit allerhand unnützen Details wird dieser Zweck häufig verfehlt.
- Diagramme müssen die Daten korrekt wiedergeben. Tricks in der Skalierung, bei der Unterschiede verschärft oder verwischt werden, müssen vermieden werden. Im Ausnahmefall muss dies erkennbar vermerkt werden.
- Für gleiche Datentypen müssen gleiche Diagrammtypen verwendet werden. Dies dient dem Wiedererkennungswert und gibt eine standardisierte Struktur.

Aufgabenstellungen

1. Worauf sollten Sie bei der grafischen Erstellung von Diagrammen achten?
2. Folgende Kennzahlen sollen in Ihrem Controllerbericht dargestellt werden: Gesamtumsätze von fünf Restaurants der letzten sechs Wochen, Umsätze pro Öffnungstag der letzten Wochen für ein Restaurant, Umsätze pro Sitzplatz aus dem vergangenen Jahr für zwei Restaurants im Vergleich, Krankenquote der Mitarbeiterinnen und Mitarbeiter. Welche Formen von Diagrammen würden Sie wählen? Begründen Sie Ihre Auswahl!

Verstöße gegen die beschriebenen Regeln sieht man häufig bei der Verwendung von übermäßig vielen 3-D-Effekten. Manchmal sind Diagramme so stark verzerrt, dass sie eigentlich nur noch aussagen, dass irgendetwas mehr oder weniger wird. Was es ist, ist nicht mehr erkennbar.

Ziele erreicht?

KOMPETENZ-ERWERB

Die Lösungen finden Sie unter www.trauner.at/systemgastronomie.aspx.

1. Berechnen Sie das gewogene arithmetischen Mittel mit folgenden Angaben:

Menge pro Einheit	Preis pro Einheit
3 000	7,40 €
5 000	9,20 €
7 000	10,40 €

2. Erstellen Sie in einem Tabellenkalkulationsprogramm eine Grafik zu den Jahresumsätzen:
   - 2013 = 1.000.000,-- €
   - 2014 = 1.200.000,-- €
   - 2015 = 900.000,-- €
3. Berechnen Sie den ROI mit folgenden Angaben:

   Nettoerlöse = 10.000,-- €
   K_V = 2.000,-- €
   K_F = 5.000,-- €
   Vermögen = 5.000,-- €

4. Berechnen Sie den Break-even-Umsatz für folgende Vorgaben:

   K_F = 4.900,-- €
   NVP = 5,-- €
   k_V = 1,50 €

5. Eine Salat- und Suppenkette erwirtschaftet im Jahr einen Nettoumsatz in der Höhe von 26.318,64 €. Davon verblieben 16 % als Gewinn. Aus der Bilanz ergaben sich Rückstellungen in Höhe von 9.945,-- €. Darüber hinaus wurden die Inventargegenstände in Höhe von 5.485,-- € abgeschrieben. Ermitteln Sie den operativen Cashflow!
6. Ein Burger-Restaurant erwirtschaftet im Jahr einen Nettoumsatz in Höhe von 450.000,-- €. Davon verblieben 25 % als Gewinn. Rückstellungen werden in Höhe von 70.151,-- € getätigt. Darüber hinaus gab es Abschreibungen in Höhe von 36.153 €. Sonstige zahlungsunwirksame Aufwendungen sind in Höhe von 21.000,-- € angefallen. Es war eine Zunahme der Warenbestände von 9.500,-- € zu verzeichnen. Ermitteln Sie den operativen Cashflow!
7. Sehen Sie sich die Bilanz auf Seite 192 in diesem Buch an.
   a) Berechnen Sie folgende Bilanzkennzahlen: Anlagevermögensanteil, Umlaufvermögensanteil, Eigenkapitalanteil, Fremdkapitalanteil und Verschuldungsgrad.
   b) Berechnen Sie die Anlagendeckung.
   c) Berechnen Sie nun die Liquidität 1., 2. und 3. Grades.

Je nach Branche oder Berufszweig gibt es vorgegebene Kontenrahmen. Jeder Betrieb erstellt seinen individuellen Kontenplan nach dem gewählten Kontenrahmen. Kontenklassen und Kontenstellen, die nicht benötigt werden, sollten auch nicht erscheinen, da sonst der Überblick leidet. Hier ist ein Auszug aus einem Kontenplan, der in Anlehnung an den Standardkontenrahmen 04 (SKR 04) erstellt wurde.

Auszug Kontenplan

Aktiva Anlagevermögen Kontenklasse 0	Aktiva Umlaufvermögen Kontenklasse 1	Passiva Eigenkapital Kontenklasse 2	Passiva Fremdkapital Kontenklasse 3	Betriebliche Erträge Kontenklasse 4
0100 Lizenz	1010 Hilfs- und Betriebsstoffe Restaurant 1	2000 Eigenkapital	3000 Rückstellungen	4300 Umsatzerlöse
0310 Außenanlage Restaurant 1	1020 Hilfs- und Betriebsstoffe Restaurant 2	2010 Privat	3020 Steuerrückstellungen	4301 Erlösschmälerungen
0320 Außenanlage Restaurant 2	1100 Warenvorräte	2011 Privateinlagen	3071 Rückstellungen Restaurant 1	4310 Erlöse Beherbergung
0400 BGA *	1101 Skontoerträge für Waren	2012 Privatentnahmen	3072 Rückstellungen Restaurant 2	4311 Skontoaufwendungen Beherbergung
0410 BGA * Restaurant 1	1102 Erhaltene Boni für Vorräte		3100 Darlehen	4312 Erlösschmälerungen Beherbergung
0420 BGA * Restaurant 2	1110 Warenvorräte Lebensmittel Restaurant 1		3300 Verbindlichkeiten aus Lieferungen und Leistungen	4320 Speisenumsätze
0450 Fuhrpark	1111 Skontoerträge * * * Lebensmittel Restaurant 1		3500 Kautionen von Personal	4321 Speisenumsatz 7 % Restaurant 1
0600 GWG ** Sammelposten	1120 Warenvorräte Lebensmittel Restaurant 2		3700 Verbindlichkeiten aus Steuern und Abgaben	4322 Speisenumsatz 7 % Restaurant 2
0630 GWG ** Restaurant 1	1121 Skontoerträge * * * Lebensmittel Restaurant 2		3720 Verbindlichkeiten aus Lohn und Gehalt	4323 Speisenumsatz 19 % Restaurant 1
0640 GWG ** Restaurant 2	1130 Warenvorräte Getränke Restaurant 1		3730 Verbindlichkeiten aus Lohn- und Kirchensteuer	4324 Speisenumsatz 19 % Restaurant 2
	1131 Skontoerträge * * * Getränke Restaurant 1		3740 Verbindlichkeiten im Rahmen der sozialen Sicherheit	4330 Getränkeumsätze
	1140 Warenvorräte Getränke Restaurant 2		3760 Pfändungen	4331 Getränkeumsatz Restaurant 1
	1141 Skontoerträge * * * Getränke Restaurant 2		3770 Verbindlichkeiten aus Vermögensbildung	4332 Getränkeumsatz Restaurant 2
	1150 Vorräte Merchandise		3800 Umsatzsteuer	4340 Umsatz Merchandise
	1151 Skontoerträge * * * Merchandise		3801 Umsatzsteuer 7 %	4350 Erlöse Vermietungen (z. B. Bankettsaal, Lagerhalle)
	1200 Forderungen		3805 Umsatzsteuer 19 %	4360 Erlöse umsatzsteuerfrei

Der SKR 04 wiederum orientiert sich an den gesetzlichen Forderungen für die Darstellung von Bilanzen. Die Gliederung von Kontenplänen richtet sich nach dem Zehnersystem, d. h. 10 Kontenklassen. Jede Klasse ist unterteilt in 10 Kontengruppen, jede Kontengruppe wiederum in 10 Konten und jedes Konto kann noch in 10 Unterkonten gegliedert sein. Somit hat jedes Konto eine 4-stellige Nummer.

Betriebliche Aufwendungen (Material) Kontenklasse 5	Betriebliche Aufwendungen (Kosten) Kontenklasse 6	Sonstige und außerordentliche Aufwendungen und Erträge Kontenklasse 7	Zur freien Verfügung Kontenklasse 8	Abschlusskonten Kontenklasse 9
5000 Warenkosten	6000 Personalkosten	7100 Kosten des Geldverkehrs		9700 Eröffnungsbilanzkonto
5010 Warenkosten Lebensmittel	6010 Löhne	7110 Provisionskosten		9800 Gewinn- und Verlustkonto
5011 Warenkosten Lebensmittel Restaurant 1	6020 Gehälter (Management)	7111 Provisionskosten Amex		9900 Schlussbilanzkonto
5012 Warenkosten Lebensmittel Restaurant 2	6030 Auszubildende	7112 Provisionskosten EuroCard		9999 Lohnverrechnungskonto
5020 Warenkosten Getränke	6040 Geringfügig Beschäftigte	7200 Zinskosten		
5021 Warenkosten Getränke Restaurant 1	6050 Wäschegeld	7310 Gewerbesteuer		
5022 Warenkosten Getränke Restaurant 2	6080 Gesetzliche soziale Aufwendungen	7340 Sonstige Steuern		
5030 Kosten Merchandise	6100 Werbekosten	7400 Periodenfremde Aufwendungen		
5100 Verpackungen	6200 Fremde Dienstleistungen	7500 Sonstige Aufwendungen		
5200 Leergut	6300 Pacht/Mietkosten	7600 Sonstige Erträge		
	6310 Instandhaltung			
	6320 Reinigung			
	6400 Betriebskosten			
	6410 Energiekosten			
	6411 Energiekosten Restaurant 1			
	6412 Energiekosten Restaurant 2			

	1200 Forderungen		3805 Umsatzsteuer 19 %	4360 Erlöse umsatzsteuerfrei
	1210 Einzelwertberichtigung Forderung		3900 Passive Rechnungsabgrenzung	4370 Sonstige Erträge
	1220 Pauschalwertberechtigung zu Forderungen		3950 Sonstige Verbindlichkeiten	4400 Zinsen und ähnliche Erträge
	1300 Durchlaufende Posten			4500 Verrechnete Sachbezüge Personal
	1350 Kautionen			4600 Erträge aus Abgang Anlagevermögen
	1400 Vorsteuer			4700 Außerordentliche Erträge
	1401 Vorsteuer 7 %			4800 Erlöse Eigenverbrauch
	1405 Vorsteuer 19 %			
	1600 Kasse			
	1601 Kasse Restaurant 1			
	1602 Kasse Restaurant 2			
	1800 Bank			
	1810 Bankeinzahlung Restaurant 1			
	1820 Bankeinzahlung Restaurant 2			
	1900 Aktive Rechnungsabgrenzung			

* BGA = Betriebs- und Geschäftsausstattung
** GWG = Geringwertige Wirtschaftsgüter zwischen 150,01 und 1000,-- €
*** Skontoerträge könnten statt wie hier angeführt auch in der Kontenklasse 4 „Erträge“ geführt werden und die Skontoaufwendungen in Kontenklasse 5 „Aufwendungen (Material)“.
Analog könnte mit den Boni verfahren werden.

	6412 Energiekosten Restaurant 2			
	6420 Abschreibungen auf Anlagevermögen			
	6421 Abschreibung Sammelposten GWG			
	6430 Abschreibungen Forderungen			
	6431 Einstellung Einzelwertberichtigung 19 % (Abschreibung)			
	6432 Einstellung Einzelwertberichtigung 7 % (Abschreibung)			
	6433 Einstellung Pauschalwertberechtigung Forderungen 19 %			
	6440 Versicherungen			
	6450 Gebühren			
	6460 KFZ-Kosten			
	6470 Musik und Unterhaltung			
	6471 GEMA			
	6480 Kleingeräte / Werkzeuge			
	6490 Lizenzgebühren			
	6500 Verwaltungskosten			
	6510 Kosten Steuerberatung			
	6520 Telefonkosten			
	6530 Porto			
	6540 Büromaterial			
	6600 Sonstige Kosten			
	6700 Periodenfremde Aufwände			
	6800 Außergewöhnliche Aufwände			

Je nach Unternehmen und Notwendigkeit können bei den Konten die verschiedensten Unterkonten gebildet werden. Beispielsweise könnten zum Konto 0450 (Fuhrpark) die Unterkonten 0451 (PKW) und 0452 (LKW) gebildet werden. Auch muss das Eigenkapitalkonto und das Konto „Privat" bei Gesellschaften mit Unterkonten für jeden Gesellschafter versehen werden. Unterkonten dienen der besseren Übersicht.
Unterkonten werden im Normalfall über ihre Hauptkonten abgeschlossen. Die Privatkonten sind Unterkonten des Kontos „Eigenkapital".

Stichwortverzeichnis

G

H

I

J

K

L

M

N

O

Bildnachweis

Seite 8: Yaz_Michael Burgstahler, twotrites GmbH
Seite 11: McDonald's Deutschland Inc.
Seite 12: Steve Ells (www.chipotle.com), Dean & David (www.vegandary.de), Kaimug (www.kaimug.de)
Seite 13: Maredo (AlexKraus_www.fr.online.de), Block House (Block House Restaurantbetriebe AG), Starbucks (www.starbucks.at), San Francisco Coffee Company (www.sfcc.de), Balzac Coffee Company (www.balzaccoffee.com); Spalte (www.starbucks.at)
Seite 14: Bäckerei Junge (www.jb.de), Kamps (www.kamps.de), Kinderecke (www.kinder-im-restaurant.com)
Seite 15: LeBuffet (www.lebuffet.de), Dinea (www.dinea.de), Ikea (ikea_restaurant_helmut_stettin), Hauptbahnhof Leipzig (ab-nach-leipzig.de/wp-content/uploads/2011/05/hauptbahnhof-promenaden-schmidt), Tank und Rast (tank.rast.de_Lipperland_Nord), LSG (www.lsgskychefs.com), SSP (www.cafe-future.net)
Seite 16: Alex (www.mbplc.com)
Seite 17: www.joeys.de
Seite 18: Dodenhof (www.dodenhof.de)
Seite 19: www.wienerwald.de (WiKikburger_Pressebenerwald Franchise GmbH), CentrO, Oberhausen
Seite 20: McDonald's Deutschland Inc., coa holding gmbh
Seite 21: www.coca-cola-deutschland.de/media-newsroom/bilddatenbank/die-apotheke-des-erfinders-pemperton
Seite 25: Hausgäste (www.kranz-rippoldsau.de)
Seite 26: Einzelbettzimmer (hotel-amaris), Doppebettzimmer (Franz Engleder, AVIVA Single Resort & Spa, St. Stefan/OÖ), twin_bed_www.rydonfarmwoodbury.co.uk
Seite 27: von links nach rechts: coa holding gmbh; aran, Rosenheim; Vapiano SE, Bonn
Seite 30: McDonald's Deutschland Inc.
Seite 34: McDonald's Deutschland Inc. (oben)
Seite 35: McDonald's Deutschland Inc.
Seite 43: www.ama-marketing.at
Seite 49: McDonald's Deutschland Inc.
Seite 50: Michael Suhl für McDonald's Deutschland Inc., Elmshorn
Seite 51: www.stockheim.de
Seite 52: www.grand-elysee.com
Seite 62: Lao-tse (Quelle unbekannt); Locke (Quelle unbekannt)
Seite 63: Orangenpresse (www.frucosol.com)
Seite 65: Gerhard Panzenböck
Seite 67: www.dekra.de
Seite 69: Taylor (Quelle unbekannt)
Seite 70: Ford (Quelle unbekannt)
Seite 71: Ohno (Quelle unbekannt); Shewhart (Quelle unbekannt); Deming (Quelle unbekannt)
Seite 72: www.hyatt.com
Seite 73: Crosby (Urheber unbekannt); Marché Restaurants
Seite 76: unten: Starbucks/Wieland
Seite 79: Mitte: Marché Restaurants
Seite 91: McDonald's Deutschland Inc.
Seite 108: Bray (Quelle unbekannt)
Seite 122: Schulz von Thun (Quelle unbekannt)
Seite 131: Maslow (Quelle unbekannt)

Alle weiteren Fotos und Grafiken sind Eigentum des Trauner Verlages bzw. wurden von FOTOLIA oder shutterstock gekauft.

Literaturverzeichnis

Dirk Holtbrügge, Personalmanagement, Springer Verlag, Berlin, 3. Auflage 2007
Thomas Hummel, Christian Malorny, Total Quality Management, Hanser Verlag, München, Wien 2002
Hans Jung, Personalwirtschaft, Oldenbourg Wissenschaftsverlag, München, 8. aktualisierte Auflage 2008
Gerd F. Kamiske, Jörg-Peter Brauer, Qualitätsmanagement, Hanser Verlag, München, Berlin 2008
Klaus Olfert, Personalwirtschaft Kompakttraining, Friedrich Kiehl Verlag, Ludwigshafen 2004
Rainer W. Stroebe, Führungsstile – Management by Objectivs und andere Führungsmethoden, Verlag Recht und Wirtschaft, Frankfurt am Main, 8. Auflage
Rainer W. Stroebe, Grundlagen der Führung mit Führungsmodellen, Sauer Verlag, Heidelberg, 11. Auflage 2002
Zollondz, Grundlagen Qualitätsmanagement, R. Oldenbourg Verlag, München, Wien 2002

Lösung

Seite 150: Fehler, Schuld, aber, leider, trotz